DON CARLOS

El príncipe de la leyenda negra

GERARDO MORENO ESPINOSA

DON CARLOS

El príncipe de la leyenda negra

Marcial Pons Historia
2006

Ilustración de cubierta: *Retrato del Infante Don Carlos* de Alonso Sánchez Coello. Museo Nacional de Soares dos Reis (Porto). Divisão de Documentação Fotográfica. Instituto Português de Museus.

Quedan rigurosamente prohibidas, sin la autorización escrita de los titulares del «Copyright», bajo las sanciones establecidas en las leyes, la reproducción total o parcial de esta obra por cualquier medio o procedimiento, comprendidos la reprografía y el tratamiento informático, y la distribución de ejemplares de ella mediante alquiler o préstamo públicos.

© Gerardo Moreno Espinosa
© Marcial Pons, Ediciones de Historia, S. A.
San Sotero, 6 - 28037 MADRID
☎ 91 304 33 03
ISBN: 84-96467-29-5
Depósito legal: M. 27.921-2006
Diseño de la cubierta: Manuel Estrada. Diseño Gráfico
Fotocomposición: Esperanza García Serrano
Impresión: Top Printer Plus, S.L.L.
MADRID, 2006

*A Ignacio Moreno Matanza.
Y la luz de sus cenizas.*

En memoria de Manuel García González, archivero de la fortaleza de Simancas en el siglo XIX, sin cuya dedicación vital a la figura de Carlos de Austria no hubiese sido posible realizar este libro.

Mi amoroso agradecimiento para Ángela Martín Pérez, compañera del tiempo, las alegrías y las tristezas, por su perseverante ayuda, desbordante optimismo e infinita paciencia para soportar mis diatribas históricas.

ÍNDICE

	Pág.
INTRODUCCIÓN. LA MALDICIÓN DE LA HISTORIA	13
LIBRO I. VIDA, PRISIÓN Y MUERTE DE CARLOS DE AUSTRIA	43
El infante, 1545-1560	49
El príncipe, 1560-1568	71
LIBRO II. UN CRIMEN DE ESTADO	189
APÉNDICE. EL HOMBRE DE SIMANCAS	365
BIBLIOGRAFÍA	385

INTRODUCCIÓN
LA MALDICIÓN DE LA HISTORIA

«Los autores que estaban pagados para escribir á gusto de los reyes, infaman al príncipe, muerto en desgracia de su padre: los de diversos escritos que nada tenían que ver con la historia de aquel tiempo, elogian su valor y sus virtudes. ¿Cuál testimonio debe ser reputado por valedero? ¿El de los hombres, cuya obligación era decir lo que los reyes les ordenaban, ó el de aquellos que discurrian según su sentir y sin efectos de odio?».

Adolfo de Castro, *Historia de los protestantes españoles y de su persecución por Felipe II,* libro quinto, Cádiz, Imprenta de la Revista Médica, 1851, p. 335.

Hace ya bastante tiempo, una noche de octubre, con la amenaza de un invierno prematuro acechando tras los cristales de las ventanas, tomé la decisión de enfrascarme en el análisis de la voluminosa *Historia crítica de la Inquisición en España,* obra de Juan Antonio Llorente, secretario del tribunal eclesiástico en Madrid durante algunos años del último decenio del siglo XVIII. Por su dedicación profesional es fácil colegir que se trata de un trabajo basado en un rico soporte documental que abarca los orígenes, estructuras, leyes, procedimientos y, por supuesto, distintas tropelías cometidas por el Santo Oficio en el transcurso de varias centurias de persecución contra la heterodoxia. Además de fortalecer mi formación pretendía encontrar un argumento que me sirviese para novelar sobre la intrínseca arbitrariedad de la institución. No era, ni es, un pensamiento innovador, pero evocar los horrores de los autos de fe, con sus castigos mediante el abrazo del garrote y las hogueras de los quemaderos, es un buen ejercicio para captar la disparatada dimensión de dios, grabada a sangre y fuego en los seres humanos por la intolerancia religiosa y el absolutismo de las monarquías.

Fue un vano intento y la raíz de un martirio purgado en los laberintos de la investigación. En el capítulo titulado «de la causa célebre del príncipe de Asturias, don Carlos de Austria», me tropecé con un enjambre de sombras perdidas en mis recuerdos y resurgieron en mi mente el espanto de la venerada momia de fray Diego de Alcalá, figuras borrascosas como la princesa de Éboli y Antonio Pérez o enarboladas de manera enaltecedora por antiguos resplandores patrióticos como el duque de Alba o Juan de Austria, un trozo de leyenda negra que historiadores de todas las épocas han manipulado hasta la saciedad en unión de diversos dramaturgos, aprovechando la incertidumbre de un fallecimiento o un crimen de palacio que todavía no ha sido esclarecido y forma parte de la controversia que suscitan tenebrosos episodios de este país.

Juan Antonio Llorente, sin eufemismos, afirma que «es ciertísimo pues que don Carlos de Austria murió en virtud de sentencia verbal consentida y autorizada por el rey Felipe II, pero no lo es que tuviera intervención el Santo Oficio». Una aseveración tan categórica, exonerando de culpa a la Inquisición, pero acusando sin vacilación al monarca del fatal desenlace de su primogénito, me causó curiosidad y me adentré en el entramado del relato, pese a que ya estaba advertido de que ninguna intromisión podía atribuírsele al poder inquisitorial y me apartaba, por tanto, de la justificación de la lectura.

En treinta y cinco páginas, con una innegable erudición que demuestra sus desvelos por la polémica vida, prisión y muerte del heredero de la Corona, el clérigo riojano, bachiller en leyes por la universidad de Zaragoza y en cánones por la valenciana —doctorado en ambos derechos—, se enzarza en un firme alegato contra literatos europeos, tildándoles de creadores de patrañas para manifestar rápidamente su afán por salvaguardar la honestidad de Isabel de Valois, denostar a Carlos de Austria con un denigrante epíteto y considerar al soberano inmerso en perversas características racionales. Esta defensa a ultranza de la dignidad de la reina es reiterada en múltiples ocasiones, pero no resulta demasiado inesperada si se sopesa el espíritu afrancesado del narrador de las líneas que estoy comentando. Juan Antonio Llorente escribe:

«Si cabe disculpa en un padre para la impiedad, la tuvo Felipe II, y solo dejo de aprobar su rigor, porque me parece que la naturaleza lo detesta por más delitos que cometa un hijo, cuando la reclusión perpetua puede excusar nuevos crímenes. De positivo tengo por certísimo que la España fue feliz en que muriese aquel monstruo, que algunos escritores inexactos retratan como joven amable, fingiendo propiedades que no tuvo, negando las que de veras tenía, y suponiendo unos amores con su madrastra que solo han existido en la pluma del primer francés que redujo a problema la virtud de una reina cuyo decoro permaneció incorrupto, y cuya vida cesó de un modo completamente natural, y no con impulso violento del veneno que refieren. Felipe II fue malo, hipócrita, inhumano, cruel a sangre fría y capaz de matar a su mujer si le conviniera y tuviese objeto; pero la capacidad no prueba la ejecución sin causa imaginada o real, y ésta no existió en modo alguno: la reina Isabel no la dio, nunca escribió papeles, ni envió recados por tercera persona; no tuvo a solas conversaciones con D. Carlos».

Con una gran capacidad de síntesis, pero con acotada exigencia, el funcionario inquisitorial sitúa al lector ante los enigmas primordiales de la semblanza que le ocupa. ¿Cómo era en esencia Carlos de Austria? ¿Cuál el carácter de Felipe II? ¿Había realmente síntomas sospechosos para deducir que entre Isabel de Valois y don Carlos hubo algo más que una consolidada amistad, apoyada en sus edades similares y la convivencia cotidiana?

Al adentrarse en la conducta del príncipe, el autor que tuvo la destreza de arrojarme al laberíntico pozo de las indagaciones se explaya sobre el talante atroz del infante al mencionar «que degollaba por sí mismo los conejos pequeñitos que le llevaban de caza y que exteriorizaba placer en verlos palpitar y morir», para apuntar también, refiriéndose a etapas ulteriores de su existencia, «que su orgullo era insoportable y trataba mal a sus criados en palabras y obras, amén de destrozar colérico cuanto hallaba o podía tomar en tales accesos de furia incontenible». Sin titubeos, Llorente se hace eco de las interpretaciones de los embajadores venecianos Tiepolo, Baodero y Soranzo, que informaban con periodicidad a su república acerca de los acontecimientos de la Corte castellana, en pocos casos por su experiencia y en muchas oportunidades dejándose llevar por habladurías ajenas. La veracidad o falsedad de sus comunicaciones es una materia muy discutida y una enrevesada cuestión sobre la que es aventurado emitir un juicio de valor.

En su obsesiva tendencia hacia la probidad de doña Isabel puntualiza, casi a renglón seguido, que «en ninguna de las Memorias inéditas que yo he podido adquirir, he hallado el menor indicio de pasión amorosa de D. Carlos por la reina, ni fundamento remotísimo de la opinión formada por los autores de romances y novelas, que, pasado el tiempo de la verdad, abusaron de la noticia de lo acaecido en el año 1558, lo cual es de creer haber ignorado el príncipe, siendo incierto cuanto dicen sobre retratos, no pudo enamorarse D. Carlos antes de ver a la reina, y no es verosímil sucediera cuando sufría las calenturas cuartanas. Apenas se le cortaron, estando aún la reina convaleciente de sus viruelas, el rey envió a D. Carlos a la ciudad de Alcalá de Henares...».

En este texto se riza el rizo de los despropósitos como pude averiguar más tarde. Llorente se refiere, al especificar el año 1558, a las conversaciones entre franceses y castellanos que cristalizaron en el tratado de paz de Cateau-Cambrésis. En los preliminares de las negociaciones se llegó a establecer la conveniencia de un matrimonio entre don Carlos y doña Isabel, a la sazón en plena pubertad, para materializar un acuerdo diferente cuando Felipe II enviuda por el fallecimiento de María Tudor, reina de Inglaterra, trance que promovió el cambio de pretendiente al sustituir el monarca a su hijo. Al indicar la presumible ignorancia del príncipe, el canónigo se remite, claro está, a que no supiese que la nueva esposa de su padre fue su prometida por los tinglados casamenteros que se montaban con frecuencia para concertar la concordia o crear perspectivas de incrementar los estados patrimoniales. Llorente incurre, por otro lado, en errores banales al afirmar que la boda se celebró en Toledo cuando ocurrió en Guadalajara, precisar que el infante fue padrino cuando no asistió por estar enfermo en el alcázar toledano, y juzgar, a la ligera, que sus heridas, al caer por las escaleras del edificio arzobispal de Alcalá de Henares, eran mortales por afectar a su espinazo. Las descripciones de los doctores Olivares y Daza Chacón, que le asistieron en colaboración con distintos médicos, se muestran más cautas al calificar la gravedad del golpe en la cabeza, a pesar de los trastornos que se produjeron en el espacio de varias semanas. Superior fuste tiene, sin embargo, la insistencia en evitar cualquier suspicacia, por mínima que sea, sobre la reciprocidad mantenida con su madrastra para negar con obstinación que hubiese podido enamorarse por su deficiente salud y el lance de haber sido alejado de la Corte, para afincarse en la población complutense, con el objetivo, un tanto inseguro, de que mejorase de sus periódicos achaques y prosiguiese con sus estudios. Su marcha de la residencia palaciega es irrefutable, pero desde el mes de febrero de 1560 hasta octubre de 1561 —datas del encuentro entre los dos adolescentes y la salida hacia Alcalá de Henares— hay nada menos que un paréntesis de año y medio, en cuyo periodo, no obstante sus dolencias, que eran de moderada consistencia o esporádica duración, vivieron en Toledo y en Madrid, soportando juntos la sobriedad ritual borgoñona. Tenían, además, edades parecidas y es natural que compartiesen instantes de regocijos y aflicciones. Llorente admite a regañadientes, cerca del final de su planteamiento, que convivieron desde la primavera de 1564, fase más extensa que la anterior, que se aproxima a los cuatro años, pero aduce que en estas temporadas el joven tenía predilección por su prima Ana, a quien simplemente había visto por un retrato, incrustado en una caja de ébano, que llegó a sus manos a mediados de 1565.

Desmentir, con maliciosas maniobras negligentes, que ambos se relacionaron en diferentes ocasiones, así como emplear pueriles coartadas para alejar cualquier vacilación sobre la magnitud de las afinidades que mantuvieron, no implica, en contrapartida, que se sintiesen arrastrados por un mutuo amor fatídico, versión de literatos empeñados en crear dramas insondables. Que don Carlos le colmaba de atenciones es evidente con tan sólo comprobar diversos testimonios:

«Pesó el oro que puso en una sortija de un Rubí, que su Alteza mandó dar a la Reina nuestra Sra, tres castellanos» (Contadurías Generales, 1.ª Época, Legajo 1.100, Archivo General de Simancas).

«Dio Su Alteza dos alhombras de oro y seda a la Reina nuestra Señora» (Contadurías Generales, 1.ª Época, Legajo 1.053, Archivo General de Simancas).

«A Gerónimo de Salamanca 1.900 ducados que se había obligado a pagar Su Alteza a César Gambar o Gaubar en 10 de Julio, por razón de ciertas cosas que Su Alteza mandó comprar, es a saber: un arca y un retablo que mandó dar a la Reina nuestra Señora» (Contadurías Generales, 1.ª Época, Legajo 1.070, Archivo General de Simancas).

Estas tres pruebas, entresacadas de un abundante número de ellas, demuestran una vinculación que no es necesario ratificar con más énfasis, aunque su generosidad abarcase a seres alejados del entorno áulico, llegando a satisfacer los gastos derivados del cuidado y manutención de niños desamparados. Que Isabel de Valois hubiese sido la prometida del príncipe no tiene gran significación, pero sí es relevante que entre los papeles de don Carlos figurase en primer lugar el nombre de la reina en una lista de personas respetadas dentro de su esfera de convivencia. No es, por consiguiente, descabellado pensar que le atraía, ni una elucubración tendenciosa juzgar que estuviese enamorado y que fructificase una respuesta con mero estilo afectivo. Brantôme, De Thou, Du Prat, Prescott, Hume y destacados historiadores reinciden en ello, si bien esto, como tantas cosas de esta patética intriga, quede envuelto en el mundo de las conjeturas. Que los dos pereciesen de forma extraña, separadas ambas defunciones por un corto intervalo de meses, no deja de ser sorprendente, tal vez una dramática casualidad del destino, aun cuando la circunstancia avivase los ánimos maliciosos y diese pie para denigrar a Felipe II, acusándole de que instigó sus muertes, en exaltados libelos de virulentas pasiones que tienen exiguos cimientos.

Llegado a este punto, matizadas algunas facetas de la monografía de Llorente, me doy cuenta de lo difícil que puede resultar para cualquier lector, ajeno al drama, percatarse de la dimensión de las contingencias que ocurrieron hace ya más de cuatro centurias y lo complicado que es sintetizar unos fastos repletos de complejidades. Si nada hay probado, ni descartado, en los supuestos amores de los dos jóvenes, algo análogo ocurre con los impenetrables móviles que favorecieron una dura oposición entre el soberano y su primogénito en el marco del reconcomio y una antipatía recíproca que rayaba en los límites del odio. Cabe recordar, al respecto, que entre los pliegos ya aludidos, que le requisaron la noche de su confinamiento, la lista en cuestión —amigos y adversarios en franca contraposición— traslucía también el nombre de su progenitor, encabezando el registro de los hombres y mujeres a quienes detestaba. A los enigmas declarados en párrafos precedentes hay que unir la intriga sobre los motivos que tuvo Felipe II para encerrar a su descendiente en un torreón de alcázar de Madrid, las persistentes dudas de si se instruyó o no un proceso y, a la postre, ejecutarle o dejarle fenecer para apartarle de la herencia que le otorgaría, tarde o temprano, el poder más influyente de la cristiandad. El misterioso velo que esconde las razones de la prisión, la posible realidad de un juicio criminal, jamás revelado, y el fallecimiento casual o el crimen están sin plegar y sin demostrar las imputaciones vertidas por su falta de fervor católico, tendencias luteranas o connivencia con los rebeldes que, aliados contra la hegemonía hispánica, provocaron una sangrienta revuelta durante años. El manto de la sinrazón encubre sus armas entre montones de volúmenes archivados en instituciones tanto nacionales como extranjeras, protegiendo una calculada ambigüedad que pervive todavía en la correspondencia sostenida por Felipe II con dignatarios y cancillerías, cuidando de justificar, de algún modo, la reclusión que preludiaría el deceso. En pocas peripecias de la Edad Moderna hay semejante profusión de fuentes que se pueden consultar y probablemente en ningún otro lugar de las crónicas impera la fascinación de un enigma que se oculta a la investigación exhaustiva.

El secretario del Santo Oficio, a quien por el escándalo que provocó su libro le fueron retiradas las licencias de confesar y predicar, difundió su obra más sobresaliente mientras residía en Francia, en cuatro tomos publicados en 1817-1818 (la edición española se remonta a 1822), y murió en Madrid el 5 de febrero de 1823, apenas un mes y medio después de regresar a su patria, expulsado del país vecino y sumido en la miseria. Su concisa dedicación al príncipe de Asturias, se apuntala en la particularidad de que él no escribe nada de los sucesos políticos de España, sino de la Inquisición. Su elaboración se apoya en fuentes muy antiguas, Atanasio Kirker, Fabián Estrada, Vander-Hammen y por ende en Luis Cabrera de Córdoba, aunque se capta fácilmente que pudo revisar textos anónimos, desaparecidos para la reciente historiografía. Su hostilidad hacia Felipe II, al ser extensible a don Carlos, le depara grados de objetividad, pero, como tantos otros, no es capaz de descifrar cuáles fueron las motivaciones de la discordia antes de que se desencadenara el paso encaminado a la tragedia, limitándose a relatar una serie de episodios relacionados con las actitudes del sucesor de la Corona, como las porfías, puñal en mano, contra el duque de Alba o el inquisidor general, los altercados con sus criados y sus correrías nocturnas por los prostíbulos de la ciudad.

A la retahíla de tales incidentes, repetidos hasta la saciedad por parabolanos que han tenido la osadía de revolver en el baúl del pasado con la mezquindad de la ofuscación ideológica, se une una ostensible inclinación a considerar confirmadas sus pretendidas vinculaciones con los instigadores de la sublevación de los Países Bajos. Llorente dice al respecto:

«Vinieron a Madrid el marqués de Berg y el barón de Montigni, como diputados de las provincias flamencas, con permiso de la princesa Margarita de Austria, duquesa de Parma (hermana ilegítima del rey y gobernadora de los Países Bajos), para arreglar los puntos que habían ocasionado turbaciones públicas sobre el establecimiento del tribunal de Inquisición y otros objetos. Vieron en D. Carlos los proyectos indicados, y los fomentaron ofreciéndose a dar auxilios para el viaje de Alemania, cuyas inteligencias secretas se tenían por medio de Mr. de Vendomes, gentilhombre de la cámara regia, cómplice de la conspiración en la cual se prometió al príncipe declararlo jefe soberano de los Países Bajos, excluyendo del gobierno civil a la princesa Margarita y del militar al duque de Alba y estableciendo libertad individual sobre opiniones religiosas. Gregorio Leti publicó una carta de D. Carlos al conde de Egmont, hallada entre los papeles del duque de Alba, quién hizo cortar la cabeza en Flandes al dicho conde y al de Horne, y no al príncipe de Orange porque huyó, lo cual sucedió mientras en España se procuraba lo mismo por medios más disimulados, en dos distintos castillos, al marqués de Berg y al barón de Montigni».

Las aserciones del canónigo riojano tienen limitado equilibrio, ya que no existen fundamentos que asocien al príncipe con la nobleza en una conjura, si bien es presumible que atine al sopesar que planeaba, de manera poco lúcida, una huida hacia Alemania para situarse lejos de la férula paterna y bajo la protección de Maximiliano II y su tía doña María. Pensar que deseaba llegar a Bruselas, la capital de Brabante, como proponen ciertos cronistas, para encabezar una insurrección, es un desatino, teniendo presente que Margarita de Parma tenía sofocado el alzamiento y contaba, además, con la presencia del duque de Alba y los temidos tercios que ya habían capturado a los principales cabecillas de la revuelta. También resulta singular la mención del mensaje dirigido por don Carlos al conde de Egmont y cuya divulgación atribuye al milanés Gregorio Leti, problemático individuo distinguido por su acérrimo anticatolicismo y libertinaje intelectual, impregnado de cinismo, que le condujo a fuertes disputas con sus correligionarios calvinistas.

Desconozco si las publicaciones de este literato de la segunda mitad del siglo XVII han sido traducidas al castellano y no he podido encontrar ediciones vernáculas en los organismos culturales de este país para enterarme del valor del dudoso escrito, dado que el laconismo de Llorente al respecto nada aclara ni encierra una recriminación de entendimiento con los confabulados.

La detención, ocurrida el 18 de enero de 1568, está, por el contrario, reflejada en diversas fuentes. El sacerdote riojano acoge, sin el menor asomo de inseguridad, el relato de un ujier de cámara que refiere el apresamiento y el altercado originado en el convento de los jerónimos, al no conseguir la absolución para comulgar y ganar el santo jubileo decretado por el pontífice romano Pío V. Este anónimo abunda en detalles tan íntimos que levanta suspicacias de que esté adornado con dosis de imaginación. Como su descripción no es muy larga me tomo la libertad de su reproducción para permitir una libre opinión sobre su contenido y conocer dos lances trascendentes:

«Había muchos días que el príncipe, nuestro señor, andaba inquieto sin poder sosegar, y decía que había de matar a un hombre con quién estaba mal, y de ello dio parte a D. Juan de Austria, no declarando la persona. S. M. se fue al Escorial, y de allí llamó a D. Juan. No se sabe qué trataron; créese que fue de la plática, y que D. Juan le descubrió todo lo que sabía. Luego envió al rey por la posta a llamar al doctor Velasco, y consultó con él el negocio y las obras del Escorial, y para todo dio orden, porque dijo no volvería tan presto. En esto vino el santo jubileo que todos ganábamos por Pascua, y el príncipe se fue a San Jerónimo, sábado en la noche, y yo era aquella noche de guarda. Y confesándose, el confesor no le quiso absolver por su mala intención. Fuese con otro confesor, y tampoco le quiso absolver, y díjole el príncipe: Presto determináis. Y el fraile le respondió: Consúltelo V. A. con letrados. Y esto era a las ocho de la noche, y luego envió su coche por los teólogos de Atocha, y vinieron catorce frailes dos a dos, y luego mandó viniésemos a Madrid por Alvarado el agustiniano, y por el trinitario, y con cada uno disputó el príncipe, y él porfiaba que le absolviesen; pero que, hasta que matase a un hombre, había de estar mal con él. Y como todos decían que no podían, trató de que, para cumplir con las gentes, le diesen una hostia sin consagrar en comunión. Aquí todos los teólogos se alborotaron, porque pasaron otras cosas muy hondas que no son para decir. Y como todos estábamos así y el negocio iba tan mal, el prior de Atocha apartó al príncipe, y con maña comenzóle a confesar y preguntar qué calidad tenía el hombre que quería matar, y él decía que era de mucha calidad; más no había cómo sacarle de aquí; pero el prior le engañó diciendo: Señor, diga el hombre que es, que será posible poder dispensar conforme a la satisfacción que V. A. puede tomar. Y entonces el príncipe dijo que era el rey su padre con quién estaba mal, y le había de matar. El prior con mucho sosiego le dijo: ¿Vuestra Alteza por sí solo le ha de matar, o de quién se piensa ayudar? Al fin él se quedó sin absolución y sin ganar el jubileo por pertinaz. Y acabóse esto a las dos de la noche, y salieron todos los frailes muy tristes y más su confesor. A otro día vinimos a palacio, y a S. M. se hizo saber en el Escorial lo que pasaba.

Su Majestad vino a Madrid el sábado y salió al otro día a misa en público con el príncipe y los príncipes; D. Juan fue triste a ver al príncipe aquel día; el príncipe mandó cerrar las puertas y le preguntó qué había pasado con su padre, y D. Juan dijo que había tratado de las galeras. Apretóle mucho el príncipe, y como D. Juan no le decía más, empuñó la espada el príncipe. D. Juan se retrajo hacia la puerta, y hallándola cerrada, empuñó también su espada, diciendo al príncipe: Téngase Vuestra Alteza. Y oyéndole los de fuera, abrieron las puertas, y fuese D. Juan a su casa. El príncipe se acostó y se sintió malo hasta las seis de la tarde, y en aquella hora se levantó con una ropa larga, y no había comido en todo el día. A las ocho cenó un capón cocido, y acostóse a las nueve y media; yo era de guarda, y cené esta noche en palacio.

A las once vi bajar a S. M. por la escalera con el duque de Feria y el prior y el teniente de la guarda y doce guardas, y el rey venía armado debajo y con su casco, y tomó luego mi puerta, y mandáronme cerrar y que no abriese a nadie. Llegaron a la cámara del príncipe, y cuando él dijo: ¿Quién está ahí? ya los caballeros habían llegado a su cabecera y le habían quitado espada y daga, y el duque de Feria un arcabuz que tenía cargado con dos balas, y a las voces que daba dijeron: El Consejo de Estado que está aquí. Y queriendo el príncipe valerse de las armas, y saltando de la cama, entró el rey, y le dijo el príncipe: ¿Qué me quiere V. M.? Y el rey le respondió: Ahora lo veréis. Y luego comenzaron a clavar las puertas y ventanas, y le dijo el rey que estuviese quieto en aquella pieza, y no saliese de ella hasta que se le mandase otra cosa, y llamó al duque de Feria, y le dijo: Yo os doy a cargo al príncipe para que le tengáis y guardéis. Y a Luis Quijada, y al conde de Lerma, y a D. Rodrigo de Mendoza dijo: Yo os encargo que sirváis y regaléis al príncipe, con tal que no hagáis cosa que él mande sin que yo lo sepa primero. Y mando que todos lo guarden con gran lealtad, so pena que os daré por traidores. Aquí empezó el príncipe a dar grandes voces, diciendo: Máteme V. M. y no me prenda, porque es grande escándalo para el reino, y si no yo me mataré. A lo cual respondió el rey que no lo hiciese, pues era cosa de locos. El príncipe replicó: No lo haré como loco, sino como desesperado, pues V. M. me trata mal. Y pasaron otras muchas razones, y ninguna se acabó por no ser el lugar ni tiempo para ello.

S. M. salió y el duque tomó las llaves de las puertas, y echó fuera a todos los ayudas y todos los demás criados del príncipe, pues no quedó ninguno. Y por el retrete puso cuatro monteros, cuatro alabarderos, los tres españoles y cuatro alemanes y su teniente. Y fue luego por la puerta donde yo estaba, y puso otros cuatro monteros y otra tanta guarda, y a mí me dijo que me fuese. Luego tomaron al príncipe todas las llaves de sus escritorios y cofres, y el rey los hizo subir arriba y echaron fuera las camas de los ayudas. El duque de Feria, y el conde de Lerma, y D. Rodrigo, le velaron esta noche, y las demás en adelante le velaron dos caballeros de seis en seis horas, digo, de los que tienen esto a cargo, que son siete entre todos, a saber: el duque de Feria, y Rui Gómez, el prior D. Antonio de Toledo, y Luis Quijada, el conde de Lerma, D. Fadrique y D. Juan Velasco, y éstos no meten allá armas. Los guardas no dejan a ninguno de nosotros asomar allá de día ni de noche. Dos de la cámara ponen la mesa, y los mayordomos salen al patio por la comida. No hay cuchillo: todo va partido. No le dicen misa, ni la ha oído desde que está preso».

La prolija descripción del enigmático criado, muy apreciada por cronistas antiguos y modernos, ofrece, si se analiza con meticulosidad, signos inequívocos de que está adulterada por su fantasía. Cualquier persona prudente desconfiaría de que el ujier hubiese podido escuchar la conversación entablada con Juan de Tovar, prior del convento de Atocha, máxime cuando el dominico apartó a don Carlos para interrogarle con maña, según especifica el propio asistente. O nuestro guardián disponía de una enorme capacidad auditiva o su versión del diálogo en que el príncipe confiesa el deseo de matar a su padre es una pura entelequia. Este escepticismo —casi racional certeza de que es una mera invención— se hace extensible al encuentro que sostuvo con Juan de Austria tras cerrar las puertas. El aislamiento hace difícil, por no decir imposible, que se oyesen sus palabras cuando don Carlos solicitaba ayuda para su fuga sin lograr que su tío se definiese positivamente. Y lo mismo ocurre con las vicisitudes acaecidas al detenerle en su cámara, puesto que se ignora si el aviso dado para que no se abriese a nadie implicaba la permanencia en el interior de los aposentos del privilegiado observador o, como parece más normal, se quedase custodiando la entrada en los pasillos exteriores de los recintos privados. En realidad muchas memorias anónimas han sido refrendadas como verdades y otras menoscabadas u olvidadas por el maniqueísmo de los historiadores.

De cualquier forma, anécdotas aparte, el hecho básico es que los móviles que indujeron al monarca para privar de la libertad a su vástago no han sido divulgados con testimonios categóricos y tampoco se sabe si fue juzgado en secreto o si permaneció encerrado en espera de que se produjese un funesto desenlace. Llorente no corrobora que se incoase un proceso en regla, que hubiera tenido la lógica repercusión pública, pero sí determina que se instituyó una junta para entender de la causa, que fueron examinados testigos ante Pedro del Hoyo, y que los miembros del comité fueron el cardenal Diego de Espinosa, inquisidor general y consejero de Estado; Ruy Gómez de Silva, príncipe de Éboli, mayordomo mayor y sumiller de corps; además de Briviesca de Muñatones, consejero de Castilla y de la real cámara, que, por su cultura jurídica, fue el encargado de dirigir las pesquisas bajo la presidencia del rey. Nada hay comprobado sobre sus actividades, ni tan siquiera vestigios probatorios de su constitución, pero, pese a ello, sin apoyo solvente, Llorente remata su hipótesis, basada en Cabrera de Córdoba, de la siguiente manera:

«El proceso formado por D. Diego Briviesca de Muñatones estaba ya sustanciado en Julio, de modo que se pudiera pronunciar sentencia, caso de ser en sumario, sin audiencia confesión, ni defensas del reo, pues no llegó el caso de notificar al príncipe ninguna providencia judicial. Solamente había declaraciones de testigos, cartas y otros papeles. Por lo resultante de autos, no podía menos de condenarse a Carlos a la pena de muerte, conforme a las leyes del reino, porque constaban plenamente los crímenes de lesa majestad en primero y segundo capítulo, ya por los propósitos y conatos de parricidio, ya por la conspiración para usurpar la soberanía de Flandes, aun a costa de guerras civiles. El licenciado Muñatones informó al rey lo que resultaba de autos y las penas que las leyes prescribían contra otros reos de aquellos delitos; pero añadía que las circunstancias particulares de las personas y del caso podían excitar a S. M. a usar de su poder soberano, ya para declarar que las leyes generales no hablan de los hijos primogénitos de los reyes, por estar sujetos ellos a otras leyes más elevadas de política de razón de Estado, y del bien público, ya para dispensar por utilidad común la pena de cualquier ley.

El cardenal Espinosa y el príncipe de Éboli dijeron que se conformaban con el dictamen del consejero Muñatones, y Felipe II dijo que su corazón le dictaba la dispensa de la ley; pero que su conciencia no se lo permitía, porque no esperaba que fuese para bien alguno de la España, y por el contrario creía que la mayor calamidad del reino sería tener un monarca sin instrucción, talento, juicio ni virtud, lleno de vicios y pasiones, especialmente las de cólera y ferocidad sanguinaria; por lo cual, a pesar del amor paternal y de la violencia que le costaba un sacrificio tan terrible, consideraba forzoso el hacerlo si se proseguía el proceso en regla; pero atento que el estado de la salud de su hijo era tan infeliz que se debía esperar su muerte natural por efecto de sus desarreglos, consideraba por menos mal descuidar un poco la curación, condescendiendo a cuantos apetitos tuviera el enfermo, pues, atendido el desorden de las ideas de su hijo, bastaría eso para su muerte, y sólo fijaba la consideración en que se trabajase para persuadirle que se moriría sin remedio, a fin de que a lo menos se confesara y se pusiera en carrera de salvación eterna, puesto esto era el mayor testimonio de verdadero amor que podía dar a su hijo y a la nación española.

Esta resolución del rey no consta en el proceso, en el cual no llegó el caso de escribirse, ni firmarse sentencia ninguna, y sí solo una nota en que el secretario Pedro de Hoyo certifica que teniendo la causa el referido estado, murió el príncipe de enfermedad natural, por lo que no llegó a sentenciarse».

La alusión a la supuesta junta, como ya he consignado, dimana de los trabajos desarrollados por Cabrera de Córdoba (1559-1623), en su voluminosa crónica del reinado, mientras la opinión de que murió por orden paterna se basa, según Llorente, «en otros papeles coetáneos de apuntamientos de cosas raras del tiempo, que aunque no sean auténticos, merecen crédito por ser de personas empleadas en el palacio real, y confrontar mucho su narración con la de algunos escritores públicos que indicaron bastante un asunto tan delicado, a pesar de que lo quisieron disimular». El secretario no vuelve a tantear las fuentes de «los papeles con apuntamientos de cosas raras» en que funda la drástica decisión, y fundamenta su débil argumentación en los comentarios perpetrados por cronistas como Lorenzo Vander Hammen, Fabián Estrada y el propio Cabrera, quienes, en síntesis, sin excesivos pormenores ni claridad en la exposición, manifiestan que «se purgó al príncipe sin buen efecto, mas no sin orden ni licencia, y pareció luego mortal el mal», expresiones uniformes y que no enredan al soberano en el impulso de envenenar a su sucesor, ni determinan que la purga fuese un líquido ponzoñoso. Simples precauciones de seguridad personal, el rigor de la censura, que jamás hubiese permitido una acusación impresa de semejante calibre, y la fidelidad a la autoridad regia son factores más que relevantes para comprender los escrúpulos de los autores antedichos que, apoyados por estas premisas, hacen que la aserción de Llorente pierda fiabilidad.

Tras exagerar los episodios de su agonía y fallecimiento con variadas pinceladas sobre las inevitables muestras de arrepentimiento y reconciliación con dios, confesando y comulgando como devoto católico, siguiendo las afanosas versiones oficiales propaladas para justificar la salvación del alma, pero sin más elementos consistentes, que no son fáciles de obtener debido al cerco de cautividad —se recalca que otorgó un nuevo testamento que jamás ha sido hallado—, Juan Antonio Llorente concluye su labor replegándose a su preocupación por la honestidad de Isabel de

Valois y mencionando el paradero del sumario instruido contra Carlos de Austria:

«El citado Juan López del Hoyo publicó en 1569 una relación exacta de la enfermedad y muerte de la reina Isabel, y parecen incompatibles algunas circunstancias con las de haber muerto envenenada. El príncipe de Orange se dejó llevar de la pasión de odio y venganza, y no hace fe cuando no se descubre objeto ni motivo del crimen, y por el contrario había interés en esperar el parto. Los otros escritores, dando por supuesto el delito, discurrieron sobre la causa, y no faltó novelista que creyó hallarla en los fingidos amores de D. Carlos, de quien hay demostración histórica que no los pudo tener hasta después de 1564, de vuelta de Alcalá, y entonces anheló con ansia el casamiento con su prima, Dña. Ana de Austria, la cual por último vino a ser cuarta esposa de Felipe II y madre del sucesor Felipe III, pues parecía suerte de aquel monarca tomar por mujeres las destinadas a su hijo.

Últimamente, deseoso Felipe II de conservar memoria de la justificación con que había procedido en la causa de su hijo, mandó custodiar su proceso junto con el original y la traducción del otro antiguo barcelonés hecho a D. Carlos, príncipe de Viana y de Gerona. Consta que D. Francisco de Mora, marqués de Castel-Rodrigo y confidente del rey después de la muerte de Rui Gómez de Silva, puso los tres procesos en un cofrecito verde, año 1592, y que después el rey lo envió cerrado y sin llave al archivo real de Simancas, donde debe permanecer, si no se llevó a París (como se divulgó en España) por orden del emperador Napoleón».

Como es fácil deducir, la explicación de la enfermedad y defunción de la reina nace de la colaboración de un servidor del poder, esmerada en sus prolijos detalles de las exequias, pero sin validez frente a la etiología del deceso, ocasionado, al parecer, por un aborto prematuro y la impericia de los médicos. Y sobre la pieza clave de la causa, debo puntualizar que es indefectible que Felipe II no deseas dejar pruebas que, de haber existido, pudieron ser quemadas cuando su naturaleza ya estaba quebrantada. El cofre verde, que los empleados simanquinos no podían tocar bajo amenaza de pena de muerte, según la tradición, fue encontrado y abierto por el general Kellermann, durante la guerra de la independencia, para poner al descubierto el juicio criminal substanciado contra Rodrigo Calderón, marqués de Siete Iglesias, que fue condenado y ejecutado en el cadalso en 1621.

* * *

La curiosidad alentada por Llorente me lanzó por los vericuetos de la bibliografía sobre Felipe II y me dispuse, con buena dosis de paciencia, al ingente cometido de revisar volúmenes escritos en diversas épocas por una variopinta gama de creadores a la vez que hurgaba en el entramado de distintos organismos en busca de antecedentes desconocidos para los lectores atraídos por el pasado. Puedo asegurar que he leído decenas de textos que no han llegado a ser impresos, que dispongo de numerosos ejemplares publicados y que he tenido la dedicación provechosa de fotocopiar las ediciones antiguas, que no han sido reeditadas, y los folios más atractivos de los legajos, casi ilegibles, que se almacenan en centros culturales como la Biblioteca Nacional, la Academia de la Historia, el Archivo Histórico Nacional o el de Simancas, entre diferentes instituciones menos destacadas en el ámbito de los depósitos documentales de este país.

Desde un principio, para evitar verme envuelto en una inextricable maraña que dificultase la tarea, me propuse un programa de parcelación temática basado en resaltar cuáles fueron y son los enigmas más importantes surgidos en torno a Carlos de Austria, para lograr más adelante repasar y contrastar los criterios de los hombres y mujeres que han intentado esclarecer su controvertida idiosincrasia y el despliegue de su vida.

Ha sido, lo es todavía, una ardua ocupación que conduce al desánimo, la desorientación y la perplejidad, tras comprobar las consecuencias que tienen las obcecaciones ideológicas, religiosas o políticas, y la confusión que se origina al relatar los investigadores exclusivamente las incidencias que les agradan con descarado partidismo. No se trata de una interpretación sesgada, sino, en la mayoría de los casos, de una malévola arbitrariedad o, como mínimo, de una ambigüedad calculada que no distorsione el tinglado oficioso montado con perseverancia.

Expuestos estos matices, admitiendo que la objetividad es inalcanzable, aunque se juzgue con moderación, creo llegado el momento de realzar las incógnitas nacidas al socaire de las descripciones de Llorente y demás cronistas que he examinado en el transcurso de mis farragosas lecturas. Sin agotar la trama, pues cabe enumerar más interrogantes, es indispensable considerar siete trazos al esbozar el argumento y que, en gran medida, ya han sido precisados en este capítulo: ¿Cómo era el carácter de don Carlos? ¿Y la honda individualidad de Felipe II? ¿Qué razones promovieron recelos, porfías y hasta aborrecimiento recíproco entre padre e hijo? ¿Qué características pudieron tener las relaciones entre Carlos de Austria e Isabel de Valois? ¿Cuáles fueron los móviles que tuvo el rey para detener y recluir a su descendiente? ¿Hubo realmente un proceso criminal? ¿Cuándo y cómo murió el heredero de la Corona?

La tendencia que ya he criticado, instaurada por la hegemonía del poder imperante, se produce a lo largo y ancho de los discursos que abarcan los años de vida de don Carlos —las siete preguntas se irán desgranando de modo paulatino en la progresión del libro— y para no hacer un planteamiento demasiado extenso voy a referirme a determinados enunciados vertidos, principalmente coincidentes con su etapa de crecimiento, para que el lector atento pueda captar que mi estimación no es fruto del albedrío. Hay que repasar con primor qué cuentan estos ínclitos indagadores con respecto al nacimiento y morfología del único vástago de Felipe II y María de Portugal, si bien no voy a divulgar ni sus nombres ni sus obras, dado que no impera en mi ánimo la menor predisposición a la polémica ni interés en personificar sus vituperios.

Un profesional, célebre por su fervor patriótico, escribe: «Don Carlos nació y creció deforme, retorcido y enano», además de asegurar que «sufrió agudamente de afasia y amnesia» y abordar también los trastornos de algunos antepasados aludiendo "que la reina Isabel de Portugal, madre de Isabel la Católica y tatarabuela de don Carlos tuvo que pasar la época final de su vida encerrada en un convento por su alienación y el emperador Maximiliano, abuelo de Carlos V, demostraba tendencias macabras hablando por la noche con su futuro ataúd». Es increíble que este historiador no haga constar el encierro en Tordesillas de Juana la Loca y crea perplejidad que, para distinguir aún más sus tendenciosas elucubraciones sobre Maximiliano I (1459-1519), olvide exponer que las tenebrosas aficiones se consumaban con la cláusula testamentaria de que le enterrasen con los calzoncillos puestos.

Un autor contemporáneo, catedrático por más señas, en una breve biografía del rey prudente, afirma: «El desventurado heredero mostró ya desde su nacimiento rasgos de debilidad física y psíquica. Su frágil cuerpo apenas podía sostener su desproporcionada cabeza; era además tartamudo y aquejado de frecuentes fiebres». Este escritor, para rematar la fragilidad del infante, adornada con una testa descomunal, no se recata en censurar, proyectándose hacia una época más avanzada, «que se acentuaban los síntomas de su demencia, manifiesta en extravíos sexuales y en sadismo». Desconozco en qué fuentes ha bebido el redactor de estas líneas para sustentar, con estilo tan incisivo, que el príncipe podía ser homosexual o un sádico, salvo que tuviese facultades supranormales y hubiese intuido el contenido del volumen de ficción elaborado por Guillem Viladot (1995) y en cuyas páginas se vierten, entre patéticas y deslenguadas procacidades, un sinfín de escabrosas escenas entre el bufón Pedrillo (Pedro Laína de Torrebermeja y Negrete de Casaldáguila) y su amo.

Un biógrafo, en un tomo dedicado a un dignatario encumbrado, asevera: «Este desbarajuste en la pronunciación, una mezcla de tartamudez y de inseguridad verbal, obligaba a sus interlocutores a exteriorizar la más sincera desaprobación y acaso, y sin miramientos, dar rienda suelta a la risa. La única verdad era que el primogénito del rey arrastraba estos conflictos orgánicos desde su niñez, cuando en la frontera de los cuatro años de edad, y ante la incapacidad para pronunciar con claridad sus primeras palabras, un cirujano le cortó el frenillo de la lengua. Pero jamás dejó de tartamudear. La articulación titubeante de las palabras no era un motivo exclusivamente bucal: el trastorno principal era mental, en las áreas más profundas del cerebro, un lugar donde tenía muchos desequilibrios congénitos, algunos muy semejantes a la epilepsia y otros al desorden de la esquizofrenia. El príncipe Carlos era una verdadera calamidad que navegaba en medio de continuas reacciones paranoicas...».

Conociendo su propensión irascible es dudoso que alguien se atreviese a esbozar una sonrisa maliciosa en su presencia, pero más torpe resulta mantener que un cirujano le cortase el frenillo de la lengua a tan corta edad. Esta intervención, atribuible al barbero Ruy Díaz de Quintanilla, que recibió en pago 1.100 reales, se realizó cuando Carlos de Austria superaba los veinte años. Las acusaciones de epilepsia, paranoia y esquizofrenia, un difícil conjunto de anomalías o taras mentales reunidas en un solo ser humano, se colmaban, ya en el desprestigio sin sentido, cuando se expresa sobre la crianza materna de los niños: «Las mujeres de la elite no aprobaban para sí mismas la imagen degradante de las plebeyas, acostumbradas éstas a ofrecer sus mamas a sus niños que, en muchos casos, lactaban hasta los dos o tres años de edad. Esta prolongación tan exagerada ocasionaba accidentes por mordeduras en los pezones, con el grave riesgo de infecciones mamarias en ocasiones fatales. No extrañaba, por tanto, aquel rumor que se extendió por la corte, y según el cual una nodriza del príncipe Carlos había fallecido a causa de una gangrena en sus mamas, después de sufrir las mordeduras caprichosas de aquel estúpido y vengativo niño».

Con sinceridad manifiesto que me parece inverosímil que cualquier persona circunspecta pueda conferir a un lactante el temple necesario para congregar peculiaridades estúpidas, caprichosas y hasta vengativas por el simple acto de amamantarse, a pesar de que ante similares despropósitos ya estoy vacunado para el espanto. Que el recién nacido tuvo entorpecimientos al comenzar su alimentación, porque mordía los pechos de sus criadoras, es verídico, pero ignoro cómo se ha enterado este literato del fatídico acontecimiento de que una de ellas pudiera morir de gangrena.

Un cuarto narrador, sacerdote de origen riojano, tampoco es muy piadoso con la criatura en múltiples párrafos de su amplio trabajo, en general bien instruido, pero con ferviente devoción hacia el soberano: «El niño nació canijo, pequeño y desvalido; acaso le deformaron el cráneo las manipulaciones del trabajoso parto, y quedó con poco aspecto de viabilidad; pero nació y vivió». Al remitirse a la consanguinidad de sus progenitores, primos carnales por ramas paterna y materna, subraya: «Y así se vio que el único fruto de este desgraciado enlace fue el príncipe don Carlos, a todas luces anormal y degenerado, cuyo nacimiento costó la vida a la madre». Más adelante, al hablar del bautizo, dice: «Tuvo lugar el bautizo el domingo 2 de agosto, en la iglesia del Rosario. Y aunque se dice que era raquítico y canijo, de miembros atrofiados y un tanto contrahecho, y de cabeza gruesa y disforme, con unos ojillos tristes bajo una frente abultada, es lo cierto que Francisco de los Cobos, secretario de estado, dice al escribir al emperador: Está muy bueno y cada día va mejorando; plegue a Dios lo guarde, que está tan bonito que es placer verle». Estas informaciones facilitadas a Carlos V en el plano anecdótico, no satisfacen a este ampuloso cronista que se apresura a buscar absurdas excusas: «¿Lo decía por adulación, o era verdad aparente? Pues al estar fajado y no aparecer más que la cabeza podían equivocarse los hombres y ser verdad ambas cosas».

Este autor, empecinado en crear una turbia leyenda del continuador de la dinastía para salvaguardar la reputación del rey, en el colmo de la aberración partidista, añade: «Aquí es lugar de consignar que la reina doña Catalina [la hermana de Carlos V] fue de trágica suerte en los hijos: el primero, don Juan, heredero del trono, muere poco más de un año después de casarse con la hermana de Felipe II; poco después su viuda da a luz a su sucesor, el excéntrico y desgraciado don Sebastián, mientras María pare a nuestro Carlos, probablemente loco del todo. Nada tiene, pues, de particular, sentados estos precedentes, que el príncipe don Carlos naciera anormal, que no hablara hasta los tres años y que al nacer diera la muerte a su pobre madre». Jamás he sido capaz de imaginar que un bebé pudiera ser un asesino tan precoz, aunque quizá deba mostrarme indulgente y sustituir el vocablo diera por provocara, valorando la invectiva tan desafortunada como un disparate sin intención, aun cuando tengo inseguridad al alegar esta magnánima deducción.

Un maestro de la pluma, con vocación literaria hacia la poesía, en una breve semblanza de Felipe II, se recrea, siguiendo los consabidos convencionalismos:

«Era don Carlos feo, jorobado, con un hombro más alto que otro y la pierna derecha más corta, lento al hablar y de acusado infantilismo. Sin capacidad de discernimiento, hacia valer de continuo su jerarquía, golpeando, mandando azotar e insultando tanto a sus servidores más directos como, si podía, a los Grandes. Víctimas suyas fueron desde su guardajoyas, a quién quiso procesar por ladrón, hasta su ayo y mayordomo o el duque de Alba. En cuanto a inclinaciones sexuales, queda la duda de si sólo buscó a mujeres o mantuvo además relaciones equívocas con alguno de sus criados de cámara.

De siempre enfermo de unas u otras dolencias, de las que no se excluyen las acostumbradas fiebres por malaria de la familia, la anormalidad de don Carlos se fue confirmando con su desarrollo».

Sin comentarios por cuanto ni siquiera se puede alabar algún trazo poético que endulce la catarata de tópicos ni, por supuesto, unas malintencionadas incertidumbres que no tienen justificación.

Un ensayista, reputado como uno de los distinguidos historiadores del renacimiento, en una biografía dedicada al monarca, bien instruida en el campo bibliográfico, no se sale del guión marcado:

«A pesar de los cuidados que se le prodigan, los defectos de que adolece ese pequeño ser desde su nacimiento son cada vez más evidentes. Su cabeza es enorme, su torso raquítico, sus piernas débiles. Apenas habla. Esas taras son el resultado de la consanguinidad muy cercana de sus padres. Provienen también de la pesada herencia genética de las familias reales de Castilla y de Portugal.

A los nueve años, tiene el aspecto de un pequeño anciano. Su enorme cabeza recuerda, extrañamente deformada, las facciones de Felipe II. Tiene una pierna más corta que la otra y una giba en la espalda. Padece de epilepsia, de frecuentes accesos de fiebre y de mala digestión».

Los intermitentes acosos de la malaria comienzan en 1560, cuando cuenta ya con catorce años, y no conozco referencias fidedignas que le asignen ataques de epilepsia o alteraciones digestivas, que este biógrafo infiere por la fama de glotón que se le adjudica en parangón con su abuelo. Y para que este elenco de profesionales, la mayoría españoles, no quede sin una digna participación germánica, tan alejada en teoría con las tesis filipescas, concluyo esta síntesis con otra sarta de improperios de un prosista que hace alarde de una excitante palabrería:

«En Toledo la presenta su esposo (a Isabel de Valois) un muchacho de unos quince años, pero que parece a la vez mucho más joven y mucho más viejo. Habla trabajosamente y casi no se le entiende; lleva un hombro más alto que el otro; una mitad del cuerpo está atrofiado y tampoco sus piernas son iguales. Sobre sus mejillas hay huellas de fiebre que no se apaga. En sus ojos se ve la amenaza de la furia, de la epilepsia. La brutalidad y la debilidad se manifiestan por la expresión decisiva de sus rasgos; todo su ser parece hallarse en una monstruosa desarmonía de sus miembros y funciones. Es Don Carlos, el infante de España, el heredero del enorme imperio, el mismo a quien el 22 de febrero de 1560 ha sido prestado juramento de fidelidad en la catedral de Toledo.

Isabel es cariñosa con él y se gana con ello el afecto casi animal de ese muchacho que a todo el mundo odia pues en él hay acumulada una rabia sin límites, caótica, una crueldad primitiva. De niño causó la muerte de tres amas a fuerza de morderles, comerles los pechos, como dice un embajador: "Enfants, non suelement il mordit, mais mangea même les seins a trois nourrices, qui en faillirent mourir". Más tarde, de adolescente, asó liebres vivas en un palo, y a una ardilla le quitó la cabeza de un mordisco. Los cortesanos le temían. Su alma era tan malvada como indolente su espíritu. A los servidores o a los nobles que por cualquier nimiedad despertaban su ira, los quería matar o castrar; como esta orden suya no era cumplida, se echaba llorando sobre la cama, acometido por una calentura tremenda; rechazaba durante días la comida, para comer, unos días después, de una manera tan desaforada que caía nuevamente acosado por la fiebre».

Este estilista y elevado pensador, como se le valora en el prólogo de su biografía de Felipe II, termina tajante y despiadado: «La reina tolera cerca de sí la presencia de este pobre animal».

Tanto estos expertos como varios más que no incluyo para evitar la repetición de las calificaciones ya vertidas tienden de forma obsesiva a resaltar las deficiencias e ignorar las propiedades positivas, fundándose para ello en los mensajes enviados por los venecianos y en una sarta de elucubraciones propias sin rigor alguno. Voy a repasar los correspondientes despachos para determinar la procedencia de los tópicos que he recopilado, siguiendo las aportaciones de

Louis Prospére Gachard, el único investigador que ha tratado la cuestión con profusión de documentos auténticos, a mediados del siglo XIX, en su magnífica obra *Don Carlos y Felipe II*. Baodero, representante en la corte de Carlos V, orienta al Senado de su república en 1557, sin que hubiese conocido al infante que rondaba los doce años de edad:

«Su cabeza resulta desproporcionada con el resto del cuerpo. Sus cabellos son negros. Débil de complexión, anuncia un carácter cruel. Uno de los rasgos más sobresalientes es que cuando le llevan liebres y otras piezas de caza, su mayor placer es que las asen vivas. Le regalaron una vez un áspid de gran tamaño, el cual le mordió un dedo; encolerizado, Don Carlos le arrancó la cabeza a mordiscos. Cuando no tiene dinero regala sus cadenas, medallas e incluso trajes. Le gusta ir vestido con mucho lujo. Todo en él denota que será extremadamente orgulloso, pues no puede soportar que le hagan permanecer mucho tiempo delante de su padre o de su abuelo con el sombrero en la mano. Es tan colérico como puede serlo un joven de su edad, y sumamente obstinado en sus opiniones. Su preceptor se esfuerza en hacerle leer los oficios de Cicerón a fin de moderar la impetuosidad de su carácter, pero Don Carlos no quiere oír hablar más que de cosas de guerras, ni leer otros libros que los relacionados con ellas».

Andrea Baodero y Agostino Barbarigo dicen en 1561:

«El príncipe don Carlos tiene dieciséis años (...) Es pequeño de talla. No es nada hermoso. Su figura denota inclinación a la cólera y bastante atrevimiento. Es muy curioso y a cuantas personas hablan con él les hace numerosas preguntas, como si quisiera saberlo todo. Tiene el mentón prominente y se cree que será más aficionado a las cosas de la guerra y a engrandecerse que su padre».

Paolo Tiepolo escribe en 1563:

«El príncipe don Carlos es muy pequeño de estatura. Su figura es desagradable y fea. Es de complexión melancólica y por este motivo durante tres años sufrió de cuartanas, que algunas veces llegaron a privarle del sentido; accidente tanto más notable cuanto que parece haberlo heredado de su bisabuela. Como consecuencia de una enfermedad tan larga y sobre todo de un mal muy peligroso que padeció últimamente, y del cual, según la opinión más generalizada, se libró de un modo milagroso, ha quedado extremadamente débil y lánguido, tanto más cuanto su naturaleza nunca poseyó mucha salud y vigor (...) Cuando pasó de la infancia a la pubertad no sintió ningún placer en el estudio ni en el ejercicio de las armas, la equitación u otras cosas virtuosas, honestas y de gusto, sino tan solo en hacerle mal a los demás. Cuando las personas que le parecen de escasa consideración se presentan ante él, manda que les den de palos o latigazos y no hace mucho que se empeñó del modo más absurdo en que había de castrar a uno. No se sabe que ame a nadie y en cambio odia a muerte a muchas gentes. Le gusta mucho recibir regalos e incluso los busca, pero él no se los hace a los demás».

Giovanni Soranzo manifiesta en 1565:

«El príncipe no escucha ni respeta a nadie, y si se nos permite decirlo, hace muy poco caso de su padre, el cual disimula y finge a pesar de que se halla al corriente de todo, porque cuando le da muestras de su descontento, Su Alteza se tiene que meter en cama con fiebre a causa de la gran cólera que siente (...) Es de una naturaleza muy cruel y se cuentan sobre esto algunas cosas que no conviene estampar aquí. En las respuestas que da a quienes les dirigen la palabra muestra poca cortesía y benevolencia. Odia especialmente a quienes les sirven (...) Tiene caprichos extraños, como el de encargarse gran cantidad de trajes, comprar joyas que luego no consiente que toque nadie, hacer grabar su retrato en un rubí o en un diamante y luego, cuando ha llevado el anillo en el dedo durante ocho días, no querer volverlo a ver. No se muestra amable con nadie y en todas sus acciones hace alarde de orgullo y altivez. Siente gran aversión hacia todas las cosas que le gustan al rey y no hay nada que le divierta (...) Todos los ministros que se encuentran en la Corte le temen, porque cuando no quieren hacer lo que les manda los cubre de palabras injuriosas, y como ellos saben que no le pueden obedecer sin permiso del rey, se sienten muy embarazados, de modo que procuran evitar su contacto en todo lo posible».

Sin que desconfíe de los dignatarios venecianos, acusados de poco escrupulosos con la verdad, aunque también se les juzga observadores ecuánimes, sí hay que ponderar que casi todos ellos tuvieron que recurrir a confidentes, dado que, cuando envían las versiones a su república, don Carlos era ya un adolescente y no habían visto su evolución física y psíquica en los primeros periodos de su desarrollo. La mayoría de sus contribuciones nacen de los chismorreos de la Corte, aficionada, como cualquier colectividad enclaustrada, a las parlerías y los resabios individuales. Esta apreciación subjetiva no implica que no haya aciertos en las etopeyas expuestas, incluso contradicciones tan palpables como «que no le gustase realizar regalos a los demás» cuando hay pruebas de su prodigalidad, o que «no amase a nadie» cuando varones cultos y piadosos como Honorato Juan o Hernán Suárez de Toledo eran muy respetados, pero siempre hay que tener claro que los embajadores, en general, tenían limitada privanza, por no decir ninguna, para sacar conclusiones personales. Andrea Baodero y Agostoni Barbarigo nada relevante cuentan y solamente Giovanni Soranzo pinta un cuadro de superior hondura cuando destaca que ya en 1565 existían ejemplos de confrontación entre padre e hijo, a pesar de que no sea capaz de facilitar antecedentes descollantes, excepto el apunte de que «no era obedecido sin permiso del rey». Esta apostilla evidencia que Felipe II, mucho antes del estallido final, guardaba precauciones sobre la conducta de su primogénito y que semejante vigilancia exasperaba los ánimos principescos. Que su proverbial tendencia al enojo le ocasionase un acceso febril nada tiene de particular, si se repara en que el propio soberano era propenso a tales calenturas cuando los acontecimientos distorsionaban su temperamento, como le ocurre en el verano de 1566 al recibir las noticias de la revuelta iconoclasta en tierras neerlandesas o cuando don Carlos, en la primavera de 1562, se halla postrado en un lecho de muerte.

En las postrimerías de 1564, Pierre de Bourdeille, señor de Brantôme, acude a Madrid para dejar testimonio, tiempo más tarde, de la impresión que le causó el príncipe durante su breve estancia en el alcázar. El escritor francés expone: «A mi escaso juicio creo que llegará a ser grande, y lo encontré de muy buena traza y mucha gracia, aunque su cuerpo está un poco estropeado, pero se nota poco». Enseguida entra en el análisis de su comportamiento para concretar lo que ha escuchado en palacio y añade: «... era muy caprichoso y lleno de extravagancias. Amenazaba, pegaba e insultaba, hasta el punto de que Ruy Gómez, favorito del rey de España, si es que tuvo alguno, no lo podía sufrir, y a todas horas suplicaba al rey que le quitase aquel cargo (mayordomo mayor del príncipe) y se lo diese a otro, de lo cual estaría muy satisfecho. Pero el rey, que se fiaba de él, no lo quiso escuchar jamás y el príncipe amenazaba siempre a su gobernador de que algún día, cuando fuese grande, se arrepentiría. En cuanto a sus demás criados y oficiales, cuando no le servían completamente a su gusto, nadie se puede figurar cómo los trataba». Pierre de Bourdeille culmina su despliegue detallando variadas anécdotas que le fueron referidas:

«Estando yo en España me contaron de él que su zapatero le había presentado un par de botas muy mal hechas y que las hizo cortar en pedacitos, freírlas como tripas de buey y le obligó a que se las comiera todas delante de él, en su propia cámara. Le gustaba mucho salir de noche y enredarse a estocadas a cualquier hora que fuese, acompañado de diez o doce caballeros de su edad de las primeras casas de España, de los cuales unos le acompañaban por gusto y otros obligados (...) Cuando encontraba por la calle alguna mujer hermosa, aunque fuera de las más ilustres del país, la tomaba y besaba por fuerza delante de todo el mundo y la llamaba puta, perdida, perra y otras muchas injurias. Las que se dejaban besar de buen grado cuando él las llamaba y les decía, puta, bésame, las acariciaba suavemente y les decía que eran unas putas muy gentiles. En resumen, que les hacía mil pequeños insultos, pues tenía muy mala opinión de todas las mujeres, y de las grandes damas peor que de las demás, pues decía que eran unas hipócritas y traidoras en amor. Era una plaga para todas, aparte de la reina, a quien yo mismo pude ver que honraba y respetaba mucho, pues estando delante de ella cambiaba de todo, de humor, de natura y hasta de color. En fin, que era un terrible macho...».

La frase del literato francés: «lo encontré de muy buena traza y mucha gracia», sin que tuviese motivaciones para no ser objetivo, ya que su aseveración no atesoraba connotaciones serviles, me coloca en la perplejidad que generan las dispares interpretaciones vertidas sobre su morfología. ¿Tenía razón Paolo Tiepolo al conceptuar desagradable y fea su apariencia o, por el contrario, es más ecuánime el señor de Brantôme?

En la primavera de 1564, cuando el monarca regresa de su viaje por Aragón, llega a España Adam de Dietrichstein en compañía de Rodolfo y Ernesto, descendientes de su cuñado Maximiliano y su hermana María, para ofrecer con rapidez, en sendas cartas dirigidas a su señor, dos etopeyas de Carlos de Austria que parecen encuadradas más cerca del camino de la sinceridad. Debo consignar que el príncipe se encontraba reunido con su familia desde junio de 1564 y que había producido admiración su crecimiento corporal cuando aún no había cumplido los diecinueve años. El barón de Dietrichstein envía sus primeros comentarios desde Valencia, sin haber podido todavía conocerle y basándose por tanto en simples orientaciones:

«Las informaciones que he obtenido hasta el presente sobre el príncipe de España son poco satisfactorias. Según dice, tiene la piel blanca y los rasgos regulares, pero es de una palidez excesiva. Uno de sus hombros es más alto que el otro y la pierna derecha más corta que la izquierda. Tartamudea ligeramente. En unas cosas da muestras de buen entendimiento; pero en otras tiene la inteligencia propia de un niño de siete años. Quiere saberlo todo y hace infinidad de preguntas, pero sin juicio e *innullum fine*, más por costumbre que por otra cosa. Hasta ahora no se han podido descubrir en él inclinaciones nobles, ni averiguar sus aficiones, como no sea a los placeres de la mesa, pues come tanto y con tanta avidez que apenas se puede creer, y al poco tiempo de haber acabado ya está dispuesto a comenzar de nuevo. Estos excesos de la mesa son la causa principal de su estado enfermizo, y muchas personas piensan que si continúa así no podrá vivir mucho tiempo. No hace ningún ejercicio. Cuando se propone alguna cosa, la prosigue con ardor. No conoce freno a su voluntad y su razón no parece bastante desarrollada para permitirle discernir lo bueno de lo malo, lo perjudicial de lo ventajoso y lo conveniente de lo que no lo es. Hasta ahora no se ha notado que sienta ninguna inclinación hacia el comercio con las mujeres, de lo cual deducen algunos que es inhábil para la generación; pero según otros es porque desea que la mujer con quien se case lo encuentre virgen. En opinión de algunos, su castidad, lo mismo que sus defectos, proceden de la altivez de su alma. Al ver que su padre no le hace ningún caso ni le concede autoridad alguna, anda medio desesperado. Parece que su educación ha estado mal dirigida, que su natural era bueno y que de joven se mostraba muy distinto a lo que ahora es».

El 29 de junio de 1564, cuando hacía poco que don Carlos había retornado a la Corte desde Alcalá de Henares, Dietrichstein envía un nuevo mensaje a Maximiliano con la seguridad de haberle frecuentado, pero sin emitir un criterio diáfano sobre su conducta. Su novedosa notificación me sume en el asombro de las contradicciones:

«El príncipe goza al presente de buena salud. El retrato que puedo hacer de él a Vuestra Majestad no difiere mucho del que le envié precedentemente. Su figura es bastante regular y no ofrece nada desagradable en el conjunto de sus rasgos. Tiene los cabellos oscuros y lacios, la cabeza mediana, la frente poco despejada, los ojos grises, los labios normales, el mentón un poco saliente y el rostro muy pálido. Nada recuerda en él la sangre de los Habsburgo. No es ancho de espaldas ni de talla muy grande; uno de sus hombros es un poco más alto que el otro. Tiene el pecho hundido y una pequeña giba en la espalda, a la altura del estómago. Su pierna izquierda es bastante más larga que la derecha y se sirve menos fácilmente de todo el lado derecho de su persona que del izquierdo. Los muslos son fuertes, pero mal proporcionados, y las piernas muy débiles. Su voz es delgada y chillona, da muestras de dificultad al empezar a hablar y las palabras le salen con dificultad de su boca; pronuncia mal las erres y las eles, pero en conclusión sabe decir lo que quiere y consigue hacerse entender.

Como lo frecuento poco solo puedo informar a Vuestra Majestad sobre su conducta por lo que me han contado. Da muestras de mucho afecto y amistad hacia mi gracioso señor [el príncipe Rodolfo] y si bien tiene algunos defectos, muchas gentes no se asombran de ello al considerar la forma en que ha sido educado y su naturaleza delicada y enfermiza. En la actualidad se procura remediar la negligencia con que se atendió a su educación durante su juventud y tratarlo como lo debieran haber tratado entonces, pero su natural orgulloso se rebela contra estos intentos. Todos sus servidores le fueron dados contra su voluntad. Su padre no le emplea en nada, lo cual le produce viva contrariedad. Es posible que tenga buenas razones para ello, pues el carácter del príncipe es violento e irritable, y a veces tiene transportes de cólera verdaderamente terribles. Dice siempre lo que lleva en su corazón sin el menor disimulo y sin pararse a considerar las personas que puede ofender. Cuando tiene algún motivo de descontento contra cualquier persona es difícil hacerle cambiar de opinión. Se muestra tenaz en sus ideas y prosigue hasta el fin la realización de sus propósitos, de suerte que muchas gentes se asustan al pensar lo que podría hacer si la razón dejase de mantenerlo en el buen camino. Me habló varias veces y me hizo muchas preguntas según su costumbre, pero lejos de hallarlas fuera de propósito, según me han dicho que ocurre con frecuencia, me parecieron todas muy acertadas. Su memoria es excelente y tiene rasgos muy intencionados, lo cual da motivos para afirmar que su franqueza llega a veces a extremos de verdadera brutalidad, sin miramiento alguno; pero muchos de los defectos que se señalan en él hubieran podido ser corregidos por medio de una buena educación. Hasta ahora no ha manifestado afición hacia nada determinado. Es muy glotón, pero lo han sometido a una especie de régimen. Generalmente, no come más que un plato: un capón hervido, cortado en pequeños trozos y sobre el cual vierten la salsa de un guisote de cordero. No bebe más que una sola vez durante las comidas, y siempre agua, pues el vino le repugna.

Es sumamente piadoso y muy enamorado de la justicia y la verdad. Detesta la mentira y no perdona a nadie que haya mentido alguna vez. Es muy aficionado al trato de las personas integras, probas, virtuosas y distinguidas; quiere que le sirvan bien y con exactitud, y ama y favorece a cuantos lo hacen así. Es hospitalario. En cuanto al comercio con las mujeres no ha dado hasta ahora ningún indicio de sus inclinaciones en este aspecto, aunque no hay nadie que pueda afirmar que sea inhábil para la generación...».

Ya he planteado, gracias a la «clarividencia e imparcialidad» de varios escritores, un rotundo perfil de su naturaleza. El príncipe de Asturias era un ser deforme, retorcido, enano o canijo, con la cabeza desproporcionada o disforme, el cuerpo frágil, raquítico, atrofiado, contrahecho, cojo, de ojillos mustios, frente abultada, feo y giboso. Y si su anatomía no es un fulgor de perfección su aptitud física nunca brinda opciones para el optimismo, dado que arrastraba todas las taras endogámicas imaginables al padecer afasia (falta de capacidad para hablar por lesión cerebral), amnesia, epilepsia, esquizofrenia, paranoia, imbecilidad, oligofrenia, infantilismo, tartamudez y ser encima un joven glotón, cruel, colérico, agresivo, febricitante, tan imperfecto y degenerado que era proclive al sadismo y los extravíos sexuales, que deben referirse a una homosexualidad tan denostada en aquella época. Y, además, según intromisiones recientes de facultativos que tienen la osadía de diagnosticar sin posibilidad de tratar al paciente, tenía la extremidad superior diestra rígida por un inalterable espasmo y, por si no fuera suficiente, se le atribuye también que era sietemesino o nacido prematuramente.

Si las aserciones vertidas fuesen indiscutibles —aunque parezca mentira he reflejado tan sólo una parte demostrativa de todas ellas—, no me cabe el menor titubeo de que estaríamos ante un monstruo y no ante un hombre común que pudo soportar el acoso del paludismo, dolencias dimanantes de la perniciosa atmósfera ambiental, carecer de atractivo y aguantar con entereza trastornos como la tartamudez o entorpecimientos para vocalizar con claridad. Otro literato, reputado como médico humanista, en un volumen que engloba a los cetros de la casa de Austria, se muestra más ecuánime, pero no olvida poner su guinda artística en el pastel con afanosa perspicacia, valiéndose para ello, no de instrumentos que recojan valoraciones de los galenos de la centuria, que no existen, sino del cuadro compuesto por Sánchez Coello que se exhibe en el museo del Prado. De la silueta del adolescente, pintada cuando tenía trece años, deduce este doctor que poseía una corcova en la espalda porque la línea de botones del jubón traza la forma de una ese invertida, aparte de mostrar también una ligera caída del hombro derecho y postura espástica de la mano diestra, como restos de una hemiplejia, para concluir determinando que sufría oligofrenia con rasgos psicóticos por la endogamia de los Trastámaras y las caricaturescas atrocidades que cometía cuando desollaba conejos vivos, se tragaba diamantes o devoraba los pezones de las mujeres que le amamantaban. La artística giba, descrita por diferentes narradores, desapareció por arte de encantamiento si, siguiendo sus singulares argumentos, se fija la mirada en el lienzo que el propio pintor hizo meses antes de la tragedia y que pertenece a la colección del conde de Villagonzalo.

Si los desmanes que le han sido achacados fuesen reales, como base inequívoca de graves perturbaciones psíquicas, y verídicos los signos de idiotez, hay inevitablemente que hacerse distintas preguntas. ¿Por qué, si estamos ante un engendro, hizo Felipe II que los representantes castellanos le jurasen heredero el 22 de febrero de 1560? El entonces infante casi tenía quince años y es presumible que, si sus sistemáticos detractores tuviesen razón al analizar sus miserias corpóreas y mentales, ya hubiese dado síntomas de tales desvaríos, torpezas y nula suficiencia para futuros actos responsables. Pero aún hay más: si el monarca estaba convencido de sus perversidades y taras, ¿cómo es concebible que en 1564, cuando ya caminaba hacia los diecinueve años, pretendiese que las Cortes de Aragón le jurasen por procuración? Y si se estaba ante una verdadera calamidad, ¿cómo es factible que, en el verano de 1566, cuando su hijo acababa de alcanzar los veintiún años, le pusiese al frente de los Consejos de Estado y Guerra y estuviese predispuesto para llevarle consigo hacia Bruselas, en donde hubiese tenido que asumir la gobernación de aquellas inquietas provincias? No me cabe duda de que la bizarría que le adjudican literatos como Schiller nada tiene que ver con la realidad, pero si los dramaturgos no ofrecen garantía al plasmar su individualidad lo mismo ocurre con historiadores afanados en resaltar maliciosas deficiencias para fortalecer la imagen del soberano o justificar, en última instancia, el dramático desenlace.

La supuesta locura que se le imputa fue desmentida por Dietrichstein, aduciendo por boca de Diego de Chaves, confesor del príncipe, que sus imperfecciones se basaban en la educación recibida, demasiado libre, a la dureza de su corazón y a la testarudez que le caracterizaba más que a su mengua de raciocinio. Gachard, al traslucir este valioso apunte, que la mayoría de los cronistas omite, sugiere, con sensato discernimiento, que el fraile era, por su cargo, quien mejor conocía los pliegues ocultos del alma del sucesor al trono. El dominico, que una década después fue a su vez director espiritual del rey, vuelve a insistir, antes de ser declarada públicamente la defunción, negando la falta de entendimiento y avisando «que don Carlos se convertiría en un príncipe bueno y virtuoso, pues junto a aquellos vicios se observaban en él muy hermosas cualidades». Estas reflexiones del monje bastarían para desmantelar los vilipendios, pese a que a mí no me satisfacen considerando la coyuntura crucial en que nacen. Los elogios de fray Diego tienen la patética apariencia de ser magnánimas alabanzas en honor de un difunto, siguiendo el clásico patrón encomiástico que siempre se activa hacia los seres que han abandonado este mundo. En los primeros meses de 1568, encerrado entre los muros de una torre e incomunicado con el exterior, Carlos de Austria podía seguir vivo, pero nadie puede asegurar que los vigilantes que le rodeaban no estuviesen velando y escondiendo un cuerpo muerto.

Pierre de Bourdeille, señor y abad secular de Brantôme, fecundo literato francés publicado en el siglo XVII, a quien ya he aludido, tildado de no ser muy veraz, pero que hacía gala de dotes de fisonomista, escribía: «creo que cuando este príncipe la hubiese corrido bien y cambiado completamente el plumón como los jóvenes pollinos, y le hubiesen pasado los ardores de la primera mocedad, se hubiese convertido en un gran príncipe y hombre de guerra y estado». Jerónimo de Moragas, crítico a su vez, resalta que algunos de los engorros que causó a su padre vinieron de su aversión a la mentira, recalcando además su amor a la justicia. Raras virtudes en un psicópata oligofrénico o garrafales las equivocaciones de un padre que no advierte los desvaríos de su descendiente y admite que las Cortes de Castilla le juren como continuador de la dinastía para encumbrarle, más adelante, en la presidencia de sendos consejos.

La buena apariencia, la figura regular que no insinúa nada desagradable en el conjunto de sus rasgos, la sorprendente cabeza mediana que cita un testigo como Dietrichstein, la magnífica memoria, la franqueza, sus características piadosas y hospitalarias, su inclinación al trato con seres íntegros (su preceptor, Honorato Juan; el alcalde de casa y corte, Hernán Suárez; Luis Quijada; Rodrigo de Mendoza, y algunos más que eran objeto de sus atenciones son prueba de este aserto) y en especial su amor a la justicia y la verdad puede que no sean atributos fidedignos, pero, en todo caso, no dejan de ser opiniones que apuntalan unas peculiaridades que numerosos investigadores han silenciado de forma partidista. No es mi intención añadir más leña al fuego negro de la memoria de Felipe II, si bien confieso que, en ciertos momentos, he sentido irritación ante el cúmulo de calumnias vertidas contra su hijo. Y también pienso que si la reputación del monarca ha perdido una porción de su oscura atmósfera se debe, en gran medida, a las supercherías que se han desgranado, sin un ápice de piedad, sobre el cadáver de Carlos de Austria, con el único propósito de crear otra perdurable leyenda negra.

LIBRO I
VIDA, PRISIÓN Y MUERTE DE CARLOS DE AUSTRIA

«La gran epopeya del vivir histórico está formada, más aún que por la pugna entre los diversos héroes, referida a las crónicas, por la suma de otras batallas oscuras que se libran, en la conciencia de cada hombre, entre el espíritu del bien y el espíritu del mal. Es frecuente que ni nosotros mismos nos demos cuenta de ellas. Desde luego, no suelen advertirse en los grandes relatos, a través de los mantos reales, ni de las relucientes armaduras. En cambio, el estudio detenido de estos procesos nos pueden conducir, a través de cartas perdidas, de gestos fugaces, de un dato olvidado entre el fárrago de la literatura escribanil, hasta las simas tenebrosas o hasta los ámbitos claros de la remota subconciencia colectiva. Y allí podemos ver bullir, como en un prodigioso alambique, el ímpetu del poderío, la fruición del bien y la del mal; los hilos, en suma, que hacen agitarse y actuar a los protagonistas y a los comparsas de la gran tragicomedia».

Gregorio Marañón, *Antonio Pérez,* «Prólogo» (París, 1937-Toledo, 1946), 1998, p. XXXII.

No son muchas las monografías dedicadas a Carlos de Austria, pese a la repercusión que siempre ha tenido su aciago destino. La mayoría de las intervenciones se han originado, como es lógico, al enfrentarse con la biografía de su padre (1527-1598) y su duradero reinado, que abarca, casi completa, la segunda mitad del siglo XVI.
   La alusión primitiva al drama, con nítidas connotaciones hacia el desprestigio de su progenitor, brota en 1581 cuando Guillermo de Nassau, príncipe de Orange, nacido en un pequeño condado alemán y que alcanzó notoriedad en la Corte de Carlos V a raíz de heredar ricas propiedades, edita su apología en Leyden, acusando a Felipe II de matar a su hijo e instigar el fallecimiento de Isabel de Valois. Más tarde, el célebre Antonio Pérez, huido a Francia para evitar represalias, publica en el país vecino, con el seudónimo de Rafael Peregrino, sus experiencias en sendas tiradas de 1592 y 1598. El vituperio del aristócrata rebelde, asesinado por un fanático católico de origen borgoñón llamado Baltasar Gérard, ni siquiera ha sido traducido al castellano y la diligencia del fugitivo se mueve en un oscurantismo receloso por su exilio, su deseo de conquistar el perdón y el miedo de que sobre su esposa Juana de Coello y su prole, encarcelados en Castilla, se pudiese cebar la venganza monárquica. El refugiado culpa veladamente a Diego de Chaves y al rey del fatal desenlace violento del príncipe.
   Ambas narraciones fueron respetadas cuando los franceses iniciaron el campo biográfico dedicado a Felipe II al comenzar el siglo siguiente, pero no sería hasta 1673 cuando César Vichard, abad de Saint-Real, redacta, siguiendo cauces novelescos, su *Vida y muerte del Príncipe Don Carlos de España* como primer fruto monográfico. Tampoco hay letra impresa, pero sí existen, perfectamente legibles, manuscritos en la Biblioteca Nacional y en la Academia de la Historia de Madrid.
   Ni la creación literaria ni la música, sea teatro u ópera, abarcadas al consumarse la centuria dieciochesca por Schiller y Verdi, ofrecen argumentos convincentes dentro de un contexto imaginativo y escasas son las dosis de sinceridad de los escritores que examinaron la tragedia, al enfrascarse con la denostada figura del soberano hispano. En 1829, uno de los símbolos más eximios de la historiografía alemana, Leopoldo Ranke, se enfrenta al reto de escribir una obra

titulada *Don Carlos,* pero lamento decir que no he localizado dicho tomo y, en consecuencia, carezco de soporte para enjuiciar su valor.

La memoria de Carlos de Austria, el mito forjado a lo largo del tiempo, es hasta 1863 un pedestal para la imaginación literaria y una sinrazón histórica. Louis Prospére Gachard, nacido en París el 12 de mayo de 1800, de nacionalidad belga a partir de 1830, es el hombre destinado a poner equilibrio en el tendencioso entramado al dedicarse, en diversas etapas profesionales, a la paciente recopilación de papeles fidedignos en las principales capitales europeas para dar paso a una ingente tarea vinculada con los Países Bajos y, consecuentemente, con las huellas de Carlos V y de Felipe II. Y es en el especificado 1863 cuando ve la luz el estudio más sensato que se haya elaborado sobre las maltratadas personalidades del monarca y su primogénito. Este ejemplar tuvo una segunda difusión en Francia en 1867. El memorable ensayo fue dado a la estampa por la editorial Lorenzana, de Barcelona, en 1963 (a los cien años de imprimirse por primera vez), con un buen prólogo del traductor A. Escarpizo, si bien la biblioteca nacional dispone de ejemplares con un generoso cuerpo testimonial añadido al texto. La honradez de su trabajo no puede ser cuestionada, aunque haya sido objeto de reproches al reputarle discrepante con la política hispánica por su adquirida y sospechosa ciudadanía.

La influencia de este volumen ha hecho opinar a los expertos que el debate está periclitado, cuando no radicalmente concluido, no obstante el factor cuestionable de que el investigador no se pronuncie con contundencia, al terminar su labor, sobre las patéticas vicisitudes que se produjeron dentro de las paredes del alcázar. Efectivamente, no sólo se mata con el hierro, el veneno o el garrote, pero la tortura psíquica generada por el confinamiento no es fundamento suficiente para entender que el príncipe, acosado por la desesperación, fuese capaz de atentar contra su vida. Si se otorga credibilidad a esta convicción no se hace otra cosa que admitir la versión transmitida por los heraldos reales, al propalar que el deceso tuvo lugar el 24 de julio de 1568, después de sufrir extravíos en la conducta y negarse a comer once días seguidos.

Ricardo García Cárcel, catedrático de historia moderna, que ha escrito un corto y reciente artículo, bien instruido sobre la construcción del mito, afirma con seguridad: «De hecho, hoy sigue siendo la obra de Gachard el mejor referente de la historiografía de Don Carlos. Se ha avanzado muy poco sobre el conocimiento del personaje. En España, solo merece mención el viejo trabajo de Elías Tormo titulado *La tragedia del príncipe Don Carlos y la trágica grandeza de Felipe II*. La historiografía española nunca ha superado los escrúpulos sobre el tema de Don Carlos y ha asumido la visión de Gachard como más creíble que la historia oficial elaborada en el momento de los hechos. Gachard enterró el mito y éste hoy parece descansar en paz».

El propio A. Escarpizo, ya indicado, infiere con lucidez que el ensayo del archivero belga es «fruto de una investigación exhaustiva, modelo de imparcialidad y elevación de espíritu y auténtico fallo definitivo e inapelable de un litigio hasta entonces tan oscuro y falseado».

Cesare Giardini, empecinado también en el asunto, publica en Milán, en las postrimerías de 1933, *El trágico destino de Don Carlos*, pero sin aportar datos relevantes y cayendo en la trampa de ensalzar la imagen regia en menoscabo del heredero, como han venido haciendo en el transcurso de la pasada centuria multitud de incondicionales de las actuaciones absolutistas. Este volumen, que no ha tenido demasiado eco, fue puesto en circulación en 1940 por la editorial Juventud, en Barcelona.

Y si la biografía se cierra con tan raquítico bagaje, tres inserciones impresas que no dan pie a la injerencia de la ficción, no dejan de florecer colaboraciones, de mayor o menor calado, como las líneas que dedica Carmen Barberá, los pormenores que facilita Antonio Benítez de Lugo en la biografía de Diego de Chaves o *La relación histórica de la prisión y muerte del príncipe don Carlos, hijo del rey Felipe II y nieto de Carlos V*, impresa en 1841, así como la implicación de Cayetano Manrique, puesta en letras de molde en 1867, bajo el epígrafe *El príncipe don Carlos conforme a los documentos de Simancas;* la participación de Antonio del Toro con su artículo «El príncipe Carlos, una tragedia familiar»; la contribución de Gabriel Maura y Gamazo, duque de Maura, en sus polifacéticas etopeyas compiladas en *Estatuas que vuelven a ser hombres*, y también el llamativo libro quinto de la *Historia de los protestantes españoles y de su persecución por Felipe II*, de Adolfo de Castro, o el bosquejo del profesor Carlos Blanco Fernández titulado *El heredero maldito*, que hace gala de una enorme capacidad de síntesis para tan vasto argumento.

Todo esto sin consignar la esperpéntica cooperación de Guillem Viladomat denominada *Carlos, hijo y víctima de Felipe II;* la reedición de *El príncipe rebelde* del afamado historiador Manuel Fernández Álvarez, que entremezcla realidad e imaginación en una amalgama de razones y sinrazones que pueden brindar entretenimiento; la desigual novela de Bernat Montagud *Don Carlos, príncipe de tinieblas,* en donde la ficción supera el substrato cronístico; el premio Ateneo de Sevilla de 1992 ganado por Pedro Casals con *El infante de la noche,* una novela enmarcada con un magma teatral que permite evocaciones y soliloquios, o el tratado, digno de encomio por su conato de objetividad, del médico Miguel Toledo González, que tiene el loable atrevimiento de encararse con el personaje en el difícil terreno clínico de una disfunción cerebral en el siglo XVI y que, por su amplitud, aunque específica desde una perspectiva morbosa, puede enclavarse en el tema biográfico; como le ocurre al decano de la facultad de medicina de Alcalá de Henares, Antonio López Alonso, que, en diferente vertiente como es la traumatología, abarca la existencia del príncipe de Asturias en su obra *Don Carlos, hijo de Felipe II,* para ofrecer la interpretación de que los trastornos, en sus seis postreros años, nacen de un discreto traumatismo cerebral en la región izquierda de la cabeza por la herida padecida en el palacio arzobispal complutense, al caer por una escalera en la primavera de 1562.

Y esto sin marginar el universo del teatro, la pieza jamás estrenada de Carlos Muñiz, *Tragicomedia del serenísimo príncipe don Carlos;* las incursiones escénicas de Gaspar Núñez de Arce, Diego Jiménez de Enciso o Eugenio Olavarría y Huarte, y la rareza literaria de Manuel Fernández Álvarez, que, en su obsesión por el caso, tuvo la osadía de adentrarse en la esfera del arte dramático con el subtítulo de *Un conflicto generacional del siglo XVI.* La bibliografía foránea es abundante y lamento no haber sido capaz de obtener las publicaciones alemanas de Victor Bibl y Felix Rachfahl, cuando ambos, años después de la divulgación del volumen del ciudadano belga, se atrevieron a remover la losa del sigilo para dictaminar que el príncipe fue asesinado por orden de su padre.

Con simples retoques intrascendentes, como aquilata A. Escarpizo, pero con serias dudas sobre algunas apreciaciones de Gachard que no comparto, a despecho de que pueda parecer un sacrilegio semejante afirmación, sin ánimo de polémica, que llegará en su momento, con el deseo de introducir al lector en las características más sobresalientes del acontecer de Carlos de Austria, me he tomado la libertad de escribir una corta biografía del desafortunado joven, procurando ser conciso y huyendo siempre de un compromiso literario que pudiese embellecer el esfuerzo, aun cuando esta decisión pueda tener la contrapartida de una parquedad excesiva y pobreza retórica.

Culminada mi breve semblanza —tendente a un examen de factores destacados— daré paso a la revelación más intrigante de este asunto: un manuscrito olvidado en las estanterías de la Academia de la Historia.

Esta monografía jamás mencionada, repleta de complejidades frente a la identidad de su autor, trivial en muchos aspectos, confusa en el campo cronológico de su elaboración, sujeta a errores evidentes y todavía cargada de enigmas sin descifrar, tiene, pese a estos inconvenientes, un trasfondo de veracidad que nunca he podido descubrir en anónimos parecidos. Y, además, aparte de esa esencia peculiar, cuenta con el mérito de relatar, con todo lujo de detalles, el desconocido proceso criminal, tantas veces invocado, al que fue sometido en secreto el primogénito de Felipe II.

El infante, 1545-1560

El nacimiento

En la frontera de la medianoche, a los pocos minutos de sonar las doce campanadas en los templos de la ciudad, María de Portugal, esposa del entonces príncipe regente Felipe de Austria, alumbra un varón tras un doloroso parto que ha durado cuarenta y ocho angustiosas horas.

El acontecimiento se produce en una de las cámaras de la casona propiedad de Francisco de los Cobos, comendador mayor de León y secretario de Estado al servicio de Carlos V, frente a la iglesia de San Pablo, perteneciente a la orden de Santo Domingo de Guzmán.

El ajetreo de los médicos y las matronas, el resplandor de los hachones y el calor del verano acogen al heredero de un vasto imperio esparcido por varios continentes. Son los primeros instantes de un jueves, 9 de julio de 1545, en la soñolienta urbe castellana de Valladolid.

La muerte de María de Portugal

Pocas jornadas más tarde perece María de Portugal por las secuelas del parto. El nacimiento de una criatura en aquella época es una latente amenaza de extinción para la vida de la parturienta, y la princesa lusitana, a pesar de su juventud y fortaleza, no puede evitar el penoso trance. Al cabo de dos días de encontrarse bien, acuciada por una leve temperatura de probable origen puerperal, en la madrugada del sábado sobrelleva un acceso de recios temblores y congojas. Los síndromes de finamiento se recrudecen en la mañana del domingo y los médicos practican una sangría en el tobillo que le proporciona una ligera y transitoria mejoría. Entre las cuatro y las cinco de la tarde del 12 de julio, en plena canícula de sol, la princesa de Portugal pierde su espíritu y su cuerpo cuando no ha cumplido los dieciocho años.

Las opiniones sobre su fallecimiento no han aportado los fundamentos necesarios para que se pueda saber la etiología de tan funesto suceso. La impericia proverbial de los galenos, siempre acusados de negligencia, «haberse mudado de ropa sin tiempo» o comerse un limón después del parto son simples embrollos cortesanos que no permiten sacar conclusiones cercanas al umbral de la verdad en tan prematuro final.

El bautizo

El sacramento es administrado al niño por el cardenal Juan Martínez Silíceo, en presencia de numerosos miembros de la Corte, y se le impone el nombre de Carlos en homenaje al abuelo que combate por los territorios de Europa en defensa de la Cristiandad y de sus dominios patrimoniales.

Sus padrinos son Esteban de Almeida, obispo de León, y Alejo de Meneses, mayordomo de la infanta Juana, tía del recién nacido. Oficia de madrinas la camarera mayor Giomar de Melo y Leonor de Mascareñas, recién llegada esta última para encargarse de la custodia y cuidados del recién nacido, si bien en relación con estas designaciones concurren datos contradictorios.

Los cuatro protagonistas son portugueses por la preponderancia lusa en la morada vallisoletana desde la llegada a Castilla de la emperatriz Isabel, mujer de Carlos V, hace más de cuatro lustros.

Es el domingo 2 de agosto de 1545. Don Felipe permanece retirado en el monasterio de Abrojos, no asiste a la pila bautismal en señal de duelo por la defunción de su cónyuge, y regresa a orillas del río Pisuerga al día siguiente de tener lugar la ceremonia.

Los primeros meses de vida

Son escasas las referencias de las iniciales vivencias del retoño. Francisco de los Cobos, asiduo corresponsal del Carlos V, facilita, casi a renglón seguido del nacimiento, una visión simplista de la disposición de la criatura al notificar que «está muy bueno y de cada día va mejorando; plegue a Dios que lo guarde, que está tan bonito que es placer verle».

Leonor de Mascareñas, elegida aya y, por tanto, más cercana al crecimiento del pequeño, detalla desde Guadalajara, en dos sabrosas cartas datadas en las postrimerías de agosto de 1545, una tanda de incidencias que desvelan las tribulaciones que se ocasionan tan pronto como el niño abandona su localidad natal, acompañado por sus tías María y Juana, para afincarse en Alcalá de Henares. El crío hace dos días que no mama y sus nodrizas han tenido que retirarle el pecho por las mordeduras que han padecido en la lactancia. Tras una serie de consultas a los médicos, que tardan en proponer una solución, con la consecuente rémora para su desenvolvimiento, se resuelve cambiar el sustento por leche de cabra, pero el infante se niega a tomar el novedoso alimento, desgañitándose para evitar el inaudito procedimiento de que mamase de las ubres del animal. Como recela del producto ordeñado, sea de cualquier procedencia, los galenos optan por darle comida en horas diurnas y lograr que las mujeres contratadas le ofrezcan sus pechos por la noche, sin que mudase de hembras en exceso, para conseguir que no se perdiesen los beneficios de la crianza natural y evitar con ello precoces calenturas, viruelas y algún hastío.

La pesadumbre de la esforzada doña Leonor, que hacía más de tres lustros había sido aya de Felipe II, no se limita a los problemas que genera la manutención. La carencia de efectivo para pagar a las dos amas de cría que le han amamantado cinco semanas, esposas de un calcetero y de un tejedor, tiene su genio soliviantado y patentiza con claridad los apuros económicos de la casa de las infantas y del mundo áulico en general.

Insiste la piadosa dama portuguesa ante el comendador Cobos en la perentoria obligación, aconseja que se desembolsen cincuenta ducados a una nodriza y cuarenta a la otra por las jornadas en que han dado de mamar cada una al niño, aparte de entregarles diez varas de paño tendido negro para saya y manto y dos varas de terciopelo negro para guarnecer, y se lamenta, además, que le ha pedido dinero al obispo para tal menester y le ha contestado que no lo tiene ni puede, en consecuencia, dejárselo. Y que no se atreve a realizar más peticiones por temor a que le respondan de idéntica manera. La inferencia es que la casa real no disfrutaba de excesivo crédito ni exteriorizaba una correcta moralidad en cuanto al abono de sus compromisos pecuniarios.

Nada más ultimar el segundo escrito, añade una apostilla significando que «el infante está risueño y muy alegre Dios le guarde; y parece que le hace mucho provecho el comer y come de muy buena gana y comería más de lo que le damos».

El receptor de estas comunicaciones, Francisco de los Cobos, con su laconismo usual, vuelve a dirigirse al emperador el 27 de septiembre de 1545 corroborando que «el infantito está muy bonico» y don Felipe, en la misma fecha, escribe también a Carlos V, dándole cuenta de las peripecias ocurridas con las amas de cría durante la lactancia.

No mentía, por consiguiente, Paolo Tiepolo cuando en su memoria al Senado de su país, emitida nada menos que en 1563, narraba sorprendentemente los contratiempos generados con los pechos de las nodrizas casi dieciocho años después de que se produjesen.

Las infantas

Las dos hermanas del entonces príncipe regente se alejan de la Corte en el verano de 1545 para establecerse en Alcalá de Henares, en cuyo municipio se desarrolla don Carlos sin grandes tropiezos dignos de reflejarse en los pliegos de la época. María tiene entonces dieciséis años y Juana es más joven, acaba de cumplir los diez, pero será quien, superando su mocedad, tendrá más vinculación con su sobrino, dado que su hermana contraerá pronto matrimonio y se ausentará de las tierras castellanas por sus nuevas competencias en el reino de Bohemia.

Paolo Tiepolo estimaba, en su información ya aludida, que el niño tardó en empezar a hablar cinco años, pero la noticia es errónea, ya que comienza a balbucear cuando no ha alcanzado los tres, retraso que puede reputarse anormal, pero que era corriente en los vástagos de los Habsburgos. Se comenta por parte de dicho comisionado que el primer vocablo que pudo pronunciar fue «no» y que la anécdota causó la hilaridad del Carlos V al argumentar que su nieto tenía razón si se refería a los gastos y cuanto daban su abuelo y su padre. La historieta no tiene realce, pero es verosímil que fuese cierta, puesto que el emperador, bien enterado de cuanto acontecía en la península, fue recibiendo con frecuencia pormenores de las felices agudezas que se le ocurrían al pequeño.

La estancia en la población complutense no es muy larga. Don Felipe se reúne con las dos jóvenes infantas en mayo de 1548 y retorna con ellas y su hijo a Valladolid.

La boda de doña María

Maximiliano de Austria, sobrino de Carlos V, primogénito de don Fernando y Ana de Bohemia, llega a Castilla en el estío de 1548 y contrae nupcias con doña María, siendo designados regentes ante la inmediata ausencia de don Felipe, que debe partir para Alemania y los Países Bajos, a requerimiento del emperador.

Los hermanos de la prometida oficia de padrino y madrina en la solemnidad que tuvo como remate con el paso del tiempo, pese a la querencia masculina hacia los placeres que le proporcionaban otras compañeras de tálamo, la nada despreciable cifra de dieciséis descendientes.

El futuro Felipe II se ausenta de Valladolid el 2 de octubre de 1548 para un viaje que se dilatará hasta 1551. El infante queda al amparo de los gobernantes, aunque en último extremo será doña Juana quién se ocupe y responsabilice del sucesor de la Corona, con el apoyo de los criados de su casa.

Las instrucciones del emperador

El 15 de noviembre de 1549, desde Bruselas, envía Carlos V un conjunto de advertencias con respecto al método y cuidado que se debe tener durante el crecimiento de su nieto. Se encomienda a Francisco de Medrano que se encargue del vestuario y alimentación, siguiendo las observaciones que reciba de Leonor de Mascareñas, y se acredita a Luis Sarmiento para controlar los pagos y formalizar las correspondientes rendiciones de cuentas.

No parece que su intervención tenga como objetivo la formación de una casa, a pesar de que hay comprobantes que le atribuyen determinada servidumbre: Francisco Osorio, limosnero; Gaspar Muriel, despensero mayor de la mesa; Fernando Ortiz de Bibanco, veedor de los gastos; Fernán Álvarez Osorio, encargado de la plata y la ropa; Jorge Suárez y Juan López, reposteros de camas; Juan de la Peña y Pedro Hurtado, reposteros de estrado; Juan Bernaldo, aposentador; tres pajes llamados don Benito, don Antonio y don Alonso de Teves; dos cocineros, un brasero, un portero, una lavandera y una esclava llamada Antona, incluyendo, claro está, a la arraigada Leonor de Mascareñas.

La extensa lista de criados y que doña Juana se hubiese instalado en Toro con su sobrino, me hace suponer que este contingente dependía de la casa de la infanta, aun cuando en sus quehaceres atendieran al servicio de Carlos de Austria.

El retorno del príncipe

Don Felipe vuelve del recorrido por sus próximas posesiones, desembarca en Barcelona el 12 de julio de 1551 y se encamina hacia Castilla para instalarse en su residencia más habitual de la urbe vallisoletana. Su ausencia ha durado cerca de tres años y no se consignan, en este dilatado intervalo, entre los tres y los seis años de su retoño, detalles valiosos en el discurrir del infante, si bien no es difícil imaginar que viviera gozoso y libre, entre atenciones y esparcimientos, en tanto su tía, en plena adolescencia, se convertía paso a paso en mujer dispuesta a enfrentarse con su destino.

La boda de doña Juana

Los esponsales de doña Juana con Juan de Portugal (hermano de la madre de don Carlos, nacido en Évora el 3 de junio de 1537 y jurado heredero del trono portugués sin haber cumplido los siete años) se realizan en Toro. Diferentes inconvenientes retrasan la partida de la novia que, por fin, sale hacia el país vecino el 27 de octubre de 1552 con un nutrido cortejo encabezado por el obispo de Osma y el duque de Escalona, cruza Badajoz hasta la frontera y es acogida, en nombre del rey portugués, por el obispo de Coimbra y el duque de Aveiro.

El monarca del reino vecino Juan III recibe a la desposada en Barreiro y, sin grandes alharacas por parte del pueblo, la expedición termina su recorrido en Lisboa, percibiéndose también muy escasa concurrencia y entusiasmo de la nobleza. Oficiada por el cardenal Enrique la ceremonia nupcial se celebra en los Pazos de Ribeira.

La despedida

Es fácil entender que la convivencia de tía y sobrino forjasen fuertes lazos de cariño. No en vano es doña Juana el único familiar que se preocupa del infante tras el matrimonio de doña María y la ausencia de su hermano. La despedida de la princesa, lista para partir hacia Portugal, una de las anécdotas más recalcadas, pregona el alto grado de mutua bienquerencia.

Luis Sarmiento, que ejerce de contador y ayo, expone que las lágrimas de ambos, antes de la partida, duraron nada más y nada menos que tres jornadas. Y que el pequeño, seguidamente de pedir a don Luis «que se volviese luego», anhelando la asistencia de seres queridos, exclama apesadumbrado por la soledad que se cierne en torno a él: «¡Qué va a ser ahora del niño, solo, sin madre; mi agüelo está en Alemania, mi padre se va a Monzón a las Cortes!».

Carlos de Austria, a los siete años, exhibe el rasgo sensible de su niñez, temeroso de la añoranza que se avecina, y resulta curioso el uso del sustantivo niño para referirse a sí mismo, como si fuese un ser ajeno a su individualidad. El médico de los hospitales universitarios virgen del rocío de Sevilla, Miguel Toledo González, que dedicó tres décadas al cuidado de críos con afectaciones neurológicas, repara con perspicacia en dicha contingencia, resaltando que no es una anomalía autista, sino más bien una forma espontánea para encumbrar su importancia.

Las vicisitudes de doña Juana

El 20 de enero de 1554, en Lisboa, doña Juana da a luz un varón que más tarde será el legendario rey portugués don Sebastián, de trágica memoria por su impetuoso carácter y su prematura muerte en los campos de batalla de Alcazarquivir, y con cuyo ser apenas convive cuatro meses hasta su irreversible vuelta a Castilla.

Su esposo había fallecido, dieciocho días antes del parto, cuando apenas tenía dieciséis años. La leyenda, más que la historia, habla de una defunción prematura al socaire de la intensidad en el placer del amor, pero es más seguro que una enfermedad congénita o adquirida —¿una diabetes?— precipitase el tránsito hacia el sepulcro.

Los planes del emperador, proyectados hacia una alianza con Inglaterra para oponerse a la enemistad y expansión francesa, preparan la rápida unión conyugal de don Felipe con la reina católica María Tudor. El enlace implica otra forzosa ausencia y ahora no es un recorrido de placer y reconocimiento de sus súbditos europeos, sino de una ligazón de conveniencia que convierte en azarosa su reincorporación a sus habituales actividades dirigentes. Ante la minoría de edad de su hijo y la carencia de familiares de rango destacado, que ofrezcan la lógica confianza por sus aptitudes, elige a su hermana para que asuma la regencia.

Doña Juana, viuda e inerme en una tierra que no le ha dispensado una franca hospitalidad por la proverbial susceptibilidad lusa, deja a su vástago —al que jamás volverá a ver— y sale de Lisboa en mayo de 1554, se afinca nuevamente junto a su sobrino y toma las riendas del país, atendida por varios consejeros, pero gobernando a su arbitrio en el otorgamiento de mercedes y actuando con rigor en lo que concierne al ámbito de la moralidad y las costumbres. El conde de Gelbes, gentilhombre de cámara, es encarcelado en el castillo de Medina del Campo, porque trató de modo descomedido a un guarda de damas que desempeñaba con escrupuloso celo las misiones de su cargo. El aristócrata tenía capitulado su casamiento con una dama y no es aventurado intuir que su iracunda reacción ocurriese por intentar con antelación el disfrute de los placeres de un himeneo concertado.

Las crónicas dan cuenta de que la armonía con su pariente pasa por fases de tensión debido al resentimiento demostrado por don Carlos ante actos similares al expuesto, que provocaban resistencias desabridas y un hermético mutismo, compartido con un retraimiento airado, en concluyente exhibición de su oposición frontal a decisiones que no son de su agrado. Asimismo su imperioso ahínco por liberarse de la ubicuidad de su ayo y de alcanzar la edad adulta, para desplegar su obsesión de mandar y de ser obedecido sin réplica, son componentes esenciales de su conducta cuando todavía no tiene diez años. Sin duda la ausencia paterna, que sólo puede ser excusada por las obligaciones impuestas por la ambición de Carlos V, estaba propiciando su talante tornadizo y desenfrenado.

El viaje del príncipe Felipe a Inglaterra

Apenas doña Juana toma posesión de su puesto como regente, don Felipe emprende su viaje para casarse con María Tudor, descendiente de Enrique VIII, que pasaría a la posteridad con el calificativo de «bloody Mary» por su sangrienta represión contra los protestantes, apoyada en un acendrado catolicismo. De paso hacia La Coruña, para embarcarse rumbo a las islas, recorre diversos parajes llevando en su compañía al infante, con quien había compartido breves rachas de intimidad familiar.

En Benavente asisten al espectáculo de una corrida de toros. La anécdota describe que el astado fue demasiado bronco y que ambos se retiraron del recinto para que la fiesta no perturbase el temple frágil del muchacho. Un vistoso torneo, con el abigarrado cortejo de jinetes y caballos engualdrapados que se enfrentan en un brioso juego de cañas, el desfile de una cabalgata de elefantes de cartón, una nave con las banderas de Castilla e Inglaterra y una espectacular distracción de fuegos artificiales componen un conjunto festivo al que asisten juntos antes de una separación de duración imprevisible. Se dice que también se escenificó un paso cómico de Lope de Rueda.

El 13 de julio de 1554 la escuadra zarpa de las costas gallegas, desembarcando en Southhampton seis días después. Durante la festividad del apóstol Santiago se celebra la boda de don Felipe, habiendo sido designado con anterioridad monarca de Nápoles.

Cuando vuelve a la península, en septiembre de 1559, ha transcurrido más de un lustro. Su distanciamiento, forzado por el emperador, coincide parcialmente con el crítico periodo de la pubertad, entre los nueve y los catorce años del infante, una etapa siempre difícil en la educación y de poderosas influencias en el posterior desenvolvimiento de la identidad.

La casa del infante

Antes de partir para consumar su boda, consciente de que su hijo tiene ya la edad adecuada para estrenar su formación, le organiza casa propia, eligiendo como ayo, mayordomo mayor y soumillier de corps a Antonio de Rojas, señor de Villerías de Campos, que ya se ocupaba de tales funciones, y como gentilhombres de cámara a los condes de Lerma y Gelves, al marqués de Tavara y a Luis Portocarrero.

Desde La Coruña, el 3 de julio de 1554, escribe a Honorato Juan, escogiéndole como maestro y alentándole para que trabaje con su eficiencia acostumbrada al objeto de lograr que su primogénito sea aprovechado en virtud y letras. En idéntica fecha destina a Juan de Muñatones, predicador de Carlos V, para que desempeñe tareas de enseñanza que le serán definidas en su momento. Este fraile llevaba ya tiempo a las órdenes de Antonio de Rojas.

No deja de llamar la atención que estas disposiciones se cumplan por la inminencia del viaje, de forma epistolar y evidentes prisas, cuando pudieron ser aprobadas con toda cautela en cualquier coyuntura más favorable para la reflexión y la adecuada configuración de un programa que abarcase la necesaria preparación.

Los primeros estudios

Honorato Juan, nacido en Valencia, hombre de letras, experto en latín y griego, empieza sus clases inmediatamente, ya que en agosto relata al príncipe, ahora además rey consorte de Inglaterra, que el niño ha empezado a leer, aunque supongo que ni siquiera fuese capaz de balbucear las primeras letras. Más adelante, en la primavera de 1555, cuando ya su alumno ha progresado en la lectura, propone un programa que el padre acoge con prevenciones, al avisar que en los inicios le instruya con autores más fáciles para que no rechace el aprendizaje.

Carlos V, por su parte, se muestra complacido por los progresos de su nieto, alegrándose a su vez de que se comporte con disciplina, pero insistiendo en que se le mantenga al margen de la convivencia con mujeres.

El 11 de abril de 1555, abatida por una dolorosa dolencia, muere en Tordesillas la reina doña Juana, apodada la Loca, madre del emperador y bisabuela de don Carlos, tras un encierro que ha durado casi medio siglo y encarna una página patética en la epopeya de Castilla.

La abdicación de Carlos V

El 25 de octubre de 1555, en un salón del palacio bruselense, a las cuatro de la tarde, Carlos V, maltratado por un padecimiento que le destruye las articulaciones, se reúne con los consejos de su gobierno y los caballeros de la orden del toisón de oro para abdicar en su hijo Flandes y Brabante, sendas zonas del conglomerado estatal compuesto por diecisiete territorios y que las crónicas, tanto antiguas como modernas, generalizan de manera equivocada, dado que desde siempre se ha usado la denominación de Flandes, una provincia costera, para abarcar a todo un país cuya estructura era muy heterogénea —idiomas y privilegios administrativos distintos— y había conseguido una relativa unidad bajo los Habsburgos.

El 16 de enero de 1556, ante el retraso de su partida, motivado, a pesar de que pueda parecer mentira, por tener dificultades para satisfacer los salarios de su servidumbre, hace cesión también de los restantes dominios, transmitiendo a su hija, en su calidad de regente, estas disposiciones para que sean divulgadas y ratificadas por las ciudades.

El 28 de marzo de 1556, en la plaza mayor de Valladolid, don Carlos preside la proclamación del reciente soberano encima de un estrado cubierto por un lujoso dosel de brocado. En presencia de los magistrados, ayuntamiento, nobleza y miembros de la Corte, alza el estandarte, ayudado por Antonio de Rojas, y pronuncia en alta voz: «¡Castilla, Castilla por el rey don Felipe, nuestro Señor!» Desde aquellos instantes, haciéndose eco de la dignidad que le ha conferido su progenitor en la correspondencia que le alude, empujado por un orgullo desmedido, sólo tolera el tratamiento de alteza.

El regreso del emperador

Carlos V permanece aún varios meses en sus tierras primigenias y sale hacia la península el 15 de septiembre de 1556, en compañía de sus hermanas Leonor y María, embarcándose en Flesinga. Nada más arribar al litoral cantábrico se desplaza hacia las orillas del río Pisuerga, saliendo de Medina de Pomar el 6 de octubre para llegar en siete días a Burgos.

Don Carlos, nervioso y vehemente, envía un billete de su puño y letra, requiriéndole para que le diga si puede salir a recibirle y en qué paraje del camino. No hay respuesta rauda de su abuelo, quien, por fin, tras alguna dilación, accede a entrevistarse con su nieto en Cabezón, a dos leguas de la residencia vallisoletana.

No hay crónica conocida que narre las vicisitudes ni las respectivas impresiones que ambos sacaron de la reunión. La expectación más que el cariño, acaso ausente por la falta de convivencia, y la deplorable salud del recién llegado, me hacen deducir que se produciría un encuentro protocolario y que Carlos V aprovecharía la oportunidad para obtener una opinión preliminar del heredero de los Estados que había abdicado.

El deslumbramiento ante un héroe, del que habría oído hablar en múltiples ocasiones, afamado por su belicismo, pudo tener valimiento en el muchacho que, a los once años, se enfrenta por primera vez con un familiar al que sin duda admiraba y respetaba. Su abuelo estaba investido por los atributos de una grandiosa supremacía y resulta elemental que, en gran medida, quedase subyugado por su apariencia. El blasón del catolicismo, prematuramente envejecido, pero todavía autoritario y deslumbrante, no era como su tía, con quien tenía una familiaridad que rayaba en la descortesía, y tal disparidad debió causar el lógico impacto en su naturaleza altiva.

Pasado el mediodía de un miércoles luminoso, el 21 de octubre de 1556, el emperador hace su entrada en la ciudad, siendo recibido por dignatarios linajudos que marchan encabezados por un infante alborozado y vestido con ropas aforradas que le proporcionan un bello porte y condición de extranjero. A la jornada siguiente, en otra tarde diáfana, llegan también doña Leonor y doña María, siendo acogidas con alharacas de trompetas, timbales y menestriles, para celebrar una solemne cena festejando el ansiado retorno.

La estancia de Carlos V a orillas del río Pisuerga se dilata hasta el 4 de noviembre, en cuya fecha, bajo las inclemencias de la lluvia y el frío, viajando en litera, a hombros de labradores por sus lacerantes achaques, se encamina hacia Jarandilla de la Vera, pernoctando en Valdestillas.

Las dos semanas que mora en la Corte pudieron favorecer una sociabilidad más intensa con su nieto, pero tampoco son momentos para que puedan engendrarse novedades. Es presumible que su descendiente escuchase sus hazañas, al calor y complicidad del fuego de la chimenea, para permitirse discrepar tozudamente cuando le cuenta su retirada de Innsbruck, acosado por las fuerzas del elector Mauricio de Sajonia. Es de suponer que la exposición de este lance fuese dulcificada en su patetismo y que su abuelo le ocultase que tuvo que huir sin decoro, en una noche tormentosa, llevado en un palanquín por sus criados, por sentirse aquejado de un paralizador ataque de gota, y transitando, a la luz de los hachones, por abruptas comarcas del Tirol hasta llegar a Iliria. Al inquieto mozalbete no le agrada aceptar que el asedio aconsejaba la fuga e insiste con terquedad que él no hubiese escapado, sin considerar las razones logísticas, fundadas en que Carlos V había disgregado sus fuerzas en Italia y en Hungría, confiando en la lealtad traicionada por el astuto elector de Sajonia.

Su empecinamiento, de todas formas, es comprensible en su manera pueril de contemplar los sucesos, aunque modelen ya una horma altiva y contumaz en su estilo, extremado en una de sus charlas cuando se empeña con testarudez en que le regale una estufa con la que aliviaba los rigores de las bajas temperaturas. El emperador, indignado por la cerril insistencia, le responde con firmeza que sería suya tan pronto como él hubiese muerto. Y le reprende por la insolencia y desenvoltura que exhibía delante de su tía.

El 14 de noviembre llega Carlos V a Jarandilla, se estaciona en la población cacereña durante parte del invierno, albergado en el palacio del conde de Oropesa, y el 3 de febrero entra en el monasterio de Yuste.

Un día en la vida del infante

A raíz de la breve permanencia de Carlos V en la Corte se observa una mudanza en la sensibilidad y pautas del infante. Los informes de su nuevo ayo García de Toledo (Antonio de Rojas acababa de perecer) y de su preceptor denuncian que su proclividad a plantar los codos en la mesa y el adiestramiento marcial han menguado con independencia de que su salud es buena. Esta novedad puede estar basada en el desequilibrio inherente a la entrada en la pubertad, pero también impulsada por una pérdida de estímulo tras percatarse de que su afamado ascendiente era un ser humano en plena decadencia y que no evidenciaba interés por su persona, al enclaustrarse en el lejano monasterio de Yuste. Aquel relativo distanciamiento del compromiso consciente y de una cotidiana compenetración con su nieto pudo, por una presumible decepción, repercutir negativamente en el quehacer inmediato del sucesor.

La existencia volvía a sus mecanismos habituales y poco significaba ya la llegada de su abuelo. Nada había cambiado y hasta es creíble que en su ánimo quedasen resquicios de enojo por el desamparo en que se encontraba por parte de los dos varones con predicamento para encauzar sus pasos. El cambio de ayo provocó, a su vez, reacciones recelosas —don García era más joven, exigente y disciplinado que el caduco Antonio de Rojas—, y ninguna persuasión favorable podía ya esperarse de doña Juana, a quién, por todos los síntomas, no respetaba lo suficiente.

La evolución de un día corriente revela la monotonía de su actividad. Se levanta antes de las siete para destinar los noventa minutos iniciales de su jornada al alimento matutino y las consabidas oraciones. La misa cotidiana y el estudio abarcan sus cometidos siguientes hasta el intervalo de almorzar a las once de la mañana. En los ratos de asueto posteriores a la comida, hasta las tres y media en que merienda, dialoga con los componentes más próximos de su casa y se entretiene con juegos, además de practicar la esgrima, un entrenamiento usual en las altas esferas que no le complace por el esfuerzo físico que entraña. La tarde se asigna a las clases que le imparte Honorato Juan y se retira a descansar a las nueve de la noche, después de rezar un rosario, para dedicar al sueño un promedio de diez horas diarias.

Su perfeccionamiento estaba, como puede advertirse, meticulosamente reglado, su bienestar era aceptable, pese al mal color de la cara, y no quedaban muchas pausas para el esparcimiento, salvo algún paseo por el campo antes de cenar. Debía ser aturullado al montar a caballo —su ayo asegura que puede ser peligrosa la equitación—, no aprendía con ahínco y rechazaba los sacrificios, excepto si se le prometían premios que abatiesen su innata apatía.

En el verano de aquel año, en 1557, doña Juana pretende que su sobrino cambie de morada con el peregrino pretexto de que convive demasiada gente en el alojamiento que ocupan desde la llegada de las hermanas del emperador con sus respectivas servidumbres.

Felipe II, desde sus posesiones del norte, resuelve que el infante se traslade a Tordesillas, al emplazamiento en donde estuvo encerrada doña Juana, la Loca, pero los médicos desaconsejan el cambio por hallarse la población elegida acosada por calenturas y modorras. El ayo intercede igualmente ante Carlos V para que sea alejado, pero los galenos vuelven a oponerse alegando que no hay enfermedades epidémicas en la localidad que justifiquen la decisión.

Los argumentos aducidos no son convincentes si se conjetura que Valladolid dispondría de alojamientos adecuados (la propia regente recomienda la casa del comendador mayor), y García de Toledo, reacio inicialmente a la mudanza, ofrece una pista de que algo más sustancial motivaba la solicitud de la princesa de Portugal cuando exterioriza, sin ambages, que alejar a don Carlos podía respaldar una sarta de murmuraciones en el pueblo. ¿Se agudizaban los enfrentamientos entre tía y sobrino? ¿Habían llegado las faltas de respeto a exceder los límites disculpables? ¿Qué ocurría realmente para intentar semejante propósito? Es probable, si bien no es más que una mera deducción, que, cumplidos ya los doce años, se produjesen escenas contraproducentes en el rígido marco moral de la sede cortesana. El despertar sexual puede llevar consigo complicaciones en el ordinario desenvolvimiento de la vida, acentuadas en este caso por la convivencia con jóvenes damas de compañía encuadradas en el servicio de la hija y las hermanas de Carlos V.

El retrato de un adolescente

García de Toledo y Honorato Juan ponen al corriente con periodicidad a Carlos V y el príncipe Felipe del progreso intelectual y físico del pupilo. La salud es aceptable porque apenas ha sufrido afecciones de fiebres, corrientes en aquella época de escabrosas epidemias, tiene un buen crecimiento y es únicamente su pálida tez el signo externo que puede delatar anomalías en su condición.

Su ilustración es, en contrapartida, origen de constante desazón y su maestro se sincera, notificando que no progresa cuanto desea y que surgen dificultades de indudable trascendencia, sin que pormenorice sobre los fundamentos de su opinión, que dilata hasta el momento en que su padre vuelva a su ciudad natal y pueda comprobar la situación con sus propios ojos. Las vagas impresiones vertidas pueden aludir a una capacidad intelectual inferior al nivel de su edad o tal vez referirse a tozudas arrogancias tendentes al desacato permanente, fomentadas por un carácter que nadie era capaz de doblegar ni siquiera con severos castigos.

El limosnero Francisco Osorio, por el contrario, presenta orientaciones siempre favorables de su pupilo, pero se intuye que sus correos tienen la finalidad de exaltar su condición para contentar la pasión paterna. Sus misivas tienen más valor como complacientes lisonjas que como verdades, dado que repite con machacona retórica que su alteza gana en cristiandad, bondad, virtud y entendimiento, aparte de citar escrupulosamente todas las devotas ceremonias a las que asiste con frecuencia en señal inequívoca de su piedad y fervor. El contorno áulico no facilita, en consecuencia, pruebas contundentes de los auténticos móviles que conforman las acciones y aptitudes del adolescente y esta carencia de rastros objetivos abre el campo a simples especulaciones sin rigor.

Tan sólo Federico Baodero se atreve a calificar su naturaleza en el testimonio que cursa al Senado de su república en 1557, aunque es preciso resaltar que el veneciano jamás había permanecido en Castilla y recurre, por tanto, a versiones indirectas procedentes del mundo palaciego neerlandés o mediante noticias de Valladolid. Pese a haber incluido su contenido esencial en páginas anteriores, voy a hacer hincapié en sus etopeyas con la licencia derivada del desarrollo cronológico de los acontecimientos.

Sin medias tintas, eximido de pleitesía, manifiesta que don Carlos tiene doce años y que su cabeza resulta desproporcionada con el resto del cuerpo, que tiene los cabellos negros y una débil complexión. Aduce, además, que su comportamiento es cruel con los animales y que se divierte quemando vivas las piezas de caza que ponen a su disposición. Un espíritu dadivoso le hace propenso a los regalos sin reparar en su precio (ropas, joyas, dinero) y exhibe un temperamento orgulloso aderezado con una notoria predilección hacia el lujo y la ostentación en su vestuario. Terco e impetuoso, su tendencia al arte de la guerra y la compra de adhesiones mediante obsequios configuran otros aspectos de su individualidad. Además de presuntamente valeroso se opina que es muy inclinado hacia las mujeres, a despecho de sus pocos años, apunte que puede justificar el conato de alejarle de la morada de doña Juana en evitación de eventuales disgustos domésticos.

El perfil puede aproximarse a la realidad, no hay base sólida para argüir lo contrario, pero es lógico deducir que en su idiosincrasia, todavía pueril a sus doce años, hubiese una genuina inclinación hacia románticos sueños belicosos heredados o adquiridos por la sugestión de la guerrera predisposición de su abuelo. No extraña, pues, que detestase las obras de Cicerón que le daban a leer para que moderase sus impulsos, pero sorprende que un humor beligerante no tuviese tendencia a la esgrima y la equitación, que eran segmentos importantes de la cultura impartida a los linajes distinguidos y con más razón al heredero de la monarquía.

Que el trajín de su ayo y de doña Juana estaba destinado al fracaso se vislumbra con claridad cuando ambos se dirigen al emperador suplicando con insistencia que sería provechoso que su nieto se acerque hasta Yuste y permanezca en su compañía varios días, aun cuando no fuesen muchos, compartiendo sus hábitos y experiencias. Carlos V se encontraba ya bastante mal en sus postreros meses, se había retirado para mantenerse aislado y no es raro que hiciese oídos sordos a las peticiones, aunque su enclaustramiento no fuese óbice para que estuviese al tanto de incidencias primordiales e incluso se involucrase en el ejercicio estatal mediante instrucciones epistolares.

Al correr del tiempo, el 21 de septiembre de 1558, pasada la medianoche, empuñando y besando un crucifijo que pertenecía a su cónyuge, muere Carlos V, rodeado por los paños negros que enlutan las paredes de su cámara en el monasterio de Yuste.

Vicisitudes bélicas y políticas

Mientras don Carlos se adentra en su pubertad y se produce la abdicación del emperador, se sucede una serie de avatares que desencadenan una sangrienta guerra en Francia y las tierras itálicas. El cardenal Caraffa, irreconciliable enemigo de Carlos V en los enclaves italianos, es designado papa con el nombre de Paulo V. Pese a tratarse de un individuo casi octogenario, sus ambiciones y su odio hacia los dominadores propicia una alianza con Francia para adueñarse de Nápoles con la fuerza de las armas. El duque de Alba ataca los Estados pontificios y se desatan las hostilidades entre las tropas hispánicas y las huestes del sumo pontífice, aliado con Enrique II, rey de Francia. Al cabo de unos meses de rudos enfrentamientos, Fernando Álvarez de Toledo entra triunfador en Roma y los franceses encajan las derrotas de San Quintín y Gravelinas que desequilibran la guerra en favor del nuevo y flamante monarca.

El 17 de noviembre de 1558 fallece María Tudor, sin tener descendencia, y dos meses después es coronada su hermana Isabel como reina de Inglaterra. Los planes de Carlos V, concebidos para que el catolicismo fuese predominante en la monarquía inglesa, han fracasado y se abre un periodo de discrepancias con el país isleño.

Todas estas peripecias cambian el panorama y se promueven las conversaciones de paz de Cateau-Cambrésis. El compromiso que termina con los combates, tras la pérdida de Calais por los ingleses, se fija en abril de 1559, acordándose el matrimonio de Felipe II con Isabel de Valois, hija de Enrique II, y restituyéndose, en general, las respectivas conquistas efectuadas durante el sangriento conflicto. A punto de completarse el acuerdo en cuestión, en medio de las negociaciones que se ultiman ante el agotamiento económico de los contendientes, las gestiones auspiciadas por la duquesa de Lorena, sobrina de Carlos V, apoyan que el enlace de la niña francesa se materialice con el primogénito de Felipe II. Esta propuesta es aprobada documentalmente, estableciendo que la dote sería el disputado lugar de Calais que el ejército galo había reconquistado a los ingleses.

Isabel, nacida en Fontainebleau el 3 de abril de 1546, fue, en cierto modo, la prometida de don Carlos antes de que se consumase el arreglo de Cateau-Cambrésis. La exigua diferencia de edad entre los jóvenes y la necesidad de un pacto consolidado con uniones conyugales apuntalaban la negociación que, en último término, sufrió un cambio radical al concertarse que el próximo marido fuese el padre. Esta solución, tan dispar, se plasmó porque el monarca desistió de una dificultosa boda con la reciente soberana de Inglaterra y por la intromisión del aristócrata francés Montmorency, que sugirió, en una junta secreta con próceres hispanos, que el infante podía casarse con Margot, hermana menor de Isabel de Valois, y esta con Felipe II.

Se ignora si Carlos de Austria llegó a conocer las estipulaciones preliminares que le reservaban una esposa francesa que, de forma paradójica, iba a convertirse en su madrastra. El 24 de junio de 1559, cuando la muchacha acaba de festejar los trece años y el rey tiene ya treinta y dos, se celebran los esponsales, por representación, en la basílica de Notre-Dame de París.

Auto de fe

El cisma de los adeptos de Lutero, esparcido por el norte del continente europeo, tuvo escasa penetración en la península ibérica, pero aun así se crearon conventículos luteranos en Sevilla y Valladolid, participando en la supuesta herejía gente de prosapia y seres que vivían en el ámbito confesional. El celo del catolicismo, azuzado con inflexible dureza por Carlos V desde su retiro espiritual en Yuste, desencadenó numerosas detenciones, los consecuentes juicios, los castigos impuestos por herejía y el implacable auto de fe con la ejecución, mediante garrote o en la hoguera, de los sentenciados a la pena capital.

En la plaza mayor vallisoletana, el domingo 21 de mayo de 1559, con la asistencia de una muchedumbre enfervorizada por tan dantesco espectáculo, son exterminadas catorce personas y quemados los huesos del cadáver desenterrado de doña Leonor de Vivero. Dieciséis reos más pierden sus bienes, caen en nota de infamia y son encarcelados a perpetuidad, temporalmente o desterrados, en una patética fiesta de fanatismo que comienza a las siete de la mañana y finaliza diez horas más tarde, con asistencia de las órdenes religiosas, los inquisidores, los órganos de gobierno, la Corte y la presencia de doña Juana y el infante.

Francisco Baca, inquisidor de la ciudad, exige a la princesa regente y su sobrino un riguroso juramento de que sostendrán y favorecerán siempre al Santo Oficio, pero no constan antecedentes que relaten la emoción que siente el sucesor de la Corona al contemplar el panorama. Algunos historiadores han aducido que, desde aquel instante, don Carlos concibió resquemor y hasta odio contra la institución, pero dichas aseveraciones tienen poca consistencia si se deduce que únicamente contempló la aburrida solemnidad escenificada en la plaza —promulgación de la condena y la lectura de una declaración de fe— y no presenció las apabullantes imágenes de la pira abrasando a un impenitente y la estrangulación, practicadas lejos de la urbe y en un sitio que el populacho denominaba el quemadero.

El regreso del rey

Felipe II designa a Margarita de Parma, su hermanastra, gobernadora de las diecisiete provincias norteñas, antes de partir para Castilla, aunque el cargo tuviese visos de alcurnia al quedar rodeada por una cohorte de hombres elegidos cautelosamente para prestar el adecuado asesoramiento y vigilancia. Esta mujer, que en el transcurso de su mandato acreditó una tenacidad edificante y un elevado sentido de la responsabilidad dinástica, nacida en 1522, era fruto de un esporádico romance que el emperador tuvo, cuando estaba soltero, con una dama de la familia Van der Gheist. Su sobrenombre gentilicio procede del matrimonio contraído, en segundas nupcias, con Octavio Farnesio, duque de Parma, de quien por determinadas desavenencias vivía separada.

Siguiendo igual itinerario que el emperador, el nuevo soberano se embarca en Flesinga y fondea en Laredo, en un viaje sin perturbaciones, dejando a su espalda una sarta de dificultades sin resolver que requerían su permanencia en territorio norteño: la ambición francesa, la amenaza del credo protestante afincándose en Inglaterra y el descontento del país por las guerras sobrellevadas no hacían aconsejable su partida.

En septiembre entra en Valladolid para fijar su residencia en la península y en sus primeros pasos dirigentes sobresalen sendas atenciones con su descendiente, a quien impone las insignias del toisón de oro, que ya le habían sido concedidas en el capítulo de Amberes de 1556, y convoca Cortes Generales en Toledo con el afán de que sea jurado el príncipe de Asturias.

Estas dos decisiones, en especial la segunda, apoyan la noción de que no dio excesiva dimensión a los problemas educacionales y de conducta que tanto se destacaron durante su prolongada estancia en el norte de Europa. Nada anormal habría en su primogénito cuando adopta ambas disposiciones sin un atisbo de vacilación sobre sus cualidades ni en el terreno de su enteraza física. Cualquier menoscabo hubiese, al menos, demorado la última resolución.

El 8 de octubre tiene lugar en la población vallisoletana otro auto de fe cimentado en la herejía protestante. En esta ocasión, como remate del anterior acto, catorce seres humanos son sancionados con la pena capital y una veintena padecen la expropiación de sus bienes y castigos de reclusión e infamia. Acompañando al rey asisten doña Juana y el infante, vestido con capa y ropilla de raxa llana, media calza de aguja de lana y muslos de terciopelo, gorra de paño, espada y guantes.

Diversas crónicas advierten que Carlos de Seso, uno de los penados, increpó a Felipe II, en su condición de noble, por la muerte afrentosa que se le daba y que el monarca replicó, con rígido convencimiento, que actuaría de idéntico modo si fuese su propio vástago quién estuviese acusado de herejía. La frase que le ha sido atribuida, con matices distintos según el escritor que la refiera, viene a decir: «si mi hijo fuera tan malo como vos yo mismo llevaría la leña para quemarlo».

Al día siguiente, abandona la localidad, dando instrucciones para que el gobierno se traslade también a la ciudad imperial y desde Aranjuez expide una pragmática expresiva de su celo católico, prohibiendo que cualquiera de sus súbditos pueda estudiar en el extranjero para evitar indeseables vecindades que alteren sus creencias, so pena de confiscar sus pertenencias y aguantar, además, el destierro perpetuo.

Inmediatamente, el 9 de diciembre, comienzan las reuniones presididas por el monarca. A su lado, don Carlos asiste a las sesiones sostenidas con los procuradores castellanos.

La tercera boda de Felipe II

Isabel de Valois y el contingente de cortesanos que componen su séquito, más de ciento cincuenta sirvientes, salen de Blois el 7 de noviembre, penetran en Navarra por Luzaide y tras coronar el puerto de Ibañeta llegan a Roncesvalles en los albores de 1560, tras agotadoras jornadas que han abarcado ocho semanas. El invierno montañés abraza a la comitiva con intensas nevadas, bruscas ventiscas y un frío glacial que obliga a la futura reina a desplazarse en litera para superar los escollos del viaje.

Iñigo López de Mendoza, duque del Infantado, y el obispo de Burgos, Francisco de Mendoza, dan la bienvenida a la jovencísima gala en la colegiata de Roncesvalles, en un protocolo realizado en una sala del monasterio por las adversidades climáticas. Después de reemprender la fatigosa marcha, el grupo llega a Pamplona y por el territorio navarro y por Aragón se suceden los festejos con corridas de toros, máscaras, torneos, fuegos de artificio y hasta farsas teatrales. Doña Isabel y su cohorte entran en Guadalajara el 28 de enero, albergándose en el palacio ducal, en donde estaba todo dispuesto para la celebración de la boda.

La ceremonia, con su misa de velaciones, debió celebrarse tan sólo tres días después, aunque abundan contradictorias opiniones que señalan el 2 de febrero como la fecha en que se consumaron las correspondientes nupcias. Don Iñigo, que había acompañado a la infanta francesa desde su entrada en el antiguo reino navarro, ejerce de padrino en los desposorios y doña Juana es la madrina, oficiando el sacramento el cardenal de Burgos.

Alcalá de Henares y Madrid, principales centros recorridos en el avance hacia Toledo, acogen a la pareja con idénticas muestras de júbilo y regocijos festivos. El 13 de febrero, recibidos por ocho batallones de infantería y dos cuerpos de caballería, entran en la villa del Tajo por la puerta de la Bisagra. La soberana visita la catedral y es saludada en la explanada del alcázar por el infante. Parece ser que don Carlos no pudo asistir al casamiento por el acoso de las consabidas fiebres cuartanas. Prosiguen las fiestas en forma de torneos, juegos de cañas, saraos y mascaradas, hasta que se suspenden por caer enferma doña Isabel con calenturas y una severa afección cutánea.

El juramento

Montado en un caballo tordo engualdrapado en oro y plata, vestido con ostentación lujosa de perlas y diamantes en las botonaduras de sus ropas, y todavía con continente enflaquecido y pálido por las destemplanzas, don Carlos cabalga hacia la catedral toledana para que se le rinda el juramento implantado por las ordenanzas de Castilla. Es la fría y blanca mañana del 22 de febrero de 1560.

En la vistosa comitiva desfilan también Juan de Austria y Alejandro Farnesio, dos jóvenes que compartirán sus experiencias con el infante en un plazo cercano, al verse en la precisión de acompañarle en su corto asentamiento en Alcalá de Henares.

Don Juan, famoso por sus venideras gestas bélicas, la rebelión de los moriscos de Las Alpujarras y la batalla de Lepanto contra los turcos, entre múltiples acontecimientos, era hermanastro de Felipe II, quién le había reconocido como tal, otorgándole el tratamiento de excelencia, nada más producirse su vuelta a la península. Era, por tanto, vástago de Carlos V y el fruto de un entendimiento efímero con una mujer llamada Bárbara Plumberger (Blomberg para adaptarse a la fonética flamenca), cuyo origen familiar resulta muy intrincado y se conoce tan sólo que llevaba una existencia disipada en los burdeles. Sus desafueros amorosos alcanzaron tal repercusión que vivía medio confinada en Gante y, finalmente, para que no vilipendiase la aureola del héroe —a la sazón ya gobernador en Bruselas— fue deportada a San Cebrián de Mazote, una aldea castellana, y más tarde a Colindres, en cuyo emplazamiento cántabro falleció en 1598. Alejandro Farnesio, por su parte, combatiente en heroicas acciones durante determinado periodo de la violenta sublevación neerlandesa, era hijo de Margarita de Parma.

A renglón seguido de celebrar una misa de pontifical, oficiada por el cardenal y obispo de Burgos Francisco de Mendoza, con la asistencia de otros dignatarios de la iglesia y delante de la aristocracia y los delegados que intervienen en las deliberaciones políticas, se desarrolla la pleitesía jurando obedecer a don Carlos y tenerle por legítimo continuador del trono. Como si el destino se complaciese en evitar sus encuentros en efemérides de indudable trascendencia, Isabel de Valois no puede asistir a la solemne jura por hallarse convaleciente de la dolencia contraída tan pronto como llega a Toledo. Antes de agotar el ritual preparado de antemano, Juan de Austria exige al heredero juramento de guardar los fueros y leyes de sus futuros reinos, mantenerlos en paz y defender la fe católica con su vida y hacienda.

El príncipe, 1560-1568

En el alcázar toledano

A continuación de la solemnidad celebrada en la catedral y concluidas las Cortes, la normalidad retorna al reducto de la fortaleza que sirve de morada a las cuatro casas reales que conviven dentro de sus límites. Junto con la del recién jurado comparten la edificación Felipe II, doña Juana e Isabel de Valois, con la cohorte de criados de sus respectivos servicios, que convierten la holgura del recinto en estrechez y molestias diarias.

Después del frío invernal padecido a orillas del Tajo y ya entrada la primavera, que alivia de los rigores del clima, se siguen celebrando justas y torneos en los que media el monarca, sorprendiendo su exhaustiva dedicación en estas diversiones de fuerza y destreza combatiente en los que pocas veces se implicaba. Da toda la impresión de que el marido pretende deslumbrar a su esposa o probar que aún es hombre lozano, pese a la sensible desigualdad de dos décadas que separan sus respectivas edades.

Isabel, a punto de cumplir los catorce años, núbil y sin rastros de fertilidad, sufre varios accesos febriles que debilitan su organismo y hasta el rey se indispone con parejo mal como consecuencia probablemente de sus imprudencias en las simulaciones guerreras.

El desenvolvimiento de Carlos de Austria se enmarca, como es natural, dentro de las coordenadas tranquilas y aburridas de la sede toledana, pero son escasas las referencias de sus movimientos en 1560. Giras campestres a la Huerta del Capiscal, expediciones bulliciosas por los alrededores del río, con la inigualable perspectiva de sus abruptos cortantes dominando el caudal del agua y sus cárdenos suelos, visitas al pabellón de caza de Aranjuez, para disfrutar de cacerías con uso de telas y ballestas, que permiten capturar y aniquilar a los animales sin conmociones en la urdimbre de las trampas, bailes jocosos y divertidos saraos, constituían la distracción usual en los momentos en que su salud no se resentía por el agobio de las esporádicas calenturas que atacaban por igual a mucha gente con independencia de su condición social.

Además se le atribuye, en este trecho de su progresión, una insaciable curiosidad hacia la esfera femenina, dado que es frecuente que asedie a las damas con preguntas que llegaban a ser molestas. Esta indiscreción era proverbial en el príncipe, no debiendo por ello sacarse discutibles inferencias sobre supuestas morbosidades escabrosas.

El 5 de diciembre perece el rey galo Francisco II, casado con María Estuardo y hermano de Isabel de Valois, y enseguida, en el mes de enero, la reciente reina se ve aquejada de un virulento ataque de viruelas que compromete su vida, viéndose obligada a permanecer en el pueblo de Mazarambroz cerca de un mes.

El invierno vuelve a ser severo en 1560 y comienzos de 1561, uniéndose a las gélidas temperaturas la falta de víveres y carbón. La destemplanza de la estación hace estimar que las vivencias en Toledo se centraban en simples diligencias domésticas aderezadas con pasatiempos de salón como los naipes o las tabas, sesiones placenteras de música de vihuela u órgano o los histriónicos turnos de los bufones dirigidos al solaz esparcimiento de los señores. La convivencia no era nada amena pasadas las calendas del estío.

El traslado de la Corte

Tras escenificarse otro auto de fe, que las autoridades inquisitoriales protagonizaban como esporádico espectáculo para enardecer la conciencia de los súbditos, sembrar el temor de dios y demostrar su infatigable vigilancia del dogma católico, el monarca comienza los preparativos para encaminarse al reformado reducto morisco de Madrid, en acabamiento de un propósito que ya estaba trazado en su mente antes de llegar a enclaves castellanos, pese a que se argumenten diferentes factores secundarios que incidieron en su decisión, tales como el desagrado que Isabel de Valois sentía por la ciudad imperial, la escasez de agua y alimentos, algunos conflictos con los poderes eclesiásticos, mala voluntad de los propios toledanos hacia los próceres del mundo áulico y el impacto de los inviernos enzarzados en grandes nevadas y fríos demoledores.

En las postrimerías de mayo de 1561 se empieza la mudanza, con la consiguiente barahúnda de mobiliario, ropas y enseres transportados en acémilas y carruajes. Don Carlos sale de la población el miércoles día 28, siguiendo los pasos de su madrastra y de su tía, que han partido la jornada anterior camino de Aranjuez como etapa intermedia del viaje.

El alcázar de Madrid

La Corte se asienta en la villa madrileña que, por aquellas fechas, contaba con unos dos mil quinientos hogares y entre once y catorce mil habitantes, según orientaciones cronísticas de cuestionable exactitud. El emplazamiento estaba considerado salubre por la limpieza de sus aires, la cercanía de las montañas de Guadarrama, el espléndido caudal de sus aguas y la umbría de sus espesuras.

El viejo castillo árabe, remozado a conciencia, dispone de tres alturas, dedicándose la zona más elevada del edificio a los aposentos de las damas de compañía y servidumbre cualificada. El sector principal, en la segunda planta, abarca las cuatro casas destinadas al rey, la reina, doña Juana y Carlos de Austria, con sus respectivas cámaras, antecámaras y salones para distintos menesteres. En el primer nivel se ubican las salas donde se celebran los consejos de la monarquía y en los sótanos se almacenan los víveres y están instalados los comedores de los criados y las cocinas.

Las tórridas temperaturas del verano se combaten en los frondosos jardines de la Casa de Campo o en los tupidos bosques de El Pardo, a orillas del río que se desliza junto al Campo del Moro o en estanques que se habían mandado construir a semejanza de los que proliferaban en el norte de Europa. Y es en agosto, en plena canícula, cuando la jovial francesa tiene los primeros signos de su fertilidad, las menstruaciones que predisponen a su esposo para empezar sus funciones maritales en busca de una descendencia que consolidase el andamiaje hereditario de la monarquía. Isabel de Valois acaba de alcanzar los quince años y su endeble salud mejora de manera ostensible con el cambio de emplazamiento.

Por su parte, el príncipe se mantiene con sus acostumbradas indisposiciones, si bien no existen avisos de que corriese peligro. Las fiebres tercianas y cuartanas eran un mal endémico en las poblaciones de la península, abrazaban a una gran cantidad de sus habitantes, y no eran tan perniciosas como las epidemias de peste o cólera que se desencadenaban causando innumerables bajas.

En septiembre, ignoro si por persuasión de sus galenos o por propia elección, Felipe II dirige algunos despachos a corregidores de poblaciones enclavadas cerca del mar Mediterráneo para que le informen de la salubridad de sus respectivas comarcas, pensando en la conveniencia de que su primogénito se desplace a la costa. Hay respuestas satisfactorias —Gibraltar—, pero el rey, acuciado por una penuria económica total, endeudado en millones de ducados y con su patrimonio trabado o enajenado, decide en último término que se establezca en Alcalá de Henares, distante cinco leguas y media del reducto real.

Don Carlos se encamina hacia la localidad complutense el 31 de octubre de 1561 para alojarse en las dependencias arzobispales con Juan de Austria y Alejandro Farnesio como compañeros inseparables de estudios y correrías. Ninguno de los conspicuos apologistas felipescos ha reparado en la coincidencia de que su alejamiento se prepara en cuanto la soberana genera los preliminares síntomas menstruales y surge la exigencia de asumir responsabilidades más delicadas.

La pubertad se ha consolidado y se abre el enigma de su futura maternidad, cuando aún es demasiado joven y parece más lógico que estuviese distraída por estampas más pueriles como la caza o las fiestas, en las que sin duda cooperaban los tres muchachos que se retiran repentinamente de la Corte después de vivir a su lado más de año y medio, compartiendo las mejores horas de franca camaradería.

La solución de alejar a su hijo y a sus dos acompañantes puede obedecer, por tanto, a un irrefrenable deseo de que su consorte afronte sus compromisos sin la intromisión de sus amigos, quienes, aunque fuese de manera banal, podían interferir en el desenvolvimiento cotidiano de sus actos. Si fuese lo contrario, una sencilla convergencia, no resulta sensato que se esperase tanto tiempo para remediar las destemplanzas del heredero, declaradas más asiduas desde su llegada a Toledo en los comienzos de 1560, ni que el espacio elegido tuviese parecidas características ambientales que los alrededores de la reformada construcción árabe. El clima y las condiciones salubres de Alcalá de Henares y Madrid no diferían tanto como para esperar un cambio influyente. Tampoco la coartada de la formación intelectual sirve de excusa, ya que los tres jóvenes llevaban más de año y medio en la Corte, sin que se suscitase el asunto o se tomase un acuerdo similar, que, en todo caso, hubiera sido más prudente adoptar cuando la estrechez del reducto toledano hacía la armonía más incómoda y compleja. Sin intenciones de aportar alguna reflexión malsana, por las razones que fuesen, se vislumbra que a Felipe II no le apetecía su presencia cuando su esposa empieza a ser mujer y se van a entablar las comprensibles cópulas entre los cónyuges.

Por el verano de 1561 se produce, además, otra súbita iniciativa regia: el 28 de agosto escribe al emperador Fernando y a los reyes de Bohemia, Maximiliano y su hermana doña María, sometiendo la posibilidad de un próximo matrimonio de su descendiente con la infanta Ana, nieta e hija respectivamente de los Habsburgo imperiales. La archiduquesa Ana no tiene aún doce años, puesto que su nacimiento en Cigales, lugar cercano a Valladolid, acaeció cuando sus progenitores regentaban Castilla.

Con esta oferta, precipitada si se ponderan su parsimonia al tomar decisiones y los supuestos altibajos que experimenta la salud de su vástago, Felipe II comienza una larga tramitación diplomática que pone en juego el porvenir de su continuador dinástico. En este plano, como en tantos otros, hacía un sistemático seguimiento de la política matrimonial del emperador. Casar a su descendiente era una obligación y es presumible que Carlos de Austria no tuviera, al menos en sus fases incipientes, conocimiento de las intrigas casamenteras que no se ciñeron en exclusiva a la órbita familiar de Viena.

La caída en Alcalá de Henares

La vida del príncipe evoluciona con regularidad en Alcalá de Henares, en cuyos andurriales ya había convivido con sus tías doña María y doña Juana. Sus trastornos disminuyen en intensidad, las ofensivas palúdicas menudean sin dureza, acaso con igual insistencia que cuando residía en otros parajes, y entretiene sus ratos de ocio con un pequeño elefante que le han enviado desde Portugal, aparte de estudiar con sus dos compañeros bajo la vigilancia de su antiguo preceptor Honorato Juan.

A principios de 1562, don Fernando, apreciando con buenos ojos la propuesta de su sobrino, manifiesta su voluntad de negociar el casamiento de su nieta Ana. En la cubierta de la misiva, que está datada el 14 de enero, hay una anotación manuscrita de Felipe II señalando a su secretario: «me acordéis que responda a este negocio», concreción que infunde desconcierto, teniendo en cuenta el fuste del proyecto. ¿Es concebible que su memoria fuese tan frágil para que le tuviesen que recordar una idea de semejante trascendencia? O mucho me equivoco o el monarca apenas daba importancia a un pensamiento que, a fuerza de tener idéntica suspicacia sibilina que el soberano, se conecta fácilmente con la probable fecundidad de su esposa, el repentino interés por la salud de su sucesor y el empeño en alejarle de los aledaños de la Corte. Algún remordimiento dañaba su mente cuando comienzan sus vínculos carnales con una adolescente que tenía más familiaridad con su hijastro. El rey, se quiera o no, era un usurpador del tálamo destinado para don Carlos, tenía conciencia de su conducta por los manejos mediadores que propiciaron la paz de Cateau-Cambrésis y para calmar una ridícula zozobra interna, dimanante de su carácter timorato, pensaba en aquella circunstancia dotarle de una mujer que supliese a su anterior prometida. El 11 de marzo de 1562, cuando ya han desaparecido sus resquemores, analiza de nuevo la cuestión, haciendo constar que su hijo ha recaído en su enfermedad y que se halla increíblemente flaco cuando, en sentido opuesto, hay antecedentes de que se encontraba en aquellos instantes aliviado del asedio de la malaria. También se dirige a su representante en Viena, el conde de Luna, determinando con más contundencia que el príncipe está tan flaco y desmedrado que no es factible aceptar el plan de contraer nupcias en muchos días... y que es más conveniente que esté libre y sin ninguna exigencia formal por motivos que no desvela con su proverbial oscurantismo. La atmósfera salubre de Alcalá de Henares no estaba dando los frutos apetecidos o Felipe II, siguiendo sus habituales tácticas, maniobra a su conveniencia y taimado albedrío.

Hay en el correo cruzado entre los partícipes —rey, emperador y embajador— un pasaje curioso que atañe a las perspectivas de Carlos de Austria. El conde de Luna notifica que se sabe en la sede imperial vienesa que se han pedido a Roma las dispensas obligatorias para que don Carlos se case con su tía y que el papa ofrece resistencia a conceder la exención por ser los contrayentes muy allegados y no concurrir firmes fundamentos para el enlace. Don Fernando, al aventurar tales pormenores, alega que no juzga oportuna la boda por el contraste de edad —doña Juana es diez años mayor—, cuyo componente «será de gran inconveniencia cuando el príncipe sea hombre y ella por tanto entrada en días...».

Felipe II, sin entrar a fondo en la pugna, niega que haya algo de verdadero en tal ocurrencia, pero el rumor, cuando el río suena agua lleva, trascendía hasta llegar a oídos de don Carlos que reaccionó, con tono malhumorado, cuando a un contino de su casa se le ocurrió preguntarle por sus sentimientos, confesando con elocuencia «que antes se dejaría morir que aceptar dicho matrimonio si su padre se empecinaba en casarle con su tía». La princesa de Portugal, por su parte, denotaba tener querencia hacia su sobrino y no veía con desagrado un enlace que Carlos V, en su lecho de muerte, había recomendado si la diferencia de años no planteaba dificultades. Pudiera ser que en la misma conversación con su criado se resaltase que María Estuardo, reina de Escocia, era un connubio más codiciable por los informes sobre su belleza, sus dotes intelectuales y los vitales derechos hereditarios que ostentaba en Inglaterra.

Cuando su precariedad física está bastante recuperada, no obstante las impresiones negativas que facilita su padre, el príncipe asiste, acompañado de Juan de Austria y Alejandro Farnesio, a una fiesta organizada en El Pardo, pero regresa a Alcalá de Henares sin permanecer ni siquiera veinticuatro horas entre sus familiares. Por aquellas jornadas ocurre una anécdota que exterioriza su extraño sentido del humor o su marcada debilidad por originar problemas. Un mercader hindú le ofrece por tres mil ducados una perla engastada en oro y don Carlos tiene el disparatado ingenio de tragarse la joya liberando previamente la montura con sus dientes. ¿Una broma de mal gusto? ¿Una maquiavélica respuesta a una oferta que, dado su elevado coste, no podía permitirse? Que se devolviese la perla al comerciante, tras el ordinario proceso digestivo, induce a pensar que deseaba hacer pasar un mal rato al angustiado individuo y que el suceso tiene sabor de chanza juvenil.

A mediados de abril, el domingo día 19, sus impulsos tienen una meta distinta. A escondidas de su ayo García de Toledo, quizá amparado por la solidaridad de sus compañeros, intenta verse con la hija de un portero del recinto arzobispal, al margen de las miradas de sus moradores. Para lograr su objetivo tiene que acceder al jardín por una incómoda escalera, descubierta en sus correrías, y una inesperada caída le ocasiona un fuerte golpe en la zona occipital izquierda del cráneo. Dionisio Daza Chacón, cirujano que a la sazón estaba en Alcalá de Henares, le efectúa una cura de urgencia y, como es costumbre, le someten a la sistemática sangría, extrayéndole ocho onzas de sangre.

Tan pronto como Felipe II es alertado del accidente salen hacia la ciudad complutense algunos galenos de su máxima confianza. Las inexcusables sajaduras, el método era el remedio más utilizado, provocan una mejoría y en una semana se disipa la calentura surgida tras la descalabradura. El 29 de abril cambian las perspectivas favorables, la herida empeora en su aspecto, resurge la alta temperatura con fuerza, se generan dolores de cabeza, anquilosamiento de la pierna derecha y molestias en el cuello por una inflamación de ganglios. Tras una reunión de los médicos, con el pertinente debate sobre las medidas que deben tomarse, se decide ahondar en la superficie afectada para comprobar si se han producido lesiones vitales. La intervención demuestra que sólo el pericráneo está ligeramente dañado por la contusión, pero Felipe II, ante la gravedad de los avisos recibidos, se encamina para Alcalá de Henares acompañado por otro grupo de doctores de su cámara.

La condición del herido empeora, al comienzo de mayo se teme un fatal desenlace, y se recurre, como es usual en la época, a rogar la intercesión de la supremacía divina mediante misas, oraciones y procesiones con disciplinantes, en cuyos actos destaca la fe y el tesón de doña Juana. El rey, afligido por un embate febril y convencido de que ya nada positivo cabe esperar, abandona el edificio arzobispal, en medio de una pavorosa tormenta, para no contemplar la defunción.

Sumidos en la desesperación y desbordados por su ineptitud, los médicos optan finalmente, en la mañana del 9 de mayo, por someterle a una trepanación de cráneo, aconsejada por la clarividencia del doctor Vesalio, que revela la limpieza de la herida y la ausencia de una desalentadora infección. El duque de Alba, más partidario de echarse en brazos de dios que en manos de la ciencia, exasperado ante un inminente fallecimiento, ordena que se exhume el cuerpo de un fraile llamado Diego de Alcalá, popular por sus milagros, y se traigan sus restos para que, con su presencia ósea en la cámara del accidentado, interceda en aras de una salvación milagrosa.

Fuese por la pericia de los doctores Portugués y Daza Chacón, por las reliquias de un fraile muerto en olor de santidad o los ungüentos aplicados por un morisco valenciano apodado Pinterete, que el rey ha llamado apresuradamente por su fama de magnífico curandero, fuese por el ordinario transcurrir de la naturaleza, la novedad es que el príncipe se recupera con prontitud y después de otra sangría y abuso de ventosas concilia el sueño en la inmediata noche a la operación quirúrgica y la visita de la momia franciscana.

El 14 de mayo, enseguida que llegan novedades de que hay una evolución favorable dentro de su postrada vitalidad, Felipe II sale del monasterio de San Jerónimo, en cuyo edificio se había refugiado en vista de que la agonía preludiaba la muerte, y vuelve a encaminarse hacia la villa universitaria.

Al cabo de unos días, el paciente se encuentra libre de fiebre tan pronto como el moro Pinterete es expulsado, por convenir que eran inútiles sus pócimas, y se devuelve el cadáver de fray Diego a la iglesia de Jesús y María, en donde reposaba desde hacía un siglo. La convalecencia, superado el peligro, tiene una larga estabilidad, viéndose los médicos obligados a remediarle una erisipela, sendas apostemas en los ojos, que le obstaculizan la visión, y verificar la condición de su herida en la cabeza para sanarla, hasta su definitiva cicatrización, con las normales precauciones debido a la trepanación realizada. El 14 de junio, pasados cerca de dos meses desde la desdichada caída, se levanta de la cama, recibe el santísimo sacramento y escucha misa, a pesar de mostrarse pálido y con síntomas de extrema debilidad.

Más adelante, cumplidos los diecisiete años, recuperado de la lesión y sus secuelas, se despide de Alcalá de Henares y llega a Madrid para juntarse con su familia, sin que nadie repare en la continuidad de su instrucción o en la necesidad de que mejore de sus destemplanzas.

De esta calamidad fortuita, detallada de forma prolija por Dionisio Daza Chacón, han sacado diversos especialistas sugestivas hipótesis de que sus ulteriores arrebatos exasperados tenían como base sustancial las consecuencias del golpe. Una atenta lectura del informe del cirujano, repetido casi al pie de la letra por el doctor Santiago Diego Olivares hasta límites que no se puede rechazar un plagio descarado, no respalda estas especulaciones, aunque, como es lógico, la inexperiencia científica sobre las consecuencias de un ligero traumatismo craneal deje sumida cualquier opinión en un mar de cábalas. El dictamen de Daza Chacón distingue, por el contrario, escrupulosos pormenores, como remontar el comienzo de sus dolencias hacia mediados de 1560, divulgando que mientras persistían las calenturas «siempre había comido muy bien, y muy buenos manjares, y nunca se había sangrado ni purgado, sino solo una vez y muy ligeramente». Estos perfiles acerca de su vigor abren serias incógnitas en relación con sus esporádicos achaques. La descripción del galeno tiene, asimismo, la propiedad de exteriorizar el desmedido afán que despliega el soberano por el bienestar de su hijo, con repetidos desplazamientos, y el talante esforzado y hasta valeroso que acredita el herido en aquella peliaguda coyuntura. El cirujano explica, al referirse a su comportamiento, que «mostró también S. A. gran obediencia y respecto a S. M., porque ninguna cosa de las que el duque de Alba, o D. García de Toledo le decían en su nombre, dejó de hacer con gran facilidad, aun en los días del delirio. Lo que a su salud cumplía, hizo de la misma suerte, siendo tan obediente a los remedios que a todos espantaba, que por fuertes y recios que fuesen nunca los rehusó, antes todo el tiempo que estuvo en su acuerdo, él mismo los pedía».

Los hechos expuestos me hacen deducir que no existía deterioro en las relaciones entre ambos mediado el año 1562 y que los males de don Carlos no habían tenido una consistencia relevante, pese a la certeza de achaques palúdicos esporádicos en trechos de 1561.

El problema hereditario

Las incidencias acaecidas en Alcalá de Henares habían desatado profusas reflexiones, en distintos lugares de Europa, sobre la transmisión de un imperio de colosales dimensiones. Un súbito deceso del príncipe franqueaba la sucesión de Felipe II que, en 1562, no contaba con más progenie que pudiese ocupar el trono, si hubiese tenido a su vez graves quebrantos que le llevasen a la tumba.

El heredero, en tanto no hubiese fruto del reciente matrimonio con Isabel de Valois, era Rodolfo, el primogénito de Maximiliano y doña María, por cuyo motivo la Corte imperial estuvo pendiente de la evolución del percance. Si don Carlos moría se abría, además, la posibilidad de que los eventuales vástagos de doña Isabel fuesen los reemplazantes directos de la dinastía, acrecentando con ello la espontánea expectación en el reino francés y en la peculiar Catalina de Médicis sobre la previsible fecundidad de su hija.

Portugal, por su parte, esperaba los acontecimientos con preocupado interés, dado que don Carlos, descendiente de María Manuela de Portugal, poseía legítimas aspiraciones a la Corona lusa, que, en aquellos momentos, únicamente disponía de un continuador en el infante Sebastián. Los trastornos derivados de la caída fueron seguidos también con intranquilidad en los Países Bajos, dado que estaba llamado a regentar dichos territorios y no concurría en la aristocracia preponderante de aquellas tierras una disposición muy favorable hacia Felipe II.

El retorno del príncipe

Tan sólo nueve meses y medio reside don Carlos en Alcalá de Henares. Su vuelta, reanudando su convivencia familiar, descubre, como ya he razonado, que ni los presuntos estudios y ni siquiera sus males intermitentes fueron decisivos para emplazarle en un destino lejos de Madrid. En el supuesto contrario, no hubiese retornado al alcázar con tanta celeridad, pasada la convalecencia, o se le hubiese buscado un sitio más salubre para que superase sus esporádicas crisis.

Felipe II debió ponderar la situación con más equilibrio tras mostrar su consternación por el contratiempo. Sus visitas a Alcalá de Henares, antes y después de la caída, traslucen una desazón desusada en su costumbre, siempre más pendiente de las cuestiones de gobierno que de las vivencias de sus parientes o los moradores palaciegos.

No deja de llamar la atención que durante las secuelas del percance, que tuvieron una prolongada duración, nadie significativo del mundo áulico, su tía doña Juana o la reina, le visitasen en la residencia arzobispal, máxime cuando se encontraba en fase agónica, según los galenos que le atendían. El rey le dedicó una esmerada entrega, pero no permitió que su cónyuge ni su hermana le asistiesen como hubiese sido lo más normal, dados los intensos trances emotivos que se produjeron.

Sí hay constatación, sin embargo, de que doña Isabel enviaba, con notable frecuencia, a pajes de su servicio para que cumplimentasen a don Carlos o le entregasen recados cuyo contenido es desconocido.

Acto seguido de su reincorporación al ámbito familiar, como demostración de su mejoría y su buena condición anímica, participa en un juego de cañas, especie de torneo a caballo entre dos bandos hostiles que se arremeten alternativamente con lanzamientos de varas, exhibiendo una pericia insólita si se precisa que jamás había dado ejemplo de un espíritu aguerrido en ejercicios ecuestres o torneos de armas.

A la sazón, con diecisiete años, no dispone todavía de una complexión desarrollada, ya que es de baja estatura y su peso oscila en torno a los treinta y tres kilogramos cuando convalecía en Alcalá de Henares. Las persistentes fiebres, las sangrías consumadas por los médicos y su postración en la cama mermaron de modo considerable su condición física.

Su vuelta es acogida con entusiasmo por el pueblo, que le aprecia, y por la nobleza, que tiene puestas grandes expectativas en su próximo soberano. Las fiestas y regocijos se suceden en el verano con corridas de toros, que se dilatan hasta la noche, reconfortantes paseos por los jardines y excursiones hasta los envidiables parajes de Valsaín, La Granja y Segovia, en donde toda la familia comparte

diversión e intimidad entre la apacible atmósfera de los novedosos edificios construidos en la zona.
La vida reanuda su habitualidad concluidos los sinsabores padecidos en Alcalá de Henares.

Convocatoria de Cortes en Castilla y Aragón

Comenzado 1563, envuelta la economía real en una embarazosa penuria, que le impide saldar incluso los salarios de su servidumbre en los últimos años, endeudado por los empréstitos, Felipe II se dispone a recurrir a las Cortes de Castilla para plantear sus tribulaciones y recabar la aprobación de subsidios y concesiones que alivien sus atolladeros pecuniarios. El 25 de febrero, con don Carlos sentado al lado, inaugura las sesiones y, tras duras disputas, obtiene un millón doscientos mil ducados de pago ordinario en tres anualidades y una aportación extraordinaria. Los procuradores, además de reclamar ventajas legales y sociales, propugnan con énfasis que el príncipe tiene ya la edad necesaria para casarse y sugieren que el matrimonio se celebre con doña Juana. Sin darse un minuto de respiro, todavía en plenas deliberaciones, convoca inmediatamente, al iniciarse el mes de julio, las Cortes de Aragón, que no se celebraban desde hacía más de dos lustros, para recabar la correspondiente ayuda financiera y lograr que su hijo sea acatado como sucesor al igual que lo han hecho los castellanos en Toledo.

El 15 de junio de 1563, cuando no ha empezado los preparativos para acudir a Monzón ni ha vuelto a tantear con el emperador el enlace de su hijo con Ana de Austria, relegado desde el año anterior, cursa instrucciones a su embajador en Londres, el obispo Quadra, pretendiendo negociar una aleatoria boda con María Estuardo para remediar las cosas de religión de Inglaterra, pidiendo con rigidez que las gestiones se enmarquen en el más riguroso secreto y con las debidas garantías. Tres días antes de partir, «con un pie en el estribo», según sus propias palabras, vuelve a insistir a Londres que se negocie con prudencia e intentando que la idea no se divulgue.

El sigilo exigido nacía del complicado horizonte dinástico. María Estuardo era católica y legítima aspirante al trono de Inglaterra, ponderando que Isabel I, de creencias protestantes, no pensaba en casarse por una posible malformación que le imposibilitaba para procrear o por ocultos pretextos que no vienen al caso. En estas circunstancias, las monarquías europeas estaban movilizadas para que sus descendientes aspirasen a un codicioso casamiento con la joven escocesa mientras que se oponían con todas sus fuerzas a los planes elaborados en este sentido por sus más encarnizados rivales. Catalina de Médicis, regente en Francia en tanto durase la minoría de edad de su heredero, ambicionaba obstaculizar las opciones hispanas para evitar su incremento de poder, pero tropezaba con la niñez de su vástago para desplegar su iniciativa. Este impedimento animaba a la maleable francesa para respaldar como candidato al archiduque Carlos, hermano menor de Maximiliano, en mengua de las aspiraciones hispánicas. El perverso vaivén de los egoísmos patrimoniales estaba en danza y autorizaba las cautelosas pautas enviadas a Londres.

La salida para Aragón se dispone para el 16 de agosto de 1563, pero con anterioridad, sin que pueda fijar con perspicuidad el instante de la aparición de la malaria, don Carlos recae en los males que le impiden partir junto a su padre. Las consabidas sangrías de los médicos no dan el fruto apetecido, a una leve mejoría sucede un empeoramiento, y el monarca se ve obligado a partir en soledad. Esta circunstancia se debe, según algunos relatores, por la petición a su cónyuge de que permaneciese en Madrid para cuidar de los achaques de don Carlos, solicitud un tanto extraña conociendo que sus consabidos males no implicaban apuros mórbidos que, en último extremo, eran atendidos por los médicos y darse, además, la particularidad de que también se hallaba presente su tía.

El 28 de julio designa confesor del príncipe a Diego de Chaves, acaso consciente de que su primogénito no se recuperaría para el inminente alejamiento hacia tierras aragonesas. El nombramiento hace inevitable las conjeturas. ¿Fue casual? ¿Estaba ya predispuesto con antelación? ¿Fue una resolución calculada para que su hijo fuese vigilado, en cuerpo y alma, por alguna persona de su confianza? Su naturaleza recelosa mueve a sopesar que la elección obedecía a un fin preconcebido: el imperioso deseo de que estuviese controlado.

El 20 de agosto, tras haberse puesto en marcha dos días antes, con un reducido séquito por su calamitoso nivel económico, se detiene en El Escorial y asiste al asentamiento de la primera piedra del monasterio, ultimado en su edificación cuatro lustros más tarde, para llegar a Monzón el 12 de septiembre e inaugurar las deliberaciones con los delegados de Aragón, Cataluña y Valencia en la iglesia de la angosta población.

Los debates se enmarcan en un ambiente de dureza. A las quejas contra el virrey se une la exigencia de que los cargos jurisdiccionales sean otorgados a los nativos de la Corona y se clama contra el arrogamiento del Santo Oficio, que invade capítulos que no son de su competencia. La lucha dialéctica hace que las sesiones se prolonguen sin que se avizore su terminación, con el disculpable malestar del rey, que da por acabadas las discusiones tras más de cuatro meses de obstinada porfía. Los delegados no admiten la procuración (propuesta realizada ante la eventualidad de que su descendiente no llegase por razones que sospecho no sean achacables a su mala salud), y se ve obligado con la promesa de traerle, en el plazo de un año, para que sea jurado, oferta que ni siquiera tratará de complacer en 1565, cuando no brotaron vaivenes políticos que exigiesen su máxima atención, excepto la presencia turca en aguas del Mediterráneo.

A las dificultades creadas por la tenacidad de los apoderados se unen determinados avatares que requieren cuidado. Los más destacados nobles afincados en Bruselas, Guillermo de Nassau y los condes de Egmont y Horn, se niegan a colaborar en el Consejo de Estado dirigido por Margarita de Parma, en tanto continúe en los entresijos de la privanza y el poder auténtico el eclesiástico de mayor valimiento, el cardenal Granvela, aprovechando la pugna para exigir modificaciones que chocan con la intolerancia religiosa del rey y su siempre recelosa actitud gobernante. Asimismo, cuando la propuesta está casi olvidada, los reyes de Bohemia, por intermedio de Martín de Guzmán, presionan para que se tome una decisión con respecto al propósito de que don Carlos y la infanta Ana se casen. Para solventar ambos asuntos demanda el criterio del duque de Alba, pero no toma conclusiones enérgicas, siguiendo su pusilánime costumbre de dilatar las soluciones de problemas candentes.

Entretanto, en su retiro predilecto de Alcalá de Henares, el príncipe se siente agobiado por sus destemplanzas, «estando un día bien y otro mal», según curioso enunciado vertido por el embajador francés Saint-Sulpice, pero sin que se conozca la intensidad del padecimiento que Gachard imputa a sus desórdenes en la comida. La única realidad comprobada es que, tras residir poco más de dos meses en Madrid, pidió permiso para ausentarse y fijar su morada en el enclave arzobispal de Alcalá de Henares, a cuyo lugar se desplazó en octubre. No conozco los motivos que le incitaron al cambio, pero en la órbita de las enfermedades, verdaderas o fingidas, es entretenido percatarse de que por aquella temporada era Luis Quijada quien estaba postrado en la cama y que Juan de Austria coincidía en trance similar, rematado con unas repulsivas ampollas que le habían cubierto el rostro y cuyas huellas enseguida desaparecieron.

El soberano se hace eco de estas incidencias, denota una inaudita preocupación de que su hermanastro se reúna con don Carlos y ordena que don Juan siga en la Corte hasta que don Luis se recupere de su indisposición y pueda trasladarse hasta Alcalá de Henares. Las ansias innatas del príncipe, tendentes a la libertad de acción, no justifican el traslado concedido, por cuanto su padre se encontraba ausente y era quien, con su autoridad, podía poner coto a desenfrenos o indisciplinas. Su alejamiento de la Corte manifiesta, además, que no le cautivaban en exceso los cuidados de su madrastra y de doña Juana.

La intuición me dice que en las postrimerías de aquel verano o principios del otoño ocurrieron eventos peculiares que desconozco, pero que por su carácter conflictivo debieron ser la causa de su salida de palacio. Ninguna página de la historia se hace eco con claridad de esta contingencia, ningún escritor ha meditado sobre la rara pretensión que fue aceptada, y no deja de ser llamativo que Felipe II, durante su estancia en la población montisonense, estuviese, al menos en los primeros momentos, pendiente de la evolución de su hijo y que, sin embargo, no exigiese nunca su venida, al producirse cualquier mejoría en su salud, para verse en la desagradable obligación de tener que pedir su reconocimiento por poder. ¿Es creíble que don Carlos estuviese tanto tiempo aquejado de malaria? ¿No hubo ni un intervalo de respiro en su quebrantada vitalidad para cumplir con su ineludible compromiso de ser jurado heredero en uno de los reinos más importantes? Un viaje hasta Monzón no era una distancia excesiva ni era preciso arrostrar demasiadas calamidades... aun cuando su condición no fuese óptima.

El guardasellos Tisnacq, que se dirige a la duquesa de Parma, coloca la guinda en el pastel, consigue consolidar mi resquemor y aumenta mi perplejidad sobre los peregrinos sucesos que ocurren en este periodo, al exponer desde el enclave montisonense: «Mi Señor, nuestro Príncipe, se ha liberado de su fiebre, y gana fuerzas de un día para otro, y no sabe todavía cuándo Su Majestad querrá hacerle venir aquí...».

Por otro lado, sin que pretenda entroncar episodios, doña Isabel aduce que sus principales damas se encuentran indispuestas y que no puede reunirse con su marido. Esta repentina disculpa, carente de base admisible, ocurre en noviembre, a juzgar por la comunicación del representante galo dando cuenta de la tornadiza salud de don Carlos. Las tiernas ocupaciones de la reina comienzan, de forma chocante, cuando ya no puede prestar sus atenciones al príncipe. Más veraz y ecuánime me parece asumir que no tenía el menor anhelo por recluirse en un inhóspito pueblo que ningún aliciente podía ofrecerle.

El verismo de ambas ausencias, por factores sin esclarecer, es un hecho incuestionable que acarrea sorpresa y me sume en un laberíntico pozo de elucubraciones sin el rigor que toda narración de este tipo exige. Destierro cualquier malévola interpretación basada en la coincidente postura de los dos jóvenes, no se me pasa por la cabeza una quimérica aventura amorosa, irrealizable desde cualquier punto de vista —¿hubo algún conato frustrado?—, pero, por el contrario, sí estoy convencido de que la incomparecencia del príncipe y su discutible impedimento para viajar fue uno de pilares en que se fundamentaría más adelante la constante discordia entre padre e hijo, un resquebrajamiento preliminar en su mutuo entendimiento y un rescoldo de brasas capaces de avivar frecuentes fuegos.

El 6 de febrero de 1564, el monarca entra en Barcelona y, al mes siguiente, los inquisidores le obsequian con un auto de fe, como ya era proverbial, con cuarenta encartados. Siete de dichas personas son ejecutadas y sus restos abrasados en el quemadero mientras los restantes condenados sufren penas de azotes o esforzados trabajos de galeotes en las embarcaciones reales.

Desde hacía tiempo, Felipe II deseaba que algunos vástagos de Maximiliano y María, sus sobrinos, viniesen a Castilla para que fuesen educados en las pautas católicas y lejos del nefasto prestigio luterano que se expandía con firmeza por los territorios de los Habsburgos austriacos. Rodolfo, nacido en 1552, y Ernesto, un año más joven, llegan juntos a Barcelona y son recibidos con alborozo.

Al concluir las sesiones catalanas reanuda su expedición por zonas levantinas y tras celebrar deliberaciones en Valencia, menos discrepantes, regresa sin más demoras y llega a Ocaña en las postrimerías de abril de 1564. Rendido por la terquedad de sus súbditos y las inclemencias de una ruta tan continuada, se reúne con su esposa y su hermana en la localidad toledana y descansa de sus cometidos en Aranjuez. Su retorno a Madrid se consuma el 3 de junio, habiéndose visto obligado a una dura separación de su mundo áulico superior a los nueve meses de duración. Entretanto, sin que tenga orientaciones de su proceder, don Carlos permanece en Alcalá de Henares, donde opta por testar sin que su salud pudiese tener tanta fragilidad como para temer un fatal desenlace. El impulso reviste caracteres enigmáticos cuando antes habían imperado situaciones más inquietantes para tomar semejante resolución.

En un mes de placentero descanso, Felipe II no intenta ver a su sucesor pese a su dilatada ausencia, sabiendo que se hallaba quebrantado, ni el príncipe toma la determinación de acercarse hasta el pabellón de caza arancetano, si como supongo no eran tan serios sus consabidos achaques de paludismo. La aparente desidia de ambos tiene ingredientes inauditos y es probable que el despego encubra resentimientos, ya prejuzgados en párrafos precedentes, para no querer verse con más celeridad y entusiasmo. ¿Había ocurrido algo especial durante agosto, septiembre y octubre del año anterior para que don Carlos optase por abandonar el palacio? ¿Temía que su progenitor pusiese fin a una egocéntrica conducta, con recriminaciones, por haber perpetrado en su ausencia alteraciones perturbadoras? ¿Estaba su padre contrariado o irritado por su proclividad a indisponerse en coyunturas trascendentales o por su limitada predisposición hacia sus responsabilidades? ¿Por qué razón se lleva a efecto una nueva y rápida composición de la casa principesca, mediante cédula emitida en Valladolid, designando a Ruy Gómez de Silva mayordomo mayor entre otros nombramientos más secundarios?

Difíciles preguntas para contestar con precisión cuando no se han encontrado todavía pistas para averiguar los motivos que pudieron azuzar el paulatino abismo que, paso a paso, se abriría entre los dos. De todas formas, no resulta muy difícil sacar la deducción de que el cambio obedecía al desconocido comportamiento del príncipe en ausencia de su padre y el consecuente propósito regio de vigilar más estrechamente a su vástago en el futuro.

El testamento

El 19 de mayo de 1564, cuando está aproximándose a los diecinueve años, estando en buena salud corporal y con el entendimiento que dios se ha dignado concederle, el príncipe expresa su afán por testar y entrega por escrito sus últimas voluntades al escribano de cámara y notario Domingo de Zavala, delante de siete testigos de rango confesional. El texto se complementa con el mandato de que no sea abierto hasta que se produzca su defunción, según declara el fedatario que refrenda el testamento.

El preámbulo del codicilo es un sencillo exordio que une creencias religiosas a la implacable verdad de que la vida siempre termina con la muerte, sin que sepamos ni el día ni la hora, para dar paso a treinta y tres disposiciones y seis artículos adicionales expuestos con pulcro estilo. En las primeras cláusulas pide que su cuerpo sea enterrado en la capilla mayor del monasterio de San Juan de los Reyes, de Toledo, que no se alce ninguna clase de mausoleo y que en su sepultura no se coloque más que una sola piedra de jaspe, sin esculturas. Igualmente ordena que no se alcen catafalcos ni se hagan gastos que no se puedan evitar y solicita que se vigile en su sepelio que no haya ostentación ni vanidad mundana.

«... y mando que no se haga sepulcro alguna de bulto, ni se ponga sobre mi sepultura mas de una lápida de jaspe llana y lisa sin scultupra (*sic*) alguna.

Item mando y es mi voluntad que en mi enterramiento, honras y cabo de año, que mando se hagan cuando y como se acostumbra, no se haga sobre mi sepultura, ni en otra parte alguna, túmulo ni otro gasto superfluo que se pueda excusar, y que solamente se pongan para todo veinte y cuatro hachas y cuarenta y ocho velas, y que en los demás días de el año, que en fiestas y otros días se hubieren de encender hachas sobre mi sepultura, sean solas cuatro a las cuatro esquinas de la tumba y no más. Y mando que los lutos que se dieren por mi muerte sean con moderación y para solo provecho de los que los recibieren: y suplico al Rey mi señor y encargo a mis testamentarios que ordenen y provean como todo se haga sin obstentación y vanidad de mundo, porque no es mi voluntad que en cosa alguna la haya».

Lega a renglón seguido cantidades de poca monta para distintos monasterios y se proclama más espléndido en cuestiones pecuniarias cuando adjudica diez mil ducados para la redención de cristianos cautivos. Pide, además, que se entreguen a Mariana de Garcetas, si llega a contraer matrimonio, la cifra de tres mil ducados que incrementen los mil dispuestos como gratificación. Este artículo, destinado en su integridad a una mujer modesta, me mueve a barruntar que pueda ser la hija del portero del recinto arzobispal de Alcalá de Henares, causante indirecta de la caída, aunque tal convencimiento sea una mera suposición sin solidez. La remuneración fijada por el monarca, antes de ser redactado el testamento, y que la muchacha estuviese en el monasterio de San Juan de la Penitencia, de Alcalá de Henares, con la aspiración de entrar en religión, apoya la inferencia antedicha.

Muchas medidas ulteriores conciernen al inexcusable pago de deudas o legados que dispensa. Particular distinción requiere la petición de que sus dos esclavos, llamados Juan y Diego, sean libres si se comportan como hombres de bien y aprenden el arte de la escultura.

Dispone también que los ofrecimientos realizados durante los trastornos generados por su caída sean satisfechos, entregando a diferentes monasterios un total de doce arrobas de oro y treinta de plata, mientras ruega la influencia paterna para que Diego de Alcalá, a cuyas reliquias atribuye su milagrosa curación, sea canonizado.

Entre propuestas tendentes a recompensar con reparaciones económicas valerosas proezas destaca su insistencia para que se satisfagan los deseos significados en el testamento. Sin querer ser malévolos da toda la impresión de que no tenía seguridad de la observancia diligente de las cláusulas, sin duda por conocer el caos financiero que les rodeaba con asiduidad.

«Y porque todo ello lo mando y establezco con sola esperanza de que el Rey, mi padre y mi señor, lo terná por bien y mandará dar y proveer con que se pueda efectuar y cumplir perpetuamente esta mi voluntad, suplico y cuan afectuosamente puedo pido por postrimera merced a su Católica Majestad sea servido mandar dar órden como con brevedad, la que fue posible, ansí se cumpla en mi muerte, pues tanto mas gasto había de costar a S. M. mi vida...».

Tras disponer que sus servidores y oficiales cobren anualmente sus emolumentos mientras vivan, equiparando sus salarios al rango de los criados reales, asigna prerrogativas a gente distinguida y culmina sus postreras voluntades con la ilusión de que se funde un colegio en el monasterio de San Juan de los Reyes, el sitio elegido para su eterno descanso, con las cantidades sobrantes del privilegio otorgado a su servidumbre.

«... y de los salarios, raciones y quitaciones que han de vacar por muertes de ellos, se haga un colegio en que se sustenten los colegiales que conforme a las rentas que hubiere se pudieren mantener, los cuales quiero que sean frailes de la órden observante de señor San Francisco y que habiten en el dicho monesterio de señor San Juan de los Reyes, para que rueguen a Dios por mi ánima y de los señores Reyes mis antepasados; y quiero que se de a cada uno de ellos de ración para sus alimentos dos libras de pan, y para comer una libra de carnero, y para cenar media gallina cada un día...».

La mano oculta de Hernán Suárez en la preparación del testamento se descubre cuando la cláusula citada queda sujeta a obligaciones planteadas con esmero en beneficio de las clases privilegiadas. Acreditado está que el alcalde de casa y Corte sostenía en alto predicamento su linaje y tenía una exagerada vocación en favor de la hidalguía. Resumo la disposición en su tramo esencial:

«Item quiero y es mi voluntad que en el dicho colegio no pueda entrar ni entre por rector, ni catedrático ni colegial quien tuviere raza de descendencia alguna de judío ni de moros, sino que sean todos cristianos viejos, limpios y descendientes por todas partes de antepasados que lo hayan sido; pero mando que siempre que concurrieren para entrar en el dicho colegio dos o mas frailes cristianos viejos, limpios y sin descendencia alguna de las dichas razas, que si alguno o algunos de ellos fueren hijosdalgo que estos sean preferidos a los que no lo fueren».

Las últimas disposiciones y artículos adicionales designan a los albaceas, todos ellos eclesiásticos o encumbrados componentes de los consejos, e instituye a su padre heredero universal si fallece sin descendientes legítimos. Igualmente concreta su apetencia por otorgar privilegios o favores a los futuros regentes de las cátedras del colegio de San Juan de los Reyes, a fray Vicente de Sancta Cruz, de la orden dominica, y no se olvida de varias personas de su entorno como Diego de Chaves, Luis Quijada o su preceptor Honorato Juan.

El testamento no puede ser revocado por un posterior codicilo, salvo que se haga deliberada y especifica mención. Se hace constar a continuación su firma (patente en los demás pliegos), se enumeran los siete testigos con sus respectivas rúbricas y se pone punto final a los últimos encargos con el testimonio refrendado por el escribano Domingo de Zavala.

Con independencia de las justificaciones por testar mientras reside en Alcalá de Henares, es obligado admitir que las pautas establecidas son un ejercicio de probidad, equilibrio y moderación que, en general, enaltecen su generosidad, a pesar de que no se conozca en qué proporción pudieron mediar hombres de su entorno en la preparación y trazo definitivo.

Semblanza de un príncipe

Al regresar a Madrid, en las postrimerías de la primavera de 1564, Carlos de Austria está cerca de cumplir los diecinueve años. Las descripciones del momento refieren que es admirable su crecimiento y que el cambio en su anatomía causa asombro en cuantos le rodean. A riesgo de ser reiterativo, procurando exclusivamente mostrar coherencia con el desarrollo gradual del tiempo, vuelvo a reincidir en los apoyos documentales que pueden orientar sobre su idiosincrasia en este periodo de su vida.

Al barón de Dietrichstein, que ha llegado a Castilla en calidad de ayo de los archiduques Rodolfo y Ernesto y desempeña sus tareas de embajador imperial, se debe un perfil del príncipe, que acaso se aproxime a la realidad, puesto que los reyes de Bohemia estaban interesados en tener detalles fidedignos de su sobrino como consecuencia del presumible enlace con su hija Ana, pese a las persistentes demoras incitadas por las dudas o mínima atención que exteriorizaba Felipe II.

El enviado imperial, cuando ya conoce a don Carlos, aduce que goza de buena salud, que su figura es regular y que no presenta nada desagradable en el conjunto de sus rasgos. Informa que tiene los cabellos oscuros y lacios, la cabeza mediana, la frente poco despejada, los ojos grises, los labios normales, el mentón algo saliente y el rostro pálido. La imagen anatómica, diferente en ciertos aspectos a la facilitada por los venecianos, se completa denotando que no es ancho de espaldas ni de talla muy grande, singularizando defectos corporales como un hombro más alto, la pierna izquierda más larga y complicaciones motrices en el lado derecho. Igualmente divulga que tiene el pecho hundido y una pequeña giba en la espalda a la altura del estómago, que patentiza entorpecimientos al empezar a hablar y pronuncia mal las eles y las erres, si bien sabe expresar lo que quiere y consigue hacerse entender.

En el terreno psicológico, más por entrometidas murmuraciones que por sus oportunidades para frecuentarle, Adam de Dietrichstein confirma sus mensajes anteriores, advirtiendo que los vicios o deficiencias que se le asignan no asombran a nadie y que nacen primordialmente de su educación y su naturaleza enfermiza. Las normas correctoras que se vienen empleando para remediar la negligencia de su formación tropiezan con la perseverante altivez adquirida en etapas pasadas. Como disculpas al talante arrogante y obcecado, matiza que sus servidores han sido escogidos sin su beneplácito y que no le confieren cometidos dignos de su condición, anomalías que le ocasionan una viva contrariedad.

El representante imperial prosigue su tarea indicando que se declara tenaz en sus ideas, cualidad que ya ostentaba en su adolescencia, y que tiene la virtud o el vicio de soltar siempre lo que piensa, sin pararse a examinar ni el asunto ni a las personas que pueda ofender con su llaneza. Pondera que su memoria es excelente, que le hizo muchas preguntas cuando pudo departir con él, como era su costumbre, y que le parecieron interrogantes acertados en contra de lo que le habían contado confidentes cortesanos. Resalta también, en este plano de sus potencialidades intelectuales, que es sumamente piadoso y enamorado de la justicia, detestando la mentira y rechazando a quienes hayan falseado la verdad en su presencia, siendo a su vez inclinado a la sociabilidad con seres íntegros y virtuosos.

Para redondear su espionaje, Dietrichstein concluye su perfil alegando que es muy tragón, pero que le tienen sometido a un régimen de comidas, que bebe sólo agua y que le repugna el vino. Aduce que es hospitalario y favorecedor de los individuos que le sirven bien y con exactitud, en tanto que apunta cautela en sus avisos cuando se proyecta hacia la esfera de las apetencias sexuales, manifestando que la sospecha generalizada es que no ha copulado con mujeres y que, cuando se comenta la cuestión delante de él, se muestra firme en su convencimiento de mantenerse casto y entregado a quien vaya a ser su esposa, por encima de que se burlen de su integridad y le atribuyan condición de eunuco.

Los venecianos asentados en Madrid emitieron a su vez noticias relativas a su idiosincrasia en 1563 y 1565 que coinciden parcialmente con la opinión de Dietrichstein, aun cuando hacen especial hincapié en su intemperancia, recalcando que no escucha ni respeta a nadie y que cualquier apercibimiento o recriminación le provoca tal cólera que padece de fiebres y tiene que meterse en cama. Se puntualiza, además, que es cruel, odia a los criados que le sirven y que tiene abusivos caprichos en su vestuario y joyas, acarreando cuantiosos gastos. Sus actividades van revestidas de orgullo, no es amable con nadie y siente aversión hacia todas las cosas que le gustan a su progenitor. Un dato reseñable, en esta doble versión, es que las desavenencias con Felipe II se concretan únicamente en la comunicación de 1565. Este componente me mueve a ratificarme en la ocurrencia de que las contrariedades entre ambos comenzaron a tener relieve desde la vuelta del monarca de su viaje por Aragón, es decir, desde mediados de 1564, aunque no se puede arrinconar tampoco que el origen de la discordia obedezca a lances ocurridos durante la prolongada ausencia del rey.

Sin osar entrometerme en las etopeyas señaladas que, con trazos más o menos ecuánimes, pueden ajustarse a la autenticidad, pese a las evidentes contradicciones, es preciso subrayar otras peculiaridades del príncipe. Sin atenerme a opiniones más o menos interesadas, ajustándome a un punto tan prolijo como pueden ser los apuntes de sus dispendios particulares, se pueden extraer sabrosas conclusiones.

Hay claras certidumbres de su temple humanitario dado que, por su decisión, se costeaban los gastos inherentes a la crianza de tres niñas y dos niños. Las cantidades satisfechas, secundarias en su valor económico, se entregaban al vecino de la villa de Támara, Pedro de Sanmillán, por una chiquilla llamada Ana Carlos; al cura de la parroquia de San Gil de Madrid, llamado Juanes de Montenegro, por el cuidado de una criatura cuyo nombre no se desvela; idénticas remuneraciones a Catalina de Támara por la asistencia a una niña desconocida (la coincidencia del apellido con la primera población aludida me induce a opinar que pudiese ser la misma acción benefactora con pagos en dispares temporadas); a Mari Hernández, vecina de Pinto, se le retribuyen igualmente cantidades por la crianza de un niño llamado Carlos, que fue colocado a la puerta de su cámara, y se efectúan entregas de dinero a Diego de Vargas, tapicero mayor, para la manutención y vestidos de un crío que fue hallado en la puerta del retrete.

De su gentileza dadivosa y propensa a realizar regalos o dar limosnas no hay la menor inseguridad, en desacuerdo con la interpretación de Paolo Tiepolo, que le estimaba más aficionado a recibir que ofrecer obsequios. Sus cuentas están repletas de adeudos por su rendida predisposición hacia su madrastra, las damas de servicio y muchas personas, estuviesen o no ligadas con su vida. Con la pretensión de evitar una exposición interminable me limito a consignar compensaciones en efectivo o agasajos con diversos destinos: una sortija de un rubí incrustado en oro y un arcón con un retablo para Isabel de Valois; un escritorio para Magdalena de Ulloa; quinientos ducados a María de Alcaraz, moza de cámara; mil ducados a Leonor Deza, esposa de su secretario Gaztelu, por el bautizo de una hija; mil ducados a Leonor de la Rovere y Vire, damisela francesa; una sortija de memoria para su caballerizo Luis Quijada; dos sombreros de paja forrados en tafetán pardo para Isabel de Valois; cincuenta botones de cristal guarnecidos de oro para Magdalena Girón, acompañante de la soberana; cuatro libros de *Vita Christi* de Cartuxano que mandó entregar a un hermano de leche; variados metrajes de terciopelo y tejidos para el manteo de Mariana de Garcetas (curioso que no hubiese olvidado a la muchacha que pudo causar indirectamente su caída en Alcalá de Henares, si se recuerda su testamento); dos alhombras de oro y seda para la reina, y una espada con sus talabartes guarnecidos con trencilla para Juan de Austria.

También pueden remarcarse por su generosidad: mil cien reales al licenciado Gamiz para entretenimiento de un vástago suyo que estudiaba en Salamanca; cinco ducados a un sujeto que estaba preso en la cárcel para que pudiese completar los cuarenta ducados que adeudaba; ciento cincuenta ducados a Juan Bautista Pomare, mensajero que trajo la nueva de que la isla de Malta había sido socorrida del asedio turco; diferentes tamaños de tejidos destinados a vestuario para seis indios; ochenta y cinco reales para los peones que bregaban en la presa del nadadero cercano al bosque de Valsaín; cuatro reales para un pobre en las proximidades de dicho lugar, y cuatro escudos de oro a un mulato por nadar en su compañía.

En el manuscrito número 11.085 que se encuentra en la Biblioteca Nacional, con el titulo «relación de la muerte de el Príncipe Don Carlos y causas de ellas con las de el rey Phelipe II, su padre», se refiere alguna anécdota, aparte de una escueta calificación de que su alteza era «cargado de hombros y de espalda, robusto y fuerte», aunque esta apreciación se basa en la peregrina prenda de que tenía la capacidad suficiente para tratar «mal a un caballo». La nota de su contradictoria conducta, recurriendo al espacio de su dadivosidad, revela que un día tropezó, al pasear por la Casa de Campo, con un pobre que le pidió limosna. Al requerimiento de qué deseaba que le diesen respondió el pordiosero que «necesitaba un borrico en el que poder andar por estar cojo y un par de camisas». Don Carlos dio instrucciones a Luis Quijada para que el lisiado fuese complacido, pero, por las razones que fuesen, la orden no fue solventada. Volvió el menesteroso a encararse con su favorecedor y le transmitió que el óbolo prometido no se lo habían dado. Aclarada la súplica anterior, que ya no debía recordar, fuese por su albedrío o por la furia que podía crearle que sus consignas no fuesen respetadas, mandó seguidamente que le diesen dos borricos.

La versión no aquilata qué pudo acontecer —probables y sucesivos descuidos o reparos de Luis Quijada sobre la dádiva—, pero «pujando», según locución usada en la época con respecto a la licitación en las almonedas, la ayuda se desmesuró hasta la desorbitada cifra de diez borricos y cincuenta camisas en provecho del desvalido pedigüeño. El relato no asegura que fuese satisfecha la petición y menos la última oferta, pero sí añade, a renglón seguido, que estando en predios ribereños de los ríos Tajo y Jarama, en compañía de Juan de Austria, se empeñó en abatir un hermoso venado, a pesar de que le anunciaron el aviso regio de que fuese objeto de especial cuidado. Sin tener presente las advertencias, tal vez acicateado por la prohibición, mató al animal, a despecho de que recibiese la correspondiente reprimenda y recomendaciones de que no insistiese en tirar hasta tener indicaciones en contrario.

Asimismo se refleja en este anónimo la observación de Pierre de Bourdielle acerca de la intempestiva repulsa que tuvo cuando le confeccionaron unas botas que no le agradaron e intentó que el angustiado zapatero se comiera el calzado, si bien en el texto constan detalles que el aventurero francés no recoge. El menestral en cuestión, que a su vez brindaba sus servicios a Felipe II, es nominado con su apellido (Valencia), se asegura que sus hijos todavía viven «y que se desmayó ante el apetitoso plato que le sirvieron en bandeja de plata y tan bien aderezado que despidía un oloroso aroma». La intervención de Ruy Gómez puso mesura en el desquiciamiento y el artesano no tuvo que ingerir el «manjar».

Las cuentas ya apuntadas, más sugerentes a veces que los despachos que se emitían para los distintos Estados, hablan de sus costumbres. Predomina su enorme tendencia competitiva, cruzando apuestas por doquier con cortesanos del entorno palaciego. Los desafíos por carreras (imagino que utilizando caballos si sus inconvenientes motrices fuesen verídicos) o disparos con arcabuz son aludidos con frecuencia, así como las derrotas y consecuentes desembolsos en retos cuyas características no se especifican. Juan de Austria, eterno compañero de andanzas, es una de las personas más lucradas por el vicio, pero no faltan ejemplos de criados que se aprovechaban de sus fracasos por su innata tendencia a la rivalidad. No plasman, por el contrario, las victorias que deduzco se producirían. Las rifas y juegos con dados o naipes son proverbiales en sus esparcimientos, perdiendo dinero hasta con los bufones. Una aptitud llamativa de su carácter, pocas veces denotada por las crónicas, es que tuviese, siguiendo los pasos de su abuelo Carlos V, una innata preferencia por los relojes a juzgar por los trabajos de Luis de Foix: un complicado reloj de cinco muestras: las horas con avisador; el movimiento del sol; las horas cuando el sol sale y se pone; la cantidad del día y de la noche y los doce meses del año enmarcado entre columnas, a modo de templo antiguo, y con un gasto importante cifrado en cuatrocientos ducados, amén de algún despertador fabricado con buen artificio.

Hay también testimonios de su poca vocación por las armas, ya que existen comprobantes de pagos a su maestro de esgrima Juan Fernández cuando no se ejercitaba, multa que implicaba un ducado diario. En cierto momento, sin duda por la influencia lejana de su prima Ana, se puso a estudiar la lengua alemana en un comprensible afán de comunicarse con ella más fácilmente si, en definitiva, tenía lugar su enlace conyugal.

Las insólitas disposiciones del rey

Terminadas las duras jornadas de Aragón, emplazado de nuevo en el alcázar, y con la feliz noticia de que Isabel de Valois está embarazada poco después de reanudarse su convivencia marital, Felipe II aborda por primera vez, con espíritu constructivo, el futuro inmediato de su sucesor tan pronto como don Carlos se une a la Corte, una vez acabada su solitaria residencia en Alcalá de Henares. La medida inicial, para paliar sus quejas porque no era respetado ni se le facultaba para ocupaciones de gobierno, consiste en concederle un puesto en el Consejo de Estado, a cuya cámara se incorpora tan sólo seis días más tarde de su regreso. El monarca le acompaña a la sala de sesiones, pero toma la opción de ausentarse, dejándole desamparado frente a sus obligaciones y en medio de un conjunto de varones de probada madurez en el campo político. Carlos de Austria, que ya daba pruebas de displicencia filial, a juzgar por las informaciones que Saint-Sulpice facilita a la monarquía francesa, acepta con alegría las inesperadas resoluciones, pero no parece que hiciese patente un excesivo celo en la asistencia a las juntas periódicas que se celebran. Es lógico pensar que, dada su inexperiencia, adoptase al principio una disposición precavida que puede entenderse como abulia o negligencia.

La antipatía entre ambos —no es concebible que el rey abandonase la reunión, pese a que no asistía generalmente, ni que su hijo ya evidenciase despecho— ha sido y sigue siendo un manantial de conjeturas forzadas y un enigma no esclarecido sobre el que ya he insistido por juzgar de vital magnitud su entramado.

Por otro lado, aun conociendo su convicción negativa, el soberano estaba predispuesto favorablemente para que su hermana contrajese matrimonio con el príncipe, aunque mantenía las opciones de María Estuardo y Ana de Austria como eventuales candidatas. La descansada estancia en Aranjuez sirvió para que se produjesen conversaciones familiares que le pusieron al corriente de las últimas actitudes de don Carlos y le reafirmaron en su convencimiento de que doña Juana era la esposa más apropiada. Celebrar estas nupcias no le deparaba algún incremento patrimonial, pero su pariente era una mujer madura, equilibrada y con pericia gubernativa por su fructífera regencia en años precedentes, factores que podían valer como equilibrio para contrarrestar la vehemencia de su primogénito. Con esta idea, respaldada por las Cortes castellanas, cumplía además con las esperanzas tramadas por el emperador antes de perecer, extremo que puede parecer baladí, pero que para él, siempre empadrado y listo para obedecer la extinta voluntad de Carlos V, podía tener una gran significación.

No es inverosímil, por tanto, que le esbozase sus planes conyugales y que esta sugerencia, aborrecida desde hacia tiempo, provocase una oposición recelosa contra la férula paterna. La postura de doña Juana, de todas formas, genera extrañeza, al estar preparada para casarse con un joven con el que había convivido tantos años en un ámbito que no equidistaba demasiado de la condición materna. La única justificación, tras rechazar dos propuestas nupciales por el nulo aprecio que le merecieron sus pretendientes, debía estar apoyada en su sentido de la responsabilidad y en la preponderancia de su hermano, dado que cuesta asumir que estuviese enamorada de su sobrino.

Antes de designar a su descendiente miembro del Consejo más relevante, realiza además variaciones vitales en la estructura de la casa de don Carlos, escogiendo un mayordomo que supla la ausencia de García de Toledo, fallecido en enero de 1564, y actuando en este sentido con rapidez nada más volver de su viaje por Aragón. La influyente misión, para cuya elección concurrirían numerosos aspirantes, como el conde de Benavente o el conde de Feria, recae en Ruy Gómez de Silva, cortesano fiel y mesurado con quien se había criado hasta entablar una franca intimidad. El nombramiento demuestra que Felipe II quería colocar junto a su vástago a un servidor de alto rango y virtudes acreditadas, avezado en la palestra diplomática y dotado de maestría en la mundología complaciente. Si alguien era capaz de infundir en el heredero moderación y un sensible cambio benéfico, este individuo era el príncipe de Éboli, sumiller de corps, consejero de Estado y tesorero de Castilla. La renovación se completa con Luis Quijada como caballerizo mayor y manteniendo a Honorato Juan en calidad de preceptor y capellán, junto a Antonio Manrique y Francisco Osorio como limosnero. Los mayordomos fueron Fadrique Enríquez y Fernando de Rojas, sirviendo de gentilhombres de cámara Diego de Acuña, el marqués de Tavara, Alonso de Córdoba y el conde de Gelves. También pajes y escuderos, ayudas de cámara y aposentadores, forman un nutrido grupo humano en unión de oficiales subalternos. La plaza de secretario pasa a ser desempeñada por Martín de Gaztelu, que ya había actuado en análogo cometido sirviendo a Carlos V en Yuste.

Ruy Gómez toma posesión de su delicado puesto el 11 de agosto de 1564, habiendo recibido normas muy concretas tendentes a vigilar los pasos del príncipe.

La enfermedad de la reina

Alcanzados los dieciocho años, con la natural satisfacción por una próxima perspectiva de maternidad, Isabel de Valois empieza a padecer mareos, dolores de cabeza y vómitos con una intensidad exagerada. Es el comienzo de agosto de 1564 y la calentura irrumpe con ímpetu agravando su malestar. Los galenos, en contra del criterio del médico de la reina, llamado Vincent Monguyon, optan por arreglar el apuro con las consabidas sangrías y la paciente, debilitada por la pérdida de sangre, se quebranta aún más al soportar la pérdida de dos niñas gemelas de unos tres meses de gestación y varias hemorragias nasales que empeoran su condición. Para coadyuvar con las abusivas prácticas cruentas se recurre, como siempre, a la intercesión milagrosa de los poderes divinos, sucediéndose las oraciones, los ayunos y las procesiones con disciplinantes, en cuyos actos participa don Carlos recorriendo las iglesias junto con destacados componentes de la nobleza.

Doña Isabel languidece entre dolencias de espalda y vientre, tiene la boca contraída, paralizado el brazo derecho, y se desenvuelve sumida en una inconsciencia que la ciencia combate mediante friegas, ventosas y las consabidas sajaduras. A punto de darle la extremaunción después de testar, en esta coyuntura con sólidos motivos, atacada por bruscas convulsiones, su médico, el contumaz doctor Monguyon, cuando los restantes galenos aceptan la presencia fatídica de la parca, pide permiso para administrar a la enferma una purga de agárico que le fue dada diluida en aceite. La pócima tiene efectos milagrosos, causa múltiples diarreas y regenera su organismo hasta conseguir que supere la crisis y entre en una fase de apacible convalecencia.

En tanto persisten los trastornos, Felipe II se mantiene pendiente de su cónyuge, pero no permite que sea visitada por el príncipe, no obstante los esfuerzos desplegados en tal sentido. Ignoro los drásticos móviles que le impulsaban para adoptar tan impertérrita determinación cuando sabía la consternación de su hijo, y autorizaba, sin embargo, visitas varoniles como la asistencia frecuente del representante de Francia en la cámara de la paciente.

Los planes matrimoniales

El pertinaz acoso del paludismo vuelve a surgir y Carlos de Austria se ve obligado a guardar cama cuando doña Isabel todavía se repone de las consecuencias del aborto. El acceso, como es proverbial, se produce tras vivir instantes de tensión derivados del frágil estado de su madrastra, alimentados por la intransigencia del autor de sus días, y le deja extenuado, aunque se recupera con celeridad y sin que se recurra a los acostumbrados remedios de las sajaduras. La simultaneidad entre las destemplanzas y los disgustos o contrariedades me obliga a evaluar las situaciones álgidas de presión emotiva por las que discurría la vida en la morada regia.

El 6 de agosto, el rey toma una importante decisión al desistir del posible matrimonio de su heredero con María Estuardo, probablemente después de calibrar fundamentos políticos y las difíciles perspectivas de que pudiese resultar ventajoso para ensanchar sus enclaves patrimoniales y lograr un fortalecimiento de la doctrina católica en las islas británicas. La joven escocesa, sin ningún género de dudas, había captado en toda su dimensión los consabidos titubeos y entablaba negociaciones casamenteras que le conducían hacia el archiduque Carlos, descendiente de Maximiliano y María. Interferir en la viabilidad de esta boda era dificultoso, teniendo en cuenta los lazos de parentesco con los Habsburgos imperiales. El presunto marido no era hijo de Catalina de Médicis y esta distinción daba vía libre al proyecto en el ánimo del soberano, empeñado en obstaculizar la pujanza de los Valois franceses.

Posteriormente se acredita a Tomás Perrenot de Chantonay como embajador en Bohemia y Felipe II le da instrucciones de «alargar todo cuanto se pueda» la unión conyugal de su sucesor con su sobrina Ana, sin que se sepan los argumentos que apoyan esta nueva demora. ¿Era realmente su contradictoria salud el obstáculo principal para concertar el casamiento? ¿Prefería seguir teniéndole disponible para maniobrar, según exigiesen las circunstancias, en el tablero del negocio nupcial? ¿Seguía vigente la aspiración de un connubio con doña Juana pese al rechazo, ya patentizado, de no querer a su tía como mujer?

Por unas u otras razones, fuesen cuales fuesen los propósitos, la realidad era que don Carlos tenía el lógico interés por su previsible enlace y que su padre optaba por una dilación típica de su talante y sin tener el menor miramiento con sus esperanzas. El príncipe había hablado con Chantonay, antes de que este partiese para Viena, solicitándole que le tuviese al tanto de las vicisitudes de la Corte y, por supuesto, le expidiese noticias de su prima. El secretario Gonzalo Pérez y el comisionado pactaron a sus espaldas que cuantas cartas le fuesen cursadas serían trasladadas al rey, aportando copias en el tráfago de su correspondencia. ¿Por qué esta susceptibilidad? ¿Qué temía Felipe II que pudiese descubrir su hijo? No hay que ser muy perspicaz para imaginar que las notificaciones dirigidas por el reciente mandatario a don Carlos fuesen insípidas y confusas sobre las probabilidades de que se consumasen sus deseos. Las pautas de retardar el asunto ante Maximiliano y María forzaban al dignatario Tomás Perrenot a practicar malabarismos en Bohemia con sus periódicos mensajes, si bien presiento que no fuesen incesantes y que pronto dejaron de ser enviados.

En las postrimerías del verano de 1564 llega la noticia de que el emperador Fernando ha perecido en Viena. La corona del imperio recaerá en Maximiliano, su primogénito, emparentado con los austrias hispanos por el doble vínculo de ser primo de Felipe II y haberse casado con la infanta doña María.

El señor de Brantôme

A principios de octubre, con Isabel de Valois y el príncipe recuperados de sus respectivas dolencias, tienen lugar en la iglesia de Santo Domingo los funerales en memoria de don Fernando. Carlos de Austria asiste a los sufragios, pero no interviene en una procesión tras celebrar un *tedeum* en la iglesia de San Felipe. Transcurridas unas semanas, se encuentra restablecido, da paseos a pie, monta a caballo y hace ejercicio en contra de su apática manía de permanecer ocioso.

El 9 de noviembre, procedente de Portugal, llega a Madrid un ser humano peculiar: Pierre de Bourdeille, abate y señor de Brantôme, que luego adquirirá celebridad en Francia por sus dotes de polémico escritor. Gascón de origen, despegado del universo eclesiástico, pese a su condición de abate, licencioso e intrigante, dispuesto a descifrar los enredos de las Cortes europeas, en las que se desenvolvía como pez en el agua, el insigne aventurero pudo tratar a don Carlos durante su breve visita y de facilitar, al correr del tiempo, las sensaciones obtenidas. Pese a ser reputado como desaprensivo y chismoso, se realza su agudeza para escrutar en la condición humana de los seres que transitaron en su agitada existencia jalonada de continuos viajes y épicos episodios militares.

Atribuyéndose la falsa modestia de carecer de entendimiento suficiente para emitir un discernimiento, alude al continuador del trono, con parcas palabras, para argüir que exhibe «muy buena traza y mucha gracia», aunque asegura que su cuerpo está algo estropeado, pero que no se nota demasiado. La descripción de una persona considerada sagaz, aderezada con el término literal de que «llegará a ser grande», contrasta con las declaraciones de los apoderados venecianos y hasta con la impresión de Dietrichstein que ya he testimoniado.

El señor de Brantôme prosigue sus memorias narrando que es antojadizo y lleno de extravagancias, con un genio colérico que le conduce a insultar, amenazar y hasta agredir, despiadado con sus servidores y propenso a «tretas o pamplinas» cuando lo estima provechoso. Este matiz nace expresamente de la pluma del aventurero y abre la sorprendente incógnita, de ser cierta su aseveración, de que el príncipe se aprovechase, cuando le apetecía o convenía, de falaces maquinaciones para colmar sus caprichos o rehusar obligaciones, franqueando con ello la facultad de manejar a su antojo esporádicas y sospechosas calenturas. Por revelaciones de terceros —anécdota mil veces repetida por diversos investigadores mediante páginas manipuladas con destreza en los fragmentos que les conviene resaltar—, relata igualmente que un zapatero le había llevado un par de botas mal confeccionadas y que, enfurecido, las hizo cortar en pedazos y freírlas para obligarle a que se las comiese. Este altercado es analizado por Cabrera de Córdoba, pero concretando que la orden de fabricar las botas procedía de Felipe II, que había mandando que se le hiciesen justas, como él las usaba, y no como las quería su hijo. La reacción, vinculada al trance referido, fue dar un sonoro bofetón a su criado Pedro Manuel por mediar en la elaboración de los borceguíes. Este suceso no está datado, pero la pista de que ocurrió en Alcalá de Henares me obliga a pensar que Cabrera no es muy fiel en su versión, si se concede que, en la última estancia de don Carlos en la localidad universitaria, su padre estaba en Aragón más preocupado por los problemas que le planteaban los procuradores que por el diseño de calzado. Distintos cronistas creen que el incidente no es verídico, pero es indiscutible que dicho pasaje figura reflejado en viejos relatos anónimos, aun cuando, como ya he aclarado, se precisa que fue un intento baldío y que Ruy Gómez evitó, con su oportuna intromisión, el banquete del artesano.

La injerencia del rey en expedientes tan banales no es, de cualquier forma, un aspecto que se pueda eliminar con facilidad, teniendo presente su estilo puntilloso, burocrático y tendente a entrometerse en nimiedades absurdas. Don Carlos había pedido que fuese reparado el tejado de la casa donde almacenaba pertenencias. Arrancado el beneplácito de los encargados de recomponer los desperfectos, el monarca puso objeciones, exigiendo que la reconstrucción fuese de escaso gasto, instalando las tejas imprescindibles o, en todo caso, de necesitarse más material, que se utilizase el viejo recubrimiento de El Pardo. Esta tacañería no era usual, al menos en edificaciones o reconstrucciones, y su intrusión parece más propia de un individuo soliviantado por cualquier mínima conflictividad que un ser ocupado en graves tareas.

Prosigue Pierre de Bourdielle su anecdotario, basado en los cotilleos que menudeaban dentro y fuera de los muros del alcázar, atribuye al príncipe el placer de salir de noche y enredarse a estocadas, a cualquier hora que fuese, secundado por jóvenes caballeros que le escoltan en sus correrías. Supongo que Juan de Austria, conspicuo camarada de andanzas, no estaría muy lejos en semejantes disparates. También pormenoriza que tiene mala opinión de las mujeres y que se comporta de modo temerario y ofensivo con aquellas que le salen al paso, besándolas por la fuerza y apostrofándolas con calificativos como puta, perdida, perra e injurias de parecido jaez, además de creer que las damas de la Corte son unas hipócritas y traidoras en el amor, pensamiento que puede estar sustentado en algún fracaso pasional o frivolidad de cualquiera de las doncellas de compañía palaciega. El inventario de las escandalosas aventuras, quizá un remedo de los hábitos de Pierre de Bourdielle, tiene la contrapartida de que su ofensivo genio cambia radicalmente ante su madrastra. Su deferencia y respeto son de tal magnitud que su levantisca condición se desvanece hasta el punto de que se le transforma el humor y hasta el color de su cara delante de la reina.

Los Países Bajos

Los territorios neerlandeses —un heterogéneo grupo de diecisiete provincias— estaban regidos por un Consejo encabezado por Margarita de Parma. Las normas vigentes fueron dictadas por Carlos V y ratificadas por su heredero, haciendo hincapié en guardar la ortodoxia católica para evitar por todos los medios que se desencadenase una ofensiva de los credos protestantes que asolaban Francia, Inglaterra y los principados de Alemania. No obstante las prevenciones adoptadas, los amedrentadores «placartes» que protegían las esencias del dogma y castigaban con pena de muerte cualquier heterodoxia, el avance de los luteranos, anabaptistas y calvinistas se convertía en un quebradero de cabeza en las zonas limítrofes con Francia y algunos principados alemanes. Los disidentes evolucionaban con pasos firmes, las autoridades locales iban desistiendo de castigar los delitos contra la fe y sectores de la alta jerarquía nobiliaria propugnaban una superior tolerancia religiosa y más altas cotas de responsabilidad en el desempeño de la función pública, pidiendo que se incrementase en cuatro el número de integrantes del Consejo de Estado y que este abarcase la preponderancia absoluta por encima de las conclusiones de la junta que asistía a la duquesa.

Los consejeros despacharon en febrero de 1565 al conde de Egmont hacia Madrid para que expusiese las peticiones señaladas. Los cortesanos se encargaron de agasajar al héroe de las batallas de San Quintín y Gravelinas mientras el monarca rumiaba, en la soledad de su cámara y en reuniones con sus consejeros, la decisión que debía tomar ante las reclamaciones. Avasallado siempre por sus infinitas zozobras y corta capacidad resolutiva, optó por comprar la adhesión del conde mediante concesiones en rentas y propiedades y aplazar su resolución. El 4 de abril, en audiencia muy demorada, determinó que las materias tocantes a la fe eran muy espinosas para ser tratadas con liviandad, que no estaba dispuesto a permitir que la herejía se adueñase de sus dominios, pero que juzgaba conveniente convocar una junta de teólogos para que examinasen las mejores opciones.

Dos días más tarde, sin haber logrado una respuesta escrita y ni siquiera un compromiso verbal, pero satisfecho en términos generales, portador exclusivamente de instrucciones destinadas a la gobernadora, el conde regresa hacia Brabante, embaucado por vagas promesas y con su peculio enriquecido. Junto al aristócrata cabalga uno de los jóvenes que había compartido estudio y esparcimiento junto a Carlos de Austria. Alejandro Farnesio, que meses después contraerá matrimonio con una princesa portuguesa, emigra de la Corte con la complacencia de ir a verse con su madre.

El 13 de mayo de 1565, cuando hace poco más de un mes de la partida del conde, el rey envía, desde el bosque de Segovia, varios despachos dirigidos a su hermanastra, rechazando los recursos de media docena de anabaptistas condenados, que mostraron arrepentimiento, y exigiendo que fuesen llevados al quemadero en un ejemplo más de su sectarismo dogmático que llevaba implícito, además, un serio aviso de que no iba a ceder un palmo de terreno. Y con respecto a la composición del Consejo desecha las reivindicaciones y aumenta solamente en un miembro la institución, pero sin dotarla de mayores cotas de poder. La semilla del vandalismo estaba sembrada como preludio de una conflagración que iba a durar decenas de años.

La corta permanencia del conde de Egmont en Madrid ha dado pábulo a la creencia de que hubiese podido tener contactos con el príncipe para animarle a que viajase hacia Bruselas. Antiguos cronistas alimentan esta tesis, manifestando que la insinuación pudo consistir en huir sin el consentimiento paterno, pero apreciaciones de esta índole son meras conjeturas al no quedar pruebas que acrediten su veracidad. La compra de un libro «de las cosas de Flandes», adquirido al florentino Ludovico Giucciardini en la desorbitada cantidad de doscientos ducados, confirma que don Carlos estaba enfrascado en temas relacionados con los Países Bajos, en su condición de sucesor de aquellos enclaves, y cabe intuir que su ávida curiosidad provocase conversaciones con el ilustre consejero, pero sin excesivas secuelas.

El viaje de la reina

Culminado el invierno, Isabel de Valois sale hacia tierras francesas, siendo acompañada en la jornada inicial por la nobleza. Entre su séquito, en el corto recorrido de unas pocas leguas, figuran don Carlos, Juan de Austria y los príncipes de Bohemia. Durante los posteriores trayectos y su recogimiento en el monasterio de La Mejorada hasta su llegada a Valladolid el 3 de mayo, siguiendo su reciproca costumbre de comunicarse, el príncipe envía a Juan de Cárdenas tres veces para que comparezca ante la reina. No hay comprobación de recados confidenciales, pero no creo, en clara disparidad de criterio con Gachard, que estos desplazamientos tuviesen la finalidad de rendir simplemente sus respetos y justificar su afecto. Entre ambos jóvenes, fruto de su convivencia, florecían la complicidad y el intercambio de experiencias que concernían a sus respectivas vidas. No se debe olvidar como precedente que la soberana se mantuvo en contacto con don Carlos, mediante sus criados, durante la desdichada caída en Alcalá de Henares.

El origen de tan largo recorrido, con destino a Bayona, obedecía al interés de Catalina de Médicis por conseguir una entrevista con Felipe II para gestionar diversas iniciativas y con especial énfasis sobre la confrontación imperante en Francia. El enfrentamiento entre las facciones cristianas engendró una sangrienta guerra civil dirimida en favor de los católicos con el apoyo sustancial en armas y soldados procedentes de Castilla. La paz de Amboise, ratificación del fin de la contienda, no cercenaba el auge de los hugonotes y el comedimiento pacifista de doña Catalina, rehusando los dogmas de Trento y procurando zanjar las discrepancias con la celebración de concilios locales, no estaba dando el fruto apetecido de una concordia estable.

Felipe II, intranquilo por las genuinas intenciones de su suegra, rehúye la convocatoria y, en su lugar, intentando averiguar los propósitos franceses, envía a su esposa, secundada por Fernando Álvarez de Toledo y Juan Manrique de Lara, para que se conferencie con los galos y se aproveche la oportunidad para que las dos mujeres vuelvan a verse, sin dar importancia al encuentro y evitando con ello que se promuevan intransigencias antagónicas en Inglaterra y Alemania, ante la eventualidad de un pacto que implique intrigas hostiles contra el protestantismo.

La marcha es lenta y jalonada por etapas de relajamiento y placer. Tras alcanzar Guadarrama y juntarse allí con su marido, que se había adelantado a la comitiva, se separan de nuevo, ante la proximidad de la semana santa, para pasar tales días, como era usual, en aislamiento claustral. El monarca, firme en su devoto convencimiento, ordena que su mujer prosiga su itinerario hasta el monasterio de La Mejorada, cerca de Medina, a la vez que se desplaza hacia el convento de Guisando con la idea de reunirse en las orillas del Pisuerga. Don Carlos, que tenía previsto trasladarse hasta el monasterio de Guadalupe, se ve obligado a ir con el rey, impidiéndole de esa forma que pudiese disponer de libertad. La alteración no está fundada en triviales pretextos, pues algo parece haberse filtrado en los mentideros del alcázar para que no dejase solo a su hijo. Saint-Sulpice, en un indescifrable recado, argumenta que se han cambiado los planes anunciados por motivos que apenas están divulgados y sobre cuyo caso no se puede escribir todavía.

El universo de Carlos de Austria es un espacio de luces y sombras que desenmascaran livianas anécdotas y, sin embargo, hunden sus raíces en los abismos de la ignorancia cuando la materia tiene trascendencia. Las enigmáticas palabras del comisionado francés no han sido esclarecidas y únicamente cabe la conjetura como medio para acercarse a la verdad. En aquellos momentos se hallaba aún en Madrid el conde de Egmont, en espera de ser recibido en audiencia, y no se puede desechar que en la mente suspicaz de Felipe II surgiese un relámpago de incertidumbre, si es verosímil que el célebre combatiente de Gravelinas había tenido audiencias con el príncipe para darle cuenta de la intrincada situación en que se debatía su tierra. ¿Prudencia ante una amenaza de huida aprovechando el viaje de Isabel de Valois? ¿Daba ya, por aquel tiempo, muestras de querer alejarse de la tutela familiar? ¿O en sus inmaduras apetencias empezaba a tomar cuerpo la posibilidad de embarcarse en una peligrosa aventura, que le emplazase al amparo de Maximiliano y su tía doña María y, de paso, pudiese entablar contacto con su prima Ana? Se sabe cómo su barbero Ruy Díaz de Quintanilla le extrajo el raigón de una muela en Galapagar, recibiendo cincuenta escudos de los cien que le había prometido, y no obstante se permanece sumido en la nebulosidad cuando se desea reparar en aspectos más esenciales de su mundo.

Pasada la postración católica, los reyes vuelven a Valladolid, como estaba dispuesto, y la reina se distrae en los parajes cercanos antes de reanudar su avance hacia Bayona. Don Carlos y don Juan, siempre juntos, le acompañan en sus paseos, cacerías y regocijos campestres hasta que la joven se dirige al encuentro de su madre, acompañada por los dignatarios elegidos por su cónyuge. Doña Isabel llega a Hernani el 12 de junio de 1565 y es acogida por su hermano Enrique, duque de Orleans, para efectuar su entrada en Francia, cruzando el río Bidasoa, unos días más tarde. Las juntas preparadas por los mandatarios reales son aplazadas constantemente por Catalina de Médicis y sustituidas, sin descanso, por comidas y festejos de todo tipo, como gesto inequívoco de que no le acucian serios problemas de gobierno por resolver. Solamente en las últimas horas transige en mantener deliberaciones, pero con el ánimo proclive a la aceptación de las propuestas que le hacen y sin añadir nada de su cosecha. Concede popularizar las tesis del concilio tridentino, fervorosas como es natural con el credo del catolicismo, y admite una coalición para combatir con dureza al protestantismo, pero no hizo demasiado caso de las sugerencias de los enviados, sembrando los designios de su país con periódicos y sangrientos enfrentamientos. Atraída por negocios más frívolos, tampoco pierde la ocasión para sugerir una doble alianza matrimonial consistente en que su hija Margot se case con don Carlos y que doña Juana lo haga con su hijo Enrique.

A principios de julio, tras haberse divertido con su familia durante un dilatado periodo, Isabel de Valois se dirige a Castilla. Ya no era la niña temerosa que afrontaba su prematura boda en Guadalajara y las nuevas prácticas palatinas en Toledo y Madrid. Al volver de Francia tiene ya diecinueve años, un notable progreso físico y es ya una mujer espigada, de altura superior a la media, delgada y agraciada en su porte, de ojos grandes y oscuros, cabello negro y abundante, aficionada a la pintura y dueña ya de un idioma castellano, casi perfecto, que habla con desenvoltura y divertido acento afrancesado.

En aquellos días, instigado por su espíritu temerario, Juan de Austria pretende, sin licencia real, penetrar en Aragón y embarcarse en las galeras que se preparan para acudir en socorro de la isla de Malta, asediada por los turcos. Una repentina dolencia le indispone en Zaragoza lo suficiente para que su denuedo sea una desilusión, ya que al entrar en la ciudad condal las naves han zarpado hacia su belicoso destino. Es de suponer que don Carlos estuviese al tanto de los pensamientos de su tío, le apoyase en su esfuerzo y que la acción crease deseos de emularle. Que cuatro criados de su casa hubiesen llegado a Barcelona con idéntico objetivo refuerza la noción de que estaba enterado de los ocultos afanes de su familiar.

Cabrera de Córdoba, confuso como es proverbial, infiere que el conde de Gelves y el marqués de Tavara, miembros de su servidumbre, le alertaron de que el embarque de tropas en Nápoles para ir en socorro de Malta era una magnífica coyuntura para trasladarse a Brabante, abandonando la Corte y entrando en Aragón, si conseguían llevar consigo a Ruy Gómez como coartada de que se contaba con la aquiescencia regia. La atribuida maquinación, que pocos cronistas desenmascaran, dio lugar a que recaudaran cincuenta mil escudos, dispusiesen de los vestidos necesarios y deseasen embaucar al portugués en una casa de campo, estando incluso preparados para matarle si no colaboraba. El príncipe de Éboli, más hábil, mostró un mensaje del virrey de Nápoles, en donde se especificaba que la escuadra ya había partido en ayuda de la isla sitiada por los otomanos y que, por tanto, no era ya factible encaminarse hacia una empresa que no podía realizarse. La estratagema del mayordomo destruyó el intento, el príncipe se encorajinó con sus criados y pidió al dignatario portugués que no le descubriese nada a su padre. De ser cierta la peripecia no es creíble que guardase el secreto y no resulta azaroso barruntar que Felipe II fuese informado de la tentativa.

La data de la notificación del duque de Alcalá era del 24 de agosto de 1565, fecha que me hace discurrir que el supuesto conato de fuga se produjo terminando el mes de septiembre o en los comienzos de octubre, cuando Carlos de Austria no estaba en Valsaín con su familia, puesto que existen antecedentes de que se desenvolvía por Galapagar, disfrutando de libertad para tomar las decisiones que juzgase convenientes.

Después de viajar cerca de cuatro semanas bajo el tórrido sol del verano, Isabel de Valois entra en Sepúlveda, en donde le espera su marido. Al día siguiente, a tres leguas de Segovia, se encuentra con don Carlos y Juan de Austria. El príncipe, dando una señal más de su devoción, porfía y consigue besar su mano mientras el rey se abraza con su hermanastro, a quien no había vuelto a ver desde la fallida tentación de combatir en Malta sin su consentimiento. Se describe que la pícara francesa, haciendo gala de su sentido del humor, le preguntó a don Juan si los turcos eran buenos guerreros. El defraudado aventurero, avergonzado, respondió con timidez que no había tenido oportunidad de comprobarlo.

En el bosque de Valsaín

En un cofre de acero, guardado con llave, Carlos de Austria atesora desde la primavera de 1565 un retrato «de seda de colores, con tres rubíes y tres esmeraldas y ocho perlas en la cabeza, y con el brazo izquierdo un rubí y una esmeralda con dos perlas, y en los brahones de entrambos brazos otros cinco perlas». Es una imagen de la infanta Ana, su prima, que está encajada en una caja de ébano, con una moldura de plata dorada, y que probablemente ha llegado a sus manos por intermedio de Dietrichstein.

Durante las conferencias de Bayona, Felipe II no se veía libre de las presiones que ejercían Maximiliano y María para que, de una vez por todas, adoptase una postura irreversible con respecto al matrimonio propuesto. El 20 de mayo escribe Tomás Perrenot de Chantonay asegurando que en Viena no se ignoran las ilusiones favorables de su hijo sobre dicho casamiento, en junio insiste en que Maximiliano se siente disgustado por la tardanza que se sufre en tomar una resolución, y en las postreras jornadas del mismo mes previene que las disculpas «se nos van deshaciendo cada día», menciona la posesión de la pintura de la infanta por parte de don Carlos y hace hincapié en que se ha divulgado que «en lo de casarse y escoger con quién ha de vivir le toca a él y no piensa que el rey se lo ha de estorbar ni forzar...». Adam de Dietrichstein cumplía con efectividad sus quehaceres y en Bohemia estaban al corriente de los anhelos y abulias que se vivían en el alcázar.

Para evadirse del calor estival, la Corte se desplaza hacia el norte, atraviesa la sierra de Guadarrama y establece su esporádica morada en el palacio de Valsaín, que Felipe II había mandado construir respetando las estructuras arquitectónicas que había podido contemplar en el norte de Europa. En estos idílicos y frescos rincones se desarrollan placenteros ratos con la ayuda de excursiones, pasatiempos, comidas campestres y diversiones al aire libre que compensan de la dureza del invierno madrileño. Allí, en plena naturaleza, doña Isabel le enseña a su hijastro un grabado de su hermana Margot, pero el joven se muestra indiferente a las insinuaciones y se limita a ponderar como bellos los rasgos de la pequeña francesa. Por aquellas fechas, Felipe II rechazaba la propuesta de Catalina de Médicis para que la hermana de su esposa fuese la prometida de su hijo, alegando que tenía contraído compromisos ineludibles, aunque los motivos razonables eran la carencia de beneficios que un enlace semejante podía reportarle tras haber emparentado con la familia Valois.

En aquellas circunstancias, de relajada armonía, nace el interés de la reina por la concentrada abulia de don Carlos. Después del mediodía, a continuación de comer juntos, la muchacha francesa dispone un idílico paseo con sus damas por el bosque mediante una carreta de bueyes y le llama la atención que su hijastro, invitado al esparcimiento, se muestre ensimismado. A la pregunta sobre las causas de su mutismo y concentración replica que su mente está muy lejos, a doscientas leguas de allí. Su madrastra inquiere dónde está ese sitio tan lejano y responde que tiene fijados sus pensamientos en su prima Ana.

Las reliquias de un santo

Entre los fervores ascéticos de Felipe II destaca su compulsiva obsesión por coleccionar múltiples reliquias de santos, tales como pedazos de los progenitores de San Lorenzo, Florencio y Pacencia, que le fueron regalados por la jerarquía eclesiástica de Huesca en unión de los restos de San Justo y Pastor, mártires de Alcalá, tres canillas y huesos de los tres apóstoles, San Felipe, Santiago y San Bartolomé, una cabeza de Santa Undelina, un brazo de San Ambrosio y un interminable número de despojos obtenidos a fuerza de sinsabores y turbaciones, según la exposición ofrecida por fray José de Sigüenza.

En otoño, tras laboriosas gestiones con el país vecino, que estuvieron a punto de provocar un agrio conflicto, se consigue que el cuerpo de San Eugenio, que estaba desde hacia centurias en el panteón de la abadía de Saint-Denis, cerca de París, sea conducido a Toledo. Isabel de Valois y doña Juana salen en busca del fúnebre cortejo hasta Getafe, mientras el rey, su hijo y los archiduques esperan la llegada del cadáver en la ciudad imperial, acompañados de un espectacular ceremonial. La reina, camino de los veinte años y sin descendencia, pese a llevar más de cuatro de convivencia marital, pide con devoción la intercesión del santo, el primer arzobispo de Toledo, para lograr la gestación de una criatura. Es el 19 de noviembre de 1565.

Las desavenencias familiares

Uno de los aspectos más controvertidos de la vida del príncipe es su relación filial y la animadversión engendrada por una cohabitación nada ejemplar. La causa de una antipatía mutua, de hondo calado, no ha sido elucidada por los estudiosos del asunto y no es fácil aportar pruebas que pongan luminosidad en tal oscuro paraje. Don Carlos aducía que era manejado como un niño, que nunca se le había dado ocasión de afrontar responsabilidades públicas y que el matrimonio con su prima Ana, abriendo la puerta de Bruselas, no terminaba de consumarse por la desgana de su padre. Estos factores primordiales, unidos a matices más comunes y en apariencia menos trascendentes, que no se conocen con detalle, pero que en su goteo incesante pueden acaban por colmar cualquier recipiente, fueron sin duda el origen del resentimiento.

Felipe II se encontraba inquieto por las andanzas de su primogénito, pensaba que su talante no estaba en consonancia con su edad, y tenía seguridad de que su inestabilidad le impedía practicar determinado grado de jerarquía con templanza. Este encastillamiento en sus respectivas posiciones iba abriendo un abismo insondable. Al distanciamiento y discutible prudencia del soberano se contraponían las ansias del príncipe y su temperamento contrario al sosiego, la maduración y la cordura. Eran dos universos opuestos, dos identidades muy distintas, una confrontación sin capacidad de regeneración, una lucha, atizada por grandes y pequeñas miserias, que no tenía visos de solución.

A principios de 1566, Honorato Juan, ya nombrado obispo de Osma, opta por encaminarse hacia tierras extremeñas para prestar más cuidado a su resentida salud. Don Carlos daba signos evidentes de querer a escasos seres de su entorno, pero la venerada figura de su preceptor era una de las pocas excepciones que confirmaban la regla de las desavenencias permanentes. El prelado, recíproco en sus sentimientos, le escribe desde Valladolid*, mientras se encamina hacia su último destino, dando una pista valiosa de la desenvoltura de su pupilo. Cada orientación es una advertencia y una implícita queja sobre su conducta.

Al recordarle sus obligaciones alude, en primer lugar, a la religión, preconizando el amor y el temor de dios, pero resaltando que se deben respetar los mandamientos para observarlos y cumplirlos tanto interior como exteriormente. La concreción, al realzar que es necesario testimoniar buen ejemplo, plantea un enigma de fuertes alcances. ¿Acaso no obedecía las estrictas pautas del catolicismo? La esencia de la fe en la esfera social del siglo XVI era consustancial con la condición humana. Estar enaltecido como virtuoso creyente era, fundamentalmente en las altas esferas sociales, ser un súbdito modélico consciente de su condición natural. El dogma vivía en el hombre y con el hombre, era porción de su piel, sus huesos y su carne, pieza íntima de su conciencia y guiaba los pasos de su comportamiento dentro de las coordenadas mentales de aquellos seres que se reputaban castellanos viejos. Felipe II, imbuido de tales creencias, devoto hasta sobrepasar los límites normales para hundirse en la ciénaga del fanatismo, escuchaba misa a diario y comulgaba, como mínimo, cuatro veces al año.

Llama, pues, la atención que Honorato Juan recuerde a su antiguo pupilo una formalidad de semejante dimensión y que remache su reflexión haciendo hincapié en el compromiso de que la Inquisición sea respetada y siempre beneficiada, en momentos de tanta tri-

---

* Carta reproducida íntegra por GACHARD en su obra *Don Carlos y Felipe II,* Barcelona, 1963, pp. 261-264.

bulación herética, para el buen gobierno y tranquilidad de los reinos. Este apunte, concerniente a una institución tan temida como aborrecida, vuelve a depositar en el tapete de la cavilación si el heredero era partidario del Santo Oficio o guardaba un despecho cauteloso hacia el omnipotente tribunal.

La segunda reflexión recalca la importancia que representa someterse a las órdenes paternas por ser un precepto divino. El antiguo maestro expresa que dicha subordinación debe ser mantenida, aunque se deje a un lado la convicción del mandamiento, por ser bien vista por el pueblo y la senda correcta. De forma explícita se concede que don Carlos puede haber desistido de honrar y respetar al autor de sus días, pero la recalcitrante insistencia en acatar los dogmas católicos no hace sino apuntar la idea de que podía haber llevado el enfrentamiento hasta la vulneración de sus deberes religiosos. Completa este fragmento de su comunicado alegando que no obedecer y servir filialmente conduce por caminos peligrosos y engañadores que no reportan ventajas. Una nítida advertencia de que algunos desafueros podían irrogarle, más tarde o más temprano, graves percances en su futuro destino. Las frases del obispo tienen más magnitud como presagio que como exhortación sobre las reglas que debía adoptar.

La tercera faceta de la misiva se refiere a otra de las tachas que le son atribuidas. Honorato Juan le pide que se dirija a sus servidores, en actos y palabras, con amor y dulzura. La crítica no puede ser más directa ni estar más ajustada a la realidad, si se examinan las profusas testificaciones que acreditan los desafueros contra sus criados. La sugerencia de un trato más caritativo se extiende a los ministros y demás individuos próximos, sobresaliendo el apunte de que no es conveniente hacerles preguntas extrañas sobre lo que le hayan contado, ni exigirles réplicas espinosas en cuestiones que prefieren callar. El perspicaz asesoramiento del clérigo, que puede ser calificado como trivial en apariencia, revela una singularidad del príncipe en conexión con su predisposición indagatoria. Su impertinencia e insaciable indiscreción no parecían ser una cualidad de su inteligencia, sino más bien la base de un espíritu chismoso, proclive a crear malos enredos en la convivencia ordinaria. Honorato Juan insiste en estos asuntos en el resto de su escrito, especificando, con sinceridad meridiana, que las ofensas son difícilmente perdonadas a una persona de su alcurnia, ya que una injuria sin respuesta viable genera rencor, y que meterse a averiguar vicisitudes ajenas, deseando enterarse de las faltas que cometieron los demás, conduce a un mal sendero.

Los sagaces avisos del preceptor permiten captar el calibre de choques escandalosos, insolentes iniciativas y su habitual frustración, que le habían situado en un constante desacato y al borde de una afrenta en materia de fe. Si algo podía dolerle a Felipe II, en su fibra más sensible, era que su primogénito llegase a menospreciar los sacramentos de la Iglesia y el cumplimiento de sus deberes católicos que él llevaba dentro de su alma con infatigable aliento y creciente intransigencia. Una actitud despreciativa en este ámbito podía llevar su temple hasta los linderos de un sigiloso reconcomio impregnado con visos de aborrecimiento.

Más adelante, el 30 de julio de 1566, muere Honorato Juan, instituyendo fiduciario universal a Carlos de Austria y facultándole para modificar el testamento en cuantos extremos lo considere oportuno. El príncipe, en virtud de lo dispuesto por su maestro, envía la cantidad de dos mil ducados a los albaceas designados para que se obedezcan las disposiciones testamentarias.

El carácter del rey

No es sencillo mostrar objetividad ante la enrevesada individualidad del monarca. Desde la apología de Guillermo de Nassau hasta los ditirambos impulsados por la sociedad estatal para la conmemoración de los centenarios de Felipe II y Carlos V, en un resplandeciente cultivo de leyenda rosa, existen una compulsiva repulsa y una oleada de benefactores, en aguda controversia, que tuvieron su apogeo en el siglo XIX. Las épocas más recientes han propiciado un estudio más documentado y menos polémico, pero han persistido diatribas y, últimamente, una generosa complacencia con las virtudes regias emergiendo por encima de sus defectos.

Con rapidez, siguiendo idéntica tónica que he empleado para describir el perfil psíquico y físico de su hijo, si bien empujado en esporádicos instantes por mis convicciones, me he limitado a seguir las huellas de los embajadores foráneos que, sin excesivos prejuicios, han intentado ofrecer una aproximación a la verdad. Para ello únicamente es obligatorio repasar los elementos recopilados por Gachard, abusando una vez más del buen trabajo del investigador belga.

Las fuentes hablan de una persona sobria en el vestir, sin labores de oro y plata en sus ropas, de talla inferior a la media, es decir, de estatura más bien baja, imbuida de dignidad por la elevada autoestima de su condición omnipotente, propensa a oír las súplicas, a pesar de que tengo recelos de que esta actitud complaciente de su idiosincrasia sirviese para resolver las peticiones que se le hacían. Escuchar no implica preocupación y arreglo de los problemas que se le pudiesen esbozar y más bien se extrae la impresión de que su pose, en este sentido, reviste caracteres de populismo cortés.

En sus apariciones públicas exhibía siempre una impasibilidad huidiza que se exteriorizaba en la falta de firmeza para mirar a los ojos de sus interlocutores o en desviar su atención ocular de modo vago e impreciso. Su voz era apenas audible y jamás daba una réplica resolutiva para evitar comprometerse, poder repasar la consulta suscitada con calma y recabar la opinión previa de sus consejeros. Esta carencia de energía en las resoluciones, que dilataba en exceso para eludir apremios que originasen errores, ha debido influir al ser calificado por sus biógrafos como un líder prudente.

Sus costumbres rayaban en un precavido estoicismo por su delicada complexión y su lánguida idiosincrasia. Dormía poco, no probaba el pescado ni la fruta, y descubría en la mesa la moderación que jamás tuvo el emperador. Bebía asimismo con parquedad y tenía la predisposición innata de no hacer partícipe a nadie de sus comidas, excepto en contadas ocasiones en que toleraba la presencia de personas muy allegadas.

Uno de sus rasgos más preeminentes era su acendrado catolicismo, su exagerada predilección por el culto de los dogmas doctrinales —se dice que dominaba los ritos de la Iglesia con la perfección de un eclesiástico— y su querencia, con diáfanas connotaciones políticas, hacia la defensa a ultranza de la Inquisición para combatir la herejía, eliminar disensiones y disponer de una fuerza coercitiva que lograse la máxima uniformidad en sus reinos. Una forma, se quiera o no, de capacidad tiránica que sus más encendidos apologistas han respaldado en aras de un imperio estable y sin confrontaciones que, en cambio, estallaron en bastantes países de Europa con intensos derramamientos de sangre, pero que tiene en contrapartida la mácula de la ausencia de libertad en un tema tan candente como el respeto por las ideas.

Ya conozco el malparado axioma de que los sucesos históricos deben ser analizados dentro del espíritu de cada época, como hizo constar Rafael Altamira en su ensayo titulado *Felipe II, hombre de Estado,* pero tal razonamiento no deja de ser, en muchos casos, una falacia hábilmente manipulada para resguardar ideologías institucionalizadas de los poderes temporales. En la Edad Moderna, como en cualquier otra etapa histórica, ha vivido gente que discrepaba de los métodos utilizados por la jerarquía, seres que, en definitiva, pensaban y actuaban en contra de la uniformidad impuesta por la clase gobernante, aunque sus quejas o cavilaciones quedaran ahogadas por la potencia estatal. Estos súbditos, claro está, no asumían sobre sus espaldas el agobio de aumentar o conservar sus riquezas ni defender, a capa y espada, su prepotencia elitista o el patrimonio derivado de grandes haciendas, el denominador común de todos los tiempos, regulado por la ambición, pero se vieron en la obligación de soportar pobres recursos y elevados impuestos para colaborar por la fuerza con la megalomanía reinante. Más que aferrarse a la época correspondiente para justificar a cualquier prócer, en este caso a Felipe II, hay que fijarse en el entorno que le rodeaba en el campo cultural y religioso, en su riqueza económica, aventajada pese a los altibajos de las arcas reales, y también en la predominante categoría que ocupaba en la escala social.

El soberano era un fanático creyente porque tuvo la despiadada educación de un sectario como el cardenal Silíceo, por la nefasta preponderancia de Carlos V, exaltado paladín del credo católico cuando le interesaba para sostener incólumes sus enclaves patrimoniales, y porque la génesis divina de la monarquía le dotaba de ilimitada autoridad para desempeñar su despótico gobierno y le mantenía libre de inquietudes sobre la integridad de su comportamiento. Todo se hacía en el nombre de dios o para la conservación y acrecentamiento de sus Estados, pero estoy seguro de que tales invocaciones y esfuerzos no se proyectaban con la finalidad de mejorar las condiciones del pueblo llano, al que se reputaba cristiano de manera un tanto artera e irreal. Afirmaciones fidedignas demuestran que el catolicismo peninsular se imbricaba, como es lógico, en el privilegiado armazón de la iglesia, en la potente aristocracia y, en último extremo, en el avance de ciertas clases dentro del marco del incipiente desarrollo de los municipios. Henry Kamen, con encomiable objetividad, facilita detalles de la fervorosa observancia adjudicada al vulgo. En su reciente revisión acerca de la Inquisición española, dice:

«A pesar del momento de confusión religiosa en la península, parece que en la Baja Edad Media no hubo herejías formales, ni siquiera entre los cristianos. Pero eso no implica que España estuviera constituida por una sociedad de firmes creyentes. A mediados del siglo XVI, un fraile se lamentaba de la ignorancia y la falta de fe que había encontrado a lo largo y ancho de Castilla, no sólo en las aldeas y pueblos pequeños pero también en las ciudades y lugares populosos (...) De trescientos vecinos apenas se hallarán treinta que sepa lo que está obligado a saber. La práctica religiosa entre los cristianos consistía en una mezcla de tradiciones locales, supersticiones folclóricas y dogmas de naturaleza imprecisa. Algunos autores llegaron a incluir las prácticas religiosas populares dentro de la categoría de la magia diabólica. Los responsables eclesiásticos hacían poco para remediar esta situación. La religión, en su vivencia cotidiana, continuó abarcando para los cristianos un abanico inmenso de opciones culturales y devocionales».

Estas frases, con cuyos aspectos primordiales coincido, son rematadas con pintorescas particularidades que, por su riqueza indiscreta, no se pueden obviar. Un campesino catalán declaró en 1539 que «no y ha paradis, purgatori ni enfern, que a la fi tots havem de passar y anar per una plana, ço es que allá hon yran los bons an de anar los malos y ahon anirán los malos aniran los bons». Otro sujeto, en 1593, aseguraba que «no crehía oviese paraíso ni infierno, y que Dios dava de comer a moros y a herejes como a Cristianos». Y ya en pleno siglo XVII, en 1632, un operario textil de Reus, alejado también de las clases privilegiadas, con sentido satírico, respondió a la pregunta de que si creía en dios, afirmando que sí, para puntualizar, a renglón seguido, «que creer en dios era comer bien, beber fresco y levantarse a las diez».

Una anécdota, relatada por un representante veneciano, confirma la convicción sobre la que estoy disertando inútilmente. Un día, el arzobispo de Sevilla puso de manifiesto ante Felipe II que, según los eclesiásticos con cura de almas, los penitentes formulaban cargos contra él. El monarca, con su tono conciliador, le argumentó «que si mostraban las lenguas tan sueltas, mejor sería que tuviesen las manos atadas». La respuesta no es patrimonio de una época, sino la simplista visión de un inmutable deseo, a veces solapado, de conservar el mando como la herramienta más eficaz para conseguir fines y colmar aspiraciones.

No hay dudas de que su dominio se materializaba con vara de hierro ni que su celo dogmático rebasaba las fronteras del fanatismo procurando proteger la doctrina católica y la supremacía del papa, pero en este capítulo conviene sopesar hasta qué grado era genuina su postura, si se precisa que su servilismo hacia la Santa Sede le generaba substanciosos ingresos que reforzaban las arcas monárquicas. Además, con la cautela imprescindible para no excitar demasiado los ánimos pontificios, pero sin evitar conflictos, pretendía a toda costa, siguiendo el rastro de sus antecesores, imponer su hegemonía sobre el clero hasta convertirlo en un instrumento de su administración y el Consejo de Castilla no se recataba en oponerse e incluso rechazar decretos dimanantes de Roma.

Dentro de un terreno más privativo, alejándome de las peripecias estatales, sentía, en general, desprecio por los espectáculos y fiestas, no era partidario de las justas y torneos, que se celebraban con regocijo de la nobleza, y su máxima afición consistía en abandonar esporádicamente su residencia para escabullirse de sus fatigas y solazarse en la soledad del campo por Valsaín, Segovia, Aranjuez, El Escorial o El Pardo, aun cuando tuviese la aparente contradicción de albergar en sus dependencias palaciegas una cohorte de avispados bufones. Estos seres, dicharacheros y atrevidos, servían de entretenimiento, pero tenían la habilidad de ser listos confidentes, y no me cabe duda de que el interés regio radicaba en estar al corriente de menudencias o intimidades que, de otra forma, se le escapaban por el peso de compromisos de superior fuste. Su celo en el cumplimiento de sus facultades, obsesionándose a veces por nimiedades en detrimento de graves atolladeros gubernamentales, avala esta creencia.

Felipe II ambicionaba tener controlada la mayor esfera de acción y nadie discute esta voluntad absorbente en cualquiera de sus actividades, como tampoco nadie titubea de su esforzada dedicación al trabajo, aunque puedan engendrarse dubitaciones sobre la utilidad de su maniática suficiencia en el ejercicio de sus responsabilidades para dirigir un vasto imperio, teniendo presente que dilataba en exceso resoluciones que exigían diligencia. En su disciplinada aplicación, más propia de un profesional de la escribanía que de un gobernante, era capaz de pasar agotadoras jornadas repasando los escritos de sus subordinados en lejanas latitudes, embajadores y virreyes, leyendo los informes de sus colaboradores más cercanos, consejeros y secretarios, revisando memoriales y peticiones, y garabateando con su pluma, en los márgenes de pequeños billetes o en extensas notas, sus instrucciones o comentarios. Este esfuerzo burocrático, que le ha granjeado el calificativo de rey papelero, puede comprobarse en el Archivo de Simancas y en diferentes organizaciones que contienen referencias históricas.

En el nivel personal que estoy señalando se le ha reprochado tendencia a la tacañería, pero esta reprobación es una minucia y hasta podría ser aceptada por los apuros económicos que le aquejaban para sostener el entramado de sus posesiones, no obstante el apoyo financiero de la Iglesia, el alza frecuente de los impuestos y, en especial, las cuantiosas remesas de metales preciosos que llegaban desde Las Indias y sobre cuyos cargamentos, movilizados por la gestión privada, se disponía de un buen porcentaje, sin necesidad de emplear gravosas inversiones, e inclusive de la capacidad legal para incautaciones totales con aplazamientos en las reposiciones o pagos.

Hay también observaciones de su espontánea tendencia hacia las mujeres en el plano de la sexualidad —un matrimonio clandestino con Isabel de Osorio antes de casarse con la madre de Carlos de Austria, algún escarceo mientras residía en el norte de Europa que tuvo el fruto de una hija, amores casi públicos con Eufrasia de Guzmán, dama de su hermana doña Juana, cuando ya era marido de Isabel de Valois—, pero muchas de estas recriminaciones provienen del libelo de Guillermo de Orange, no ofrecen credibilidad ni tienen repercusión, pese a ocurrir en la esfera moral de una Corte pudibunda. Objeto de cábalas ha sido sus hipotéticos amores con Ana de Mendoza, cónyuge de Ruy Gómez, pero en estos vericuetos vidriosos de la condición humana, por no decir fruto del instinto, viene a propósito la sentencia bíblica de que «quien esté libre de culpa, que tire la primera piedra» y no merecen significación. Sus relaciones con su tercera esposa, si se acoge como demostración la costumbre de la reina de cartearse con su madre contándole singularidades de su vida, se encuadran dentro de la normalidad, con un trato de respeto y hasta repuntes de ternura.

Más desconfianza brinda su comportamiento como soberano, a pesar de la fama de haber sido un gran defensor de la justicia, tanto en la mejora de su funcionamiento como en sus estructuras administrativas. Un hombre que no es capaz de olvidar ni perdonar injurias, que jamás otorgó la gracia de la clemencia y que almacenaba en lo más recóndito de su ser reconcomios vengativos, no puede ser tildado de justiciero cuando falta la esencia de la magnanimidad. Las frases que Cabrera de Córdoba inserta en su obra son suficientemente explícitas: «de su risa al cuchillo había poca distancia» o «su risa y su cuchillo eran confines», insinuaciones ratificadas en similares términos por un sujeto amenazado que le conocía todavía mejor. Antonio Pérez no se recata en matizar que «no hay dos dedos de su risa al cuchillo». Los hechos, por otra parte, son mil veces más elocuentes que las palabras y nadie que haya indagado en sus decisiones puede tener el menor asomo de vacilación sobre su carácter revanchista y susceptible, escasa franqueza, soltura para el disimulo y abúlica templanza en atolladeros embarazosos. Las muertes del barón de Montigny y del marqués de Berghes, tras una desesperanzada estancia vigilada, son puntales de su innata predisposición al engaño, la vil ejecución del justicia de Aragón Juan de Lanuza, sin someterle a juicio, el exponente más palmario de su instintivo resentimiento, los fallecimientos del duque de Villahermosa y el conde Aranda, recluidos en sendos castillos después de producirse las alteraciones ocurridos en Aragón, la confirmación de su malicia, el crimen del príncipe de Orange, la huella de una represalia repugnante, los ajusticiamientos del conde de Egmont y de Horn en la plaza del Sablón, un cuadro de «resplandeciente equidad» contra caballeros que le sirvieron con fidelidad en anteriores periodos y que fueron condenados en sendos procesos sin garantías por reclamar cuotas de libertad para su país.

La lista de sus concienzudas «imparcialidades» no concluye tan rápidamente y podía extenderse aún más si se recuerda su contribución en el asesinato de Juan de Escobedo o en el vil evento de consentir que una criada morisca del ayudante de Juan de Austria fuese exterminada, sin mover un dedo, pese a tener pruebas de su inocencia. Todo ello sin contar las míseras represalias contra lúcidos personajes, como la famosa princesa de Éboli, viuda por entonces, que fue encerrada en Pastrana, o el patético encarcelamiento de Juana de Coello, que subsistió sin gozar de libertad durante años en compañía de una prole de pequeños —cándidos rehenes— para purgar los delitos de su cónyuge y evitar con ello que el antiguo secretario, huido a Francia, pudiese desvelar descarnados secretos de Estado. O el incalificable secuestro del hijo de Guillermo de Nassau para traerle a Castilla con el designio de que se educase en el catolicismo. Que un monje de la sospechosa categoría moral de Diego de Chaves, su confesor, le negase los sacramentos, en aras de carencias en el deber de administrar justicia, es un argumento insoslayable de que su celo por acatar las leyes es un elogio más de quienes omiten las genuinas obligaciones de un monarca para resaltar su mecenazgo en las artes, su afán constructor y su vocación hacia el coleccionismo estético, en un vano conato por erigirle en un clásico príncipe del renacimiento.

Haciéndose eco de la veteranía del emperador, tuvo la habilidad de no confiar en sus consejeros para forzar una división de criterios que le permitiese resolver contemplando múltiples opciones —postura valiosa en la acción política—, además de tener una cuidada educación, exigente y disciplinada por la influencia de su ayo Juan de Zúñiga y dogmática en el terreno religioso merced al control del cardenal Silíceo, antiguo profesor de la Universidad de Salamanca, eclesiástico ofuscado que le enseñó las primeras letras. Su competencia en materias tan dispares como la geografía, la historia, las matemáticas y una vocación favorable hacia la arquitectura y demás artes, que no se pueden negar, pero jamás convertir en un moderno estandarte apologético, le fueron imbuidas por maestros de la talla intelectual de Juan Ginés de Sepúlveda y Honorato Juan.

Es probable, además, que su aparente pacifismo, que ha sido objeto de ponderación, tuviese visos de realidad en los comienzos de su gobierno, pero los sucesivos episodios, con tendencias claramente belicistas, que sobrevinieron en aras de la conservación o incremento de sus Estados patrimoniales, en muchos momentos con el subterfugio de proteger la fe católica, hacen recelar de su proclividad hacia la paz. Su obstinación para sostener sus derechos dinásticos en los Países Bajos y en Portugal, con sendas guerras cruentas, la invasión de Aragón, sin que se consumase una lucha desigual, y su fallida tentativa por sojuzgar a Inglaterra, con una apabullante derrota naval que puso fin a sus apetencias, son acontecimientos más que sobrados para cuestionar la carencia de hostilidad que se le atribuye y que únicamente consta como verídica en el terreno de la propia participación, ya que jamás intervino activamente en las batallas.

Concurren, por tanto, en su figura, como en la generalidad de los seres humanos, brillos de luz y opacidad de sombras, si bien no me cabe duda de que era un tímido revestido de un inmenso poder, con todas las connotaciones psicológicas que la aserción puede llevar implícita. La fe católica era un escudo protector de su timorato temperamento y sus actos, sustentados en malicias, rencores, titubeos resolutorios y maniobras maquiavélicas, la huella mórbida de un invencible apocamiento que nunca llegaría a dominar en su prolongado reinado.

La agitación de los Países Bajos

El fracaso de las gestiones emprendidas por el conde de Egmont reanuda los enfrentamientos en las diecisiete provincias del norte. Al cabo de una corta desorientación, fundada en la disparidad entre las expresiones verbales del aristócrata y las cédulas enviadas desde Castilla, la agitación social vuelve a tomar energía encabezada por Guillermo de Nassau y secundada por Felipe de Montmorency, conde de Horn, su hermano Floris, barón de Montigny, Jean de Glymes, marqués de Berghes, y una nutrida partida de dignatarios neerlandeses. Las reuniones y pactos para mantener las protestas proliferan, el clima público se enrarece y Margarita de Parma se ve presionada en sus tareas sin encontrar una posición conciliadora. A la solicitud de moderar las leyes contra la herejía y ampliar la autoridad del Consejo de Estado, denegadas en octubre de 1565, sucede un auge vigoroso de las protestas. Un grupo numeroso, encabezado por el señor de Brederode, entra en Bruselas armado hasta los dientes y logra ser recibido por la regente. Los denominados «*gueux*» —mendigos—, cabeza visible de la conjura, son escuchados en sus peticiones y como siempre, incapaz de tomar una resolución por la carencia de verdadero poder, la gobernadora transmite las reivindicaciones a su hermanastro, enviando a Madrid una reducida representación de sus consejeros.

Floris de Montmorency y Jean de Glymes son los elegidos y ambos se disponen a realizar su misión convencidos de antemano de que el rey, firme en sus convicciones, no dará un paso atrás a la hora de blandir los principios de la fe católica como cimiento de su autoridad.

La vida del príncipe

Pocas son las noticias que se tienen del transcurrir cotidiano del príncipe en el invierno y la primavera de 1566. Se sabe que en las postrimerías de 1565 hizo una excursión a la cruz de Guisando y tuvo que dar un escudo como premio al individuo que le guió en el descenso, por haberse extraviado, y también consta que Luis de Morisocte le daba clases de lengua alemana desde el último verano y que se remuneraban sus lecciones a razón de cien maravedíes diarios. Don Carlos no tenía nociones de idiomas extranjeros y no deja de sorprender su elección. La esperanza de un próximo enlace con Ana es la única explicación, aunque imagino que era más ferviente su deseo que la capacidad por aprender un lenguaje complicado. A sus esporádicas prácticas de esgrima y su asistencia a las sesiones del Consejo, en cuyos trabajos cooperaba ya Juan de Austria, seguía añadiendo abundantes apuestas como aspecto más preponderante de sus costumbres. Los desafíos, animados por continuas porfías perdidas, fruto de su testaruda obcecación, salpicaban la rutina de su convivencia: diez escudos de oro pagados el 11 de abril; doce escudos de idéntico metal dos días después, que tuvo que apoquinar para rescatar los guantes de otra apuesta; diez escudos de oro abonados a Juan Estévez de Lobón, su guardajoyas y ropa, por no haber vencido en un reto tirando con unos arcabuces, y la desorbitada cantidad de cien escudos que le «timaron» los archiduques Rodolfo y Ernesto, recreándose con los naipes.

Las diversiones azarosas excitaban su idiosincrasia lúdica por cuanto en febrero volvió a derrochar treinta escudos de oro en dos rifas de unas sortijas y en abril veintiún escudos en iguales entretenimientos. Los criados de su casa, comparsas de sus ratos de ocio, resultaban favorecidos por su afición al desafío vanidoso: Luis Quijada, su caballerizo, le ganó dos escudos de oro en Galapagar y la nómina de los favorecidos por su tendencia compulsiva se proyecta incluso hacia sus gentilhombres como Gonzalo Chacón, Diego de Acuña, Hernando de Rojas o Alonso de Córdoba que se embolsaron buenas cantidades en distintas temporadas.

El adiestramiento cinegético no era de su gusto, pero se constata que tuvo la habilidad de matar un venado en Santa Cruz. Al juego se une su apego a realizar compras o recompensar hallazgos de objetos perdidos como ejemplo de que era distraído en la custodia de sus pertenencias. En marzo dio once escudos y tres reales a un labrador de Vallecas por hallar un sombrero y en enero satisfizo doce escudos de oro a un tal Estanislao por buscar y descubrir una de sus sortijas, mientras que era capaz de suplicar las rogativas de unas misas para que aparecieran piedras preciosas extraviadas, adquirir dos barbas negras al precio de diez reales o unos colchones de viento, por la cifra de cuatrocientos, que utilizaba para dormir la siesta.

Las andanzas por las comarcas aledañas, Valdemoro, Uclés, Aranjuez, Galapagar o Cercedilla, demuestran que don Carlos se desperezaba pasado el invierno y que gozaba de una salud placentera. Las persistentes calenturas estaban aniquiladas y se mostraba más vitalista que en periodos precedentes.

No hay que rechazar que las amonestaciones epistolares de Honorato Juan hubiesen tenido influencia favorable en su talante, ya que a raíz de sus sugerencias se reconoce una mejor sociabilidad con su servidumbre, no hay indicios filiales de porfías y comulga en el convento de los jerónimos, aparte de mostrarse dadivoso con los frailes de Atocha, los mozos de capilla y hasta con el sacristán de Uclés, a quién gratificó con ocho reales por no haber repicado las campanas delatando su aparición en la Semana Santa, en una señal evidente de que, al menos ocasionalmente, postergaba el orgullo de su prosapia en un raro empeño por pasar desapercibido.

El barón de Montigny

Floris de Montmorency, caballero del toisón de oro y gobernador de Tournai, sale de Bruselas, camino de su trágico destino, en las postrimerías de mayo de 1566. Tras descansar en París alcanza las tierras castellanas a mediados de junio como solitario portador de las propuestas efectuadas por la jerarquía nobiliaria. Su peliaguda gestión consiste en intentar la abolición de la Inquisición, una profunda reforma tendente a la moderación de las leyes impuestas contra la herejía y obtener un perdón general. El otro comisionado, Jean de Glymes, marqués de Berghes, sigue en Brabante por un fortuito accidente ocurrido antes de la fecha prevista para su partida y se pone en camino al comenzar el mes de julio.

Los dos aristócratas no eran precisamente bien vistos por su pasividad frente a los protestantes y su favorable alineación con los conjurados. El rey le hace merced de dos audiencias al iniciar su estancia en Madrid y se manifiesta atento y cordial, siguiendo su sibilino método de no enfrentarse con los problemas. La fingida amabilidad encandila al barón, que transige con trasladarse al bosque de Segovia para proseguir con sus gestiones. En Valsaín reúne el monarca a los miembros de su consejo, el duque de Alba, el príncipe de Éboli, el conde de Feria, Antonio de Toledo, Juan Manrique y Luis Quijada, para deliberar sobre los planteamientos de los rebeldes, pero no acepta que el noble intervenga en los debates. Don Carlos y Juan de Austria tampoco son invitados, a pesar de que sí colaboran Josse de Courteville, secretario de Estado; Carlos de Tisnacq, en su condición de guardasellos de los Países Bajos, y el escribano para la correspondencia alemana llamado Pfinzing.

Las reuniones se celebran con sigilo ante la trascendencia de los acuerdos a establecer y don Carlos, despechado por su forzada ausencia o impulsado por su interés, se atreve a escuchar las sesiones arrimando el oído a la puerta de la sala, sin percatarse de que las damas de la reina y los pajes de servicio se dan cuenta de su trivial espionaje. La chiquillada, incitada por su insensatez, es controlada por Diego de Acuña, que le advierte de la ligereza de su pasmosa compostura delante de testigos. La reacción, intempestiva, como siempre que se le contradice, se descarga en forma de insultos y golpes. A la rabia que provoca la intromisión, se une el odio que profesa a su gentilhombre de cámara por ser partidario del matrimonio con su tía.

Las cavilaciones culminan con la conformidad regia de no oponerse a la suavización de los placartes, pero pidiendo que le presenten una plan modificado, concediendo la clemencia y acordando que cesase la Inquisición apostólica, aunque esta última determinación no tenía validez —era competencia exclusiva del pontífice— y estaba además redactada en términos difusos o contradictorios. Felipe II creía jugar sus bazas con habilidad, pero Montigny, alertado por sus compatriotas, proclama su desacuerdo y en audiencia nocturna se toma la valerosa espontaneidad de reprocharle las conclusiones adoptadas, haciendo hincapié en la necesidad de que las leyes sobre la herejía fuesen mitigadas en su virulencia o borradas de un plumazo. La férrea defensa ejercida por Floris de Montmorency, reflejo de sus propias creencias, hace que al soberano «se le mude hasta el color de su cara» cuando siempre era capaz de mantenerse impertérrito delante sus súbditos.

La intransigencia demostrada hubiese desatado aún más su ira si llega a saber que el rey manda, a renglón seguido, como muestra de su hipocresía y apocado espíritu, levantar acta secreta a su notario Pedro de Hoyos clarificando que el perdón es otorgado forzado por las circunstancias y que no le obliga en razón y derecho, reservándose la facultad de castigar con severidad los delitos cometidos contra los dogmas del catolicismo y su autoridad. Seguidamente exige la mediación de su embajador en Roma para anunciarle al papa que la supresión del tribunal apostólico no tiene validez, dado que la aprobación debe partir de la Santa Sede, al tiempo que remacha su negativa para moderar las normas contra la herejía si suponen aminorar el castigo de los malos católicos.

La justificación ante Roma, plasmando su dogmatismo, se complementa con la imperiosa orden dirigida a la gobernadora para que reclute en Alemania tres mil jinetes y diez mil soldados de infantería en el convencimiento de que será indispensable el uso de la fuerza para doblegar a los insurrectos. La reservada disposición es una prueba más de un temple pérfido y taimado en su acción política cuando la presión le atosiga y carece de energía para afrontar los conflictos sin enmascaramientos censurables.

Gestación y parto de Isabel de Valois

Desde mayo de 1566, antes de los pasajes narrados que se producen en el estío, Isabel de Valois se encontraba en el bosque de Segovia cuidando que su embarazo tuviese un normal desarrollo. Su gestación era conocida desde principios de enero, originando el natural regocijo, y se confirmaba favorablemente la intercesión de las veneradas reliquias de San Eugenio por haber orado a los pies de los huesos del santo.

A continuación de una semana de altibajos, con intervalos febriles, vómitos y temblores que sobrevienen de manera esporádica, doña Isabel da a luz una niña en la madrugada del 12 de agosto, a punto de cumplirse los nueve meses de su devota postración. Tras un feliz parto sin dificultades, tiene un ataque de tercianas dobles que debilitan su organismo y le colocan en un apurado trance. Siete días después, los médicos desesperan de su condición, temen un mortal desenlace, pero su organismo se regenera y en una breve etapa logra su recuperación.

El bautizo de la infanta Isabel Clara Eugenia se celebra el 25 de agosto, siendo su padrino Carlos de Austria y su madrina doña Juana. El príncipe, afectado por alguna indisposición, ni siquiera puede sujetar a la criatura y tiene que ser su tío quien mantenga su cuerpo junto a la pila bautismal. La dolencia ha servido para reprocharle su deficiente salud y motejarle con el dicterio de que sólo disponía de «fuerza en los dientes» —alusión a su comportamiento glotón—, pero dichas crónicas ocultan de forma artera que don Juan cayó enfermo inmediatamente, estando incapacitado para mover los brazos y las manos. Este trastorno se atribuye a la brava práctica de bañarse en las frías aguas de un arroyo cercano a Valsaín y cuyo hábito, igualmente practicado en los estanques madrileños, era compartido por su sobrino. Nada de estrambótico tiene, pues, que don Carlos padeciese de inmovilidad en sus extremidades superiores poco antes de que su amigo de correrías se viese atacado por idéntico mal.

La furia iconoclasta

Las órdenes provisionales dictadas por Margarita de Parma, con la suspensión momentánea de las normas aplicables sobre la herejía hasta tanto recibiese las instrucciones pertinentes, desatan un vertiginoso auge de los esfuerzos calvinistas en la región occidental del país, instigados por el regreso de líderes que estaban exiliados. Aprovechando la indiferencia de los mandatarios locales, mientras el barón de Montigny y el marqués de Berghes emprenden su viaje, los calvinistas más incendiarios tienden velas para propagar sus obsesivas creencias entre las masas, enardeciendo con sus predicaciones a un populacho que, además, se desenvuelve asediado por una dura carestía cotidiana. Los cultos se celebran al aire libre y el control de la situación se escapa de las manos de las magistraturas y de los conjurados, que aprovechan la crisis para formalizar una segunda reivindicación más exigente que la anterior. A la moderación de las pautas religiosas, el perdón general y la abolición de la Inquisición, que Montigny y Berghes deben negociar, se une la petición de que se convoquen los Estados y se otorgue condescendencia plena en sus creencias a los residentes que no sean católicos.

En agosto la efervescencia adquiere su máximo apogeo apoyada sin descanso por las proclamas de los predicadores, los sermones soliviantan a las poblaciones y el primer estallido impetuoso ocurre en Steenvoorde, en donde un grupo de calvinistas invade el monasterio de San Lorenzo para destruir sin miramientos las imágenes como consecuencia de la creencia de que toda efigie era un ídolo que profanaba los templos e injuriaba a dios. La vesania se extiende como un reguero de pólvora y los saqueos, las matanzas y las profanaciones se precipitan sobre ciudades importantes como Gante, Amberes, Tournai, Malinas, Utrecht y Valenciennes. Cientos de conventos, monasterios, beaterios e iglesias son atacados sin piedad, aprovechándose de la abulia de los gobernadores locales y parte de la nobleza.

La duquesa, vencida por la efervescencia fanática, se ve obligada a permitir la libertad de creencias. Guillermo de Nassau en Amberes, el conde de Horn en Tournai y el conde de Egmont en Gante legalizan la concesión mediante pactos locales que apaciguan el antagonismo a cambio de tolerar el culto protestante y autorizar la construcción de templos a los calvinistas y luteranos. El 3 de septiembre de 1566 llegan al bosque de Segovia los primeros mensajes informando de la profanación de las iglesias, la salvaje destrucción de símbolos católicos y el tremendo caos generado por la devastación iconoclasta.

La reacción del rey

Cuando los avisos llegan a Valsaín el rey se encuentra aquejado de molestias por una excursión realizada al monasterio de El Paular, en los límites de Rascafría. Un acceso de fiebres tercianas, alentado por el furor de las desagradables noticias, empeora su condición y durante septiembre apenas delibera con su Consejo ni toma, en consecuencia, decisiones vitales para reprimir la revuelta de sus territorios. Como única oposición dimanante de su condición pusilánime y de su celo dogmático, pide a todas las catedrales que den gracias a dios por el feliz alumbramiento de su esposa en tanto que demanda oraciones por la conversión de los herejes. A principios de octubre escribe a Margarita de Parma diciendo que piensa volver a Madrid para disponer su próxima marcha. A los pocos días sale hacia su destino, se detiene a inspeccionar la edificación del monasterio en El Escorial y llega a su palacio nada menos que el 22 de dicho mes. Felipe II no parecía tener prisa y rumiaba en la soledad de los claustros y las celdas de los conventos su rencor por el desacato a su potestad y la irreverencia demostrada hacia la doctrina católica.

Don Carlos y el resto de la Corte, incluidos el barón de Montigny y el marqués de Berghes, que ha llegado por fin a mediados de agosto, preceden al monarca en unas cuantas jornadas. Los dos neerlandeses, preocupados por las nuevas procedentes de su tierra y temerosos de su integridad física, suplican permiso para retornar a su país, pero se les niega tal licencia en varias oportunidades. El rey seguía al pie de la letra las sugerencias sigilosas que le daba su hermanastra para que retuviese a los enviados y es seguro que ya albergase en sus sentimientos un indeleble rencor y ocultos propósitos de venganza.

El 29 de octubre de 1566, casi dos meses después de conocer las sangrientas alteraciones, reúne a su Consejo de Estado y afronta, con firmeza, el peliagudo panorama que desestabiliza una zona de sus posesiones septentrionales. Acuden a la convocatoria Fernando Álvarez de Toledo, Ruy Gómez de Silva, el prior Antonio de Toledo, Juan Manrique, Diego de Espinosa, Pedro Fernández de Cabrera y Bobadilla y los recientes secretarios Gabriel de Zayas y Antonio Pérez.

Un clan de consejeros, encabezados por el príncipe de Éboli, a quien secunda el conde de Chinchón y el inquisidor general, opinan que el soberano debe ir para dirimir con su influencia el grave antagonismo, pero Juan Manrique, apoyado por el duque, se opone a la expedición, propugnando que previamente se activen las tropas imprescindibles y se ahogue en sangre la rebelión. La iniciativa de firme represión tiene superior ascendencia en Felipe II, quien, finalmente, dispone el reclutamiento de un ejército para liquidar la insurrección.

La conspiración desconocida

Las crónicas, como siempre que suceden hechos trascendentes, apenas dan cuenta de las vicisitudes que experimenta la vida del príncipe en medio de la indignación y el desconcierto por el alzamiento de los protestantes. Hay evidencias de que don Carlos prestaba la máxima atención a los sucesos que se producían en las diecisiete provincias del norte y que estaba interesado en dominar con perspicuidad pormenores sobre la evolución política y social del lejano país. En una ocasión mandó llamar a un sujeto llamado Pedro López, recién llegado de los Países Bajos, y supongo que, con su insaciable curiosidad, le sometería a una batería de preguntas. El incidente acaecido con Diego de Acuña, cuando pretendía escuchar los acuerdos, es un exponente más de su inclinación a entender los avatares de aquellas tierras cuando encima subsistía, al menos en su ánimo, la posibilidad de que se le pudiese encargar su gobernación si se otorgaba la confianza necesaria. Su forzada ausencia en los debates anteriores a la drástica determinación debió advertirle de que semejante contingencia era inverosímil y que no se requería para nada su ayuda en la difícil solución de los disturbios sobrevenidos.

La presencia en Castilla de los próceres neerlandeses, unida al afán de independizarse de la tutela familiar, ha permitido conjeturar a muchos investigadores que entre el príncipe y los emisarios tuvieron lugar diálogos encubiertos de índole sediciosa, pero no consta documentalmente ni el menor rastro que fortalezca la estimación. Únicamente determinados manuscritos de la Biblioteca Nacional y de la Academia de la Historia se hacen eco de confabulaciones y en estos soportes se han basado ciertos cronistas para expandir una hipotética maquinación.

El fracaso de la misión encomendada a los dos aristócratas, su desmoralización al enterarse de los dramáticos desastres ocurridos y el rencor que anidaba en Felipe II pudieron respaldar un tímido acercamiento al heredero para desentrañar sus pensamientos y disposición frente a la represión que se avecinaba. De facto, pese al peligroso cariz que constituye la dureza regia, todavía tuvieron arrestos para solicitar con insistencia que fuese Ruy Gómez el destinado para trasladarse a Bruselas, con un encargo pacificador que sirviese para regenerar la pugna sin recurrir al extremismo de las armas. Estas gestiones condujeron a una nueva frustración, ante la implacable voluntad de intervenir a sangre y fuego, y no se puede, por consiguiente, descartar que su última opción tuviese como objetivo a don Carlos, si bien ninguno de ellos ignoraba su inestabilidad para cosechar un arreglo que exigía experiencia y un estilo contemporizador.

La tentativa, no obstante, pudo promoverse si se valora que durante algún tiempo el príncipe reivindicó, a toda costa, su nombramiento para ponerse al frente de los tercios que empezaban a reagruparse en Nápoles y Milán para lanzarse, en la próxima primavera, hacia las zonas sublevadas. Las observaciones sobre esta intentona manifiestan que incluso llegó a rogar de su padre la elección sin ningún éxito, puesto que el 29 de noviembre de 1566 el duque de Alba es elegido capitán general, desechando las restantes candidaturas, por haberse recuperado el veterano guerrero de la gota que le atenazaba. Fernando Álvarez tenía por aquellas fechas sesenta años, pero conservaba una moral aguerrida, diamantinos fervores católicos y el endurecimiento indispensable para afrontar un incómodo cometido bélico.

Las tribulaciones del príncipe

Don Carlos acababa de cumplir los veintiún años, al terminar el estío de 1566, sin que se avistasen cambios esenciales en el horizonte de su mundo. Seguía entrando en el Consejo de Estado, pero su participación resultaba ser más protocolaria que efectiva, si se puntualiza que las complicaciones eran resueltas por el rey, tras discutirse en reuniones privadas si la enjundia del caso lo precisaba. Su exclusión de las sesiones celebradas para resolver el candente escollo de las provincias insurrectas demuestra que nadie confiaba en su insuficiente clarividencia política. La decisión de adjudicar al duque el mando retrasaba su salida hacia la capital de Brabante, su enlace con su prima estaba en el invernadero de los proyectos, mil veces demorado sin motivaciones convincentes, y sus días transcurrían por cauces monótonos que no colmaban sus aspiraciones. La caza, las apuestas, los juegos, las clases de esgrima o alemán, traslados a pueblos cercanos... Su espíritu, inquieto y agresivo, toleraba con contrariedad la pasividad de un devenir cómodo y sin expectativas

Superado el estío, aun cuando las pistas están sin datar con exactitud, debía sentirse atribulado por la inexistencia de perspectivas, también irritado por el parco miramiento paterno, y con el ánimo predispuesto para soltar su ira en la primera oportunidad que surgiese. Dos espinosos acontecimientos llegaron a ser de notoriedad pública o por lo menos de indudable repercusión en el ámbito palaciego.

El primero tiene conexión con la desconsideración hacia al autor de sus días, afirmada por el obispo de Osma y reforzada por el francés Fourquevaulx y el barón de Dietrichstein, quienes, en sus correos, reflejan tal insolencia en términos trasparentes. El célebre Pierre de Bourdielle, señor de Brantôme, recoge en sus memorias que don Carlos deseaba que le confeccionasen un libro en blanco y, en son de recalcitrante desaire, le había estampado el pomposo título de «Los grandes viajes del rey don Felipe» para describir los ordinarios desplazamientos de Madrid a El Pardo, de El Pardo al Escorial, del Escorial a Aranjuez, de Aranjuez a Toledo, de Toledo a Valladolid, de Valladolid a Burgos, de Burgos a Madrid, de Madrid a El Pardo, de El Pardo a Aranjuez, de Aranjuez al Escorial, del Escorial a Madrid... Todas las hojas quedaron repletas de escritura burlesca en oprobio de su progenitor y como despiadada mofa de sus funciones dirigentes enmarcadas en ridículos recorridos, de cortos y repetitivos trayectos, que no estaban en consonancia con sus deberes ni con la vasta dimensión de su autoridad. Parece ser que las páginas cayeron en manos del monarca suscitando el comprensible resentimiento, pero, como casi siempre, no quedan vestigios del momento en que sucedieron los escarnios literarios. El contratiempo originado porque su padre iba a permanecer en Madrid y el duque de Alba sería encargado de zanjar el conflicto es un ingrediente favorable para presumir que el vejamen hubiese sido creado acto seguido de tener certeza de la elección, aunque convenga resaltar que el «manual excursionista» no ha sido localizado y no hay ratificación de que la chanza principesca fuese verídica.

Si la supuesta sátira era de una liviandad descabalada, peor eran las intemperantes ofensas a hombres de elevado rango en las labores gubernamentales. Diego de Espinosa llevaba una meteórica carrera ascendente. En 1562 era elegido consejero, dos años después se incorporaba a la junta asesora de la Inquisición y enseguida era designado presidente del Consejo de Castilla para rematar su progresión con el nombramiento de inquisidor general obtenido en 1566. Su lucidez y eficiencia están acreditadas por la reforma lograda en las órdenes religiosas, la estricta aplicación de los preceptos del concilio de Trento y por la férrea disciplina al frente del tribunal eclesiástico, puntos todos ellos de trascendencia para el conservadurismo estimulado por la monarquía. Por las razones que fuesen, acaso por su severidad o por sentirse escarnecido, fray Diego promulgó una orden de destierro contra un cómico llamado Alonso de Cisneros para impedir su aproximación a la Corte y de paso evitar la puesta en escena de sus espectáculos *. El príncipe era admirador del actor-autor y se sintió encolerizado al percatarse que se obstaculizaban sus representaciones en el alcázar, evitando el esparcimiento que tanto apreciaba, con independencia de que el dominico no era santo de su devoción por la ascendencia que sus obligaciones le conferían ante el poder regio. De cualquier forma, sin paliativos o excusas, la realidad fue que aprovechó el primer resquicio que tuvo a mano para agarrarle por el roquete, sin miramientos de su dignidad, y enseñarle la afilada punta de un puñal mientras que le motejaba de curilla, le reprochaba su disposición de alejar a Cisneros y le amenazaba con acuchillarle por su comportamiento. El consejero de Castilla, intimidado y sin capacidad de resistencia, temeroso de que la coacción se consumase, se postró de rodillas y aceptó la humillación sin rebelarse ni soliviantar más sus encrespados ánimos.

Estas acciones y otras de menor calado aparente, como haber mandado pegar a unas niñas sin que se conozcan los motivos, debieron ir haciendo mella en la entereza de Felipe II hasta llevarle al convencimiento de que su hijo no estaba concebido para enfrentarse a serias responsabilidades sociales ni para afrontar en el futuro las intrincadas gestiones de gobierno.

Honorato Juan había puesto el dedo en la llaga de las tribulaciones de don Carlos, al desnudar con pluma cariñosa las irrefrenables querencias y disparates de su pupilo, en el mensaje dirigido hacia unos meses, pero sus atinadas recomendaciones habían caído en saco roto tan pronto como la condición anímica del sucesor de la Corona se veía colmada por la frustración y el aborrecimiento.

---

* Adolfo de CASTRO, en su obra *Historia de los protestantes españoles y de su persecución por Felipe II*, cuenta que el cómico, sin respeto alguno hacia el cardenal, hacía sonar con estruendo un tamboril, en las cercanías de su domicilio y durante la hora de la siesta, para atraer a posibles espectadores e interrumpir el descanso del dominico. No he obtenido documentación probada de semejante aserto que tan sólo incluyo a nivel anecdótico.

Las Cortes de Castilla

Sentado bajo un dosel, con su primogénito colocado a su lado, Felipe II preside, al comenzar diciembre de 1566, la sesión de apertura de las Cortes castellanas. Francisco de Erasso dirige el discurso acostumbrado a los treinta y seis procuradores ante Diego de Espinosa en calidad de presidente de la asamblea. La exposición se centra en las ocupaciones por defender la fe católica y proteger los reinos de las acometidas del imperio turco para desembocar en el problema creado por las algaradas protestantes y la insurgencia de las diecisiete provincias. El mensaje hace constar que es imprescindible la presencia real en aquellas tierras y que para tal fin, previa movilización de gente de guerra, es vital que se capte en toda su importancia la exigencia de tributar los recursos crematísticos para la empresa. Las arcas están exhaustas y es forzosa la aprobación de medios económicos con la máxima celeridad. La réplica, conciliadora y elogiosa con los esfuerzos de la monarquía, sólo pone en entredicho que el rey abandone Madrid y extiende su esmerada lisonja al continuador dinástico, atestiguando su grandeza y magnanimidad.

Con la rapidez requerida, aprueban una prestación ordinaria que sobrepasa los trescientos millones de maravedíes pagadera en tres anualidades, pero negocian con más intensidad sobre el gobierno, en el supuesto inevitable de que el monarca se ausentase, y la concesión del servicio extraordinario que no entraba en sus cálculos. La mayoría opta porque sea escogido el príncipe como regente y continúan sus controversias mientras Felipe II se instala en El Escorial, siguiendo su costumbre de retirarse en festividades de culto.

La repetida intromisión de los portavoces de las ciudades en sus asuntos —recuérdese su injerencia apoyando la candidatura de doña Juana como esposa— provoca un contraataque furibundo. Los ruegos para que ejerciese el cargo llevaban implícita la incompatibilidad para viajar, renunciar con ello al dominio de los Países Bajos e impedir, además, que pudiese conocer a su prometida. Sin detenerse en componendas, dejándose llevar por su innata vehemencia cuando algo contradice sus deseos, se abre paso hasta el recinto donde se celebran las deliberaciones, comprueba con mirada airada que están todos los delegados y destapa la caja de los truenos con una disertación vigorosa y sin eufemismos de ninguna clase. Al reproche de que no tienen derecho a entrometerse en su existencia, ni en la elección de su mujer, añade que quiere ir con su padre y que juzgará temeraria la petición de que debe quedarse en la Corte. Sus palabras no son una velada amenaza o un intento enmascarado de mera coacción. Sin ambages, siguiendo su pauta de hablar con la verdad por delante, completa su discurso con un ultimátum: aquellos que opten por proponer su regencia serán reputados como enemigos y hará uso de los medios necesarios para conseguir que sean destruidos sin piedad.

Se omite la persuasión que las advertencias pudieron ocasionar en los asistentes —las actas no citan el incidente—, pero la asombrosa conclusión es que, tras aprobar el discutido tributo por ciento cincuenta millones de maravedíes, prepararon, como era tradición, un memorial expresivo de sus quejas y ruegos, limitándose, entre diversos aspectos generales, a pedir que el rey continuase en Madrid y plantear que el bien de la monarquía exigía que el príncipe contrajese pronto matrimonio por la edad que ya tenía, pero sin atreverse a mencionar posibles candidatas.

La «proeza» llegó sin duda a oídos del soberano, pero se ignora la postura que pudo adoptar ante la afrenta inflingida, aunque es muy probable que, siguiendo su impertérrito estilo, ni siquiera exteriorizase su malestar. Felipe II estaba ya vacunado contra excentricidades similares y a su hijo, en una etapa díscola, le importaban un comino los reproches que pudieran efectuarle.

La educación de don Carlos

La enseñanza, que tantas inquietudes había irrogado a su preceptor Honorato Juan, estaba ya en un segundo plano y no hay apenas datos de sus iniciativas estudiantiles desde que la Corte se instala en Toledo y luego en Madrid en 1561. Sus estancias en Alcalá de Henares hacen admisible su asistencia esporádica a las clases que se impartían en la universidad, pero temo que su preparación cultural fuese imperfecta o vulgar desde que se incorpora al mundo áulico. Su letra era descuidada y torpe, consecuencia de su falta de práctica en la escritura, poseía rudimentos de latín e interés por la historia, pero es seguro que no estuviese avezado en idiomas cuando únicamente el alemán despertaba su voluntad ante la coyuntura de una próxima unión conyugal. La hija de Maximiliano y María vivía desde su más tierna infancia en Viena, tras haber nacido en la península durante la regencia temporal de sus progenitores, y es procedente pensar que el alemán fuese su lengua cotidiana, pese a que tuviese nociones de castellano por el influjo materno.

Alonso de Laloo, secretario del conde de Horn, había entregado al príncipe un libro con las armas de los caballeros del toisón de oro, a cambio de 2.200 reales, que pasó a engrosar la biblioteca constituida por la elevada cifra de ciento setenta y seis volúmenes que abarcaban ámbitos muy proteicos. Este acaparamiento no presupone una reforzada formación intelectual, pero sí revela curiosidad como complemento de la indiscreción de que daba palpables muestras con frecuencia.

Al ejemplar aludido se unen creaciones como la biografía de Carlos V —no sorprende que estuviese atraído por las aventuras de su abuelo—, el discurso de la historia de Lorena y Flandes —síntoma de su propensión hacia los asuntos flamencos— y distintos trabajos como la rara república del turco; la crónica o comentarios de don Jaime, primer rey de Aragón; historia imperial y cesárea; ordenaciones hechas por el soberano Pedro de Aragón; la crónica de los monarcas de Navarra, o el sumario de las vicisitudes de los Reyes Católicos. Los textos son una pura miscelánea dado que, en su conjunto, ofrece una enorme variedad. Muchos son de estilo religioso, como un misal y breviario del oficio mozárabe, tomos de los concilios, la vida de San Juan Evangelista o los milagros del santo fray Diego, a la permanencia de cuyas reliquias en su cámara de Alcalá de Henares atribuía la curación de las heridas ocasionadas por su penosa caída.

Las hagiografías y las crónicas se complementan con contenidos tan dispares como la geografía de Claudio Ptolomeo, un tratado en romance sobre las tafurerías (justificable dado su apego al juego), una cosmografía de Pero Apiano, la composición del cuerpo humano escrita por Antonio Valverde de Amusco, una obra relacionada con las monedas que antiguamente se utilizaban en España, elaborada por el obispo Covarrubias, una ortografía y arte de escribir con buen estilo, las fábulas de Esopo, los azares de Plutarco y ediciones de clásicos latinos que se mezclaba con títulos tan peregrinos como cuentos graciosos, en alemán, o el cuento de las estrellas narrado en romance.

La heterogénea biblioteca se consolidaba con la *Historia pontifical y católica* que no tendría nada de particular si no fuese porque estaba prohibida por el Santo Oficio. Por otro lado, como última rareza, no se debe ocultar que don Carlos disponía de dos escrituras de mano que eran el testamento y codicilo de Isabel de Valois, otorgadas antes de dar a luz a Isabel Clara Eugenia y firmadas por el escribano Juan López, como argumento fehaciente de que entre ambos jóvenes imperaba una consolidada confianza.

La guerra en los Países Bajos

Las decisiones de los postreros días de octubre y noviembre de 1566, propugnando la intervención armada y la designación de Fernando Álvarez de Toledo como capitán general, tenían en contra, para una rápida ejecución, las duras condiciones climáticas derivadas de la llegada del invierno. El plan consistía en alzar las banderas de los tercios radicados en Italia y unir las fuerzas en el Franco Condado para traspasar la cordillera alpina antes de que las nevadas impidieran el paso. El retraso en escoger al jefe por la enfermedad que afectaba al noble castellano —la gota era cada vez más punzante en su asedio— y el desinterés demostrado por los restantes candidatos, como el duque de Parma o el duque de Saboya, dilataron en exceso el nombramiento y los soldados no llegaron a Lombardía hasta avanzado el mes de diciembre. Ya era irrealizable el programa diseñado y la expedición tuvo que aplazarse hasta la primavera siguiente.

Margarita de Parma estaba al corriente de estos obstáculos, pero no aceptó la pasividad. Con el auxilio económico llegado en el verano —trescientos mil escudos— y obteniendo diferentes recursos financieros, pudo reclutar mercenarios a la vez que adoptaba pautas gubernativas para evitar que el progreso calvinista se afianzase en las diecisiete provincias que regentaba. Enterada de que las ciudades de Tournai y Valenciennes encabezaban la agitación, tomó la enérgica resolución de enviar sendas guarniciones a las dos poblaciones, avisándolas de que serían culpables de traición y rebelión si negaban la entrada a las tropas. El contraataque calvinista se produjo con prontitud, reclutando hombres y haciendo acopio de armas entre sus acólitos, para resistir el cerco de Valenciennes y agruparse en las proximidades de Tournai. Los descalabros de los iconoclastas en Lannoy y Wattrelos facilitaron la penetración de las columnas leales en Tournai el 2 de enero de 1567, en tanto se estrechaba el asedio de Valenciennes hasta su derrumbamiento. La caída de los dos reductos calvinistas, unida a la derrota ocurrida en Oosterweel, al norte del país, liquidó la firmeza de los sediciosos. A mediados de mayo ya no quedaban focos de resistencia, se restablecía la prohibición del culto calvinista, los principales cabecillas habían huido o perecido en las contiendas e incluso Guillermo de Nassau desapareció de Amberes para afincarse en Alemania.

Nuevos desmanes del príncipe

Al comienzo del invierno de 1567, después del incidente acontecido con los procuradores, su ánimo no debía ser consistente. Llevaba bastante tiempo en espera de alcanzar una situación más preponderante, que le permitiese desempeñar su indiscutible pasión de mando en alguna de las posesiones hispánicas —la regencia en los Países Bajos era su mejor acicate por cuanto era su destino desde la lejana época en que su padre se embarcó en Flesinga para poner rumbo hacia Castilla—, y tampoco se ultimaba con éxito su enlace con Ana de Austria, que seguía soportando mil inconcebibles demoras por la ambigüedad paterna. Estos sinsabores espolearon un exaltado estado anímico impelido por la frustración y el resentimiento. Su carácter, por sí levantisco e intransigente, parecía haberse acentuado en sus rasgos más irrefrenables, ya que en un corto lapso se produjeron varios altercados con sus sirvientes. A Alonso de Córdoba, uno de sus ayudas de cámara, le abofeteó porque hacía unos meses había pronunciado «palabras descomedidas» que no le hicieron gracia y también se atrevió a mostrar el filo de su puñal a su mayordomo Fadrique Enríquez con intenciones amenazadoras y por razones impenetrables. Entre su servidumbre, Juan Estévez de Lobón era el ayudante que contaba siempre con su apoyo y hasta pudo lograr que le diese el puesto de guardajoyas de su cámara. El gentilhombre, a quien tal vez franquease sus secretos, cayó en desgracia, instigó su furiosa irritación hasta límites insospechados —acusación de crimen de lesa majestad— y fue despedido con cajas destempladas tras obligarle a rendir cuentas. Los móviles de la hostilidad no están esclarecidos, aunque ciertos indicios hablan de que su ira estalló por haberle desaparecido algún billete importante. ¿Una misiva amorosa? ¿Epístolas comprometedoras de sesgo político concatenadas con el atolladero neerlandés? Duele repetir que nada se sabe al respecto, pero esa es la pesarosa certidumbre de una investigación nunca consumada y poco menos que estéril en casos conflictivos.

A los desmanes contra criados de su servicio, común en sus hábitos, se une el menosprecio filial. Tenía Felipe II un caballo muy apreciado, al que se le llamaba El Privado por ser una montura de su exclusivo uso. Con ofrecimientos obsequiosos, convenció al caballerizo Antonio de Toledo para que le consintiese ver al animal, se encerró con el pobre bruto en una cuadra y le golpeó con tal saña que murió por las lesiones causadas. Al despropósito, señal de un fuerte desequilibrio emocional, hay que unir otra violencia de análogas características desplegada contra un grupo de cuadrúpedos. Veintitrés bestias sufrieron en sus carnes su intemperancia agresiva con heridas de distinta gravedad.

La lista de tribulaciones se cierra con una salida que pudo degenerar en un despiadado vandalismo. Al volver de una correría nocturna, cabalgando por las callejas cercanas al palacio, un lanzamiento pestilente —agua a juzgar por las crónicas— le cayó encima procedente de una ventana, sin que el preventivo grito de «¡agua va!» se chillase o, en todo caso, fuese una advertencia tardía para eludir el impacto. La repulsa despechada por el agravio no se hizo esperar y ordenó en el límite de la exasperación que se matase a los moradores de la vivienda. El mandato, como es lógico, no fue secundado, pero fue preciso convencerle de que no pudo ser llevado a cabo por la casualidad de que en aquellos instantes entraba en la vivienda el sagrado viático, encabezado por un sacerdote dispuesto a administrar la comunión a un moribundo.

Los consejos de Hernán Suárez

No era solamente Honorato Juan quien quería con sinceridad al príncipe y se atrevía a darle recomendaciones tendentes a moderar su ímpetu y conseguir un comportamiento más acorde con el alto rango que ostentaba. El doctor Hernán Suárez, el antiguo alcalde de casa y Corte durante su estancia en Alcalá de Henares, encargado de preparar su testamento mientras compartían momentos de sus vidas, corregidor de Madrid y oidor en la chancillería de Valladolid y en el Consejo Real en épocas pasadas, noticioso de las trifulcas y desórdenes, se siente obligado a tomar la pluma dos veces para desgranar sus temores y plantear las nefastas consecuencias que pueden tener sus disparates. En la primera comunicación le reprocha con dureza su intromisión en las Cortes y su impetuoso apóstrofe a los representantes reunidos en las sesiones deliberatorias. En la segunda, más amplia y contundente, apoyada en la conveniencia de orientar a los seres amados, le previene sin tapujos de que su modo de actuar le está situando en una peligrosa posición irreversible. A la crítica de que la enemistad y desobediencia no puede reportarle ventaja alguna añade la queja de que han llegado a sus oídos murmuraciones de que se niega a confesar y comulgar como fiel católico y que semejante ofensa a dios sólo puede provocar su destrucción y su ruina. Le hace ver, además, que con similares desatinos se granjea un mayor número de enemigos mientras desaparecen de su círculo de convivencia las pocas personas que le respetan y admiran, dando con ello pretexto para que sus adversarios puedan aducir falta de cordura, una manifiesta impericia para regir sus acciones y por ende futuras responsabilidades de gobierno.

A estos apercibimientos, de indudable importancia, une más reprimendas coherentes con sus últimos actos —ataques a sus criados y brutalidad despiadada con los animales— para culminar su alegato temiendo que hasta el Santo Oficio pueda tener derecho a inmiscuirse para indagar si era cristiano o no, si se descubren cosas terribles. El escrito concluye exhortándole para que retorne al amparo de dios y del autor de sus días a la vez que le pide que se deje orientar por varones sabios y recatados como Diego de Espinosa, a quien don Carlos había inflingido una denigrante vejación.

Las cándidas amonestaciones fueron premiadas con una asignación de mil ducados para el casamiento de las hijas del magistrado, prebenda que, de cualquier forma, no pudo cumplir por carecer de dinero, pero no condujeron a una profunda reflexión ni, por supuesto, sirvieron para moderar su talante. Las cosas terribles relacionadas con la religión que arguye el doctor en leyes no han sido desveladas, no hay pruebas de que estuviese cercano a incurrir en el delito de herejía, a despecho de que en su biblioteca hubiese volúmenes prohibidos por la Inquisición o existiese la probabilidad, sin confirmar, de que mantuviese pactos reservados con conspiradores como el barón de Montigny y el marqués de Berghes, que estaban reputados como individuos con veleidades afines al protestantismo. Su irreverencia ante los preceptos de la Iglesia tiene la apariencia de una absurda rebeldía tendente a exteriorizar su enfrentamiento filial, a pesar de que autores como Adolfo de Castro vean en las amonestaciones epistolares un ostensible síntoma de que mantenía inclinación hacia las creencias luteranas, tesis que sostiene agregando que el doctor Hernán Suárez, al ser favorecido y estimado por don Carlos, «pudo haber perdido la vida cuando se la quitaron al príncipe, si entre los papeles de éste no se hubiera hallado una carta que fue la que le libró del naufragio». Esta chocante observación figura en el manuscrito de la biblioteca del arzobispo de Toledo, capítulo XIX, página 488, en una anotación realizada por Francisco de Soto para su *Historia de Talavera*. La realidad es que, extinguida la desgracia de don Carlos, fue alejado de la Corte, comisionándole como visitador de la provincia de Guipúzcoa y reformador de la Universidad de Oñate y que, con el objetivo de prolongar su forzada ausencia, en 1569 se le encargó la visita de las iglesias de Vizcaya, Álava y Guipúzcoa para concretar las que pertenecían al patronato real. Terminado su trabajo con desigual provecho, ya enfermo, reapareció en Madrid para fallecer el 13 de mayo de 1570.

Al socaire de estos pasajes, fundados en el respeto que se profesaban el príncipe y su alcalde de casa y Corte, no me resisto a reproducir, en el ámbito anecdótico, un texto elaborado por el doctor Juan Huarte de San Juan que describe un agudo coloquio entre ambos y que puede tener visos de que se produjese, dada la predilección que el doctor Suárez demostraba hacia el alto honor de la hidalguía.

El médico navarro, nacido en Donibane Garazi y afincado en Baeza, plasma este diálogo en su ensayo *Examen de ingenios para las ciencias,* publicado en 1575. La edición de Guillermo Serés permite reflejar la conversación en una trascripción moderna que insertaré integra, aun cuando el polémico Adolfo de Castro ya había recopilado sus fragmentos esenciales como un argumento más que consolidaba su idea de que el joven no era un ser sin capacidad de discernimiento. Dice el galeno:

«A propósito de este punto (aunque se va algo apartando de la materia) no puedo dejar de referir aquí un coloquio muy avisado que pasó entre el príncipe don Carlos, nuestro señor, y el doctor Suárez de Toledo, siendo su alcalde de corte en Alcalá de Henares.

Príncipe: Doctor, ¿qué os parece de este pueblo?
Doctor: Señor, muy bien, porque tiene el mejor cielo y suelo que lugar tiene en España.
P.: Por tal lo han escogido los médicos para mi salud. ¿Habéis visto la Universidad?
D.: No, Señor.
P.: Velda, que es cosa muy principal y donde me dicen se leen muy bien las ciencias.
D.: Por cierto que para ser un Colegio y Estudio particular, que tiene mucha fama; y, así, debe ser en la obra como vuestra alteza dice.
P.: ¿Dónde estudiasteis vos?
D.: Señor, en Salamanca.
P.: ¿Y sois doctor por Salamanca?
D.: No, Señor.

P.: Eso me parece muy mal, estudiar en una Universidad y graduarse en otra.

D.: Sepa vuestra alteza que el gasto de Salamanca en los grados es excesivo, y por eso los pobres huimos de él y nos vamos a lo barato, entendiendo que el habilidad y las letras no las recibimos del grado, sino del estudio y trabajo. Aunque no eran mis padres tan pobres, que, si quisieran, no me graduaran por Salamanca; pero ya sabe vuestra alteza que los doctores de esta Universidad tienen las mesmas franquezas que los hijosdalgo de España, y a los que lo somos por naturaleza no hace daño esta esención, a lo menos a nuestros descendientes.

P.: ¿Qué rey de mis antepasados hizo a vuestro linaje hidalgo?

D.: Ninguno, porque sepa vuestra alteza que hay dos géneros de hijosdalgo en España: unos son de sangre y otros de privilegio. Los que son de sangre, como yo, no recibieron su nobleza de manos del rey, y los de privilegio, sí.

P.: Eso es para mí muy dificultoso de entender, y holgaría que me lo pusiéredes en términos claros; porque si mi sangre real (contando desde mí, y luego a mi padre, y tras él a mi abuelo, y así los demás por su orden) se viene a acabar en Pelayo, a quien por muerte del rey Don Rodrigo lo eligieron por rey, no lo siendo. Si así contásemos vuestro linaje, ¿no verniamos a parar en uno que no fuese hidalgo?

D.: Ese discurso no se puede negar, porque todas las cosas tuvieron principio.

P.: Pues pregunto yo ahora: ¿de dónde hubo la hidalguía aquel primero que dio principio a vuestra nobleza? Él no pudo libertarse a sí ni eximirse de los pechos y servicios que hasta allí habían pagado al rey sus antepasados, porque esto era hurto y alzarse por fuerza con el patrimonio real, y no es razón que los hidalgos de sangre tengan tan ruin principio como éste. Luego claro está que el rey le libertó y le hizo merced de aquella hidalguía. O dadme vos de dónde la hubo.

D.: Muy bien concluye vuestra alteza; y así es verdad que no hay hidalguía verdadera que no sea hechura del rey, Pero llamamos hidalgos de sangre aquellos que no hay memoria de su principio, ni se sabe por escritura en qué tiempo comenzó ni qué rey hizo la merced; la cual oscuridad tiene la república recebida por más honrosa, que saber distintamente los contrario».

La proverbial curiosidad, divulgada a veces para vilipendiar su entendimiento, se comprueba en estos párrafos con una evidente agudeza para pensar y sacar conclusiones. La charla transcrita, por las alusiones que contiene en el campo de su bienestar y el lugar en que pudo ocurrir, se remite al año 1562 y la población de Alcalá de Henares, en donde ocurrió la fatídica caída, si bien no se puede descartar que este coloquio sucediese mientras disfrutaba de su segunda y solitaria estancia en dicha ciudad entre finales de 1563 y la primavera de 1564. De cualquier forma, resulta chocante que un docto médico navarro, versado en el pensamiento griego de la filosofía y la medicina, al que ahora se enaltecería como un serio intelectual, incluya en su estudio, dedicado a «mostrar la diferencia de habilidades que hay en los hombres y el género de letras que a cada uno responde en particular», una seria referencia al príncipe de Asturias.

La larga marcha del duque de Alba

Entrada la primavera, los días 15 y 16 de abril de 1567, Felipe II se reúne con Fernando Álvarez, en el pabellón de caza de Aranjuez, para ultimar detalles de la expedición bélica y el consiguiente plan de actuación a seguir en cuanto el duque entregase a Margarita de Parma los poderes de los que iba envestido por mandato real.

Los preparativos se habían iniciado con la designación de Francisco de Ibarra como intendente general para que suministrase víveres, municiones y transporte a los viejos tercios procedentes de Nápoles, Sicilia y Cerdeña, que ya estaban concentrados en los confines de Lombardía desde diciembre. A los veteranos se unirían los voluntarios reclutados en la península y determinados regimientos de infantería alemana para componer un irresistible ejército que se encaminaría hacia Brabante, cruzando las posesiones italianas y los territorios aliados de los duques de Saboya y de Lorena.

Las victorias de las huestes de la duquesa, apabullando a las principales urbes y haciendo desbandarse a los cabecillas de la revuelta, llegaron a conocerse en Castilla antes de que el duque se pusiese rumbo a Niza, pero, pese a las buenas noticias, no se cambiaron ni demoraron los proyectos ya trazados. El rey estaba dispuesto a conseguir la pacificación definitiva y totalmente convencido de que la llegada de sus tropas pondría fin a los exaltados bríos de sus súbditos. Su aspiración de viajar por tierra, llevando consigo a su esposa, al príncipe y los archiduques, tenía por objeto aprovechar el desplazamiento para que don Carlos fuese jurado en Aragón, entrevistarse con el papa en Milán y a continuación reunirse con el emperador Maximiliano en Innsbruck, pero la demora, por la llegada del invierno y la dificultad de que la tropas pudiesen cruzar los Alpes, le hizo optar por embarcarse en La Coruña tan pronto como sus soldados entrasen en la urbe bruselense.

A punto de salir el duque hacia las costas levantinas sobreviene otro desagradable episodio por la virulencia y la inestabilidad del príncipe que, a la sazón, se halla en las riberas del Tajo. Fernando Álvarez juzga respetuoso visitarle para despedirse y recibe, en contrapartida, una airada respuesta reforzada con amenazas de muerte si se empeña en partir hacia las zonas sublevadas. A los insultos y la coacción responde el viejo guerrero con mesura, intentando convencerle de que su vida no puede ponerse en peligro encabezando la empresa bélica y que se podría trasladar tan pronto como aquellos territorios estuviesen apaciguados. Sus ánimos debían estar tan soliviantados que la tranquilizadora oratoria no sirve para calmar sus nervios, sino para acrecentar su ira y despecho. Arrastrado por sus impulsos innatos, perdida la dignidad y la sensatez, se cuenta que esgrimió un puñal y trató de herir al noble. El dignatario castellano salió indemne del altercado gracias a su vigor y la injerencia de varios palaciegos de cámara que neutralizaron la agresión.

El 10 de mayo zarpan las galeras del puerto de Cartagena y el último día del mismo mes, tras una penosa travesía, puede el capitán general unirse con los tercios para organizar, desde Lombardía, un voluntarioso avance que debe salvar una distancia cercana a los mil kilómetros. El 24 de junio las tropas comienzan la dura peripecia de atravesar el monte Cenis, todavía asediado por las nevadas, el frío y las ventiscas, para cruzar los Alpes y encaminarse en adelante, reagrupados en una sola columna, hacia la capital de Saboya.

Las concesiones del rey

Al brotar la primavera de 1567, Felipe II se encuentra sumido en la zozobra propia del gobernante y en una delicada situación como padre. Al alzamiento de sus Estados patrimoniales del norte de Europa, con sus amargos símbolos de protervia contra la fe católica que le generan una honda desazón, se une la cada vez más indignante y retadora postura de su heredero, en abierta y contumaz indisciplina. Tales desmanes le acarrean una continua cadena de disgustos y resquemores, que no tienen fácil solución en su timidez congénita y en su propensión a permitir que los problemas se enconen por falta de lucidez resolutoria. Los reproches y las reprimendas, si llegaron a verificarse, no tienen derivación positiva y la pérdida de respeto filial es un hecho sin paliativos, reconociendo la magnitud de algunas conductas que hubieran merecido un castigo ejemplar en cualquier individuo de inferior alcurnia.

Resuelto a buscar remedio, envuelto en un mar de dubitaciones acerca de la genuina naturaleza de su hijo, abusiva impaciencia juvenil o síndromes rudimentarios de una enajenación mental, opta por el comedimiento y la claudicación para evitar nuevos conflictos y lograr que adopte un dinamismo más edificante. En primer lugar, sin sólidas justificaciones, eleva el presupuesto de su casa, establecido en sesenta mil ducados anuales, hasta la desorbitada cifra de cien mil para paliar sus desmedidos gastos y darle con ello una descollante satisfacción pecuniaria. A la generosa inyección financiera engarza el estímulo de concederle la presidencia de los Consejos de Estado y Guerra, dotándole de facultades para resolver en asuntos de gobierno, además de prometerle que iría en su compañía cuando se embarcase en el verano para cruzar el mar de poniente y fondear en Flandes.

Tales concesiones, forzadas en un postrero deseo de contemporizar y colmar su apetencia de mando o quizá concebidas como una oportunidad de cambio, son secundadas con un talante conciliador. Desde el principio asiste con regularidad a las sesiones, ejerce su cargo con prudencia y buena voluntad en contacto permanente con su progenitor para evacuar las consultas y, en general, se produce una mejora sustancial en su vinculación con el monarca. Esta ambivalencia sorprendente, pasando de un desorden frenético a una actitud moderada, en consonancia con el cariz de los acontecimientos, cuestiona la denuncia vertida por muchas fuentes de que padecía constantes perturbaciones congénitas de origen psíquico. Un razonamiento más lógico me induce a juzgar que sus violentas alteraciones provienen del incontrolable despecho que surgía cuando sus aspiraciones no eran secundadas en la medida de sus ambiciones. Su altivez estaba tan desarrollada, en su desconcertante carácter, que cualquier contrariedad, por mínima que fuese, destapaba «la caja de los truenos» de su resentimiento, dando paso franco a reacciones irreflexivas que no era ya capaz de dominar.

Felipe II, alentado por el progreso de su hijo, decide enviar a Viena a su aposentador mayor Luis Venegas de Figueroa, en calidad de embajador extraordinario, para diligenciar materias de su consabida política matrimonial. Francia pretendía, por todos los cauces, un doble enlace que consolidase su influencia en Portugal y el imperio, proponiendo que su rey Carlos IX celebre nupcias con la archiduquesa Isabel, hermana menor de la presunta prometida de don

Carlos, y que, asimismo, se pactase la boda de Margot con don Sebastián de Portugal, el excéntrico descendiente de doña Juana. Al soberano no le seduce esta planificación y plantea a su cuñado que la infanta Isabel se case con Sebastián para eludir la maquinación francesa. Luis Venegas de Figueroa lleva también en su difícil misión, ante la predisposición del emperador para aceptar el ofrecimiento galo, el naipe oculto del postergado casamiento con Ana. El monarca le había dado instrucciones sobre esta última alianza, que deja en manos de Maximiliano y María, a raíz de que se les pusiese al corriente de las «virtudes» que adornan al príncipe. No se conoce, como es normal, la conversación del egregio mensajero desentrañando las miserias morales y atributos de Carlos de Austria —es de suponer que sus disparates fuesen expuestos con superficialidad y sin exagerar demasiado las malas costumbres—, pero la respuesta favorable de los gobernantes de Bohemia es contundente, al estimar que la unión conyugal con su prima serviría para atemperar su agrio temperamento. Entre los regalos que lleva consigo Luis Venegas de Figueroa, al partir hacia Viena, destaca una sortija de diamantes que el príncipe envía a su prometida. La joya lleva grabado su retrato y su coste se aproximaba a los treinta mil escudos.

La euforia del príncipe

Una de las singularidades más distintivas de la idiosincrasia de don Carlos, objeto de incesantes cuchicheos, estriba en las dudas de que estuviese dotado para procrear por no demostrar suficiente interés hacia el sexo femenino. Las opiniones, en su pubertad, de que tenía querencia a codearse con mujeres sólo tuvieron la reafirmación de su desgraciada andanza en Alcalá de Henares cuando sus escarceos amorosos acabaron con una aparatosa caída que le había situado al borde de la muerte. Desde entonces, como si el accidente tuviese connotaciones de una solemne advertencia moral, rechazaba las relaciones íntimas con promesa de fidelidad para la compañera que compartiese su tálamo nupcial. Sin despreciar que este convencimiento tuviese visos de veracidad, pero sin desechar la misoginia, resulta extraña su abstinencia, sostenida contra viento y marea, en un joven al que no le faltaban candidatas predispuestas pese a la exigente honestidad de la Corte.

De una u otra forma, sin entrar a fondo en debate sobre sus anhelos, la realidad es que soportó, con inaudita tranquilidad para su arisco temperamento, las invectivas que le motejaban de eunuco hasta que, de modo repentino, impelido por una lozana euforia, fruto quizá de la inminencia del presumible matrimonio con su prima, se deja tentar por la conveniencia de practicar su insegura hombría con el afán de apagar los rumores sobre su impotencia.

Tras partir Luis Venegas de Figueroa para Viena, cuando sus excentricidades han desaparecido para encarar el presente con mejor aptitud, se pone de acuerdo con un sujeto que le es adicto para abordar la prueba de fuego de su masculinidad. Ruy Díaz de Quintanilla, su barbero, que ejercía oficios de sacamuelas y hasta de cirujano, se dispone a colaborar en semejante cometido, requiere los servicios de tres médicos y con sus asesoramientos prepara un brebaje tendente a reforzar la virilidad. Este recurso evidencia que tenía trastornos con su capacidad de erección, dado que, en caso contrario, no se comprenden las precauciones fortalecedoras de su condición masculina para un acto que solamente exige la tentación del placer y el temple propio en una persona de su edad.

La pócima o el instinto, probablemente ambos en forzada amalgama, surten los efectos apetecidos, el príncipe experimenta su potencia con una doncella contratada y su «proeza» llega a oídos de Dietrichstein para que se trasmita a Viena y tranquilice los ánimos sobre su insegura posibilidad de procrear. La invitada para el «amoroso encuentro» es gratificada con la exagerada cifra de doce mil ducados y la propiedad de una casa para que vivan ella y su madre. El fogueo debió ahondar en su temple por cuanto desde ese momento, en pleno verano, se disparan sus correrías, frecuentando lupanares en los que olvidaba prendas de su vestimenta, como una camisa o la toalla de la faltriquera de las calzas.

La desesperación y los atropellos realizados en el invierno y la primavera, cuando sus apetencias estaban contrariadas, fueron suplantados en el estío por una explosión de euforia, una vitalidad desmedida y una disparatada afición a compras suntuosas que desbaratan el incremento presupuestario. Siguiendo la pauta de su conducta tendente a la verdad o enemiga de la lisonja, se empeña en adquirir unos aderezos para su cámara en la abultada cifra de veinte mil escudos y pide prestada dicha cifra a Niccoló Grimaldi. El banquero genovés le entrega la cantidad requerida y se brinda para seguir colmando sus deseos con palabras que encierran una respetuosa cortesía más que una obligación pecuniaria. Don Carlos, agarrando la servil oferta por la parte que más le seduce, se hace eco de la invitación, exige inmediatamente que se cumpla y que el préstamo se eleve hasta los cien mil ducados. Al azoramiento y quejas del especulador responde con una sarta de amenazas, refrendadas con el despido de un vástago del financiero empleado como paje, y el ultimátum de que le entregue el dinero en el plazo de veinticuatro horas si no quieren arrepentirse él y toda su familia. Como la mediación de varios cortesanos, incluido Ruy Gómez, no sirve para disuadirle del malentendido, Niccoló Grimaldi únicamente puede salvar el peliagudo tropiezo anticipando la formidable cifra de sesenta mil escudos que sirvieron para cubrir los gastos de la aventura erótica y los dispendios en regocijos y compras de objetos suntuarios.

El camino de Bruselas

Desde Chambéry, la capital de Saboya, una vez franqueado el obstáculo alpino, el duque de Alba y sus tropas reanudan su andadura avanzando con miramientos tácticos para evitar una emboscada de los sublevados o de los hugonotes franceses. El recorrido, asegurado por cuerpos expedicionarios que forman una prudente avanzadilla de exploración, se demora en exceso y tarda cerca de cuatro semanas en adentrarse en Lorena.

En el palacio se intensifican mientras tanto los planes para dirigirse hacia La Coruña y navegar por el mar de poniente, antes de que la llegada de la temporada otoñal embravezca las aguas y las previsibles tormentas dificulten el viaje marítimo. Durante el verano se fletan numerosos navíos en la costa cantábrica, se hace acopio de víveres y municiones, se preparan los alojamientos para la ruta hacia Galicia y se recibe a Pedro Menéndez de Avilés, que ha hecho una larga travesía desde Florida, para capitanear la nave real por su condición de experto marino.

Felipe II se muestra resuelto a embarcarse, según declara a los embajadores, y apremia a su entorno familiar para que hagan los preparativos con diligencia. Los archiduques Rodolfo y Ernesto, Juan de Austria y, por supuesto, su hijo tenían que estar prestos para ponerse en camino, en tanto que Isabel de Valois, en trance de gestación, se quedaría como regente. La navegación hacia los Países Bajos parecía cercana en una lucha contra el tiempo que invirtiese el duque en llegar para quedar garantizada la seguridad del rey. Fernando Álvarez prosigue su avance sin obstáculos y alcanza la frontera en Thionville el 3 de agosto de 1567, en donde es agasajado con pleitesía y desazón por la mayoría de la nobleza. Su desconfianza le obliga a maniobrar con parsimonia, despacha consultas para cerciorarse de cualquier atolladero y evitar confrontaciones bélicas que pongan en peligro su misión, reanuda su marcha y penetra sin percances en Bruselas el día 22, cuando ya se han cumplido más de cuatro meses de su partida desde Castilla.

El mensaje de la entrada del ejército en Thionville llega a El Escorial, desde donde se espera el devenir de los acontecimientos, en la noche del 21 de agosto. El margen temporal para coronar la empresa se ha estrechado, falta todavía que el capitán general llegue a la capital de Brabante, que adopte las primeras reglas de gobierno y que asegure la integridad del monarca y su séquito distribuyendo los soldados en puntos estratégicos. A estas premisas básicas era obligado unir, según el programa trazado, que los cabecillas de la rebelión fuesen atrapados. Todas estas previsiones se llevan a cabo con rapidez y los condes de Egmont y Horn son capturados, con un ardid vergonzoso, después de tomar posesión el duque de su cargo y de haberse ocasionado discrepancias con Margarita de Parma. La hija de Carlos V no ve con buenos ojos las amplias facultades de las que viene revestido el prócer castellano ni está de acuerdo con la distribución de las guarniciones. El 18 de septiembre, Felipe II recibe la notificación de que los principales encartados, excepto Guillermo de Nassau, ya han sido apresados, pero su lugarteniente, intranquilo, le avisa que hay aún efervescencia sediciosa, que es viable un reagrupamiento de sus enemigos y que, en consecuencia, sería aconsejable demorar su partida. Felipe II suspende su viaje tras ordenar la detención de Floris de Montmorency.

Las extrañas cautelas

La resolución de no embarcarse y postergar los planes, obligado por las condiciones climáticas y las orientaciones del duque de Alba, fue aceptada sin susceptibilidad por Pío V y el emperador. Las disculpas se centraban en el peligro que representaba una travesía por mar en época otoñal o invernal, a pesar de que Felipe II aseguraba con firmeza que se desplazaría en la próxima primavera para solventar el conflicto con la influencia de su presencia y medidas de indulgencia que apaciguarían los arrestos de sus súbditos. La promesa, en cambio, fue acogida con escepticismo en el terreno político, dado que muchos dignatarios de las potencias extranjeras mantenían titubeos sobre sus intenciones y desconfiaban de que estuviese favorablemente predispuesto para la empresa. Al rey no le agradaban los viajes, se sentía cómodo en Madrid y tenía además la certeza de que no era respetado ni querido por la generalidad de los habitantes de las posesiones de los Habsburgos.

Si Ana de Austria, en Viena, proclamaba su disgusto por la postergación surgida, negándose a comer durante veinticuatro horas, no es complicado imaginar la ira desencadenada en don Carlos. La gobernación de los lejanos territorios desaparecía de su horizonte, se retrasaba de nuevo su boda y su vida quedaba a expensas de la férula de su padre. El panorama que se cernía era desalentador y todos sus proyectos se derrumbaban como un castillo de naipes. Incapaz de soportar la tensión de una prolongada espera más de seis meses y convencido de que la dilación era una estratagema, su calenturienta mentalidad debió empezar a evaluar la ocurrencia de una fuga para labrarse su destino. La empresa era muy difícil, exigía habilidad para no despertar recelos, y necesitaba dinero y apoyo de hombres que estuviesen preparados para secundarle, arrostrando los riesgos inherentes de un fracaso. El príncipe no había acreditado jamás ser astuto, era objeto de una vigilancia estrecha, carecía de medios económicos y no disponía de probabilidades para conseguirlos por su excéntrica fama de que dilapidaba su presupuesto y jamás pagaba sus deudas. Y encima no contaba con gente que le apreciase con sinceridad para afrontar una colaboración que podía ser funesta.

Sus acciones, acaso cuando empieza a sopesar la opción de abandonar la Corte al precio que fuese, son desequilibradas y demostrativas de que algo más que una pretendida escapada aflige su espíritu. Desde octubre, seguidamente de haberse encarcelado al barón de Montigny, comienza a tomar una serie de precauciones que descubren una repentina aprensión por su seguridad. Sin razones aparentes hace acopio de arcabuces, pólvora y balas para guardarlos en su cámara, prohíbe que nadie duerma en su alcoba como es preceptivo y manda al relojero Luis de Foix construir un artilugio mecánico que entorpecía la entrada a sus dependencias, salvo que fuese manipulado desde el interior. Estas prevenciones sólo podían levantar suspicacias y tienen escasa lógica pensando que es factible que ni siquiera hubiese comenzado a desplegar su voluntad de escabullirse y no existía amenaza inminente de que fuesen abortados sus objetivos. La captura de Floris de Montmorency, por el contrario, podía tomarse como una advertencia, pero tal suposición me obliga a pensar que podían ser ciertos los contactos con el barón, de índole comprometedora, en su deseo de intervenir en la conflagración. El arresto podía llevar implícitos duros interrogatorios y la denuncia de maquinaciones sugeridas en diálogos secretos. De otra forma, si no imperaba un temor contrastado, hay que poner en duda la competencia racional de don Carlos, admitir que sus cautelas eran producto de un temperamento desequilibrado, tendente a realizar chiquilladas sin sentido práctico, o que la desesperación hacía que su cerebro estuviese obnubilado cuando más imperioso era conservar la calma.

Sus ayudas de cámara, Garci Álvarez Osorio y Juan Martínez de la Cuadra, instigados más por prudencia que por simpatía hacia su señor, secundan el imperativo de recabar el dinero necesario. Con este propósito se trasladan a poblaciones cercanas para negociar con mercaderes adinerados, pero sus gestiones, cuya significación es posible que ignorasen, no debieron tener éxito, ya que más tarde tienen que recurrir a otras mediaciones para obtener empréstitos en Sevilla. Garci Álvarez Osorio, antiguo guardajoyas de cámara, que perdió su plaza en beneficio de Juan Estevez de Lobón, se dirige hacia la población andaluza, a principios de diciembre, llevando en su bagaje doce cartas escritas de puño y letra por su amo. Las misivas, escuetas y poco explícitas, ya que justifican la demanda crematística en un menester urgentísimo, están redactadas sin indicación del destinatario como señal de que es forzosa la intercesión para que sean dirigidas a próceres enriquecidos que puedan responder favorablemente. El conde de Gelbes, antiguo chambelán de la casa del príncipe, que había sido despedido en 1561 por conceder todos los caprichos que don Carlos demandaba y que, incluso, fue encerrado en el castillo de Medina del Campo por la pudibunda moral de doña Juana, es el aristócrata elegido por su servicial predilección y por su encumbrada posición en aquellas tierras, reforzado por la ayuda que pudiera prestarle también Juan Núñez de Illescas.

El plan de huida

No es fácil salir de Castilla sin el consentimiento regio —Juan de Austria ya había fracasado en una tentativa similar al producirse el cerco de Malta— y el príncipe tiene conciencia de ello al elegir una huida arriesgada. Es presumible que la aspiración primitiva tuviese como destino Portugal, donde podía contar con el amparo de su abuela Catalina, hermana del extinto Carlos V y madre de María

Manuela de Portugal, pero una novedad alentadora hizo trastocar su empeño en el mes de octubre. Felipe II llama a don Juan para que se ocupe del generalato del mar y el privilegio le abre la oportunidad de embarcarse en una galera, si cuenta con el beneplácito de su tío. El horizonte marítimo, no obstante sus dificultades, colma más sus expectativas, le pone a su alcance los territorios italianos y le aproxima a una meta más apetecible como la residencia de Viena.

Preparado para solicitar el auxilio de don Juan, convencido de que su amigo y pariente no le defraudaría, se atreve a encauzar su destino escribiendo a encumbrados miembros de la nobleza para pedirles que le acompañen en un viaje urgente. Tales correos, pese a que su padre se encuentra en El Escorial para pasar la Navidad, implican un peligro de delación si los ilustres destinatarios desconfían de la honradez de la petición y ponen los antecedentes en manos del monarca sin ofrecer una respuesta precipitada.

No hay testimonios de la autenticidad de la correspondencia en cuestión, ninguna prueba ha sido localizada hasta la fecha y la dudosa iniciativa se debe tan sólo a informaciones facilitadas por diferentes embajadores, pero es imaginable que, de haberse ejecutado, no tardaría Felipe II en descubrir que su hijo preparaba actividades indeseables propias de la vehemencia que se adueñaba de su inestable personalidad.

La traición de Juan de Austria

No se sabe si la actividad de Garci Álvarez Osorio en Sevilla tuvo éxito —hay versiones que aseguran que arrancó en dinero la cifra de ciento cincuenta mil ducados y letras de cambio por una destacada cantidad—, no se puede eliminar, por tanto, que no consiguiese frutos positivos, pero, en definitiva, don Carlos se dispone a dar el paso decisivo. Uno o dos días antes de navidad, aprovechando la ausencia del rey, hace llamar a Juan de Austria para que se presente en su cámara, seguro de que su indeleble amistad, fortalecida por largas temporadas de camaradería y convivencia, propiciará su auxilio incondicional.

La conversación, como es natural, tuvo que mantenerse a puerta cerrada, sin testigos, y únicamente cabe usar la imaginación para fijar sus alternativas. Es comprensible que implorase a su tío que le prestase ayuda e invocase sus lazos fraternales, pero conociendo su megalomanía no se puede descartar que se expansionase, con su genuina ligereza, procurando involucrarle en sus designios con promesas de riqueza y poder. Varios representantes relataron a sus respectivos gobiernos, haciéndose eco de chismes palaciegos, que don Carlos le había advertido sobre sus limitadas posibilidades continuando siempre al lado de su hermanastro y ofertándole el reino de Nápoles o el Estado de Milán, si le ayudaba. La propuesta tenía pobres visos de consumarse, salvo que el monarca pereciese o el príncipe se uniese a la sedición neerlandesa y pudiese, además, rematar con éxito una rebelión para la que no disponía de armas y gente adicta. Don Juan debió oír atónito las disparatadas ideas o, en su caso, si hubo una mera solicitud de ayuda, prefirió mostrarse cauto. En ambos supuestos es presumible que tratase de persuadirle de la nocividad que llevaba implícita su ausencia, desafiando a la autoridad paterna, además de ponderar a su vez el albur que la operación entrañaba para sí mismo al tomar partido beligerante en una acción que atentaba contra la potestad real y pondría en juego sus privilegios. Vacilante y perplejo, no pudo dominar el ímpetu de su sobrino o no mostró la entereza imprescindible para negarse a secundar sus ansias, aun a costa de quebrar su afecto y desatar su furia.

Adoptando una postura flexible, sin aventurarse, logra un aplazamiento de veinticuatro horas para meditar y toma la determinación de partir para El Escorial, haciendo correr el rumor de que se le llama para departir sobre materias relacionadas con su reciente responsabilidad y avisando a su sobrino del imprevisto surgido que obstaculizaba, de forma transitoria, la reunión convenida de antemano. Al día siguiente, haciendo un alto en sus prácticas de piedad y devoción, a las que era propenso en festividades de culto, Felipe II escucha, con su rutinaria frialdad, la delación de su pariente.

La noche de San Jerónimo el Real

La virtud de la prudencia que atesoraba Felipe II, en mi pensamiento escaso valor resolutivo motivado por su inseguridad, se puso de manifiesto en la Navidad y comienzo del año, al permanecer impasible en El Escorial mientras rondaba un riesgo innegable de que su hijo emprendiese la huida, si bien también se puede considerar que aprovechase aquellas jornadas para evacuar consultas con sus consejeros con respecto a la decisión que debía tomar ante tan excéntrica temeridad. Y menos aún puede causar extrañeza que su calma estuviese respaldada por haber cursado instrucciones a Ruy Gómez para que vigilase, todavía con mayor rigor, los movimientos del príncipe.

Mientras espera el retorno de Garci Álvarez Osorio desde Andalucía y otra cita con su tío, don Carlos se dispone, el sábado 27 de diciembre, a confesar y comulgar para cumplir con los requisitos obligatorios del jubileo decretado por Pío V y poder conseguir la indulgencia plenaria acordada por las disposiciones de la curia vaticana. Ya anochecido, tras desplazarse en una carroza hasta el convento de San Jerónimo el Real, inicia la atrición con uno de los frailes y reconoce, con su ruda franqueza ya fogueada, que odia con todas sus fuerzas a un hombre y que no es capaz de arrepentirse. El religioso aduce entonces el impedimento de concederle la absolución de sus pecados si no cabe en su alma la contrición ineludible y el príncipe, en su porfía, requiere la venida de catorce dominicos del monasterio de Atocha, un trinitario y un monje agustino para discutir con ellos la procedencia o no de que se le otorgue el perdón obligatorio. Tenaz como siempre en sus percepciones, anclado en su convencimiento de que la verdad prevalece por encima de la mentira o la hipocresía, discute infatigable sin hacerles cambiar de criterio y, finalmente, ante el batacazo de sus impulsos pide que le administren la comunión con una hostia sin consagrar para que todo el mundo crea que ha ganado la merced papal. Si su obstinación origina el comprensible asombro, la «agudeza», un disparate que incurría en un claro sacrilegio, genera el alboroto y consiguiente escándalo.

Juan de Tovar, el prior de Atocha, consigue apartar a don Carlos, al cabo de la enconada polémica, para dialogar privadamente y averiguar contra quién se dirigen sus adversos sentimientos. Con habilidad, haciéndole ver que es posible exculparle si desvela el nombre de la persona a quien odia y los motivos que fundamentan su rencor, obtiene la declaración de que aquel encono, acompañado de un furibundo deseo de matar, va dirigido contra el autor de sus días. Avanzada la madrugada, sin conquistar su objetivo, vuelve al alcázar, dando por concluido un disparate de cuyas características, nada modélicas en materia de respeto a los dogmas católicos, tiene pronto noticia el rey.

La detención

Felipe II regresa a mediados de enero, pernocta dos noches en El Pardo y hace su entrada en palacio en la mañana del sábado día 17. Tras visitar a su esposa, que ya había dado a luz a Catalina

Micaela en el pasado mes de octubre, y parlotear con su hermana doña Juana, sin expresar el menor síntoma de preocupación recibe la bienvenida de su hijo delante de Juan de Austria. Todo transcurre con normalidad y don Carlos aprovecha con apresuramiento el encuentro con su tío para mantener la entrevista postergada. La ausencia de don Juan había interrumpido que tomasen una resolución y un esporádico encuentro anterior en El Retamal, paraje cercano a El Pardo, sirve sencillamente para que el príncipe le advierta de que Garci Álvarez Osorio ya había vuelto de Sevilla con el dinero y para indagar la conducta de su padre al enterarse del incidente ocurrido en el convento de San Jerónimo. Es presumible que la dilatada separación de su tío, creada por su marcha a El Escorial, hubiese levantado suspicacias.

El diálogo a solas, envuelto en aprensiones mutuas, debió de ser muy tenso y es forzoso echar mano de presunciones más o menos coherentes con el delicado conflicto. Don Carlos exige que le prepare la licencia indispensable para embarcarse en cualquiera de las galeras fondeadas en Cartagena, desiste para que le acompañe en su peligrosa aventura, al pedirle solamente un compromiso formal de que le auxiliará cuando le reclame ayuda, y afirma haber ordenado ya que le tengan dispuestos los caballos. El flamante general de la mar, entre la espada y la pared, se muestra irresoluto, incapaz de disuadirle de la insensatez de su atrevimiento, y opta por una nueva demora, prometiéndole una entrevista en la mañana siguiente para ultimar los preparativos. Narraciones de signo diferente concretan que llegaron hasta el enfrentamiento y que don Juan tuvo que salir con precipitación de la cámara tan pronto como los criados obstaculizaron un resultado cruento.

Felipe II, alertado una vez más por su hermanastro de los sucesos acontecidos, taimado e impasible, no adopta prevenciones pese a saber que su primogénito exigía caballos a Juan de Tassis, correo mayor, y que le habían sido denegados con la disculpa de que todos los animales estaban siendo utilizados en distintas misiones. Este engaño obstaculizaba la fuga y se podían armonizar con relativa calma las opciones para desbaratar cualquier intentona que estaba destinada al fracaso.

La mañana del domingo se desarrolla con habitualidad. El monarca mantiene una audiencia con el embajador francés, acude a misa junto con su familia, incluido don Carlos, y no revela pesadumbre o nerviosismo. Su estancia en El Escorial le había servido para meditar sobre la solución que necesitaba tomar, es natural que se hubiese aconsejado por dignatarios cualificados en materias de gobierno y es seguro que, al producirse su vuelta a Madrid, tuviese bien atados los cabos de las medidas a entablar en el instante oportuno, sin precipitarse, y que incluso ya hubiese elegido la fase crucial de la detención.

A la una de la tarde, cuando don Juan debe verse con su sobrino para perfilar su cooperación, don Carlos recibe un billete de su pariente y amigo, anunciándole que no puede verle por hallarse enfermo y retrasando la plática hasta el próximo miércoles. Es de suponer que esta inesperada dilación avivase en su mente una amarga certidumbre de la traición de su tío, que se sintiese desamparado ante la envergadura del empeño que tramaba sin apoyos y que la excitación hiciese mella en su organismo ante la eventualidad de que le requiriesen explicaciones de su comportamiento. A la llamada efectuada, aun cuando tengo dudas de que Felipe II fuese capaz de afrontar cara a cara un trance de calibre humano, contesta alegando que se siente indispuesto, se encierra en su cámara y permanece acostado antes de cenar un capón cocido y tornar al lecho. La llamada o más bien su análisis de las trabas que iban obstaculizando su proyecto, quizá ambas circunstancias unidas, debieron disipar sus últimos resquemores. Se estaba al corriente de sus aspiraciones, no disponía de alternativas para cambiar sus propósitos y sin caballos era una aventura absurda alejarse del alcázar. Ante aquella tesitura extrema, dominado por el pánico, la angustia y la impotencia, optó por la única elección que le obligaba a esperar con el alma en vilo.

Poco antes de la medianoche, noticioso de la pasividad de su hijo, Felipe II resuelve entrar en acción, exigiendo la asistencia de Ruy Gómez, el duque de Feria, Antonio de Toledo y Luis Quijada, agrupando a doce soldados de su guardia y varios gentilhombres, mientras que elige una serie de protecciones que llaman la atención. Se coloca una cota de malla debajo del jubón que viste, un casco en la cabeza y empuña una espada, como si la operación entrañase un notorio riesgo para su vida, opción desproporcionada aunque tema una oposición iracunda. Los individuos que le acompañan son una protección más que suficiente para salvaguardarle de cualquier agresión y tampoco se comprende su implicación personal. Una concisa orden de apresamiento hubiese zanjado el engorro sin alardes, pero su genuina desconfianza pudo ser la razón para que prefiriese intervenir en la acción.

El artilugio que Luis de Foix había construido es anulado con habilidad sin que don Carlos se aperciba de ello, pese a la inquietud que le atosiga, y el grupo penetra en la alcoba sin tropiezo y sin que el príncipe se despierte ni siquiera cuando le ocupan con presteza el armamento que guarda cerca de la cama. Tras verse sorprendido y desarmado, sumido en la modorra del sueño, se percata de la presencia de los miembros del Consejo de Estado y después de la aparición de su padre. La acumulación de gente pertrechada y la intrusión paterna, armado y protegido hasta los dientes, generan graves recelos sobre su integridad física, sólo superados cuando su progenitor le asegura que no desean ocasionarle mal y que se tranquilice. Felipe II manda tabicar las ventanas para que no puedan abrirse, se retiran las armas y objetos peligrosos y se requisan, con especial esmero, todos los papeles. Estas precauciones, atizadas con la violación flagrante de su intimidad, provocan una perturbación exasperada, anteponiendo la voluntad de morir en despecho de la privación de libertad.

A sus quejas y ruegos, entremezclados con amenazas de quitarse la vida, reproches y sollozos inútiles, argumentando que no estaba loco, sino desesperado por la relegación en que se le tenía sumido, el monarca responde con su frialdad congénita, al retirarse de los aposentos registrados, que en el futuro ya no le trataría como padre sino como rey.

La prisión

Las primeras instrucciones vinculadas con el confinamiento determinan que el capitán de su guardia, Gómez Suárez de Figueroa, duque de Feria, sea el encargado de la custodia del prisionero, secundado por los componentes del Consejo mezclados en la captura. A Ruy Gómez, el prior Antonio de Toledo y Luis Quijada se unen dos de los gentilhombres de cámara del príncipe, el conde de Lerma y Rodrigo de Mendoza, dos servidores muy apreciados por don Carlos. Los seis guardianes tienen la responsabilidad de que alguno de ellos permanezca constantemente en el recinto para evitar que el detenido pueda hablar con alguien o enviar y recibir recados. El encierro comporta una completa incomunicación y una permanente vigilancia de los aledaños de las dependencias convertidas en prisión por parte de los monteros, que anteriormente ejercían su obligación de guardia sólo durante la noche. Los restantes criados abandonan sus cotidianas tareas, son alejados de las inmediaciones, y las llaves quedan en manos del duque de Feria para impedir cualquier maniobra o desliz que permita burlar las disposiciones reales.

Felipe II se retiró inmediatamente con la ansiedad de fiscalizar en los documentos requisados de los escritorios y de un cofre de acero embutido en oro. Aparte de cartas, quizá comprometedoras y enlazadas con su intención de huida, cuyo contenido se desconoce, salvo las cursadas a ciertos nobles para demandar su ayuda o recabar soporte económico en Andalucía, parece ser que había preparado sendas listas de amigos y enemigos y un breve programa de actos que pensaba ejecutar en cuanto hubiese logrado sus propósitos. La guía de sus émulos estaba encabezada por el rey, seguido del príncipe de Éboli y su cónyuge Ana de Mendoza, y abarcaba igualmente a Diego de Espinosa y al duque de Alba. El inventario de sus reducidas amistades arrancaba con su madrastra, reflejaba su predilección por Juan de Austria y Luis Quijada, e incluía nombres como Pedro Fajardo. Asimismo es probable que en el cofrecillo se hallase a buen recaudo, metida en una cajuela negra con dos hebillas, una piedra ágata con el retrato de Isabel de Valois, guarnecido con un cerco de oro esmaltado de blanco, negro, rojo y azul, pero de lo que no hay ni la menor comprobación es que se descubriesen en la cámara, en dinero o en letras de cambio, los teóricos empréstitos obtenidos por Garci Álvarez Osorio en su reciente desplazamiento a Sevilla. En su bolsa estaban únicamente los cien ducados que Ruy Díaz de Quintanilla le había prestado para que pudiese jugar al clavo con la reina.

Las explicaciones del rey

Conciernen al arcano los designios imbricados en la mente del monarca con respecto al destino de su hijo. Cabe meditar acerca de sus planes y considerar las opciones que le quedaban sin saber si sus ideas fueron estables desde el comienzo o sufrieron cambios importantes por los acontecimientos posteriores. La extensa bibliografía basada en su reinado le adorna, como es usual, de virtudes y defectos, pero no hay grandes discrepancias cuando se modela su carácter sobre la firmeza de sus decisiones. Se afirma que era un ser suspicaz, pero no existe presunción en contrario de que cuando tomaba una iniciativa lo hacía con todas las consecuencias y era inexorable en el ejercicio de su voluntad.

La reclusión era una encrucijada que no ofrecía muchos caminos. Quedaba la posibilidad de tenerle retenido algún tiempo como medida coercitiva y de ejemplaridad para que cambiase de conducta, pero desde el principio se niega dicha contingencia en los correos enviados. Y si se rechaza esta opción, si se piensa que el rey no estaba ya decidido a conceder oportunidades, como él mismo corroboraba de manera categórica, sólo queda sopesar la senda del encarcelamiento perpetuo o, lo que es más atroz, un juicio clandestino con una condena a la última pena. Si en el ánimo regio anidaba la certeza de que don Carlos era incapaz de normalizar sus actitudes y, por ende, estaba incapacitado para funciones de gobierno, si estaba en el umbral de la locura o inmerso ya en una enfermedad mental irreversible, era racional encaminar el asunto por una vía ordinaria que le desposeyese de sus derechos hereditarios, pero en este terreno no concurren indicios de que se estuviese dispuesto a encarar y resolver el problema con formalismos reglamentarios y legítimos. Para tal fin, para que pudiese ser apartado de la sucesión al trono, era preciso reunir a las Cortes o seguir un proceso ante el Consejo de Castilla, requiriendo al pontífice para que desligase al reino del juramento otorgado en la catedral toledana. También eran imprescindibles claras pruebas de culpabilidad por haber atentado contra su progenitor o de profesar creencias heréticas. Sí constan, por el contrario, crónicas que resaltan la creación de una junta compuesta por tres miembros —Diego de Espinosa, Ruy Gómez de Silva y el licenciado Briviesca— para incoar un expediente que justificase el aprisionamiento. Con esta noción se recopilaron antecedentes en Barcelona de la causa que Juan II de Aragón había incoado contra su hijo, el príncipe de Viana, y se mandaron traducir al castellano para repasar el método y las normas jurídicas aplicadas. Ningún testimonio de este signo, supuestamente archivado en Simancas dentro de un cofre verde en 1592, ha surgido como cimiento de la veracidad de tales alusiones.

De los cinco pasos viables —confinamiento temporal, proceso legal público, juicio secreto, prisión perpetua o muerte solapada— sólo subsisten los tres últimos como recursos imbricados en la mente del rey, a pesar de que pueda parecer increíble la gravedad de una elección despiadada en aras de los indisolubles lazos que le unían con el prisionero.

La preocupación que debía obsesionarle era el mazazo que la noticia iba a provocar en sus dominios y en los regímenes europeos. En la madrugada siguiente, con inaudita rapidez, mantiene una audiencia con Adam de Dietrichstein para darle cuenta de las incidencias ocurridas la noche anterior, postergando las explicaciones y facultándole para transmitir sus palabras a los archiduques Rodolfo y Ernesto. Reúne seguidamente a sus consejos con idénticos fines y el 20 de enero parece ser que estuvo encerrado a cal y canto con sus hombres de confianza en deliberaciones cuyo alcance se ignora y tal vez dedicado, con la ayuda de secretarios y su laboriosidad acostumbrada, a montar un conglomerado epistolar dirigido al mundo político, civil y religioso de sus territorios. Todas estas comunicaciones tienen un contenido similar, son escuetas y tópicas, y se limitan a puntualizar que la resolución se basa en motivos justos y razones perentorias convenientes para el servicio de dios y bien de los reinos, aunque sí es descollante la advertencia de que los ayuntamientos no envíen comisionados ni los sacerdotes hablen del caso desde los púlpitos. Felipe II ambiciona especialmente que sus propósitos no den pábulo al escándalo y adopta las disposiciones cautelares necesarias para que la odisea de su hijo no tenga resonancia en el entramado de sus posesiones ni en el pueblo llano, aunque sus verdaderas actividades durante las cuarenta y ocho posteriores a la detención son un auténtico enigma modelado por una pasiva actitud como si estuviese en espera de conocer algún hecho trascendente o dominado por infinitas dudas.

A partir del día 21, con una dedicación más reposada, pero manteniendo su fondo hermético y poco esclarecedor, escribe de su puño y letra a Maximiliano, a su hermana la emperatriz María, al papa Pío V y a Catalina de Austria, reina viuda de Portugal y abuela del príncipe, las cuatro personas que por su afinidad familiar o fraternal podían dar pie a una más profunda confidencialidad. Varios textos íntegros —todos son muy homogéneos— se insertan a continuación. Los párrafos, dirigidos a la emperatriz doña María, dicen[*]:

«Señora
Al Emperador mi hermano escribo dandole aviso de la mudança y novedad que he hecho en la persona del Principe mi hijo (sic) al qual he mandado recoger en su aposento con guarda y servicio particular para que no salga del, y pues este termino a que he venido con el es tan estrecho y la demonstracion tan grande, con razon podra V.Al. juzgar y creer que lo deben haber sido las causas que a ello me han movido, y que he sido forçado y constreñido (sic) a no lo poder escusar en ninguna manera, y juntamente con esto podra tambien considerar V. Alt.ª el dolor y lastima con que lo devo haber hecho y en que me hallo, de que a V. A. y al Emperador mi hermano se bien les cabra mucha parte. Quisiera para mas satisfacion

---

[*] Archivo General de Simancas, Estado, legajo 150, folio 9.

suya, refierir a V. Al. muy abiertamente el processo de vida y el trato y modo del Principe y quanto ha pasado adelante su licencia y desorden y el punto a que esto ha llegado y las diligencias, medios y remedios de que he usado con el, sin haber dexado ninguno de los posibles y convenientes y el tiempo que yo lo he disimulado y entretenido con amor de padre y queriendo proceder en hecho de tanta importancia con la consideracion y justificacion que se debia mas esta relacion y ~~processo~~ (*sic*) es muy larga y de que yo a su tiempo dare a V. A. y al Emperador la particular cuenta que requiere nuestra hermandad, y reservandolo para entonces dire agora solamente que si en esta materia no interviniera ni se atravesara mas de la desobediencia desacato y ofensa mia (que aunque desto havia tanto que se pudiera bien justificar qualquier demostracion que se hiciera con el Principe todavia yo procurara de tomar otro espediente por salvar su honor y estimacion que en efecto es mio propio) mas sus cosas han confirmado tanto el juicio que de muchos dias atras se hace de su natural y condicion y la falta que en esto se entiende haver, que me han obligado a poner los ojos mas adelante, y prevenir por lo que toca al servicio de mis Reynos y estados, y por la obligacion que yo a esto tengo, (pospuesta la carne y la sangre y todas las otras consideraciones humanas) a los grandes y notables inconvenientes que yo considero y entiendo que no se poniendo este remedio y tomandose este camino havian de resultar y porque yo estoy con tanta pena y cuidado que ~~de presente~~ (*sic*) no puedo por agora alargarme mas en esta materia, y por lo que esta dicho entendera V. A. el fundamento que he tenido y el fin que se lleva, no me alargare ~~por agora~~ (*sic*) mas por no detener este correo que sola y principalmente le mando despachar por dar aviso desto a V. A. y al Emperador mi hermano como se lo ire dando del progreso del negocio que lo encamine nuestro Señor como puede y *guarde a V. Al. como* * *yo deseo*.

De Madrid, a *XXII*** de Enero 1.568».

La primera carta a su hermana, mujer muy devota de las creencias católicas, reúne sobrados ingredientes para afirmarse en el convencimiento de una decisión tomada con la aspiración de evitar que el príncipe heredase la Corona. En este caso, al denunciar la conducta de su hijo, apunta «licencia y desorden y el punto a que esto ha llegado», pero añade con capacidad resolutiva «desacato, desobediencia y ofensa mia». Este último término, que no figura en las restantes epístolas, puede muy bien estar trasluciendo que su sucesor hubiese puesto los ojos en su madrastra, ya que las demás vulne-

---

* La cursiva está añadida de mano del rey.
** Sobre los números romanos subrayados y parcialmente tachados figura escrito 21.

raciones de la convivencia no parecen haberle afectado en exceso. Que la resolución implicaba una maquinación con proyección inminente se desprende rotundamente cuando dice que se ha visto obligado a «poner los ojos más adelante» y de esta forma «prevenir por lo que toca al servicio de mis reynos y estados y por la obligación que yo a esto tengo». Y alega, además, con resonancias bíblicas, que este deber le fuerza a que sea «pospuesta la carne y la sangre y todas las otras consideraciones humanas». ¿Hace falta ser más rotundo para dar a entender que ni siquiera su condición de padre le puede apartar de haber tomado un camino ejemplar?

La carta a Maximiliano II es similar. Narra que los extravíos de su hijo aumentaban de tal manera que para cumplir con las responsabilidades que creía tener para con dios y sus reinos y Estados (fórmula estereotipada que usa con frecuencia) y en vista del fracaso de los remedios hasta entonces intentados, se había visto en el imperativo de prenderle, si bien realza que la medida no es producto de cólera o indignación, ni quería castigar los deslices cometidos, sino que constituía el único recurso que le quedaba para impedir gravísimos males e inconvenientes. Sus argumentos, aunque puedan ser reiterativos en gran medida, dicen:

«Señor
Por lo que antes de agora tengo escripto a V. A. y a mi hermana, y lo que mas particularmente Luis Venegas havra significado, havra ya Vra. Alt.ª entendido la poca satisfacion que yo tenia del discurso de vida y modo de proceder del Principe mi hijo, y de lo que de su naturaleza y particular condicion se entendia, y como quiera que hasta aqui en el advertir desto a V. Al. se ha procedido por la decencia del caso y por el honor y estimacion del Principe con mas limitacion y mas en suma de lo que se pudiera, esperando con esto juntamente *que con mi ida a Flandes y llevandole conmigo* (habiendo de ser tan en breve) V. Al. pudiera en presencia entenderlo con mas particularidad y fundamento: Despues aca, sus cosas han pasado tan adelante y venido a tal estado, que cumpliendo yo con lo que devo al servicio de Dios y beneficio de mis Reynos y Estados, no he podido escusar por ultimo remedio (habiendose ya hecho experiencia de todos los demas que han sido posibles) de me resolver en hazer mudanza de su persona y recogerle y encerrarle, y siendo esta determinacion de padre, y en cosa que tanto va a su hijo unico, y no procediendo como no procede de ira ni indignacion, ni siendo endereçado a castigo de culpa, sino elegido por ultimo remedio para evitar los grandes y notables inconvenientes que se pudieran seguir, tengo por cierto que V. A. se satisfara y juzgara que habiendo yo venido a tal termino y tomado tal resolucion, havre sido constreñido y forçado de causas tan urgentes y tan precisas que en

ninguna manera se ha podido dejar de llegar a este puncto, las quales causas quando V. A. en particular las entienda, como sera a su tiempo, soy asi mismo cierto que las juzgara por tales y que terna por muy acertada y muy justificada mi determinacion, y porque de lo que mas sucediere en el progresso deste negocio, y de todo lo que en el hubiere de que dar noticia a V. A. le ire avisando tan particularmente, como lo requiere nuestra hermandad, acabare agora esta, con que Dios guarde y prospere la Ser.^{ma} persona y estado de V. Al. como puede. De Madrid a XXI de Enero 1.568»[*].

En el escrito dirigido a la abuela de don Carlos, siguiendo testimonios ajenos por cuanto no he podido localizarlo —la mayoría de la correspondencia entre ambas partes no ha sido encontrada hasta ahora—, reincide en formas similares al repetir que desea hacer a dios sacrificio de su propia sangre, poniendo sus obligaciones por encima de cualquier valorización humana. Repite, además, que su determinación no era incitada por desobediencia ni por falta de respeto, y que no se trata de un castigo ni un medio de enmienda.

La misiva cursada a Pío V (fechada el 20 de enero, aunque en la carpeta que guarda la copia del escrito en Simancas se hace constar el día 22), con cuyo pontífice se sentía vinculado fraternalmente, matiza la educación del príncipe durante su infancia y adolescencia, recalcando que se tuvo el cuidado imprescindible para la formación de un hombre que heredaría tantos territorios y que se habían empleado todos los medios para reprimir excesos y reformar inclinaciones que nacían de su naturaleza, pero que pasado el tiempo sin resultado positivo y viendo que las cosas empeoraban se había visto forzado, por el servicio de dios y el bien sus reinos, a tomar la determinación de su encierro por razones tan graves y justas causas.

La refinada y ambigua pluma del soberano deja relativamente a salvo el honor de su hijo, al no imputarle con claridad los desmanes que motivaron su prendimiento —hoy todavía son un jeroglífico objeto de mil conjeturas—, pero sí se comprueba en sus pasajes la seguridad de que es una posición vital e irrefrenable cara al porvenir. Reflejo a continuación el texto integro guardado en el archivo simanquino:

«Muy Santo Padre. Por la obligacion comun que los Principes cristianos tienen y la mia particular por ser tan devoto y obediente hijo de V. S.^{d} y dessa Santa Sede, de darle razon como a padre, de todos de mis hechos y actio-

---

[*] Archivo General de Simancas, Estado, legajo 150, folio 5.

nes especialmente en las cosas notables y señaladas me a parecido advertir a V. B.ᵈ de la resolucion que he tomado en el recoger y encerrar la persona del Ser.ᵐᵒ Principe Don Carlos mi primogenito hijo, y como quiera que para satisfacion de V. S.ᵈ y para que desto haga el buen juicio que yo desseo, bastaria ser yo padre y a quien tanto va y tanto toca el onor estimacion y bien del dicho Principe juntandose con esto mi natural condicion que como V. S.ᵈ y todo el mundo tiene conocido y entendido es tan agena de hazer agravio ni proceder en negocios tan arduos sin gran consideracion y fundamento, mas con esto anssy mismo es bien que V. S.ᵈ entienda que en la institucion y criança del dicho Principe, desde su niñez y en el servicio compañia y consejo y en la direction de su vida y costumbres se a tenido el cuidado y atencion que para criança e institucion de Principe hijo primogenito y heredero de tantos Reynos y estados se devia tener y que habiendose usado de todos los medios que para reformar y reprimir algunos excesos que procedian de su naturaleza y particular condizion eran convinientes, y hechose de todo experiencia en tanto tiempo hasta la edad presente que tiene y no haver todo ello bastado y procediendo tan adelante y viniendose a tal estado que no parescia haver otro ningun remedio para cumplir con la obligacion que al servicio de Dios y beneficio publico de mis reynos y estados tenia con el dolor y sentimiento que V. S.ᵈ puede juzgar, siendo mi hijo primogenito y solo, me he determinado no lo pudiendo en ninguna manera escusar, hazer de su persona esta mudanza y tomar tal resolucion sobre tal fundamento y tan graves y justas causas que ansi acerca de V. S.ᵈ a quien yo deseo y pretendo en todo satisfazer como en qualquier otra parte del mundo, tengo por cierto sera tenida mi determinacion por tan justa y necesaria y tan endereçada al servicio de Dios y beneficio publico quanto ella verdaderamente lo es, y porque del progreso que este negocio tuviere y de lo que en el hoviese de que dar parte a V. S.ᵈ se le dara quando sera necesario, en esta no tengo mas que decir de suplicar muy humilmente a V. S.ᵈ que pues todo lo que a mi toca deve tener por tan propio como de su verdadero hijo que con su Santo zelo lo encomiende a dios nuestro Señor para quel enderece y ayude a que en todo hagamos y cumplamos con su Santa voluntad. El qual guarde la muy Santa Persona de V. Bᵈ y sus dias acresciente al bueno y prospero regimiento de su universal iglesia. De Madrid a XX (*sic*) de Enero de 1.568.

De V.B.ᵈ Muy humilde y devoto hijo Don Phelipe por la gracia de Dios rey de Spaña de las dos Sicilias de Jherusalem que sus muy Santos pies y manos besa.

El Rey» *.

Toda la correspondencia fue expedida a los distintos países por medio de los embajadores, con instrucciones tajantes de que fuesen

---

* Archivo General de Simancas, Estado, legajo 906, folio 151.

evasivos en sus planteamientos verbales, que se remitiesen siempre al contenido de las órdenes despachadas y que impidieran, en lo posible, que tanto el emperador como el pontífice enviasen emisarios para indagar los hechos o interceder en favor del preso. A Juan de Zúñiga, reciente representante ante la Santa Sede, le pedía además que procurase evitar, con la colaboración de los cardenales Granvela y Pacheco, que el papa convocase en consistorio a los prelados para deliberar sobre la reclusión. Sus prevenciones, tan significativas, me mueven a insertar integro este último escrito fechado el 22 de enero de 1568:

«A Su Sant.ᵈ escrivimos la carta que va con esta cuya copia se os enbia, dandole razon como nos ha parecido justo de la resolucion que avemos tomado en hacer la reclusion y recogimiento de la persona del Principe mi hijo, poniendole servicio y guarda particular para que no pueda salir del aposento que le esta señalado ni comunicar con otras personas mas de las que nos alli avemos puesto y a los Cardenales Granvela y Pacheco sobre este caso en vuestra creencia y remitiendoles a lo que vos le direis y para que vos tengais entendido de la manera que os aveis de gobernar asi con Su Sant.ᵈ habiendole dado su carta, como con los dichos Cardenales y los demas que os pareciere dar parte y que lo querran de vos saber, me ha parescido advertiros, que el fundamento de esta determinacion que con el Serenisimo Principe mi hijo havemos hecho, no depende de trato ni culpa ni ofensa que contra nos haya hecho, porque aunque es verdad que en el discurso de su vida y trato haya avido materia suficiente de algunas inobediencias y desacatos que pudieran justificar qualquiera demostracion, mas esto no me obligava a llegar con el a tan estrecho puncto y se pudiera tomar otro espediente. La naturaleza y condicion del Principe de que vos teneis ya mucha noticia ha causado en el tal modo de proceder y tal discurso de vida, y ha procedido en esto tan adelante, que habiendose hecho todas las diligencias posibles y usado de todos los medios que para la reformar y ordenar nos han parecido convenientes y habiendolo diferido y entretenido tanto tiempo. Ultimamente para cumplir con la obligacion que como Padre y Rey tengo no he podido escusar de eligir y venir a usar deste medio, y assi como la demostracion podra parescer muy grande, y el termino a que se ha venido muy estrecho. Assi con razon se debe juzgar que las causas que me han movido habran sido muy urgentes y precisas, y que he venido a tomar esta determinacion con mi hijo primogenito y solo, constreñido y apremiado y no pudiendo en otra manera satisfacer a lo que debo y en esta sustancia podreis tratar con Su Santidad y responder a lo que os preguntara estendiendovos si os paresciere conforme a lo que vos teneis entendido de la condicion y natural del Principe, y con los dichos Cardenales Granvela y Pacheco, podreis hazer lo mismo y con los demas a quien se hubiere de comunicar y ocurriere tratarlo procedereis con la generalidad mas o menos conforme a la calidad de las personas y a lo que vos entendieredes que conviene, y porque podria ser que Su Sant.^{d} con su sancto zelo y con el amor que nos tiene quisiese hazer en este caso alguna diligencia o cumplimiento de intervencion o tratar dello en consistorio o embiar persona propia aca sobre ello y porque no convernia en ninguna manera por agora lo uno ni lo otro mirareis alla de desviarlo, entreteniendo a Su S.^{d} para que con mas particularidad y fundamento entienda lo que passa y avisarmeis de lo que con Su Sant.^{d} y los demas passaredes y de la manera que alla se tomare»*.

Inglaterra, los príncipes de los enclaves alemanes e italianos e incluso Francia, no obstante los vínculos familiares con la casa Valois, fueron avisados por vía de sus embajadas. Ruy Gómez fue el encargado de notificarles el arresto para que lo transmitiesen a sus respectivos Estados, ajustando su locuacidad a los convencionalismos redactados, aunque se permitiese licencias como asegurar al comisionado francés que el príncipe estaba aislado para que no pudiese huir ni dañar a nadie o desmintiese la habladuría de que hubiese atentado contra su padre en la garla con el veneciano Segismundo Cavalli.

La desconfianza de Felipe II podía ser soslayada si algún destinatario de sus comunicaciones le infundiese seguridad. Su lugarteniente en Bruselas, el ínclito duque de Alba, era un prócer fiel, un cortesano que estaba al corriente de las características de don Carlos y un notorio candidato para recibir confidencias sobre los verídicos motivos de la detención, máxime cuando se hallaba al margen de los egoísmos de origen familiar y patrimonial. Su contenido poco o nada ayuda por cuanto ni siquiera es de puño y letra del monarca:

«Que haviendo succedido de nuevo que Su Mag.^{d} por algunas grandes y justas consideraciones que a ello le han movido, ha mandado recoger la persona del Prinzipe su hijo en su aposento con guarda y servicio particular, para que no salga del ni le traten ni comuniquen mas personas de las que Su Mag.^{d} le ha señalado, y siendo negocio de tal qualidad e importancia que facilmente se haran y podran hazer sobrel diversos juizios y discursos, le ha parescido advertirle dello para que lo comunique y haga saber de parte de Su Mag.^{d} a los de aquel su consejo de Estado y a los otros tribunales, villas y personas que le paresciere que lo deven saber y a quien se suelen escrivir las semejantes cosas. Dandoles a entender que lo que se ha hecho con el Prinzipe, no procede, ni se ha venido con el a este termino por offensa ni culpa que contra Su Mag.^{d} aya cometido ni por otra cosa de semejante especie ni qualidad, sino que su natural y particular condicion ha causado en el tal

---

* Archivo General de Simancas, Estado, legajo 906, folio 148.

modo de proceder que para su proprio bien y beneficio, y por lo que *al bien de mis Reynos y estados** y al servicio de Su Mag.ᵈ toca, y por otras justas consideraciones ha sido necessario usarse con el deste termino.

Que si adelante huviere otra cosa de que avisarle cerca desto se hara; para que el lo sepa y se lo comunique como a tan buenos y leales vasallos se debe.

En esta conformidad se ha de escrevir al Duque de Lorrena y *a la Duquesa mi prima y lo de aleman para con otros***, y a los parientes y amigos que Su Mag.ᵈ tiene en el Imperio mudando lo que paresciere segun la qualidad de cada uno dellos»***.

La respuesta del duque el 19 de febrero de 1568 le pedía al rey «que le manifestase más particularmente que en su carta anterior las causas del arresto del príncipe», como gesto inequívoco de que, a pesar de conocer sus peculiaridades, quedaba tan desconcertado como el resto de los receptores de las convencionales explicaciones facilitadas.

Un reguero de pólvora

La nueva de la prisión se propala con velocidad por las capitales europeas, pese a los mandatos cursados para que no partan mensajeros a caballo ni salgan vecinos de la ciudad. El rey quería ser el primer informador de la crisis, pero cuando sus mensajes llegaron a París la primicia ya era notoria en Francia y en la residencia de Catalina de Médicis gracias a los hugonotes galos que no desaprovechaban la situación para esparcir, a diestro y siniestro, una sarta de embrollos. A la ocurrencia de que pretendía atentar contra su predecesor en el trono se unieron indiscreciones sobre una conspiración instigada por el barón de Montigny —a la sazón encarcelado en Segovia— y hasta opiniones de que tenía creencias heréticas y disponía de volúmenes pecaminosos y contrarios al catolicismo. Lo que resulta innegable es que Catalina de Médicis disponía de rápidos canales reservados, ya que al personarse don Francés de Álava, portando los recados, ya estaba al tanto del incidente del convento de los jerónimos y de que existía en la mente principesca un proyecto de fuga sin consumar.

---

* La cursiva está añadida al margen de mano del rey.
** La cursiva es añadida de mano del rey.
*** Archivo General de Simancas, Estado, legajo 150, folio 3.

Presunciones similares de la insegura fe de don Carlos se difundieron igualmente entre los príncipes alemanes y tuvieron fuerte resonancia en los Países Bajos por la influencia protestante y la lógica animadversión hacia la política represora del duque del Alba. Esta asiduidad propagandística llegó a oídos de Pío V antes de que llegasen a Roma los despachos de Castilla. El pontífice, como consecuencia de los ecos procedentes de Francia, se encontraba desazonado, al ser avisado de que don Carlos estaba encerrado por maquinar contra la vida de su padre y esconder en su cámara libros heterodoxos. Juan de Zúñiga y los fieles cardenales Granvela y Pacheco se esforzaron en convencerle de la falsedad de tales rumores, pero encendidos rescoldos de suspicacia quedaron en Pío V cuando exteriorizó ante el enviado hispano, poco después de recibir la noticia oficial, que deseaba saber la verdad de mano del propio Felipe II.

Si en la mayoría de los gobiernos europeos no habían calado hondo las notificaciones reales, tan difusas que daban pie a creer como indudables los enredos extendidos por doquier, igual ocurrió en Viena y en el vecino Portugal. Catalina de Austria se llegó a brindar para trasladarse a Castilla en la seguridad de que su presencia serviría para reconciliar a ambos, pero Felipe II se opuso a la propuesta, sin evitar que Francisco de Sá, consejero luso, se pusiese en camino desde Lisboa para enterarse de las causas de la privación de libertad, ver al arrestado y mediar en el arreglo del problema. La resuelta mediación de doña Catalina demuestra que dudaba de la veracidad de los argumentos que le habían expuesto o que no era capaz de captar la realidad mediante los correos en su poder, pero el viaje de su comisionado no le iba a disipar sus incertidumbres. Los cortesanos le respondieron con evasivas, el monarca le concedió unos minutos que no sirvieron para nada, y el presidente del Consejo de Castilla, Diego de Espinosa, le hizo ver sin ambages que su petición de verse con el príncipe era inoportuna. Francisco de Sá, presente en Madrid desde febrero, tuvo que retornar a Lisboa el 5 de marzo, sin haber podido traspasar los muros cernidos sobre el prisionero. Maximiliano y doña María acogieron la novedad con estupor y dolor respectivamente, pero adoptaron sendas posturas más bien pasivas, a despecho de que el confinamiento implicaba la cancelación, tal vez definitiva, del matrimonio de doña Ana.

Si los comunicados no habían podido contrarrestar la oleada de rumores extendidos por Europa, no ocurrió igual en la península en lo que concierne al entramado público al que se dirigió en términos escuetos y difusos. Ni la nobleza, ni las ciudades, ni los altos señores de la Iglesia, invocaron objeciones y nadie alzó una voz en favor del príncipe para exigir, como mínimo, un mayor esclarecimiento. El Consejo de Aragón alegó que nada tenía que decir —no había sido jurado por las Cortes aragonesas—, y, aunque se enviaron diputados, la falta de receptividad del rey y su contrariedad abortaron la tímida gestión en sus comienzos sin consecuencias prácticas.

El miedo que inspiraba la figura real había reducido a cenizas cualquier resistencia y exclusivamente en los mentideros del pueblo y del palacio se desataban parlerías de todo tipo, aun cuando se prefiriese el más absoluto de los silencios, como dice Cabrera de Córdoba al sugerir que era más prudente sellar la boca, sopesando que la risa y el cuchillo del soberano eran confines. El anonimato de los habitantes de Madrid les ponía a salvo de represalias y por esta clandestinidad no sorprendía que le tildasen de severo, criticando la dureza de la resolución, y se adujese que la decisión sobrevenía por el imperioso afán de reinar que dominaba al heredero o por la envidia de su antecesor ante atributos favorables del hijo. La reclusión había suscitado desconcierto, pero lo irrefutable es que no tuvo repercusión en el reino, que su tía doña Juana e Isabel de Valois fueron los seres más consternados por el dramático suceso, y que muy pronto la losa del silencio fue adueñándose del mundo palatino. Marcoantonio Sauli, enviado de Génova, ratificaba a su gobierno el 26 de febrero de 1568 esta impresión general con una frase tan rotunda que infunde sorpresa y levanta temerarias sospechas. El párrafo de la carta decía: «Nadie habla ya del príncipe, como si estuviera entre los difuntos, entre los cuales creo que se le puede contar ya».

El misterioso mes de febrero

A la semana de la detención se organizan cambios en la custodia del preso. La principal disposición consiste en que sea Ruy Gómez quien asuma la responsabilidad de su cuidado sustituyendo al duque de Feria. Luis Quijada y Rodrigo de Mendoza, que formaban parte del grupo elegido, son apartados de sus cometidos y se escoge a Juan de Velasco y Fadrique Enríquez para que les reemplacen. Don Carlos conservaba un aprecio especial por don Luis, no en vano había permanecido mucho tiempo a su lado, y poseía asimismo un gran miramiento hacia Rodrigo de Mendoza, aunque su amistad fuese más reciente. Felipe II tenía el convencimiento de que estos servidores disfrutaban de la confianza del príncipe y, dubitativo por esencia, prefirió no correr el más mínimo riesgo de que pudiese contar con auxilios de tipo moral o fidelidad complaciente.

A las modificaciones vinculadas con la vigilancia se une la mudanza del emplazamiento destinado para prisión. El príncipe de Éboli y su esposa ocupan los aposentos de don Carlos y el joven es conducido a un angosto torreón, cuya pieza dispone de una sola ventana y una única puerta para mayor garantía de que no pueda huir ni tener visitas clandestinas. Además del conde de Lerma, Fadrique Enríquez y Juan de Velasco, se nombran otros cinco hombres cuidadosamente seleccionados para que, entre todos ellos, turnándose cada seis horas, ejerzan sus funciones de modo que siempre permanezcan como mínimo dos guardianes para obedecer las instrucciones. Las cinco personas de alcurnia nobiliaria son Juan de Borja, Rodrigo de Benavides, Gonzalo Chacón, Juan de Mendoza y Francisco Manrique. Los ocho asistentes tienen orden de no estar delante del prisionero con armas y de ofrecer la comida trinchada o preparada para que no haga uso de cuchillos o tenedores. También son colocadas sendas rejas en la ventana y en la chimenea, aparte de practicar una apertura en una de las paredes para enlazar la estancia con una dependencia contigua. De esta forma, a través de una celosía de madera, don Carlos podía asistir a los oficios divinos que pudieran celebrarse sin abandonar, ni por un instante, el habitáculo fortificado.

Las drásticas precauciones apoyan la intención de un aislamiento seguro, dado que los vigilantes son fieles y respetuosos con la potestad regia. Cualquier indiscreción, por leve que fuese, cualquier incumplimiento de las reglas recibidas, llevaría aparejado el disgusto del rey y la aplicación de enérgicas represalias. Un muro de piedra y de silencio rodea al preso y nadie en la Corte dispone de resortes para averiguar los lances cotidianos que acontecen en la torre. Las orientaciones que se pudiesen conseguir no eran ya fruto de cotilleos basados en indicios, sino, simple y llanamente, hechura de versiones interesadas y que sólo podían nacer de Ruy Gómez, con el beneplácito del monarca, o de varones como Diego de Espinosa y Diego de Chaves, quienes, por sus altos cargos, tenían que estar al corriente de las peripecias ocurridas.

No hay apenas pormenores divulgados desde el encierro hasta que concluye enero, excepto alusiones que pregonan los cambios de emplazamiento y guardianes. Y es durante el mes febrero cuando súbitamente empiezan a proliferar confidencias de los representantes extranjeros para desvelar que algo anómalo está sucediendo. El día 4 el arzobispo Rossano manifiesta que se había decidido excluir al príncipe de la sucesión a la Corona y mantenerlo encerrado el resto de su vida, para cuyo fin será imprescindible que el papa desligue al reino del juramento prestado, si se le quiere apartar del trono mediante proceso. Y amplía su creencia de «que el principal fundamento será que no tiene cerebro ni sano intelecto, a las que añadirán otras causas que dicen probadas por sus mismos autógrafos», en alusión a los papeles requisados. La mayoría de los testimonios logrados por el nuncio dimanan del inquisidor general que desbrozaba su convicción aventurando «que estando el mundo tan infestado de herejes, si el Rey muriendo dejase el gobierno pudiera decirse del mundo a tal y tan débil y enfermo intelecto, inmediatamente los reinos serían corrompidos de los herejes como lo están los otros, y que por prevenir y evitar esta ruina, el Rey, por dictado de su conciencia, era obligado a hacer lo hecho».

El 8 de febrero Fourquevaulx advierte a Catalina de Médicis que se piensa proceder contra el príncipe, por vía de justicia, para que sea declarado inhábil en la futura transmisión del trono, y el mismo día el guardasellos Tisnacq inserta una posdata, en la comunicación que ya estaba dispuesta para el presidente Viglius desde el 31 de enero, reconociendo que se recapacita sobre la conveniencia de encausarle. Esta apostilla acredita que el confidente había tenido informaciones de un eventual proceso poco antes del singular 8 de febrero o incluso en el transcurso de esa jornada. Que las murmuraciones brotasen de distintas fuentes y fuesen simultáneas otorgan verosimilitud al contenido de esta correspondencia. Las tres primeras semanas de reclusión estaban presididas por la tranquilidad, como si nada anormal ocurriese, pero a partir de expandirse la idea de que se prepara un juicio, probablemente secreto si se contempla la pasividad del Consejo de Castilla, se empiezan a precipitar episodios notables dentro del recinto carcelario.

Segismundo Cavalli anuncia a su república el 11 de febrero que han encajado una reja delante del hogar de la chimenea para que el detenido no pueda arrojarse al fuego. No se sabe con exactitud cuándo se dispuso esta medida protectora, pero es de pura lógica deducir que dimanaba de algún desequilibrio del preso y no de una mera intranquilidad ante rebeldías que no se habían producido tras su apresamiento. Una intensa desesperación invadía a don Carlos, por motivaciones que la mayoría de los cronistas no señalan y que sólo Gachard recoge, alegando que su desazón brotaba porque su padre le había retirado sus ayudantes y emprendido la liquidación de su casa, disponiendo de sus caballos. No se puede eliminar esta suposición, en mi criterio carente de solidez, aunque sea irrelevante en comparación con quebrantos más serios, como la interposición de una demanda que procuraba apartarle de sus derechos hereditarios y conducirle hacia una condena de magnitud impredecible.

Fourquevaulx, mejor informado por su privanza con Isabel de Valois, escribe a Catalina de Médicis el 18 de febrero de 1568, revelando que el príncipe se halla en una tesitura calamitosa por «haber adelgazado de un modo aterrador, tener los ojos hundidos en las órbitas y ser incapaz de conciliar el sueño». Si la prevención apuntada por el apoderado veneciano tiene una relativa importancia y no se pueden obtener conclusiones, las palabras del dignatario galo sí poseen, por el contrario, una contundencia aterradora. No hay duda de que acontecimientos espectaculares estaban acaeciendo en el alcázar cuando el prisionero daba síntomas de una evidente depauperación física, acompañada de trastornos que fácilmente se pueden relacionar con una grave alteración emocional.

Leonardo de Nobili, el comisionado florentino, transmite el 2 de marzo que el príncipe ha resistido sin tomar bocado el curioso margen de cincuenta horas, a la vez que, en idéntico día, el veneciano Cavalli previene que se encuentra en trance de gran aflicción y amenaza con dejar de comer. Estas dos últimas pruebas, menos explícitas, pero vitales al resaltar que se estaban ocasionando raros conflictos, son a su vez confirmadas por un conducto con claras connotaciones históricas. Cabrera de Córdoba refiere que «el príncipe había permanecido sin comer durante tres días por estar desanimado y como dejado de la esperanza de libertad, con profunda melancolía que ya casi le tenía la mitad de la muerte».

No hay, por tanto, la menor incertidumbre de que al sosegado enero le reemplaza un esotérico febrero. El rey, en una misiva dirigida al duque de Alba el 19 de febrero, hace figurar una posdata enigmática: «De mano de S. M. Ha havido tantas ocupaciones estos días que no he podido escriviros, espero que presto lo podré hazer, pero todavía creo que passaran ocho o diez días», inequívoco mensaje de que su trajín está inevitablemente enlazado con las inquietantes vicisitudes que estaba padeciendo su hijo, por cuanto no existe indicio comprobado de que estuviese ocupado en tareas que requiriesen su máxima atención.

Una plácida primavera

Al angustioso mes invernal le suplanta un amplio periodo de bonanza. El príncipe calmaba su desasosiego, sin que se puedan entender los móviles que atemperaban su espíritu, y únicamente el rey padece en las postrimerías de febrero o comienzos de marzo algunos desarreglos psíquicos que le mantienen intranquilo y sin capacidad para ausentarse de la corte. Felipe II, propenso a realizar excursiones a El Escorial para comprobar el avance de la construcción del monasterio o solazarse en los jardines de Aranjuez, elige quedarse en su residencia habitual y estaba «sospechoso a las murmuraciones de sus pueblos fieles y reverentes, que ruidos extraordinarios en su palacio le hazían mirar, si eran tumultos para sacar a Su Alteza de su cámara», según locución literal entresacada de los pasajes trazados por Cabrera y ratificados por el representante francés cuando escribe a Catalina de Médicis realzando los anómalos sobresaltos.

Que la naturaleza vencía a don Carlos, doblegando su temperamento en el sentido de que el hambre era más fuerte que su voluntad no es un sólido argumento, sino una mera excusa esbozada en la ignorancia de los hechos. Para que el pánico de la muerte se sobreponga al deseo de perecer tiene que engendrarse, en primer lugar, una drástica postura de negarse a comer y las nuevas de los embajadores citan una perseverancia de cincuenta horas o, como mucho, durante tres días, mientras, por otra parte, se mostraba atormentado y sin capacidad para conciliar el sueño. Y el insomnio es más bien el producto de una profunda crisis nerviosa, aderezada por una extraordinaria preocupación, que una consecuencia por no probar bocado en un corto intervalo de tiempo.

Sea como fuere, abandonando por ahora la esfera de las conjeturas, la vida del prisionero está aparentemente encauzada y en marzo sólo se genera una perturbación digna de mención, a juzgar por las confidencias que se filtran a través de las paredes. Don Carlos, empujado por una superchería popular de la época, se tragaba un diamante para envenenarse. Fourquevaulx atribuye el suceso a una extravagancia más, pero no creo en su aseveración si se piensa que el prendimiento pudo atemperar o eliminar sus acostumbradas excentricidades. El rumor del incidente tiene escaso valor, no tuvo repercusión pública, y es admisible que fuese un bulo transmitido para demostrar que el preso seguía vivo por encima de cualquier aspiración tendente a subrayar un disparate más.

El 2 de marzo, pasado mes y medio desde que su hijo fue encerrado, el soberano implanta, sin sentido convincente que lo justifique, un meticuloso reglamento para pautar con detalle el confinamiento. Nunca se ha encontrado el texto integro de la ordenanza, a todas luces extemporánea y convalidada por la mediación de Pedro del Hoyo, pero sí constan trascripciones, más o menos afortunadas. Ruy Gómez sigue siendo el máximo responsable, el número de guardianes se restringe a seis, retirándose Fadrique Enríquez y Juan de Velasco, se establece que la puerta de la torre permanezca entornada y no cerrada de día y de noche, un mandato que origina extrañeza y hasta recelo al no captarse su significado, se faculta para que entren en la estancia el médico, el barbero y el montero encargado de la limpieza y se pretende que los acompañantes permanezcan junto al príncipe para su entretenimiento, a pesar de que tienen prohibido tratar aspectos tocantes a su situación, deben eludir conversaciones vinculadas con materias de gobierno y hablar siempre en voz alta, como si un indeleble silencio pudiese suscitar suspicacias en los individuos que tuviesen pretextos para merodear por sus proximidades, instrucción concreta que Cabrera matiza expresando «lo que se hablase allí se había de entender por todos los presentes y tenerlo en secreto, por excusar celos y competencias y otros inconvenientes que dello podrían nacer y recrecer». Las asombrosas disposiciones se complementan con la consigna de que el confinado no salga de la estancia ni pueda enviar o recibir recados y la prohibición, salvo autorización regia, de contar lo que acontezca en el lugar y exigiendo que si los vigilantes supiesen que sobre la reclusión se comenta en el pueblo o en casas privadas se lo informarán al monarca. Esta imposición descubre que la obsesión predominaba en su ánimo hasta límites inconcebibles en todo lo concerniente al encierro.

La resolución regula las competencias de los monteros y alabarderos en su constante guardia y fija el método de llevar la comida con la exigencia de que nadie pueda acercarse y fisgar por los alrededores. Asimismo se ordena que la misa se oficiará en el oratorio —pienso en el habitáculo unido con la torre por medio de una celosía de madera—, que asistirán siempre dos de los asistentes del príncipe y que se le podrá entregar libros de género devocionario, pero de ningún modo obras que recojan elementos ajenos al campo religioso. Cualquier incidencia que no estuviese controlada por las normas incumbe a Ruy Gómez y cualquier infracción debía ser denunciada. Los afectados prometieron bajo juramento cumplir con sus cometidos ante Pedro del Hoyo.

Como ya he recalcado, no se pueden comprender, ni tan siquiera deducir, cuáles fueron los motivos que le impulsaron a reglar por escrito y hasta hacer jurar las cláusulas. Pudiera ser que sus aprensiones le hubiesen incitado a tal determinación en busca de una seguridad que, de todas formas, una orden redactada no garantizaba, o que su burocratismo fuese una vez más la base de su decisión en aras de su tendencia a no fiarse de sus colaboradores. O también, puestos a teorizar con mayor convencimiento, puede ser una coartada para traslucir que el príncipe todavía estaba vivo, al pautar de manera exhaustiva su control tras las anómalas alteraciones de febrero, ya que no tienen sentido tales consignas, que causan estupefacción, y resulta inaudito que se generen mes y medio más tarde del aislamiento del preso.

A raíz de querer suicidarse con la ingestión de un diamante, las parlerías dan cuenta de que se ha operado un cambio sustancial en su disposición ante la inminente llegada de la Semana Santa. A la angustia, la desesperación y el ansia de morir, ya fuese por dejar de comer o por tragarse joyas, sucede una venturosa transformación consistente en elegir una aptitud más templada y proclive hacia el arrepentimiento. Estimulado por maravillosos acicates llama a Diego de Chaves, confiesa con vivas muestras de contrición, guarda los preceptos del catolicismo propios de la Pascua, y comulga el 21 de abril. Estas secuencias tan edificantes fueron difundidas por todos los representantes, en diferentes fechas, a sus respectivos países junto con diversas singularidades, como que el príncipe se hubiese echado a llorar por figurarse que le estaban negando su petición de comulgar o haber sido capaz de requerir perdón a su padre.

Quizá sea escéptico, pero se advierte fácilmente que estas peripecias, filtradas a conveniencia de la jerarquía, son una artera maniobra para desmentir que el heredero tuviese veleidades heréticas. El rumor de que la retención se fundaba en su supuesta adhesión a los principios de la reforma se había esparcido con fuerza por Alemania, Francia, Inglaterra y los Países Bajos, teniendo igualmente repercusión entre la curia vaticana y los cortesanos asentados en Madrid, que le calificaban sospechoso en materia de fe. El plan tenía la contrapartida de que se pusiesen en duda los desajustes mentales ante su piadosa devoción, expresiva de indiscutibles signos de cordura, y volviesen a originarse escrúpulos sobre las razones de su detención.

Felipe II se percata de la contradicción en que se ha incurrido demasiado tarde, cuando ya se había expandido la noticia del esmerado comportamiento, y se apresura a escribir a su hermana doña María, la emperatriz, en tanto que asimismo se dirige a su embajador en Roma para que ofrezca las oportunas explicaciones al papa. El monarca pretendía deslindar ambas circunstancias —la génesis del apresamiento y la inesperada sensatez— para que nadie buscase excusas reclamando una próxima liberación o pusiese en entredicho la gravedad de los actos cometidos. En la misiva a la emperatriz, similar a la cursada para el pontífice, precisa:

«Porque algunos han querido inferir y hacer argumento desto que en la persona del príncipe no hay defecto en el juicio, he querido advertir a V. M. de cómo esto ha pasado, y del fin que en ello se ha tenido, que esta es materia que tiene tiempos, en algunos de los cuales hay más serenidad que en otros, y que asimismo es diferente cosa el tratar desto defectos en respecto a lo que toca al govierno y acciones públicas, o en cuanto a los actos y cosas personales y de la vida particular: que puede muy bien estar que para lo uno sea uno enteramente defectuoso, y en lo otro se pueda pasar y permitir...»*.

La argumentación no es convincente, no conozco quiénes pudieron inferir o destacar inquietantes titubeos sobre el caso, pero la realidad es que Felipe II tampoco disponía de medios más eficaces para elucidar una evidente paradoja propalada por su ansia de poner a salvo la catolicidad de su hijo. Sus justificaciones, anticipándose a conjeturas racionales, no nacen de refutaciones formales de instituciones castellanas o foráneas, que no se produjeron, sino de su peculiar idiosincrasia o preventivos asesoramientos de hombres sagaces como Diego de Chaves, Ruy Gómez de Silva o el cardenal Espinosa, que pudieron advertirle de la incoherencia perpetrada sin haber reflexionado con la hondura necesaria.

Antes de estos eventos prosigue con diligencias afines a la liquidación de la casa de su primogénito y el 6 de abril expone al duque de Alba un testimonio de los más sinceros que se conocen sobre los proyectos que albergaba o ya había ejecutado. El despacho nace en respuesta al interés de su lugarteniente por recibir datos más claros de los auténticos motivos de la prisión, debió ser redactado por el doctor Velasco, a juzgar por los datos existentes en Simancas, y preparado en cifra rubricada por Zayas**:

---

* Archivo General de Simancas, Estado, legajo 150, folio 11.
** Archivo General de Simancas, Estado, legajo 150, folio 6.

«He rezevido vuestra carta de los 19. de hebrero en respuesta de lo que se os escrivio en el caso del principe mi hijo y creo yo van segun el amor que nos teneis que juzgando con tanta razon el travajo en que esto me ha puesto lo avreis sentido quanto dezis y como quiera que la pena y cuidado que me ha causado es la que vos podeis considerar tengo en esto tanta satisfaction de aver hecho lo que devia al servicio de Dios y vien de mis Reinos y cumplido con obligacion tan precissa qual tenia a poner remedio de presente y para lo de adelante en los grandes inconvenientes que se representavan y juntamente tengo tanta confiança en Dios lo quiera i traera a buen fin que esto me alivia mucho de la pena y me asegura en el cuidado. Y en lo que dezis debria declarar mas particularmente las causas de lo que en aquel primer despacho se hizo, en esto para con vos no parezio necessario descender a mas particularidad de la que se os escrivio porque teniendo vos tan entendido el natular y la condition y cosas del prinçipe podiades bien con vuestra prudencia de lo que alli se os advirtio colegir el fundamento que se ha tenido y el fin que se lleva y que esta determinacion tan grande no dependia de culpas del Principe y era endereçada a castigo que quando esta fuera la causa se usara de diferente termino ni assi mismo se pretendia por este medio reformar y reprimir su desorden y condicion teniendo tanta y tan larga experiencia que ni por este ni por otro alguno esto se podia conseguir siendo las causas tan naturales de que resulta bien claramente que el fin es poner entero y verdadero remedio en lo de adelante y prevenir al gravissimo daño que en todo se anteve notoriamente que en mis dias y mucho mas despues succederia y ansi como la causa de que procede la puede malcurar el tiempo la resolution que desta depende no le tiene y para vuesta inteligencia y particular satisfaction lo que de presente y antes se os escrito bastara para los demas no se ha entendido aca convenia hazer por agora tal declarazion y que se devia proceder con generalidad no embargante los differentes juizios que se podrian hazer y hasta entender de vos la necessidad que se os ofreze y causa de venir a mas particularidad no se hara en esto otra mudanza solo ha parezido advertiros que porque facilmente los dañados en lo de la religion por dar auctoridad a su opinion y esforçar su parte quisiesen atribuyr lo que se ha hecho con el Principe a sospecha semejante desto aveis de procurar desengañar a todos y que demas del inconviniente dicho por lo que toca al honor y estimacion del Prinzipe se deve en quanto a esto hazer oficio y diligencia para quitar tal opinion y sombra que tan sinrazon ny verdad se levantaria y el mismo fin aveis de llevar con los que atribuyeran esta demostracion a trato o rebelion lo qual ny spetie alguna dello no ha intervenido ni conbiene por muchos respectos que tal stimacion se tenga, y con esto no pareze que de presente en esta materia ay que mas advertiros delo que mas succediere y determinare se os dara aviso y vos terneis cuidado de prevenir en todo y proceder como convenga y advertirnos de lo que mas os parezera para que en negotio tan grave se proceda y se encamine conforme al fin que se tiene».

Las palabras son un poco más esclarecedoras que en otras frases de sus vagas comunicaciones. Por un lado insiste en sus consabidos tópicos de haber actuado al servicio de dios y al bien de sus reinos, pero resalta que espera una intercesión de la divina providencia para apaciguar sus inquietudes y llevar las cosas a buen fin, como si estuviese esperanzado de que algo irremediable podía sobrevenirle o le había ocurrido ya al príncipe para culminar el drama. Más categórico es todavía el párrafo en donde exterioriza que su objetivo consiste en poner remedio definitivo a los males que podrían venir durante el resto de sus días o inmediatamente después de su expiración. El confinamiento perpetuo no era una solución por cuanto un imprevisible fallecimiento suyo podría dejar paso a don Carlos. Partiendo de esta perspectiva, comprensible si se atiende a los temores patentizados por Felipe II, la encrucijada vuelve a reducirse para desplegar una bifurcación de dos caminos: un juicio secreto, con una implícita condena de mano airada, o bien una defunción, más o menos repentina, incitada por cualquier método, al amparo del sigilo y las rigurosas precauciones adoptadas. En cualquiera de ambos casos el fin decisivo estaba ya predeterminado, máxime si se pondera que en muchos meses el rey no iba a dar ni la menor señal para desheredarle mediante un proceso legal.

Al monarca no le inquietaba la suerte de su primogénito, el sacrificio de su carne y de su sangre, pero insistía tenaz, al amparo de sus acérrimas convicciones católicas, que era forzoso desengañar a todos sobre cualquier resquemor de heterodoxia o de sedición. Este empeño, manifestado en la carta dirigida a Fernando Álvarez, no puede tener distinto motivo que el imperioso deseo de evitar que el impacto político ocasionado se engrandeciese en el mundo protestante de los príncipes alemanes y en los enclaves neerlandeses subyugados por el despotismo del duque. Don Carlos estaba sentenciado a muerte, posiblemente desde el instante de su prendimiento, y sólo queda por saber cuál es el veredicto de la historia, hasta el momento presente, en lo que concierne al tiempo y modo en que se pusieron fin a sus días.

La revelación de la muerte

La primavera ha transcurrido conforme al imperativo de un sepulcral silencio sobre la existencia del prisionero, aderezado por el sello de la resignación cristiana desarrollada en la Semana Santa. Nada exasperante o angustioso sucede y las tribulaciones del misterioso mes de febrero no vuelven a producirse o no se tienen noticias de que ocurriesen alteraciones, aunque el comisionado florentino apunta la irrelevante murmuración de que don Carlos hacía que le leyesen libros de leyes, ignorando la prohibición de que le fuesen entregados contenidos ajenos al fondo devocionario de la religión. Más enigmática es la frase de un confidente del veneciano Cavalli que concretaba su convencimiento de que si el príncipe «no pierde el seso, será señal de que lo había perdido ya». La especificación, tal vez esgrimida con una doble intención, nacía porque el embajador opinaba que la reclusión le serviría de escarmiento y le haría abrazar rumbos más cuerdos. La respuesta puede inducir a maliciar que don Carlos estaba enloquecido, pero también puede tener un sentido diferente. «Haber perdido el seso ya» puede además tener un sentido de finamiento ya consumado.

Sin argumentos firmes, pretextando que el príncipe consideraba humillante su situación, la mayoría de los historiadores aprueba una última reacción incontrolable cuando las horas diurnas son más prolongadas y la llegada del verano convierte en sofocante la atmósfera del torreón. La elevada temperatura del estío en Madrid hace que el detenido combata el ardiente calor caminando descalzo y medio desnudo sobre el suelo, que se humedecía a base de frecuentes riegos, o durmiendo destapado y con la ventana enrejada abierta para mitigar el bochorno. Asimismo se aduce que bebía constantemente agua helada por la noche y al clarear la mañana, que devoraba grandes cantidades de fruta y viandas desfavorables para su quebrantada condición y que introducía trozos de hielo en la cama para refrescar el lecho. Las justificaciones empleadas podrían provocar hasta hilaridad si no fuesen el principio de un fin llevado a término de forma dramática con la obstinación de negarse a comer durante el continuado espacio de once días. Sin paráfrasis, para evitar cualquier retazo de malevolencia, detallo a continuación el descargo oficial que se cursó sobre el deceso[*].

«Muchos días antes de que sucediese este caso S. A. con la ocasión del calor del verano y con la confianza de su complexión y edad hizo algunos notables desórdenes en lo que tocaba a su sanidad, andando de continuo desnudo, casi sin ningún género de ropa y descalzo en la pieza del aposento donde estaba muy regada, y durmiendo algunas noches al sereno sin ropa ninguna, y con esto bebiendo grandes golpes de agua muy fría con nieve en

---

[*] Archivo General de Simancas, Estado, legajo 906, folio 171.

ayunas y de noche, y aun metiendo muchas veces en la cama la misma nieve, comiendo con desorden y exceso fructas y otras cosas contrarias a su salud, y aunque para excusar esto se hicieron todas las diligencias posibles por las personas que asistían a su servicio, no se puedo en manera alguna remediar ni estorbárselo sin caer en otros mayores inconvenientes, con la cual desorden se entiende vino a resfriarse la virtud y calor natural, y estando en esta disposición se determinó (como ya otras veces lo había hecho) a no querer comer en manera alguna, en la cual determinación perseveró por once días continuos sin que bastasen persuasiones ni otras muchas y diversas diligencias que con él se hicieron, ni pudo ser atraído ni aducido a que comiese ni tomase cosa de substancia mas que agua fría, y con esto le vino a faltar del todo la virtud y calor natural, de manera que aunque después tomó algunos caldos substanciales, leche y otras cosas, el estómago estaba ya tan estragado y debilitado que ninguna cosa pudo retener, y así vino a acabarse sin que remedio alguno le aprovechase. Fue su muerte con tanto conocimiento de Dios y arrepentimiento que ha sido a todos de gran satisfacción y consuelo para el dolor y lástima que consigo trae este caso».

No sé cuáles son los inconvenientes que podían haberse acarreado si los vigilantes, en buena lógica, se hubiesen molestado por evitar los presuntos despropósitos, pero no es difícil inferir que tienen un substrato religioso. Sin entrar en prolijas introspecciones, a todas luces superfluas, cabe pensar que los guardianes adoptaron una pasividad fomentada por órdenes superiores y hasta no es aventurado suponer que apoyaran las peregrinas actitudes de don Carlos, concediendo y hasta estimulando los mínimos antojos que pudiese expresar, en espera de que sus acciones le condujesen a un punto irreversible. Como simple curiosidad, sin otro deseo que resaltar las contradicciones, no deja de sorprender que se mencione su complexión cuando casi todos los discursos hablan de un individuo enfermizo y débil.

El peregrino despacho fue enviado al extranjero por conducto de los distintos embajadores en términos tan estereotipados como la propia relación, pero con algunas matizaciones que conviene resaltar: la absurda explicación no debía mostrarse a nadie y menos facilitar alguna copia (la excepción es el sumo pontífice en el supuesto de que la requiera) y se recalca innecesariamente que el cristianísimo fin del príncipe ha sido como se relata. Reproduzco los despachos cursados a los representantes en París y en Roma y el texto dirigido al papa por cuanto no tienen desperdicio[*].

---

[*] Archivo General de Simancas, Estado, legajo 906, folio 172.

«El Rey. Don Frances de Alava del nuestro Consejo y nuestro Embajador, por otra carta que va con esta se responde a la que en estos dias nos haviades escrito. Despues ha sido Dios servido de se llevar para si al Seren.mo Principe mi hijo de que me queda el dolor y sentimiento que podeis considerar. Fallescio a los XXiiiy de este por la mañana, habiendo recibido tres dias antes todos los Santos Sacramentos de la Iglesia con tan gran devocion arrepentimiento y contricion, y acabo tan catolica y Christianamente, que me ha sido este un muy gran alivio y consuelo para aligerar en parte el trabajo que su muerte me ha causado, porque (haviendo sido de la manera que se os dice) confio en la misericordia de Dios nuestro Señor que le ha llamado para que goce del perpetuamente y que a mi me dara su favor y gracia para que conformandome con su voluntad le pueda acertar a servir y llevar el peso que me ha encomendado *Y porque siendonos el Rey Christianisimo tan buen hermano y la Reyna tan buena madre tengo por cierto sentiran este mi trabajo, quanto es razon. Sera bien que vos en recibiendo esta les digais y hagais saber lo que contiene, y que aunque la pena y sentimiento y de la Reyna ha sido qual pueden juzgar, a Dios gracias ella y yo, y nuestras hijas quedamos con salud, y para que entendais mas de fundamento.* El progresso que tuvo la enfermedad del Principe, he mandado que se os embie con esta la Relacion que vereis, que lo contiene en particular a efecto que vos alla de palabra y sin mostrarla ni dar copia de ella a nadie lo podais referir donde convengan.

De Madrid a XXVI de Julio de 1.568.

Para Don Juan de Çuñiga.

A Su Sant.d escribo dandole aviso de la muerte del principe mi hijo como vereis por la copia de su carta que con esta se os envia, la qual vos le dareis personalmente y aviendola leido le podreis de palabra significar el descanso y consuelo que yo recibo en le comunicar y dar parte de mis trabajos y quanto me le sera ansi mismo entender como yo de Su Sant.d lo espero en sus buenas y Sanctas oraciones nos encomienda a Dios añadiendo a este proposito lo que os pareciere y para poder dar a Su Sant.d (si os lo preguntare o vos entendieredes que conviene) Relacion de la enfermedad y causa de su muerte se os embia una breve y verdadera Relacion conforme a la qual le podreis de palabra y de vuestro dar razon por la forma y en la manera que os parecera y esto mismo hareis con las demas personas que entendieredes conviene en ocassion y no haziendo dello proposito pues no ay para que.

Para Su Santidad

Dios nuestro Señor fue servido llebar para si al Serenisimo Principe mi hijo cuya muerte me tiene con el dolor y pena que V. Sant.d podra considerar. Murio como muy Christiano y catholico principe habiendo recebido con gran devocion todos los Sacramentos y con gran contricion y conocimiento de Dios en cuya misericordia spero le llevo para gozar del perpetuamente que me es y con razon deve ser el verdadero consuelo y alivio en este trabajo. A V. S.ᵈ humildemente suplico que como padre comun y tan particular mio encomiende y haga encomendar a Dios su anima y que juntamente sea servido darme a mi de su divina mano favor y ayuda para que pueda sentir y llevar este casos Christianmente y conformarme con su voluntad como lo devo en todo hazer e guie y encamine mis cosas a su servicio que la Santa intercesion de V. Beatitud acerca de su divina Mag.ᵈ no puede dexar de sernos de gran fructo a los vivos y a los muertos»*.

Las justificaciones, increíbles y hasta demostrativas de indiscutible desidia, promovieron que, a renglón seguido de la notificación oficial, se redactasen con rapidez formales puntualizaciones para los embajadores. Las coartadas, cursadas por Gabriel de Zayas, ponen el dedo en la llaga, pero tienen tan escasa firmeza que en nada remedian la primitiva y paupérrima impresión, aunque sí matiza con claridad, al concluir sus especificaciones, que los desórdenes en su manutención y comportamiento no han tenido repercusión primordial en su fallecimiento, atribuible exclusivamente a su inmutable decisión de perecer por inanición tras su drástica iniciativa de no admitir sustento.

La disculpa complementaria, que figura recogida en el archivo simanquino a continuación de la nota inicial, dice**:

«Por la relación que se acusa en la carta de S. M. verá V. S.ᵃ el progreso de la enfermedad y muerte del Príncipe nuestro señor que haya gloria; y porque podría ser que a algunos paresciese que las desórdenes que se refiere que hizo se podían y debían remediar y hacerse otras diligencias demás de persuadírselo y suplicárselo, no le dando aquello que le había de dañar ni permitiéndole hacer aquellos tales excesos, en esto V. S.ᵃ y todos los que conoscieron la condición y naturaleza de S. A. y le trataron no harán escrúpulo, porque es cierto que si se llevara este término con él, diera en algunas otras cosas que fueran más peligrosas a su vida, y lo que es peor a su alma, y esto es de tal manera así, que no se podía hacer otra cosa, especialmente que según su complexión y la experiencia que él de se había hecho y se tenía de S. A. no se debía con razón temer fuera de tanto inconveniente a su salud, como verdaderamente no lo fuera, sino dejara de comer, lo cual fue por tanto tiempo y por tantos días que aunque lo tomara en buena disposición no pudiera vivir, y en el comer no se le pudo hacer mas fuerza, y cierto, según acabó, él está gozando de mejor vida».

---

* Archivo General de Simancas, Estado, legajo 906, folio 168.
** Archivo General de Simancas, Estado, legajo 906, folio 171.

Si las explicaciones autorizadas de la defunción no tienen credibilidad —se podía haber narrado de mil maneras distintas, alegando cualquier clase de dolencia o vicisitud—, igual ocurre con las interpretaciones de los representantes foráneos. En definitiva, las noticias emergían de una única vía personificada en Ruy Gómez, con la previa aquiescencia regia. La verdad era conocida por un número restringido de personas y ninguna de ellas estaba dispuesta, ante la amenaza de que se desencadenasen represalias, a contradecir la versión extendida. Felipe II había tomado las disposiciones imprescindibles, con implacable frialdad, y podía estar seguro de que nadie iba a desvelar tenebrosos secretos si los conflictos acaecidos en el alcázar fuesen de índole distinta a la información facilitada por medios estatales.

Nobili refiere a sus dirigentes que, a mediados de julio, el príncipe había ingerido un pastel compuesto por cuatro perdices después de engullir varios platos que no describe. Las especies que condimentaban el alimento provocaron un intenso ardor y una sed insaciable, combatida con agua enfriada con hielo durante toda una tarde, hasta beber la desorbitada cifra de unos nueve litros. Al anochecer, como consecuencia de semejantes excesos, sufrió una indigestión con vómitos acompañados de una persistente diarrea, sin que aceptase la mediación de los médicos. El 19 de julio, su trastorno se adivina tan calamitoso que se permitió que se divulgase su «enfermedad» y, seguidamente, se difundía que su temperamento experimentaba un segundo cambio radical que maravillaba a todos. Don Carlos tenía fijos los ojos en dios convencido de su próxima consumación, se mostraba sereno y sensato como nunca, y pidió a fray Diego que le confesase para preparar su ánima cara a la inmortalidad. Las incesantes contracciones le impidieron comulgar, pero mostró una gran contrición, devoción y desprecio por las cosas terrenales, según subrayaba el arzobispo de Rossano en los mensajes dirigidos a Roma. Al nuncio todavía le intranquilizaba la incertidumbre que el papa había denotado siempre y que, sin duda, no estaba disipada satisfactoriamente.

Tal y como había ocurrido en la Semana Santa anterior, ahora en el ocaso de su vida, las referencias de su finamiento tienen el ingrediente esencial de pregonar su catolicidad en una constante aspiración por alejar cualquier sospecha sobre sus creencias. Esta insistencia engendra escepticismo en cualquier espíritu crítico si se repara en la ostensible preocupación acreditada por Felipe II, aunque el imperativo de preservar la fe era una necesidad política y la salvación del alma una exigencia moral.

La severidad e indiferencia regia se mantuvieron inquebrantables hasta en la agonía. Ni siquiera en esos instantes supremos, cuando ya la situación era irreversible, toleró que se rompiese el despiadado cerco de la incomunicación. Ni doña Juana, ni la reina, ni cualquiera de los servidores más afines, Rodrigo de Mendoza o Luis Quijada, obtuvieron permiso para visitar al moribundo. Esta ausencia de sentimientos, una crueldad tan sin sentido, engarzada en las raíces del odio y el desdén, llama la atención y acarrea, a su vez, malévolas desconfianzas sobre el momento y modo en que murió el príncipe. ¿Qué le hubiese costado aprobar que seres allegados le acompañasen en los últimos minutos? ¿No hubiese con ello disipado las suspicacias que proliferaron? Con su postura no puede extrañar que la imaginación popular diera rienda suelta a mil disparatados reproches, propalando, mediante dispersas versiones, que fue estrangulado por esclavos al cabo de un juicio inquisitorial, que le habían decapitado o que su fallecimiento era la consecuencia de un envenenamiento. Cualquier interpretación, por estrambótica que fuese, tenía el apoyo promovido por aislamiento y el rigor del que se había dado pruebas al convertir su confinamiento en un sigilo de sombras impenetrables.

Imputaciones de cronistas y dignatarios asentados en la Corte —principalmente Cabrera de Córdoba y el arzobispo de Rossano— y hasta algún pasaje anónimo manifiestan que, cuando se encontraba ya exánime por la prolongada huelga de hambre, optó por testar de nuevo ante Martín de Gaztelu. Era el 22 de julio de 1568, tan sólo cuarenta y ocho horas antes de su deceso y cuando debía llevar unos nueve días sin comer, a juzgar por los relatos vertidos tras su fatal desenlace. El deficiente estado físico en que era normal que estuviese y que jamás se haya localizado el antecedente probatorio de sus postreras voluntades me hace ser cauto al valorar la veracidad de esta disposición, si bien su contenido tampoco tiene una implicación relevante al exteriorizar apetencias elementales como el pago de sus deudas, pedir la benevolencia de su progenitor para los criados de su servidumbre y desear que le enterrasen en la iglesia del convento de Santo Domingo, en lugar del monasterio de San Juan de los Reyes de Toledo, elegido en el testamento conservado.

Manteniendo la prodigalidad siempre comprobada, con una rigurosidad en desacuerdo con su exangüe disposición, que le tendría postrado y sin apenas lucidez mental, mandó que sus pertenencias, enseres y objetos suntuosos fuesen repartidos entre establecimientos eclesiásticos y cortesanos que le merecían deferencia como

Luis Quijada, Hernán Suárez o su criado predilecto Rodrigo de Mendoza. El conde de Lerma y Francisco Manrique, que formaban parte del grupo que le vigilaba, también recibieron obsequios. Su dadivoso temple se hizo extensible a Diego de Chaves y Ruy Gómez, cuando tendría la seguridad de que ambos tributaban fidelidad al poder y estarían involucrados en su detención. Que esta generosidad figurase en una certificación emitida por su confesor para probanza de Diego de Olarte, guardajoyas del príncipe, sirve para poner en duda que fuese el propio don Carlos quien tomase tan incongruente decisión.

Las fuentes indicadas y especialmente el nuncio del papa, quien, como ya he advertido, padecía de una obsesiva inquietud para que se evaporasen los recelos que asolaban al pontífice, reflejan con ampulosidad el devoto transcurrir de sus últimas horas, acentuando su resignación cristiana frente al sueño eterno y su honda desazón por mantenerse vivo hasta que llegase la festividad de Santiago Apóstol. Adorando un crucifijo colocado encima de su cuerpo, golpeándose el pecho en señal de contrición y encomendándose a la misericordia de dios, perdonando a todos cuantos cooperaban en su final, incluyendo a su padre, imitando al emperador en los postreros segundos, con una vela bendita en la mano y musitando la misma oración rezada por Carlos V al perecer en el monasterio de Yuste, don Carlos entregó su vida a la una de la madrugada del 24 de julio de 1568, sin perder la conciencia ni un solo instante.

La petición de que un hábito de franciscano y una capucha de dominico le sirviesen de mortaja remata un cuento tan dulcificado y pomposo como inverosímil. Ruy Gómez o Diego de Chaves, fuera quien fuese el propagador «fascinado» por el cristianísimo epílogo, había rizado el rizo de una extinción honorable para convertirla en un espectáculo teatral de dignificación y exaltación de los méritos terminales de un hombre que, probablemente, había sufrido ya una muerte más humillante y deshonrosa.

El entierro en Santo Domingo el Real

La mañana del sábado, a requerimiento de Luis Manrique, limosnero mayor, se presentan en palacio numerosas congregaciones para oficiar misas y responsos en el aposento donde yace el cadáver. Se alzan en la cámara mortuoria dos altares aderezados con opulencia mientras las campanas de los templos repican con solemnidad. Desde el mediodía se van agrupando en los alrededores del alcázar cofradías con sus cruces y pendones, las órdenes religiosas, los miembros de la capilla real vestidos con sobrepellizas y lobas largas y las catorce parroquias portando sus respectivas cruces. El cuerpo, metido en un ataúd guarnecido de terciopelo negro colocado sobre unas andas revestidas de paño de brocado, sale de la residencia real a las siete de la tarde a hombros de la nobleza, que se turna de trecho en trecho camino del convento de Santo Domingo. Una compañía de arqueros cierra el cortejo fúnebre para impedir que la muchedumbre altere la marcha en la que concurren el obispo de Pamplona y dos capellanes del rey, acompañados por los representantes extranjeros, los archiduques Rodolfo y Ernesto y el cardenal Espinosa. El fraile, enemigo declarado del difunto, pretexta un pujante dolor de cabeza para abandonar la comitiva antes de entrar en el templo. Acto seguido de acomodar las andas y la caja mortuoria en un cadalso de tres gradas, instalado en medio de la iglesia, y cantar algunos responsos, el muerto es llevado hasta el coro de las monjas, en cuyo sitio está abierta una bóveda para que sirva de sepultura provisional.

Martín de Gaztelu requiere la presencia de Juan de Tovar, prior del monasterio de Atocha, y de la priora del cenobio madrileño para descubrir la cara del príncipe ante los testigos. Fourquevaulx hace constar: «Le he visto el rostro y no observé que se lo hubiera cambiado la enfermedad; únicamente estaba un poco amarillo, pero pienso que no le quedaban más que la piel y los huesos». La escalofriante frase puede dar pie a contradictorias conjeturas. Sucumbir por inanición, después de once días sin probar bocado, sume a un ser humano en una extremada delgadez, pero una muerte ignorada en el tiempo y el embalsamamiento, para conservar los restos en las mejores condiciones posibles, puede deparar idéntico razonamiento, aderezado además con el color amarillento que suelen exhibir los organismos mantenidos artificialmente.

Nada más cerrar el ataúd, tras la formalidad de reconocer al fallecido, dos monteros, servidores de los vigilantes de la prisión, introducen el féretro en la bóveda dispuesta para que sea bendecido por el obispo de Pamplona. Durante ocho jornadas seguidas se celebran misas de réquiem y al comenzar agosto se trabaja en la nave central de la iglesia para los solemnes funerales que se celebran los días 10 y 11 de dicho mes. Todo el templo esta paramentado con luctuosos paños negros y bordados que simbolizan las armas regias. Bajo un baldaquín se halla el bulto simulado del cuerpo en unión de una espada, el cetro y el collar del toisón de oro, y en la zona frontal sendas lanzas, a cuyo pie resplandece el escudo con las armas de Castilla, embellecido con los colores blanco, amarillo y negro utilizados como estandarte en los torneos. Epitafios con lienzos pintados de mil formas sugerentes, como águilas reales, una mano abierta que surge de una nube, la efigie del apóstol Santiago, un trono repleto de ángeles o dos efigies descarnadas de la parca, entre varios más, jalonan el recinto. Las versiones de las dedicatorias son de estilo moderado: «Tan amigo de verdad/Fuiste señor en el suelo/Que gozas del cielo». «Solo fuiste gran Señor/De los principios mortales/Extremo de liberales». «El triunfo que se os debía/Carlos príncipe sagrado/En el cielo se os ha dado». «Para un ánimo tan grande/que nunca tuvo segundo/Era poco todo el mundo». Otros anónimos se hacen eco de los epitafios que adornan el templo, pero exhiben una expresividad más lacerante. Encima de la puerta, en grandes caracteres y letras de oro, se lee: «Este ha sido arrebatado porque la malicia no muda su inteligencia, ni la adulación engañase su ánimo». En el mausoleo preparado para los funerales sobresale una inscripción latina traducida del tenor siguiente: «A la eterna memoria de Carlos, Príncipe de los españoles, de las dos Sicilias, de las Galias, Bélgica y Culaspina, heredero del nuevo mundo, incomparable en grandeza de ánimo, en liberalidad y en amor a la verdad, cuyas heroicas virtudes y elevado genio estuvieron algún tiempo disfrazadas o encubiertas por sus émulos con el nombre de vicios».

En contra de la tradición no se pronuncian en los funerales sermones en honor del difunto y Felipe II, retirado en el monasterio de El Escorial, regresa a Madrid tan pronto como se celebran las exequias. A la aflicción que vocean las fuentes oficiales que sintió por el desenlace se contraponen distintas opiniones, fundadas en que la desaparición de su primogénito le libraba de un arduo problema y le proporcionaba una cómoda tranquilidad, atribuible a la providencia de dios.

La noticia fue acogida en los países extranjeros con idéntico escepticismo provocado por su apresamiento y únicamente Pío V sintió una gran complacencia espiritual al ser informado de que había perecido dando elocuentes muestras de ser católico. En las diferentes capitales se celebraron las honras fúnebres, destacando las insólitas conductas de Francés de Álava y Juan de Zúñiga, que, en París y Roma, se mostraron remisos a participar por motivos impenetrables, aunque es presumible que supiesen, con más prolijidad que los restantes comisionados, los fundamentos de la dura represión contra el sucesor del soberano más poderoso de la tierra. El embajador en la Santa Sede, en carta dirigida el 1 de septiembre de 1568, exterioriza que ha dado cuenta al papa de la enfermedad y muerte del príncipe de la manera que V. M. manda —sin entrega de la paupérrima explicación—, que el pontífice reza por el rey que tiene en sus manos la conservación de la cristiandad, y que procurará que en las exequias no haya oración ni sermón para que el oficio sea más breve, como así sucedió, pero procurando que no se entienda que tal determinación es idea suya, siguiendo sin duda las instrucciones que ha recibido. Todas estas maquinaciones y maniobras tienen un origen nebuloso, pero no hay que ser un lince para deducir que Felipe II no deseaba honrar la memoria de su hijo por razones que tan sólo pueden estar vinculadas con la falta de catolicidad demostrada en sus últimos tiempos y las sospechas de herejía que permanecían incólumes pese a la labor propagandística desplegada en sentido contrario.

Fray Luis de León, de la orden de San Agustín, doctor en teología por la universidad de Salamanca, animoso carácter que formulaba sus convicciones con ruda franqueza y que subsistió casi un lustro en las cárceles de la inquisición, el hombre «que con una sola palabra abría los horizontes de lo infinito», prosista eminente y uno de los más grandes poetas de su época, compuso un poema dedicado a don Carlos que merece la pena transcribir íntegro. Este monje, nacido en 1527 y muerto en Madrigal de las Altas Torres en 1591, era una figura típica del renacimiento, un universitario apasionado, de singular sagacidad en sus dichos, de mucho secreto, autenticidad y fidelidad. Quevedo le evoca como «el blasón de las letras castellanas» y Miguel de Cervantes le califica de «ingenio que al mundo pone espanto».

Los versos, más elocuentes que las confusas epístolas y eventos que se escribieron, dicen:

«Quién viere el sumptuoso / túmulo al alto cielo levantado / de luto rodeado / de lumbres mil copioso / si se para a mirar quien es el muerto / será desde hoy bien cierto / que no podrá en el mundo bastar nada / para estorbar la fiera muerte airada / Ni edad, ni gentileza / ni sangre real antigua y generosa / ni de la más gloriosa / corona la belleza / ni fuerte corazón, ni muestras claras / de altas virtudes raras / ni tan gran padre, ni tan gran abuelo / que llenan con su fama tierra y cielo / ¿Quién ha de estar seguro / pues la fénix que sola tuvo el mundo / y otro Carlos segundo / nos lleva el hado duro? / Y vimos sin color su blanca cara / a su España tan cara / como la tierna rosa delicada / que fue sin tiempo y sin razón cortada / Ilustre y alto mozo / a quien el cielo dio tan corta vida / que apenas fue sentida / fuiste breve gozo / y ahora luengo llanto de tu España / de Flandes y Alemaña / Italia y de aquel mundo nuevo y rico / con quien cualquier imperio es corto y chico / No temas que la muerte / vaya de tus despojos victoriosa / antes irá medrosa / de tu espíritu fuerte / las ínclitas hazañas que hicieras / los triunfos que tuvieras / y vio que a no perderle se perdía / Y así el mismo temor le dio osadía».

El velo de la sinrazón, los oscuros sigilos de pasadizos y torreones de palacio, las encendidas pasiones de los seres humanos, el aliento de uno de los misterios más insondables de la historia y hasta el espectro de Carlos de Austria parecen tener todavía vida permanente, pese a que ya ha transcurrido un espacio temporal que abarca cerca de cuatro siglos y medio. Nada de particular tendría, por otra parte, que los profusos desvelos, reflejados en decenas de pasajes, versiones anónimas, despachos, biografías, ensayos y testimonios de casi todos los archivos de Europa, estuviesen compendiados en tan sólo cuatro incisivos versos de un fraile agustino alabado por su amor a la verdad y la agudeza de su descarnado ingenio: «Y vimos sin color su blanca cara / a su España tan cara / como la tierna rosa delicada /... *que fue sin tiempo y sin razón cortada*».

LIBRO II
UN CRIMEN DE ESTADO

«Pues resulta evidente que las copias no son (por el hecho de no ser documentos originales), desechables, sino que obligan a un detenido análisis interno y a la confrontación con otra documentación, para admitirlas o desecharlas parcial o totalmente».

Manuel Fernández Álvarez, *Felipe II y su tiempo,* Madrid, 1998, p. 589, nota 27.

En la mayoría de los libros relacionados con Felipe II y en los registros institucionales apropiados se acumulan multitud de índices bibliográficos entroncados con los sucesos acaecidos en su dilatado reinado. Este arsenal de fuentes, incluidas cartas, memoriales, cédulas, despachos y testificaciones de variada índole, tiene tan enorme dimensión que es inasequible para un solo individuo, pese a que sea un coloso de la investigación. La urdimbre de semejante tela de araña sería capaz de acabar con la voluntad más firme, pero la ignorancia implica la audacia y durante cierto periodo, cuando no era consciente, ni por lo más remoto, de la extensión del bosque en que me había adentrado, estuve recopilando datos de la vida de Carlos de Austria.

Ya no recuerdo cuántos inviernos tuve que dedicar a este fin, pero debo admitir que tuve la suerte de un profano. Entre la maraña de menciones incluidas en los tomos que ya había leído y el festín que encerraban los ficheros de diversas entidades, localicé una pista más que parecía no tener excesivo valor y que figuraba seleccionada exclusivamente en dos publicaciones. La primera referencia, fácil de captar, estaba incluida por A. Escarpizo en el apéndice del volumen difundido por la editorial Lorenzana, al imprimir el ensayo de Louis Prospére Gachard, el paradigmático texto que ya he recalcado en innumerables ocasiones. En el epígrafe III, concomitante con las «obras acerca de Don Carlos y de los personajes que convivieron con él», en el apartado b) dedicado a «obras posteriores» y, por tanto, no contemporáneas de sus vivencias, entre un buen número de anónimos, colaboraciones de autores españoles y extranjeros, aparecía un trabajo de Manuel García González con el prolijo título de *Observaciones impugnando las indicaciones... de la Academia de la Historia que juzga de escasa importancia el folleto de la prisión y muerte del Príncipe don Carlos, hijo de Felipe II,* Valladolid, 1871. Mentiría si dijese que este rótulo llamó mi atención, máxime cuando atestiguaba que ya debía haberse emitido un dictamen opinando que el ejemplar no tenía mucho fundamento. Tiempo después, repasando la obra *Fuentes de la historia española e hispanoamericana,* que Benito Sánchez Alonso había divulgado en Madrid en 1927 (segunda edición revisada y ampliada), pude comprobar, en la inscripción número 6025, la procedencia que acaso se había utilizado para desvelar la labor de Manuel García en el libro del recopilador belga. La nota, ensamblada en la sección de la familia del rey, dice: «García González, Manuel: Observaciones impugnando las indicaciones de... la Academia de la Historia que juzga de escasa importancia el folleto de la prisión y muerte del Príncipe Don Carlos hijo de Don Felipe II. Valladolid, 1871, 40 p. 8.º (Ref. a un ms. sobre este asunto, atribuido a Fr. Juan de Avilés)».

Como ya sabía por entonces la condición de funcionario de Manuel García y su aportación a la «colección de documentos inéditos para la historia de España» en todo lo concerniente al príncipe de Asturias —parte primordial del repertorio obtenido por Gachard en Simancas—, mis expectativas sobre las características de la publicación sufrieron algunas oscilaciones y para disipar dudas, no dejando rincón sin escudriñar, me dispuse a buscarla en la Biblioteca Nacional y, si era viable, hallar también el manuscrito, dado que debía existir un lógico encadenamiento entre ambas monografías.

Las Observaciones impugnando las indicaciones de una comisión de la Academia de la Historia que juzga de escasa importancia el folleto o relación de la prisión y muerte del príncipe don Carlos, hijo de Felipe II —este es su genuino título completo—, por don Manuel García González, su correspondiente y archivero de primer grado, jubilado del Archivo General sito en la antigua fortaleza de Simancas, consta de cuarenta páginas y fue editado por la imprenta de Juan de la Cuesta. En el ejemplar localizado aparece un sello con el nombre de Pascual de Gayangos, catedrático de lengua árabe en la universidad central de Madrid y miembro de la Academia de la Historia desde 1847. Deduzco que la estampilla significa que el libro debió ser propiedad del hombre que contribuyó a la organización del cuerpo facultativo de archiveros y bibliotecarios y fue inspector general de instrucción pública en 1881, pero no sé si tuvo lazos de amistad o meras cortesías corporativas con Manuel García que le permitieran disponer de la edición realizada en Valladolid. No tuve la menor dificultad para conseguir dicha publicación, pero no hallé ni la menor pista del escrito atribuido a Juan de Avilés. Tampoco reparé al principio, si bien lo hice luego, en que los tres extraños puntos suspensivos insertados en ambas reseñas habían ocultado, no sé si de manera deliberada, las palabras «una comisión de» al referirse a la intervención académica. Debo ser proclive a la suspicacia, pero creo que no tiene idéntico valor que fuese la propia institución quien diese su versión en lugar de una delegación, que todavía desconozco en su composición y, consiguientemente, en su categoría o formación para elaborar un dictamen bien ponderado.

Pese al parcial fracaso de la búsqueda, pensando en la posibilidad coherente de que el relato pudiese estar guardado en la Academia de la Historia, con especial atención, dediqué muchas horas a leer las impugnaciones materializadas por Manuel García, percatándome con perplejidad de que incluía sobresalientes descubrimientos, jamás comentados por las crónicas, y que además abordaba, nada más y nada menos, que el mil veces cuestionado proceso criminal entablado contra el príncipe de Asturias.

El breve estudio redactado por el archivero simanquino está fraccionado en tres piezas: una corta introducción y dos capítulos. En el arranque se circunscribe a concretar la fecha en que remitió la trascripción a la academia (16 de septiembre de 1868) y reflejar que el opúsculo fue reproducido por don Julián Martínez de Arellano, caballero del hábito de Calatrava, en la villa y Corte de Madrid el 8 de julio de 1681[*]. Con independencia de citar que tardó diez días en sacar la copia y que hay una rúbrica (imputable al señor Martínez de Arellano), señala que el original estaba en poder de fray Domingo Agustín, de la orden de Santo Domingo, que se lo había prestado a don Julián.

El jubilado suplicaba a la academia que le diese su impresión e incluye a continuación la respuesta recibida, supongo que literalmente transcrita, mientras que no olvida resaltar, aunque sea super-

---

[*] Las numerosas pesquisas para tratar de localizar antecedentes de don Julián en su calidad de caballero del hábito de Calatrava no han resultado fructíferas. En el Archivo Histórico Nacional no se ha encontrado datos ni su expedientillo en la sección de órdenes militares, aunque es sobradamente conocido que los numerosos traslados documentales debieron provocar múltiples extravíos o desapariciones. Tampoco hay pistas en el Archivo General de Segovia de que pudiese haber sido militar —conjetura propia— ni en el catálogo de servicios militares de Simancas. Visitado el Archivo Histórico de Protocolos de Madrid en busca de cualquier referencia únicamente he podido encontrar un testamento de Juan Martínez de Arellano, en muy mal estado, fechado el 6 de agosto de 1659, en el tomo 9526, folio 269, en cuyo documento se recoge que era natural del principado de Asturias, hijo de Juan Martínez de Arellano y Catalina Fernández, casado con María López y reconociendo tener por descendiente legítimo a Juan Martínez de Arellano, cuya edad resulta ilegible. También menciona a su hermano Pedro como albacea testamentario, pero como es lógico no facilita elementos que abarquen el ámbito familiar de este pariente que pudieran conducirme hacia el copista.

ficialmente, los avatares políticos acaecidos «muy poco a propósito para las pacíficas ocupaciones literarias de la mencionada Academia». Efectivamente, al declinar el verano de 1868 el país se había visto convulsionado por el alzamiento de las juntas revolucionarias, respaldadas por el fervor popular, y la decisiva batalla de Alcolea entrañó el epílogo de la soberanía de Isabel II. La reina tuvo que huir a Francia, el trono borbón se había derrumbado y se abría paso una fase de inestabilidad, con amenazas de grandes cambios que no cristalizaron, pero que debieron crear un pujante cúmulo de inquietudes. Los sujetos elegidos por la academia para dictaminar sobre el trasunto remitido por Manuel García, en etapa tan enrevesada para la meditación, debieron verse envueltos en la vorágine, pero, no obstante, contestaron, y el 24 de febrero de 1869 el dinámico cesante disponía del informe.

La resolución, tal y como la difunde Manuel García en 1871, es demasiado escueta y carente de la ponderación que se debe exigir a personas cualificadas en determinado campo profesional. En pocas líneas, como si hubiesen pasado de puntillas sobre sus portentosos detalles o estuviesen «distraídos» por la situación de violencia que se vivía, comienzan su análisis desautorizando la monografía por el simple hecho de que nadie la hubiese divulgado, pese a la resonancia del asunto —transcurrido casi otro siglo y medio sigue arrinconada—, y por no resultar creíble que un religioso grave, al que Felipe II confiaría secretos de Estado, hubiese tenido la debilidad de dar cuenta al público de circunstancias que únicamente le constaban por habérsele revelado en el «tribunal de la penitencia». Estas dos afirmaciones son tan inaccesibles que sólo pueden ser aceptadas si se piensa que el fragor de la contienda bélica, a despecho de que se libraba a cientos de kilómetros de distancia, llegaba hasta la capital de España poniendo espanto y confusión en los cerebros. El autor de la relación, aun cuando argumenta de forma sorprendente la intención de su publicación, no editó realmente una sola línea, guardó su trabajo para que no fuese localizado y sobre todo conocía las vicisitudes referidas sin que nadie se las hubiese explicado en confesión. Los desaciertos del criterio académico se afianzan más cuando alegan que sin tomar apuntes es imposible consignar «con tan exquisita puntualidad» los trámites principales de un juicio, sin percatarse de que alguien tomaba notas y que Joan Avilés, en su calidad de apoderado, podía tener acceso al sumario.

A los miembros designados por la academia no les parecen pertenecientes a la época el lenguaje ni las fórmulas forenses aplicadas en el apuntamiento de la causa, pero esta censura es una mera deducción sin contundencia al admitir que no estaban seguros. Si les surgieron dudas debieron consultar con especialistas y no limitarse a ofrecer su parecer sin convicción. Por mi parte, en esta cuestión, estoy en condiciones similares, carente de la preparación adecuada para emitir un veredicto firme, aunque sustento la tesis esgrimida por Manuel García al aducir que «cuando leo la introducción del opúsculo, me parece que lo hago de un párrafo de la *Oración y Meditación* de Fray Luis de Granada», a la vez que conceptúa el estilo y la ortografía como propia de diferentes sujetos de aquel periodo. Me imagino que después de más de medio siglo de brega en el castillo simanquino, leyendo, revisando y cualificando cantidad de legajos, hay base, más que sobrada, para estimar que estaba habilitado para dar su opinión, incluso con mayor rigor que cualquier experto que hubiese cursado provechosos estudios. La argumentación de que los términos forenses no son específicos de la etapa histórica es rebatida a su vez por el funcionario, recordando el párrafo que dice: «Los Jueces dijeron a su Magestad que puesto que la causa iba a ser formada, vista y fallada en secreto, les era imposible formarla como manda el derecho judicial, en especial porque no podían llenarse los requisitos de declaraciones, citas y emplazos, y demás cosas anexas al arte de administrar justicia, así que por tanto la causa no iría con todas las formalidades que son de fuero, uso y costumbre; pero que sin embargo ellos procurarían hacerlo lo mejor que pudiesen». La réplica tiene suficiente solidez para desacreditar el convencimiento de los mandatarios, pero además he podido confirmar, cotejando diligencias penales del siglo XVI, que el léxico empleado no difiere de modo significativo.

La comisión entiende también que las reproducciones enviadas con el opúsculo y extraídas del Archivo de Simancas, fundamentalmente durante el verano de 1868, no deparan novedad ni prestan apoyo a las peripecias relatadas en el folleto. En este caso, como pude averiguar más tarde, la objeción se ajusta a la realidad, ya que los documentos son interesantes, pero no sirven para reforzar los acontecimientos narrados [*].

---

[*] Son más de treinta textos numerados, cartas en su mayor parte, que Manuel García menciona ocasionalmente como apéndice al copiar el manuscrito.

Sumido en un mar de conjeturas, perplejo por la mención de un ejemplar jamás advertido por los historiadores, encaminé mis pasos hacia el edificio del «nuevo rezado», enclavado en la calle León del viejo Madrid, pensando en que era presumible que la copia de la monografía ya ni siquiera existiese o, como mínimo, fuese muy dificultosa su localización. En breves minutos, mi espíritu desconfiado tuvo una alegre decepción cuando un asistente apareció en la sala de lectura portando en sus manos un envoltorio, protegido por sendos cartones y atado con un viejo balduque, que rompí involuntariamente cuando volví a visitar la dependencia, tras la preceptiva credencial, dado que en un principio tan sólo pude echar un vistazo al opúsculo para cerciorarme de que era el objetivo buscado y no me dejaron obtener una fotocopia del original que estaba encarpetado junto con un legajo sin afinidad temática. Con paciencia, en pocas tardes, fui transcribiendo sus párrafos más interesantes y dos meses después, por trabas burocráticas absurdas, todavía no me habían permitido adquirir el duplicado que había interesado formalmente. Reconozco que aquellos obstáculos llegaron a enfurecerme, pero pasaron al olvido cuando, finalmente, pude lograr una reproducción de la obra que estaba sin foliar, tenía partes descolocadas y respondía al número de orden 9-7935-2. Su contenido abarca una introducción rubricada por Manuel García, su texto repetido con letra grande y sereno intento de guardar fidelidad al léxico utilizado, borrones y espacios vacíos, vocablos y oraciones ilegibles, que el jubilado subraya con escolios, haciendo ver que las palabras que faltan se debe a estar rota la hoja o llamadas que remiten al apéndice sustentado con más de treinta instrumentos encabezados con su fuente. La trascripción está respaldada, tras su terminación, con la alusión al copista anterior y una especie de certificación de Manuel García expuesta con pomposidad, al declarar distinguidos honores oficiales, pero sin olvidar la cuidadosa inserción de una tabla que determina la numeración de los pliegos, los renglones que tiene cada una de ellos y una columna, en uno de los márgenes, para acotar el estado de cada página con una meticulosidad admirable.

Y de la forma gráfica, que he procurado imitar con rigurosidad, respetando hasta las carencias de puntuación y las profusas erratas que no han sido destacadas (únicamente he sustituido el vocablo «así», que el copista inserta al margen cuando advierte equivocaciones, por el adverbio latino «*sic*»), al fondo temático, al sentido esencial de los desconocidos sucesos, al criterio que merece su texto, sin entrar a enfrascarme de nuevo sobre las discrepancias sustentadas entre las partes, un debate lamentablemente inconcluso y que, de haber continuado, hubiese podido reportar resplandores acerca de la veracidad o superchería de los fastos planteados. Al hilo de este pensamiento, pidiendo disculpas por la digresión, nunca he podido comprender los motivos que pudo tener Manuel García para no editar la monografía, que le fue prestada sin reservas, y limitarse a publicar sus impugnaciones dos o tres años después, desacuerdos que no llegaron a la academia o, si lo hicieron, fueron desatendidos. La verdad es que no aparece carta alguna remitiendo el ejemplar ni hay antecedentes de la respuesta. Sólo figura la esmerada copia, con la singular introducción, y sin la menor orientación de cómo pudo caer en sus manos la reproducción efectuada en 1681 por Julián Martínez de Arellano, si bien este extremo queda aclarado en la edición vallisoletana de 1871 al narrar que el sorprendente opúsculo obraba en poder de don Cayetano Orúe, teniente coronel retirado.

La narración, por sus pasmosas revelaciones, exige su inserción en este libro, procediendo por mi parte como un nuevo copista, un tercer escribiente, aunque con la osadía de examinar y comentar todas las incidencias que se relatan. La paráfrasis me ha llevado un largo periodo de dedicación absoluta y la primera lectura, a cuyo punto iba directamente, me infundió una profunda impresión por la magnitud de sus asombrosas informaciones. El análisis no produce la percepción especulativa de la invención, carece del pigmento que maquilla la entelequia y te conduce por los entresijos de un pedazo oculto de la historia con la clarividencia de quien conoce los caminos con aplomo. Tales sensaciones, una mezcla de elementos intuitivos y racionales, provocan en el ánimo, al menos en el mío, una favorable inclinación hacia la autenticidad de la mayoría de los episodios, aunque siempre surja la sombra de una soterrada inseguridad fundada en el misterio de que nadie hasta el momento, que yo conozca, haya reparado en el opúsculo. El silencio, cuando no es una pieza hallada por factores de auténtica fortuna, siembra la huella de la incertidumbre, pero también fortalece su verosimilitud, pese a que pueda parecer contradictorio, el sigilo de los historiadores durante la centuria ya culminada. La losa construida por Gachard, negando la probabilidad de un proceso y dando como factible el fallecimiento del heredero por una progresiva depauperación física motivada por su encierro —el investigador en el fondo viene a respaldar la versión oficial que a veces cuestiona—, ha sido y es demasiado pesada para que alguien se atreva a removerla*.

Y antes de cerrar este preámbulo, rememorar el vaticinio de William Thomas Walsh cuando advierte que «no asombrará a nadie que conozca la Historia de España el que se encontraran algún día documentos en los que Felipe recabara para sí la terrible prerrogativa de juzgar a su propio hijo», y recordar también las palabras escritas por Cesare Giardini cuando manifiesta que «todavía por muchas razones vese el historiador forzado a creer, por más que poco veraces, en los documentos que exculpan a Felipe de haber mandado dar muerte a su hijo. La primera de esas razones es la de que no hay ninguna que valga a invalidar la verdad contenida en estos documentos; quiero decir que no existe documento alguno extenso que sustente una tesis diferente de ésta».

El manuscrito es suficientemente amplio para quebrar la pretensión del autor italiano y, además, se difunden términos contundentes para asegurar que Felipe II es el único responsable del juicio entablado contra su descendiente como, de modo premonitorio, ya auguraba William Thomas Walsh.

* * *

---

* La secular polémica sobre la muerte de Carlos de Austria ha sido tratada por todos aquellos que se han interesado en el reinado de Felipe II. La mayoría de las opiniones vertidas en cientos de libros exoneran de responsabilidad al rey bajo el peso de los prejuicios ideológicos, la carencia de pruebas manifestadas de culpabilidad y la evidente falta de interés por llevar a cabo una profunda y necesaria actividad analítica e investigadora. A principios del siglo XVII, en 1619 y 1623, destacan los confusos juicios de valor emitidos por Cabrera de Córdoba y la naturalidad contundente de Gil González Dávila. En la época del romanticismo tardío, mediados del siglo XIX, sobresalen Cayetano Manrique y Adolfo de Castro como adalides de serias acusaciones contra el monarca. Modesto Lafuente y Luis Prospére Gachard ponen una nota de mayor equilibrio en esta misma etapa histórica. Y ya en plena centuria pasada se suceden en oleada las tesis defensoras de la honorabilidad del soberano encabezadas por Carl Bratli y Ludwig Pfandl; existen ciertos grados de objetividad poco incisiva en Martin Hume, Geoffrey Parker, John Lynch, Joseph Perez y William Thomas Walsh, y destaca especialmente el fundado atrevimiento de Elías Tormo al mostrarse convencido de que Felipe II decidió la muerte de su hijo.

Relacion de la vida y muerte del Prinzipe D.ⁿ Carlos de Austria hijo del Señor Rei D.ⁿ Phelipe Segundo

Sacose esta copia del original que existe en el poder de Fray Domingo Agustin del Orden de Sancto Domingo el qual me lo presto para que lo copiase el día ocho del mes de Julio del año mill y seiscientos y ochenta y uno

Todo es miseria en este mundo todas sus grandezas i vanidades todos sus esplendores no passan de ser unas vanas chimeras que a la vez que ilusionan arruinan al ombre y le pierden manifestando al cavo que todo aquello en que nos fiavamos se se dessace como las deviles nubes al aspeto del sol. Que toda la grandeza del mundo es cosa de mescla lo prueva la triste suerte cavida al sin ventura Prinzype Don Carlos cuio chronista soy oy en el dia. El nacio en la mas elevada altura el estuvo destinado por la Divina Providenzia a ocupar el mas opulento i rico throno del mundo conoscido i el empero el en lo mas florido de la juventud y de la edad el rico apuesto y galan caio del alto sittio en que a Dios le plugo que nasciese y su real caveza caio vajo el acha de un verdugo. Quien lo pensara quando tantas veces lo vide apuesto y galano correr martirizando los hijares de potro vigoroso corriendo los vosques del Escurial y del Pardo en pos de la ligera corza y del atrevido quanto fiero Xavali. Ia la passaron aquellos dias i agora iaze cadaver elado tendido en lovrega sepoltura olvidado hasta de los mismos que en vida le acatavan. Empero no lo esta de mi que quiero escrevir su vida mui doloroso me es a la verdad, empero conosco que puede ser de mucha utilidad el conozer la vida del mal aconsejado joven que a mas de haverse dexado llevar de sus passiones i de la voz de la infame venganza i se volvio contra el mesmo author de sus dias por la mal aconsexada y mala accion merescio una cruda muerte iendo a ocupar una tumba en lugar de un throno. Thengale Dios en su sancta gloria descansando i rogando por la quietud i paz de su padre i destos reinos per omnia saecula saeculorum. Amen.

Las primeras líneas causan una honda decepción y no son una invitación para proseguir con la lectura. La sospecha de fraude surge con rapidez bajo una catarata de tópicos concernientes al príncipe —apuesto y galán—, sus actividades cinegéticas —potro vigoroso, ligera corza y fiero jabalí— y su trágico destino.

Alguna que otra concesión a las simas de una tenebrosidad petulante —cadáver helado, lóbrega sepultura— apuntalan la hueca retórica que alcanza niveles contradictorios con el cuerpo de la relación al puntualizar que la cabeza real «cayó bajo el acha de un verdugo». Esta aseveración errónea —como podrá comprobar el lector más adelante— provoca una lógica perplejidad y abre un mar de incertidumbres sobre la rigurosidad exigible a un relato anónimo para que pueda ser fiable, salvo que en su rebuscada desmesura se deje llevar por el impulso de una frase hecha. El cronista, como se autodenomina, da la impresión de no tener ni la menor noción de la vida de Carlos de Austria y, para disfrazar su ignorancia, recurre a una serie de paupérrimas expresiones literarias. Y por si fuera poco no hace alusión a su condición de confesor —que figurará más adelante— ni fija la fecha de la redacción de su alambicado preámbulo.

Pasado el paroxismo preliminar, olvidados los pobres recursos pomposos, el narrador se equilibra algo, apoya su capacidad en una disposición didáctica, más en consonancia con aquella época, y abre paso a reflexiones que, aunque ambiguas, tienen un estilo más constructivo. De todas formas, la percepción inicial no puede resultar más penosa, pese a las últimas palabras en latín que parecen conferirle una condición enlazada con el mundo de la religión.

D.ⁿ Phelipe Segundo Rei Catholico de España i de las Indias fue hijo del mui alto y esclarezido Emperador Carlos Quinto del Imperio i primero de España de aquel grande heroe que con sus altos hechos puso admirazion en el mundo entero haziendo ver en nuestra hera el nunca visto ejemplo de un Rey potente en cuios estados jamas se ponia el sol i el no menos digno exemplo de un hombre que despues de provar todas las dulzuras del mando y de la gloria fue a esconderse i acavar sus dias en los asperos desiertos y soledades del Monesterio de Iuste. Este grande Emperador antes de su adicazion quiso de mui vuena voluntad dejar a su hixo primogenito D.ⁿ Phelipe el monarca i soverano mas rico de todo el universo conocido empero salieronle fallidas todas sus ideas porque los demas soveranos de la Europa temiendo los efetos del poderío español pusieron todo su conato en impedir que D.ⁿ Phelipe reuniera en sus sienes las coronas de España i del Imperio i lo lograron con efeto pues temiendo Don Carlos envolver a su hixo en su avenimiento al trono en muchas guerras civiles cedio voluntariamente el Imperio en su hermano Pherdinando con la qual zesion quedo separada eternamente Alemaña de España menos algunas provincias tales como Bruxelas i otras que al fin se perdieron como mas adelante en esta narrazion veremos. La ultima azion del grande Emperador no le salio como el pensava i desque le salio fallida formo el plan i desinio de acabar sanctamente sus dias como lo hizo en la soledad de Iuste en un convento de PP Hieronimos, heredando el reyno antes de su muerte el Señor Don Phelipe segundo que se gano el sobre nombre de prudente i que governo con mucha severidad no perdonando delicto ni falta alguna aun [1]....... persona allegada a el segun demostraremos a .... tuvo este Rei D.ⁿ Phelipe en su Esposa la .... Doña Maria hija del rey de Portugal con quien ca .... primis nuptiis en el año de mill y quinientos i quarenta i tres un hijo que nascio en el año de mill y quinientos i quarenta i zinco en la ziudad de Valladoliz, i a quien se le puso por nombre D.ⁿ Carlos siendo el nascimiento deste prinzipe causa de la muerte de su madre porque murio de sovreparto. El joven infante se crio sano i robusto aprendiendo con notable aplicazion a leer escrevir la lengua latina i demas cosas que a tales señores es acostumbrado a enseñar. Era el joven Carlos de un genio muy aristo i mui indomito i mui amigo de hazer su voluntad condizion de prinzipes que conoscen su elevada positura y dende pequeñuelos gustan de hacer su gusto y de dominar a sus allegados i sus suditos. Hallabasse en los trece años de su edad quando el Señor Prinzipe su padre comenzo a ser Rei por la renunzia que del trono hizo el glorioso y afortunado Emperador Carlos Quinto. La primera guerra en que se hallo envuelto D.ⁿ Phelipe fue en la que su señor padre no dexara apagada del todo con la Franzia con la qual se habia ligado en contra de España el summo Pontifize Romano, pero esta guera (*sic*) fue toda para maior gloria i prez del nuevo rei de las Españas porque vencio a la Franzia en la celebre i famosa batalla de S. Quintin a consequencia de la qual fundo el grande i manifico convento de S Lorenzo del Escurial y a consequenzia de la qual la Franzia entro en negoziaziones para la paz proponiendo en matrimonio al Rei Phelipe que se hallava viudo el Rey Enrrico de Francia .... hija de nombre Isavel moza doncella .... ana apostura i de suma velleza la qual .... el nombre de Isavel de la paz porque en ella .... fue una prenda de paz para el Reyno aunque de turbazion y desgrazia para la Real Familia. Phelipe azeto el partido y la Real novia desposada bajo condizion en Paris fue conducida con grande y manifico cortejo a Guadalaxara donde la fue a recebir su esposo i en ella se zelebraron con mucha magestad i pompa las bodas echando la bendizion a los desposados el Eminentissimo Señor Cardenal Mendoza. Finalizadas las fiestas del casamiento passaron los Reies a Toledo donde estaban aplazadas las Cortes ultimas que se zelebraron en España por aquel entonzes en las quales Cortes fue reconoscido por heredero i subzeesor de la Corona i de los Reynos de su padre el prinzipe D. Carlos de Austria. En este mismo año el señor Rei D. Phelipe hizo traer delante de si a D. Joan de Austria hijo natural del emperador Carlos Quinto el qual le huvo en Alemaña en una Señora llamada Barbara Bomber el qual se criaba desconozido en compañia de D. Luis Quixada en el lugar de Villagarzia i le dio el sovrenombre de Austria i le dió grande aparato i riquezas. Este manzebo fue el famoso D. Joan que gano la batalla de Lepanto que sujeto a los moriscos rebeldes

---

[1] En todos los huecos cubiertos con puntos faltan palabras por estar roto el papel.

de la Alpuxarra i que hizo tantas i tan famosas azañas como por ai se dizen i cuentan.

Con independencia del sesgo laudatorio de los renglones dedicados al emperador, con atisbos de escarceos literarios, puede decirse que el autor está bien informado, pese a la vaguedad de los lances que describe. Los soberanos de Europa veían en efecto con «malos ojos» la concentración de poder y Carlos V renunció a los Países Bajos en favor de su hijo en octubre de 1555 para cederle, al comenzar 1556, los restantes dominios, pero dejando el imperio en manos de su hermano don Fernando. La acción fallida, excluyendo el fracaso de que su continuador no pudiese ceñir la corona del imperio, debe insinuar la paz de Augsburgo, firmada por los católicos y los luteranos alemanes, para permitir que el imperio se dividiese en dos credos y que los príncipes tuviesen el derecho de imponer a sus súbditos sus mismas creencias.

La alusión a las «provincias que al fin se perdieron» es un enunciado ambiguo en el plano temporal, teniendo en cuenta las alternativas bélicas que se produjeron en el prolongado conflicto y la advertencia «como mas adelante en esta narración veremos» una vana promesa que no se cumple. Es indiscutible que se refiere a un acontecimiento muy ulterior a la abdicación de Carlos V y se puede calcular, sin seguridad, que esté aludiendo a las consecuencias de la unión de Utrecht (febrero de 1579), cuando ciertos enclaves neerlandeses rompieron con España y sentaron las bases para que se constituyesen las llamadas Provincias Unidas, o más probablemente a la subyugación sobre las poblaciones sureñas ejercida por los Estados Generales (Gante, Amberes y Bruselas entre ellas), que, no obstante, fueron recuperadas por las armas de Alejandro Farnesio. Proyectarse hacia la definitiva pérdida de soberanía hispana conduciría inexorablemente al tratado de Utrecht y por tanto nada menos que al año 1713, muy posterior a la realización de la copia ultimada por Julián Martínez de Arellano en el verano de 1681. Con las naturales precauciones por las vagas concreciones comentadas, asumiendo el riesgo de cometer un error, me atrevería a sugerir que esta parte de marcada historicidad debió redactarse en torno a 1584, partiendo del principio de que Bruselas fue conquistada por el duque de Parma el 10 de marzo de 1585 —el narrador parece desconocer la rendición de la capital de Brabante— e incluso por la alusión a la fundación del monasterio del Escorial, cuyas obras se emprendieron en 1563 y concluyeron en 1584.

La frase tópica «en cuyos estados jamás se ponía el sol», asignada en esta oportunidad a Carlos V cuando también se ha empleado en referencia a la omnipotencia de su sucesor, y el calificativo de «el prudente» también merecen esclarecimiento, dado que ambas vulgarizaciones parecen de acuñación más reciente cuando, muy al contrario, son específicas del siglo XVI. En el primer caso, como ocurre en otras ocasiones, el cronista demuestra una sólida erudición, dado que el convencional eslogan empezó a difundirse en vida del emperador y hasta existen apuntes que le atribuyen su creatividad y la complacencia que le causaba la retórica sobre su poderío.

El sobrenombre adjudicado, por otra parte, ya era conocido en la época si se considera la tendencia demostrada por Cabrera de Córdoba, al que le agradaba el uso de semejante apelativo, aparte de calificarle como «el perfecto». José Martínez Millán y Carlos J. de Carlos Morales, en su introducción al primer volumen de los cuatro editados por la Junta de Castilla y León —*Historia de Felipe II, rey de España*— expresan que sus cualidades y magnificencia fueron conceptualizadas por Cabrera antes de la divulgación de su crónica, es decir, con anterioridad a la primera edición de 1619, aunque su origen tiene una procedencia todavía más lejana en el tiempo al enmarcarse en la obra *El felicísimo viaje del muy alto y muy Poderoso Príncipe don Phelipe, hijo d'el Emperador Don Carlos Quinto Máximo, desde España a sus tierra de la baxa Alemaña*, escrita por Juan Cristóbal Calvete de Estrella y publicada en Amberes en 1552. En este prolijo relato hay varias alusiones al «prudente» Salomón, coronado por su padre David, en inevitable paralelismo con don Felipe y su progenitor. La primera cita —repito que hay muchas más— se encuadra durante la llegada del heredero a Bruselas, cuando un grupo de súbditos de Brabante escenifica una representación alegórica de bienvenida —los nativos del país eran muy aficionados a tales escenificaciones con montajes de arcos triunfales, música, danzas e inscripciones laudatorias— y escriben textualmente en clara referencia al insigne visitante: «Vos soys el prudente Salomón, que por mandado de vuestro justo Padre governareys los reynos, que os pertenecen, con grandissimo contentamiento de los pueblos». También se produjeron alusiones similares, con reminiscencias bíblicas, en Gante, Brujas, Ypré, Amberes y otras ciudades.

Aclarados estos pormenores se puede sostener que el resto de los eventos que relata, dentro de su gran capacidad de síntesis, incluyendo afamados personajes, es en líneas generales correcto, con imprecisiones secundarias, y confirma que su verosímil pertenencia al clero está aderezada con una ostensible predisposición hacia la historia. Curiosamente su innegable preparación en este sentido parece resentirse cuando vuelve a incidir en la naturaleza de don Carlos, puesto que surgen discordancias entre las afirmaciones que vierte y determinadas fuentes sobre su salud, desarrollo corporal y aplicación al estudio. Sin embargo, coincide con los rasgos de su indómito carácter, aunque parezca disculparlos por su privilegiada condición, y comete algún descuido insignificante como cuando cita la edad de trece años al comenzar Felipe II su reinado. A principios de 1556, el infante no había cumplido los once y tuvo la ocasión de volver a ver a su padre en agosto de 1559, es decir, cuando acababa de alcanzar los catorce años.

Volvamos agora a nuestra istoria i prinzipal fin. Era tan hermosa i apuesta la joven reina de España que se llevaba la atenzion de todos y mas que de nadie se la llevo a el joben prinzipe Don Carlos .... era de su misma edad y de tan sobreumana .... enzendio una ativa llama en el corazon del Prinzipe que mal supo dissimular su cariño i le espreso ia con mill apasionados versos ia con dulzes trovas ia finalmente con una declarazion en forma que entrego a la reina la qual tuvo la devilidad de contestarle rogandole que dessistiera de su amoroso intento al que no podia corresponder por allarse ligada con unos eternos y sanctos vinclos. Esta respuesta en la qual se trasluzia mas ternura de la que deviera no llego a su destino porque por un azar desventurado la sorprendio el Rei ignoro el como i reprendio agriamente a su hijo i a su esposa mandandoles vajo serio apercivimiento que nunca se havlaran ni se viessen. Esta determinazion irrito el sañudo cararter del Prinzipe que alla en sus adentros no podia mirar con gusto a su padre desque le proibiera ver ni ablar al objeto de su passion. Todos los que andavan zerca de las reales personas conoscieron claramente que el Prinzipe miraba de mal ojo a su padre i muchos se adelantaron a dezir que meditava vengarse siempre suzede esto en el mundo los ombres desprezian las azvertenzias que en sana paz se les hazen i por un sueño por una ilusion loca suzeden mil desgrazias i dessastres como luego despues veremos porque el Prinzipe tuvo p .... su desgrazia una prontta o .... de meditar la venganza contra su padre que tan costosa le fue a el mesmo puesto que no logro mas de arruinarse a si i arruinar a los que anduvieron al lado suio.

Al apartarse del terreno histórico y adentrarse en el ámbito privado se retorna otra vez, al menos en apariencia, al más puro convencionalismo, aunque ya se aprecia que los superficiales párrafos tienen un fuste algo más equilibrado. La querencia amorosa hacia Isabel de Valois se apoya en «mill apasionados versos ia con dulzes trovas». Y en una carta o billete con una «declaración en forma» que concitó una respuesta que puede intuirse positiva si no tuviese la obligación matrimonial. Nada refiere sobre la fecha de estos trasiegos, finiquitados con una reprimenda a los jóvenes y una prohibición de hablarse y verse que resulta ridícula. Aunque pueda existir un trasfondo verdadero —diversos anónimos resaltan una misiva emocional—, la relación reúne ingredientes tan tópicos que no tiene valor inicial, si bien conviene tener presente la alusión de Martha Walker Free que atribuye a don Carlos una décima en francés dirigida a doña Isabel, sacada de los archivos y bibliotecas de París. Además hay comprobantes en Simancas [casa real, legajo 52 g y f (nomenclatura antigua)], de pagos a pajes por trayectos desde Madrid a Alcalá de Henares en el periodo comprendido entre el 31 de octubre de 1561 y el 17 de julio de 1562, persuasivos de una constante comunicación dimanante de la reina. No es inverosímil que en dichos desplazamientos la servidumbre llevase recados, dado que, en caso contrario, tampoco tienen mucha lógica estos recorridos.

Asimismo, en una etapa más avanzada, mientras dura la expedición hacia Bayona en la primavera de 1565, hay antecedentes de que el príncipe enviaba a un propio para cumplimentar a su madrastra en la primera fase del largo itinerario. La referencia figura en contadurías generales, 1.ª época, legajo 1070, pliego 6.º, con la siguiente anotación: «A don Juan de Cárdenas, 17418 maravedís que Su Alteza le mandó dar, por otros tantos que de su propio dinero gasto en haber ido y vuelto tres veces a visitar, por mandado de Su Alteza a la reyna nuestra señora, al camino yendo desta villa de Madrid a Valladolid para Bayona, por el mes de abril de 1565». Como en el supuesto anterior, que ya he razonado, cabe inferir que estas gentilezas eran métodos para cursar mensajes cuyo contenido se ignora. La última orientación está recogida por Gachard, a pesar de que el documentalista belga no da importancia a tales actos que coinciden con la inesperada decisión adoptada por Felipe II para que su hijo se reuniese con él en el monasterio de Guisando, evitando el plan de que hiciese una peregrinación en solitario a nuestra señora de Guadalupe en la Semana Santa. Saint-Sulpice, al advertir el repentino cambio de criterio, consigna un párrafo de inaccesible interpretación: «lo que todavía no está casi divulgado, y no hay necesidad de que se hable de ello, pues el motivo tampoco se puede escribir ahora». En este contexto no se debe olvidar que el conde de Egmont se hallaba en la Corte desde el 20 de febrero y que se puso en camino hacia su tierra en abril, acompañado por Alejandro

Farnesio. ¿Temía acaso Felipe II que su primogénito, aprovechando las vicisitudes del viaje de su esposa hacia Francia, tuviese la ocurrencia de unirse al afamado noble para encaminarse hacia Brabante? La hipótesis carece de certidumbre probada, pero nadie sabe qué tipo de pensamientos embargaban ya al heredero en aquellas horas sobre su porvenir inmediato.

La aversión filial que nace de su frustración amorosa parece exagerada, aun cuando ciertos historiadores han admitido que tenía una clara inclinación, tal vez apasionada, hacia su madrastra y no hay que arrinconar la desazón, a veces irracional, que un sentimiento semejante provoca en la condición humana cuando la ofuscación y el rencor hacen mella ante la imposibilidad de consumar un ardiente propósito, máxime cuando no se puede descartar que don Carlos tuviese conocimiento de que había estado prácticamente pactado su enlace con la mujer que le obsesionaba. La carencia de fundamentos consistentes conduce a puras suposiciones y en la conjetura me mantengo en tan compleja cuestión, aunque sí constan datos de que ambos compartían ratos de esparcimiento en paseos y juegos. Como evaluación irrefutable hay que recordar que estuvo jugando al clavo en los aposentos de Isabel de Valois la noche previa a su reclusión.

¿Pudieron brotar entre los dos jóvenes meros escarceos cariñosos en notificaciones reservadas que cayeran en manos del rey y provocaran una advertencia del puntilloso marido? No se debe desechar esta posibilidad si se reflexiona sobre el factor de que convivieron en su adolescencia, disfrutaban de edades similares y probablemente de una compenetración íntima que pudo molestar a Felipe II en la severidad de su talante. La condición altiva del príncipe pudo sufrir, a su vez, una dura humillación ante la reprimenda paterna y ser un ingrediente más de las desavenencias que influyeron en su animosidad.

Modesto Lafuente, a quien nadie podrá tildar de no procurar objetividad en sus opiniones, explica al respecto: «Nada nos sería más fácil, si la naturaleza de nuestra obra nos permitiera dedicar á ello un tiempo y un espacio que nos diera lástima robar á otros asuntos, que desbaratar con datos históricos todo el edificio sobre este falso cimiento levantado, y aun creemos que bastará lo que luego iremos diciendo para deshacer la novelesca trama. Y esto, no porque tengamos por inverosímil, ni nos parezca extraño ni improbable que entre dos jóvenes príncipes de pocos y casi iguales años, pudieran nacer afecciones más ó menos fuertes y vivas, á despecho de los sagrados deberes de esposa y de hijo. Por poco conocedores que fuéramos de la naturaleza y del corazón humano, lamentaríamos la existencia de una pasión que las leyes humanas y divinas hacían criminal, pero no nos maravillaríamos de ella; sino que, mientras los fundamentos históricos no vengan en confirmación del crimen que se imputa ó de la flaqueza que se supone, severos como somos para juzgarlos cuando han existido, lo somos también para con los que ligera y arbitrariamente y sin datos ciertos mancillan de una manera tan solemne la pureza de una reputación, tal como la de la reina Isabel de la Paz, á quien los escritores contemporáneos, franceses y españoles, nos representan como ejemplo de virtud, de honestidad y de recato. Así como no nos admiraría si dijeran que el príncipe Carlos, atendido su genio envidioso y atrabiliario y su incontinencia en las pasiones, se había irritado de ver á su padre en posesión de la bella princesa que le había sido á él prometida; y esto, unido á las reprensiones paternales, pudo contribuir á que mirara siempre al autor de sus días con ojeriza y encono».

Por otra parte, no encuentro justificación para que sus acciones arruinaran a las personas próximas, a no ser que la manifestación concierna a la clausura de su casa, que pudo implicar despidos y contrariedades entre sus criados, incluidos los disimulados destierros de Hernán Suárez y Juan Briviesca de Muñatones, aunque esta apreciación parece demasiado simplista. En la pretendida rebelión o en su intento de huida no se conoce que resultaran involucrados miembros de su servidumbre, aunque este hecho sea sorprendente cuando es normal deducir que debía contar con alguna clase de ayuda. Pensar en otra hipótesis imbricada en el mundo áulico que le rodeaba me conduce, de manera inexorable, hacia la muerte de Isabel de Valois —tema que no deseo abordar— y que me turbaría que fuese la causa del mensaje de ruina tan poco esclarecedor.

En el anno mill .... tos sesenta i dos se havvia vuelto a abrir el .... nzilio de Trento i en el anno de mil i quinientos y sesenta i quatro publico el Rei Don Phelipe sus ordenes y dezisiones contra los malos i perversos partidarios de la heregia de Luthero Nuestra catholica España i todos los dominios del rei azetaron sin dificultad todas las sanctas determinaziones del Conzilio para la maior exaltazion de la fee de nuestros padres empero los Paises Baxos Bruxelas y otras muchas partes que estavan enfizionadas de la heregia no las azmitieron tan vien i en muchas partes fueron causas i motivos de mui graves desavenenzias entre los que seguian i havian adoptado distintas opiniones en puncto de religion. Quando Phelipe segundo havia andado por los Paises Baxos recorriendolos todos a su vuelta a España havia dexado por governadora de aquellas tierras a su ermana Margarita que era hija natural tambien del Emperador Carlos Quinto i a quien su padre havia dado el titulo i possesion del ducado de Parma dexo pues a esta señora que era de mucho espiritu y consexo para el govierno i de mui azertadas disposiziones en compañia de Granvel obispo de Arras que era tambien governador como Margarita i mui severo i harto zeloso de la gloria y esplendor de la Religion Catholica Apostolica y Romana i era hombre que nada pasava a los hereges .... confessos i convitos de este crimen caian en pues todos eran oblegados a ajurar sus erores (*sic*) en el Sancto Tribunal de la Inquisizion y de de no azerlo morian o en los tormentos o en las ogueras del Sancto Oficio pues tales castigos eran nezessarios para tener a raia la general corruzion que en aquellos paises desgraziados iva introduziendo el demonio para mal i perdizion de las desventuradas gentes que oi las avitan. Granvel de acuerdo con la governadora publico unos editos i pregones publicos mandando que nadie pena de sufrir los mas severos castigos [2] .... iera conversaziones leiera libros donde se propalavan las nuevas y ponzoñosas dotrinas del theniente de luzifer el perverso Luthero, pues assi penssavan los governadores cortar de raiz los males que se temian, no lo lograron empero porque el pueblo inzitado por algunos Señores inficionados de la heregia comenzo a levantar grita contra los editos, i los condes de Emon y de Hornos i el Prínzipe de Orange que tambien formavan parte del Consejo i que eran hereges ocultos y atizavan en quanto les era dable el descontento general manifestaron con notizia y beneplazito de la Governadora las voces del pueblo al Rei D. Phelipe que se hallava en Valladoliz echando la culpa del descontento a Granvel porque dezian que su orgullo i severidad era por demas i tenia con ella erritado al pueblo el qual amenazava revelarse contra la soverana authoridad depositada en la governadora i en los nobles que el su consexo componian i concluian pidiendo al Rei que por evitar maiores males [3] .... partasse a Granvel del Govierno pues dezian que [4] .... el del mando todos los animos inquietos volveri [5] .... pristina tranquilidad i sosiego. Rezibio el Rey [6] .... le remitia su Ermana i se irrito sovreman [7] .... rer dar oidos a los consejos que en la tal carta se contenian por parezerle una mengua que un Rei viniese a tratar mano a mano con suditos reveldes, no quiso pues ni apartar a Granvel del mando ni desminuir en lo mas minimo la severidad de los editos pues como el dezia muchas vezes importavale poco que se le

---

[2] En este hueco faltan letras que no pueden leerse por estar borradas con un borrón de la misma tinta. Acaso diría: «huv, o tuv y podrá leerse hubiera, o tuviera o hiziera».
[3] Roto el papel. Diría: «aparta».
[4] *Id.* y acá diría acaso: «apartado».
[5] *Id.* Diría: «volverian a la».
[6] *Id.* Aca diría: «el memorial solicitado que».
[7] *Id.* Roto el papel, diría: «sobremanera y sin querer».

revelassen sus vassallos mientras tuviera fuerzas para castigallos i mas queria perdellos a todos que permitillos heregias i malas aziones contra la sancta Religion Catholica unica verdadera i unica que se deve adorar i unica que saldra vitoriossa de todas las artimañas de la infernal serpiente que a todas horas procura minar la eterna perdizion de las almas supo sin embargo Granvel que a consequenzia de averse negado el Rei D.ⁿ Phelipe a quitalle del mando se avia formado una conjurazion en Bruxelas para matalle cuando le allassen dessapercivido si se ostinava en mantenerse en su puesto temio Granvel por su vida i se aparto en la aparienzia pero siguio de secreto i de oculto aconsejando a Margarita i reziviendo ordenes de D.ⁿ Phelipe a virtud de las quales los editos que tanto horror inspiravan al pueblo i a los novles hereges se promulgaron con mas fuerza i rigor esto en vez de intimidar a los mal contentos les dio mas alas para quejarse i los nobles a cuio frente estava Phelipe de Marne Señor de Sancta Aldegonda digieron al populacho que las intenziones de la corte eran perseguir injustamente a todos los havitantes de aquellas tierras para despojalles de sus fueros, pre .... i livertades y para quitar a lo ricos sus vienes i su .... suponian i hazian passar al Rei por avari .... dizioso. Como el pueblo es senzillo i facilmente se enarvola creio cuanto le dixeron i como estavan mas prontos a adotar las nieblas i inmundizias de la heregia que las verdades sanctas de nuestra inmaculada Religion alzaron grita en todas partes pidiendo el livre usso de la nueva dotrina amenazando de no con mil desastres i con todo genero de malos echos. Los nobles i las personas entendidas escribieron un manifiesto pidiendo en el lo mesmo que el pueblo pedia i inzitando a todos a revelarse iba este manifiesto o carta de rebelion firmada por inumerables personas de Bruxelas i otras partes en vista de lo qual se acavo el pueblo de declarar, aunque como se supo despues muchas o casi todas aquellas firmas se avian fingido para que viendo la gente credula que eran del partido i bando trastornador muchas gentes prinzipales se resolvieran sin repunanzia ni escrupulo alguno como lo deseavan salio i la governadora que se hallava sola con mui poca gente de armas tuvo que resinarse a escuchar las propuestas de los amotinados que pedian lizenzia para quejarse en Bruxelas dioles ella el permisso que solizitavan y apenas se lo notificaron entraron en Bruxelas mas de seiscientas personas las quales presentaron un escrito a modo de memorial esponiendo en el sus agravios i pidiendo un pronto remedio, pidieron a la Governadora que enviasse este memorial a la corte a ponerle en manos del Rei i ella lo consulto con los del su Consejo aconsexose antes con el obispo Granvel i este se opuso a que se llevase el memorial a Madrid o donde la corte estuviera pero el Prinzipe de Orange que como hemos dicho protegia en secreto a los reveldes de aquellas provinzias insto porque el memorial fuese presentado diziendo a Margarita que .... enviase algunas personas de arraigo a la corte a presentarse al Rei i dalle la esposizion o memorial i pedille amparo i protezion para que se evitasen maiores daños de los causados hasta entonces Margarita con acuerdo de estos senores i demas de los del su consexo envio al Rei Don Phelipe la esposizion que iva escrita i firmada por una multitud de personas de las mas nobles i mas ricas de Brxelas (*sic*) los deputados para conducir el memorial fueron elegidos entre muchos que lo deseavan i fueron el Marques de Mon [8] i el Baron de Montini los cuales partieron de Bruxelas el dia diez i ocho del mes de Julio [9], y llegaron en posta a Madrid el dia quinze de Agosto del año mill i quinientos sesenta i seis aunque estaba mui irritado D.ⁿ Phelipe de que unos vasallos quisieran ponelle leies recibio no ostante a los deputados de Bruxelas los quales leieron el memorial que traian que estava notado en los terminos siguientes que pongo aqui enseguida porque io saque una copia del i es como enseguida se espressa.

Al Rei nuestro Señor los infrascritos ziudadanos de la ziudad de Bruxelas de Harlem Valencianas Tornos y Amberes por si i a nombre de sus conziudadanos a vuestra Real Magestad humilde i rendidamente dizen que desde que en estos paises comenzo a estenderse i a propagarse la luz de la religion predicada por los sanctos i ispirados Apostoles Luthero i Miguel Baio estos pueblos todos conociendo las ventajas de la observanzia de la religion christiana se declararon por ella i determinaron de seguirla como en efeto la siguieron adotando (*sic*) su dotrinas i ceremonias como la dicha religion lo manda Pero por esta declarazion que hizieron de su libre voluntad sin ser forzados merezieron ser tratados como enemigos y como foragidos reuniendose para condenar lo que llamavan nuestros erores (*sic*) el Conzilio de Trento vajo el glorioso imperio del padre de vuestra Magestad pero en este conzilio se limitaron los Padres i Obispos que le componian se limitaron solamente a deshacer lo que llamavan errores pero solo con palabras suvio en esto vuestra Magestad al Throno i cuando todos esperamos que se nos permitiera el libre uso de nuestra religion vimos que se lanzaban contra nosotros severos editos mandandonos aiurar lo que nunca podremos hechar de nuestros corazones pena de ser entregados a las manos de los Tribunales Religiosos que nos castigan sin piedad i que no se duelen de nosotros ni de los padezimientos que sufrimos nosotros emperero (*sic*) tenemos mucha confianza en vos porque tal vez habreis dado oidos a los consejeros que os obligaran a obrar contra vuestros fieles suditos i creemos que quando lleguen a vos nuestras quejas las oireis benignos i aplacareis nuestros males. Pedimos señor i esperamos que nos permitireis el libre uso de la religion reformada

---

[8] Véase para este nombre y su venida y de su compañero Montini los núms. 10 al 13 inclusive del apéndice.
[9] Véanse los núms. 10 al 13. Ignoro si el Marqués de Berghes o Bergas tenía también el de Mon*.

* Los cuatro anexos citados no tienen especial significación y el desconocimiento apuntado por Manuel García González es aclarado en páginas inmediatas confirmando que se trata del mismo personaje.

que nos quitareis los severos editos que nos auruinan (*sic*) i que suprimireis el oficio de la Inquisicion cuya pesada carga no podemos llevar con pazienzia los que nunca la conoscimos corta es nuestra petizion porque nada os va en que vivamos vajo esta o la otra ley religiosa con tal que no os faltemos a lo que os es devido i a lo qual nunca faltamos nada os decimos Señor de las muchas contribuciones que pagamos nada os dezimos de los malos tratos que los governadores nos hazen pasar porque todo lo sufrimos con paziencia esperamos ansiosos la real i soverana determinazion de vuestra magestad que sera sin duda como la apetezemos porque en la justicia y amor del Rei deven descansar los vasallos que le piden su felizidad. Pero con mucha pena os avertimos que si desois nuestras razones i no quereis mirar por el vien de estos pueblos siempre tan fieles no seremos nosotros ziertamente los que devamos responder de las desgrazias i desastres que ocuriran (*sic*) porque el zielo save hasta donde puede llevar la colera a unos hombres que se ven tratar como fieras por sola la zircustanzia de oservar diferente religion a la que professan los que devian disculpar errores si los hai i no procurar el esterminio y la desolazion de unos pueblos que jamas han faltado a su Rei i Señor natural [10].

Indinose altamente D.ⁿ Phelipe porque jamas havia pensado tal avilantez en sus vasallos i con efeto el memorial era mas bien un padron provocativo a guerra que la llana i lisa esposizion de agravios que se contavan al prinzipe para que pusiesse el remedio despidio el Rei al Marques de Mon i al Baron de Montini sin contestarles cossa alguna porque creia rebajarse de su authoridad tratando con revoltosos i passo ordenes para que se siguiera en Buxelas (*sic*) oservando con todo vigor los editos mandando al mismo tiempo que se dispusiera el levantar tropas para hazerse obedeszer de grado o por fuerza en aquellos dominios apartados. Los deputados de las provinzias aunque vian qual les saliera su comission permanezieron quietos en la Corte cosa que asombro mucho a todos, pero ellos lo hizieron sin duda porque temian que sus conciudadanos achacasen la repulsa a su poca habilidad i les dieran algun mal despacho. Entre tanto los de Buxelas (*sic*) que en valde esperavan las mejoras que habian creido alcanzar como vieron que se retardavan arrebatados del demonio i por el maldito zelo de su perversa religion arremetieron como fieras a los templos derrivaron los altares hizieron otras tales demasias que llegaron en vano a oidos de la Governadora que no las pudo evitar porque carecia de tropas para hazello. Pero quando se supieron estos desmanes en Madrid azelero

---

[10] Véase el núm. 14 del apéndice*.

* Es una carta del conde de Egmont a Madama de Courtray de fecha 14 de agosto de 1566, escrita en francés, que no revela nada importante relacionado con el memorial.

el Rei el armamento de tropas para castigar a los reveldes pues esto i mucho mas merescian aunque despues de los desordenes se estuvieron quedos por los ruegos y buenas palabras del Prinzipe Orange i de los Condes de Emon y de Hornos que apaziguaron la rebelion porque ellos eran hombres de mucho credito y de gran valia entre el pueblo que no resistio a sus amonestaziones i casi casi estoi por dezir que despues de ....chos quedaron arepentidos por el temor de la pena que necesariamente les habia de sobrevenir despues.

El cronista retorna a una extensa exposición para comentar el concilio de Trento, la gobernación de los Países Bajos tras el regreso de Felipe II a la península y la sublevación posterior en aquellas tierras. Sus palabras, empañadas por su aversión hacia los herejes y su inquebrantable fe en el catolicismo, se ajustan, en términos generales, hecha la salvedad del subjetivismo que le domina, a la realidad de las luchas políticas que se desataron, acredita estar bien instruido de los eventos más significativos y hasta de nimios detalles, aunque, como es natural, le resulta inaccesible abarcar predominantes factores de una época convulsa y dilatada que no voy a glosar en aras de la brevedad, aunque sí convenga exponer algunas puntualizaciones sobre los comisionados enviados a Madrid y el memorial reproducido en el opúsculo.

En el primer caso se alude con exactitud al barón de Montigny, aunque también se menciona al marqués de Mon de forma inexplicable, por cuanto en ninguna crónica, antigua ni moderna, consta que Jean de Glymes, identificado como marqués de Berg o Berghes (entre distintas locuciones muy parecidas) pudiese ostentar semejante título y mis primeras investigaciones fueron de fracaso en fracaso, averiguando únicamente que en la provincia de Hainaut existe un importante centro comercial llamado Mons —su capital— y que este enclave se denomina Bergen en lengua neerlandesa, extremo que creaba suspicacias por el parecido fonético. El desaliento me hizo olvidar la nota discordante, pero pasado bastante tiempo tuve la perseverancia de volver sobre el enigma y tropezar con un texto publicado en Londres en 1812, escrito por Guillermo Jones —la historia de la iglesia cristiana con referencias relacionadas con los albigenses y valdenses—, en donde se afirma con rotundidad que los supuestos contactos secretos de don Carlos se sostuvieron con el barón de Montigny y el marqués de Mons (*marquis of Mons*). El inesperado descubrimiento me produjo el consiguiente regocijo al certificar que el autor del opúsculo no cometía un yerro sino que, por el contrario, daba una muestra más de la veracidad que transmite. El manuscrito, por otra parte, determina que partieron juntos el 18 de julio y llegaron en posta a su destino el 15 de agosto. Sin embargo, Gachard advierte que el barón ya estaba en Castilla a primeros de junio, pese a que hay también referencias de que llegó el 17 del citado mes. El marqués de Berghes salió con retraso como consecuencia de un accidente sufrido antes de su partida. El calor soportado durante el recorrido, sus dolencias y su precario ánimo para cumplir con su misión —tenía un firme convencimiento de que la embajada fracasaría— le hicieron llegar al palacio de Valsaín, a mediados de agosto, sin haber conseguido cancelar su desplazamiento.

Felipe II salió para El Pardo el 25 de junio y se reunió con su esposa en tierras segovianas. Es viable, por tanto, que las audiencias con el neerlandés se celebraran en el alcázar de Madrid antes de partir para Segovia, con trato favorable, pero aplazando su arbitraje para cuando estuviese en Valsaín. Debió de ser en una de estas entrevistas cuando Floris de Montmorency entregó un proyecto de moderación de las leyes contra la herejía preparado por consejeros de Margarita de Parma, sancionado a su vez por el Consejo de Estado, recomendado por los caballeros del toisón de oro y validado por la mayoría de los territorios provinciales. Una referencia de esta moción, expuesta en francés, es examinada por Gachard, pero no concreta su procedencia ni datos que puedan habilitar su localización. Hay igualmente un memorial del barón, datado el 20 de julio de 1566, en donde solicita la abolición de la Inquisición, la modificación de los edictos y la aprobación de un perdón general, mientras que recalca la necesidad de que se aporte dinero y que se le curse «una buena carta» al príncipe de Orange.

Tampoco se puede desechar que hubiese más memoriales que Montigny poseía al llegar a la Corte si se tiene en cuenta el pasaje de Luis Cabrera que dice: «Dio [Montigny al rey] los pareceres de las provincias de Artuoes y Henaut sobre la moderación de las leyes, y después llegaron los de Luceltburg, Namuer y Tornay, conforme al nuevo formulario los demás casi del todo contrarios, teniendo por mejor la forma antigua». Como es proverbial la «claridad» del historiador exime de interpretaciones. Ni aclara ni se le entiende nada, pero no debo dejar de mencionar que en el Archivo de Simancas hay una nota manuscrita de que los memoriales entregados fueron exactamente cinco como señala el cronista madrileño. La monografía especifica, entre otras, a la población de Tornos (probablemente Tournai, dada la disparidad de los escritores cuando enumeran las poblaciones septentrionales y que puede ser Tornay en el léxico de

Cabrera) y no es, en consecuencia, extraño que el autor efectuase el remedo de algún memorial (tal vez traducción del francés o latín), máxime cuando el fondo temático es coincidente al pedirse que se les libere de los severos placartes y se suprima el oficio de la Inquisición, las dos premisas básicas de las exigencias.

Manuel García, en las impugnaciones editadas en Valladolid, medita sobre la trascendencia de la copia por parecerle absurdo que sea invención de un novelista fabulador —convicción que yo sustento plenamente—, precisa que Tornos debe de ser Tornay y brinda pistas de la identidad de Miguel Bayo (Michel Bay de Lovayna), indicando que era un distinguido doctor teólogo, artífice de un libro vinculado con la reforma que fue censurado por la Universidad de Salamanca. También aporta dos textos extraídos de la misma sección, en este caso del legajo número 529, haciéndose eco de las manifestaciones de los vecinos de Tornay y Amberes a sus magistrados. Las críticas usadas son duras y están en consonancia con los últimos párrafos de la solicitud que, según el opúsculo, fue sometida al rey, documento concreto que también he tratado de encontrar en Simancas sin éxito.

Floris de Montmorency, como ya he detallado, se entrevistó con Felipe II en Madrid y en Valsaín, antes del 26 de julio, ya que en esta fecha, tras amplios debates sostenidos por los consejeros, el soberano anunció su próximo viaje a Bruselas, pidiendo que ofreciesen una nueva sugerencia sobre la moderación de los edictos, no poniendo reparos a que cesase la Inquisición apostólica —la decisión concernía a la potestad del papa— y autorizando una remisión general. Al neerlandés no le fue permitido asistir a las sesiones, pese a su condición de caballero del toisón de oro, y reaccionó de manera furibunda cuando tuvo noticia de las decisiones por estimar que la faceta primordial de la mitigación de los placartes quedaba en suspenso. Aquella noche, según refiere Gachard, se enfrentó al rey con tanta libertad dialéctica que puso color en su rostro inalterable.

El 31 de julio, transcurridos tan sólo cinco días, Felipe II firmó una cédula aboliendo el tribunal eclesiástico y concediendo el perdón. Los turcos estaban cerca de Italia, el peligro otomano podía ser inminente, y los planes de marchar hacia sus enclaves insurrectos no pudieron apresurarse ante la amenaza de un presunto conflicto en el Mediterráneo o en las propias costas levantinas. Hizo la concesión forzado por las circunstancias, negando su validez ante el notario Hoyos, y ordenando que se reclutasen trece mil soldados alemanes mediante despacho dirigido a la gobernadora. La hipocresía mil veces acreditada era una característica acentuada de su carácter apocado, siempre ladino y proclive al engaño cuando lo creía útil o no disponía de la energía inexcusable para afrontar las crisis con la firmeza que su condición exigía.

El 3 de septiembre llegaron las misivas de Margarita de Parma narrando las profanaciones iconoclastas desatadas en Saint-Omer, Iprés, Amberes, Gante y diversas ciudades. Los templos católicos habían sido asaltados, se habían profanado imágenes, destruidos ornamentos sagrados, quemadas biblias y altares y hasta profanados sepulcros y aventados los restos de los cadáveres. El rey, que ya padecía algunos malestares, enfermó de fiebres —un resentimiento de tipo colérico que era tendencia innata en su primogénito—, pero permaneció al corriente de las contrariedades que la duquesa le contaba en sucesivos correos.

Efectivamente, como asevera el manuscrito, los nobles intervinieron para apaciguar la sedición. Guillermo de Nassau fue el artífice del primer pacto local en Amberes, Horn consiguió un acuerdo análogo con los calvinistas en Tournai y Egmont imitó a sus compañeros en Gante, pero las concesiones al culto protestante apenas tuvieron vigencia por cuanto fueron anuladas rápidamente.

Pronto supo el Prinzipe D.ⁿ Carlos estas nuevas i como mirava con malos ojos a su padre aseguran que en el alma se alegro de que se levantasen aquellas provinzias porque es condizion humana alegrarse de los males que suceden al proximo quando no se le quiere vien. Asegura Gil Anton criado del Prinzipe i como en su declarazion dijo que quando llegó a oidos del prinzipe la revelion de los lugares aquellos estava el dicho Anton aiudando a poner las calzas al prinzipe por ser la ora de la mañana quando se levantava de la cama .... que con semblante mui alegre dijo alegrome mucho que essas gentes se vuelvan contra mi padre porque assi le enseñaran a no ser tan cruel ni tan fiero con essos pobres vasallos palabras mal dichas en verdad pues por mas causas i mas justas que fuessen las que tuviera de enojo contra su padre siempre devio respetarle como a tal sin dessear en modo alguno su menoscabo i mala ventura de todos modos el Prinzipe manifestava en todas sus razones que queria mal a su padre i que apetezia ocasion de tomar venganza por haverle impedido justamente que tuviera trato amoroso con la que era ia su madre. Resuelto a llevar a cavo sus malas ideas que las tenia en efeto mando un recaudo al Baron de Montini para que le viniera a ver a Palazio como en efeto vino i le pregunto mui por menor del estado de las cosas en aquellos paises a lo que montini satisfizo diziendo que toda era gente leal y vuena pero mui irritada i que por lo tanto era de temer que savida la repulsa de su magestad se echaran a cometer los mas atrozes escesos porque hombres cegados de la colera nada ven ni reparan i el castigo los contiene mui po .... i que era de temer que el mejor dia se alzaran del todo aquellas provinzias i que las perdiera el Rei nuestro Señor en vez de que si atendia a sus quejas y justas lamentaziones podria siempre contar con un pueblo fiel i amante como asta entonces lo abia sido el Prinzipe se dio por satisfecho i despidio a montini diciendole que volviera dentro de algunos dias a verle porque tenia que consultar con el un negozio que estava meditando. Vino (tachadura) a Madrid en esto una carta de la Governadora Margarita notiziando al Rei los desordenes ocurridos que llenaron de colera al soverano sin que la templara en nada el saver que los escandalos se havian aplacado por la interzezion del de Orange i de los Condes de Emon i de Hornos pues como dijo mui bien essos mesmos que hoy atajan el daño mañana podran dejarle correr livremente pues tanto poder tienen sobre los demas les sera fazil tanto hazer el bien como el mal juro de castigar severamente a estos señores en cuanto los hubira a las manos i acelero cuanto pudo la formazion de las tropas que pensava enviar a Bruxelas. Andava el Rei dessasosegado con la mesma colera que tenia i no se le oian mas palabras mas que las de que havia de dar un mui severo castigo a los traidores de sus provinzias el Prinzipe D. Carlos que de continuo le azechava como havia formado el proposito de contrariarle en un todo i de oponerse a sus hechos aviso corriendo a Montini de las amenazas de su padre para que avisase a los Condes como assi lo hizo con lo qual estuvieron de aviso i prevenidos i valioles mucho esta medida espezialmente al de Orange que grazias a ella se salvo de la muerte que no pudiera evitar los Condes de Emon i de Hornos como adelante veremos o porque tuvieron menos fortuna o porque no quisieron aprovecharse al tiempo y sazon de los avisos que reszivian. El Prinzipe D.ⁿ Carlos firme siempre en sus negativos proietos llamo a Montini i preguntole si se adelantaria alguna cossa pasando el a Bruxelas a ponerse a la caveza de los reveldes Montini dijo que si i en efeto mui ventajoso era porque siendo su caveza i gefe un joven que tenia tanto rencor como ellos mesmos al Rei su padre podian prometerse mas livertad i anchura para sus desordenes i livre culto de su infame religion. Montini contesto que era mui del caso hazerlo pues podia contar con que le harian no solo gefe sino tambien rei i señor con tal que les quittasse la Inquisicion que tanta grima les dava i les permitiesse el livre cursso de la religion malamente llamada reformada. El Prinzipe se alvorozo pues como era joven le alegrava i le plazia mucho de que le eligieran por Rei pues assi contava con tomar cumplida venganza de su padre igualandole en magestad i poderio dijo a Montini que sus ideas eran con solapada intenzion a su padre que le diera el mando de los tercios de soldados que se destinavan a la guerra contra los hereges i a restavlecer la tranquilidad en aquellos dominios, y en dandole el mando como no dudava que se le darian porque el Rei inorava sus verdaderas miras passaria a los paises vajos i se serviria de sus mesmos soldados que no le desovedezerian en modo alguno para atizar el fuego de la revelion echando de Bruxelas a los Governadores i a todos los que el consejo componian anulando los editos promulgados contra todos los que seguian la doctrina de Luthero i permitiendo que todos vivieran del modo i manera que mejor les plaziera no inquietando a nadie por cosa alguna. Mucho agrado el plan a Montini i mucho agrado tamvien al Prinzipe que se lo celevrassen Montini vio que era mui conviniente que el el Prínzipe passara a Bruxelas porque todos teniendo a su favor a un Prínzipe que prometia ser tan esclarezido i tan de vuenas prendas se animarian aun hasta los que fueran mas covardes para sacudir entemente el iugo que les oprimia impidiendoles ser libres i felizes segun ellos entendian salio pues mui complazido Montini de la entrevista.

El asunto de los diálogos conspiradores sostenidos entre don Carlos y barón de Montigny es uno de los aspectos más controvertidos de la vida del heredero de la Corona. Cabrera de Córdoba es casi el único cauce que traza los vínculos de la aristocracia de aquellos territorios con el príncipe haciendo constar: «Llegaban cada día correos de Margarita con aviso de los daños que en Flandes hacían los sectarios, se aumentaba el mal, y la esperança de reo medio eran las armas. El Emperador solicitaba la ida del Rey o del príncipe don Carlos a los Estados, y él mismo lo pedía a su padre haciendo sospechosa su persona la intercesión por los flamencos y comunicación con el Marqués de Berghe y mos de Montiñy, que proseguían en la plática que el Conde Egmont dexó comenzada. Era que el príncipe, con voluntad de su padre o sin ella, pasase a los Países Baxos, donde le obedecerían, servirían y casaría con su prima la hija mayor del Emperador; y si necesario fuese a su defensa, si iba sin beneplácito de su padre, harían armada para conservalle o reducille en su gracia. Entendió el trato el Rey, y prendió al Marqués de Berghe y murió en Madrid, y a mos de Montiñy y a Bandomes, de su cámara, aprisionó en los alcáçares de Segovia y castillo de la Mota de Medina». Este pasaje se culmina con otra breve enunciación, señalando que «el mal advertido don Carlos, viendo que los sucesos de Flandres para sus intentos no se encaminaban bien, y que a mos de Montiñi, porque le habló diversas veces en secreto le pareció que le prendió el rey».

Un buen número de investigadores, sin esgrimir reflexiones esclarecedoras, se hacen eco de las afirmaciones de Cabrera, no dudan de que pudo haber conversaciones encubiertas y hasta dan por seguro una especie de conjura. Gachard proclama su desacuerdo con estas opiniones y expone su refutación, saliendo al paso de las frases del cronista en los siguientes términos: «Cabrera dice que cuando Berghes y Montigny se convencieron de que sus esfuerzos resultaban infructuosos y de que sus gestiones para conseguir que los flamencos fueran tratados con más dulzura y equidad eran inútiles, reanudaron cerca del príncipe de Asturias las tentativas que el conde Egmont había realizado el año anterior para convencerle de que se fuera a los Países Bajos, previo compromiso de obedecerle y servirle, e incluso sublevar todo el territorio a su favor si se trasladaba allí contra la voluntad de su padre. Según dicho historiador, Montigny mantuvo varias entrevistas secretas con don Carlos, pero nosotros somos tan escépticos frente a las palabras de Cabrera como ante las gestiones que se atribuyen al conde de Egmont un año antes. La conducta de Berghes y Montigny durante su estancia en España fue la de unos vasallos fieles y súbditos leales de su soberano, al mismo tiempo que devotos hijos de su patria. Don Carlos deseaba ardientemente marchar a los Países Bajos para sustraerse a la tutela de su padre, prestaba mucha atención a los eventos de aquellas provincias y escuchaba con avidez cuantos rumores llegaban desde ellas, pero no conocemos ni un solo indicio ni hemos descubierto ningún documento que nos autorice a pensar que los flamencos desearan su presencia entre ellos. Los personajes más destacados conocían perfectamente su carácter y sus costumbres y sabían lo poco que podían confiar en su capacidad. Ni en los actos, tan numerosos, de la cancillería de Felipe II que hemos examinado, ni en los despachos de los embajadores, ni en las correspondencias de Tisnacq, Hopperus y Courtewille, ni en cartas, tan confidenciales, de Antonio de Laloo al conde de Hornes, ni en los escritos del príncipe de Orange, se halla el menor indicio de las relaciones que Cabrera supone entre los dos comisionados belgas y don Carlos».

Sentados estos principios polémicos, sembrada la semilla de la incertidumbre sobre la realidad de lo que pudo ocurrir, llama la atención la seguridad que ofrece la monografía al dar validez a las estimaciones de Cabrera de Córdoba, aceptando entrevistas entre Floris de Montmorency y el príncipe. Es normal que Carlos de Austria se enterase de los disturbios iconoclastas, dado que se encontraba en Valsaín en el verano de 1566, y no puede extrañar demasiado que hiciese delante de testigos observaciones alevosas contra su progenitor o en favor de los insurgentes cuando llegaron al bosque de Segovia las noticias de las profanaciones cometidas.

El autor se vale de Gil Antón, *a posteriori* solitario deponente en la causa entablada, para rendir testimonio de las palabras de don Carlos. Tan singular individuo resulta desconocido y no ha sido viable localizar su pertenencia a la casa del príncipe, pese a que

Manuel García indagase en la nómina de los lutos dados a la servidumbre y revisase también las nóminas de los haberes de las dos últimas anualidades. Y no deja de ser llamativo que refiera cuadros tan superficiales como que el paje «estaba aiudando a poner las calzas al príncipe por ser la ora de la mañana cuando se levantaba de la cama», comentar el «semblante mui alegre» de su señor y hasta sus expresiones satisfechas por el violento significado de los mensajes recién llegados. ¿Cómo conocía tales pormenores y frases? Sólo cabe considerar la posibilidad de que hubiese constatación de estas particularidades en el sumario o que tenía privanza con el criado que le permitían obtener confidencias. Esta supuesta confianza puede ser, a su vez, la explicación de que el personaje fuese presentado más adelante en calidad de testigo.

Las noticias de la efervescencia contra el simbolismo católico, con su efluvio de sangre y destrucción, como ya he manifestado, llegaron al palacio segoviano de la mano del emisario Alonso del Campo a principios de septiembre de 1566 y puedo, por tanto, deducir que la primera plática entre el príncipe y el barón, de haberse llevado a cabo, tuvo que ocurrir en las jornadas inmediatas al mensaje de la catástrofe. Tampoco produce sorpresa la crispación de Felipe II, que resistió febricitante todo el mes, ni la locución de que continuamente acechaba al autor de sus días. Esta apostilla debe nacer del incidente protagonizado por su hijo cuando, situado detrás de la puerta, intentaba escuchar una reunión del Consejo y provocó un altercado con Diego de Acuña porque este gentilhombre tuvo el atrevimiento de recriminarle su actitud al estar siendo fisgado por las damas de la reina y los pajes.

El Consejo de Estado rechazó la petición de Maximiliano II para que se concediera tolerancia religiosa en los Países Bajos. El 29 de octubre el rey convocó a sus consejeros para establecer una solución definitiva. Se decidió la intervención militar tras un largo debate, se tomaron medidas preliminares, pero no se llegó a un acuerdo sobre el prócer que debía capitanear al ejército. La marchitez del duque de Alba promovió que la jefatura se plantease al duque de Parma y acto seguido al duque de Saboya, pero ninguno mostró entusiasmo ante la arriesgada propuesta. Fernando Álvarez de Toledo mejoró de sus achaques de gota y el 29 de noviembre de 1566 asumió el cargo de capitán general.

La segunda charla con el enviado neerlandés, de donde surge la idea de solicitar a su padre el mando, tuvo que ocurrir, si son auténticos los encuentros, entre el 29 de octubre y el 29 de noviembre de

1566, salvo que la designación del linajudo castellano se mantuviese en secreto durante un margen de tiempo.

i atto continuo fue D.ⁿ Carlos a verse con su padre i a dezille que havia savido la espedizion que se preparava contra los contumazes y ziegos enemigos del trono i del altar de Dios i que esperava que tuviesse la veninidad de hazerle la grazia espezial i summo favor de permitille mandar aquellas tropas para acreditar su zelo por la religion i por sus intereses contribuiendo en lo que pudiera a esterminar la inicua heregia que aquellos ermosos i ricos Paises desolava. Era tan verdadero al parezer su tono al pedir esta grazia que el Señor D.ⁿ Phelipe no ostante lo mui echo que estava a conozer los dovleses del corazon humano i las malas mañas de los hombres que esconden quando i como quieren todas sus miras i sus pensamientos se quedo sumamente engañado i aplaudiendo el buen animo del Príncipe [11] le exorto a llevarlo a cavo prometiendole el mando de las tropas conforme se lo pedia con tan buen exito corrio el Prinzipe a notiziasello a Montini este alegre sovre manera porque ia tenia alguna buena nueva que dar a los que le enviaran a la Corte en demanda de socorro escrivio al contado una carta i como temia que se la descuvriesen no quiso enviarla con ningun correo i assi la remitio con un hombre de su confianza diciendole que era mui interesante i delicado el asumpto que en ella se tratava. Este hombre pues bien provisto de dinero se fue a embarcar en el puerto de la Coruña pero temiendo que le habian de registrar i encontrarle la carta que Montini escrevia al Conde de Hornos i de Emont la arrojo antes de envarcarse i fue allada por unos pescadores que pensando que era carta perdida la hizieron pregonar en la Ziudad i a las nuevas del encuentro de una carta en cuio sovrescrito se leia el nombre de los dos Condes mui conoscidos ia en España por tener fama de hereges y malos vassallos, el Alcalde maior recogio la carta abriola i enterado que se huvo de su contenido la remitio a manos del Rei nuestro señor el qual desque la vido se enojo altamente i se entristezio al mismo tiempo por ver los malos passos en que andava su hijo que nunca pensara tal del dessimulo empero creiendo que le havrian seduzido i dessimulo con el ojeto de castigar a los verdaderos culpables pues al momento creio que Montini seria el author de todo esto i para castigalle como merescia mando alguaziles a su cassa que le prendieran i llegaron estos a tiempo

---

[11] Véase el núm. 6¹º del apéndice*.

* Se trata de la carta escrita por el rey al emperador Maximiliano, incluida íntegra en la biografía de Carlos de Austria —las explicaciones del rey—, pero su contenido no tiene coherencia con el texto del manuscrito como podrá fácilmente advertir el lector. La llamada de Manuel García González no tiene, por tanto, mucha lógica, salvo que se refiera al deseo expresado por Felipe II de llevarle consigo en su proyectado viaje a Brabante.

que se acavaba de acostar en la cama de la qual le sacaron incontenente i metieronle en un coche que a prevencion llevaban y le llevaron presso al castillo o Alazar [12] de segovia donde quedo puesto a vuen recaudo.

La petición de don Carlos para que se le otorgase el mando de las fuerzas que se estaban preparando tuvo que materializarse, pues, desde que fue elegida la beligerancia y antes de que se designase a Fernando Álvarez para que capitanease los tercios, es decir, en el transcurso de noviembre de 1566. No es creíble la predisposición favorable que se asevera atendiendo a la suspicacia del monarca y el hecho de que los duques de Parma y de Saboya ya estaban siendo sondeados para que encabezasen las huestes reclutadas por la mala salud momentánea del duque de Alba. Más lógico es imaginar, sin gran esfuerzo, que le dio, siguiendo su habitual taimería, «buenas palabras» que calmaran su excitación, sin comprometerse en exceso y con el íntimo convencimiento de que una concesión favorable era un riesgo que no estaba dispuesto a asumir.

La notificación de Montigny a sus compatriotas podría ser un indicio de la predisposición del príncipe en favor de los sediciosos, pero hasta ahora nadie ha detectado rastros de la misiva arrojada en una playa de La Coruña y que fue remitida a Felipe II. Mariola Suárez, archivera del ayuntamiento de la capital gallega, ha tenido la amabilidad de prestarme su colaboración revisando las actas municipales de 1566 y 1567 sin obtener éxito, si bien no le choca que una incidencia tan nimia no fuese reflejada en las juntas del concejo.

La relación hace suponer que entre el hallazgo de dicho despacho y el apresamiento del barón debió mediar un corto intervalo, pero tal particularidad es imposible. La carta tuvo que ser forzosamente redactada en noviembre de 1566 y el aristócrata fue arrestado el 21 de septiembre de 1567. Tales peripecias, perfectamente comprobadas, le restan perspectiva histórica al folleto, como casi

---

[12] Véase los núms. 15 y 16 del apéndice*.

* Comprenden respectivamente una copia de carta de Antonio Pérez al rey (repleta de anotaciones marginales de Felipe II ante la previsible muerte del marqués de Berghes) con la indicación del secretario de que es muy conveniente tomar medidas preventivas para que el barón de Montigny no pueda huir (Archivo General de Simancas, Estado, legajo 535, folio 148) y un testimonio que recoge la cédula original de su prisión en el alcázar de Segovia (Archivo General de Simancas, Estado, legajo 543, folio 103).

siempre en el plano de la coherencia cronológica, salvo que Felipe II, siguiendo su pauta de actuar con cautela, retuviese el escrito pensando que su vástago había sido seducido, como dice el autor, y estuviese seguro de que los enviados estaban bien controlados y sin posibilidad de abandonar Castilla. A Gachard no le cabe duda de que los dos neerlandeses estaban en el punto de mira vengativo del soberano desde que habían llegado a la Corte. Los insistentes ruegos para retornar a su tierra habían sido rechazados y hasta Margarita de Parma pedía a su hermanastro que no permitiese el regreso de sus emisarios. Existen, además, por otro lado, pruebas en las notas entrecruzadas entre Antonio Pérez, Ruy Gómez y el monarca, enmarcadas sigilosamente en torno a la fecha del fallecimiento del marqués de Berghes, acaecido el 21 de mayo de 1567, que ponen al descubierto la necesidad de vigilar estrechamente al barón: «... paresce que es muy necesario que se tenga mucha quenta con Mos. de Montigni para que no se vaya de entre las manos, y que para esto debe V. M. mandar que se ande alla con aviso sobre el, que si aca viniera se hara lo mismo y todas las prevenciones necesarias asi en esta Corte como fuera della en todas las partes convenientes para que por ninguna se pueda ir sin poderle cojer y detener». Alguna advertencia del rey en estas comunicaciones, secretas maniobras y ardides que se empleaban con frecuencia, señala escuetamente: «el príncipe nada debe saber de todo esto», importante apostilla que justifica algún grado de cautela relacionada con probables afinidades entre su hijo y el barón.

interin se le formava la sumaria que se prinzipio a pratticar con mucha velozidad pero el en el entretanto conoziendo mui bien la suerte que a sus crimenes se le preparaba mal hallado en la estrechura de la prission hallo modo de agenciarse una daga la qual tuvo escondida y quando entro el alcaide a hazelle la acostumbrada visita de seguridad le dio con ella por los pechos i dejole muerto quitandoles las llaves i escapandose de la prission que entonzes no estava mui guardada [13] suposse este horrendo atentado

---

[13] Hubo proyecto de fuga en 1568. Véase el núm. 17 *.

* Se trata de una extensa y detallada relación de las culpas de los implicados en la intentona y de las sentencias que propone el licenciado Salazar para cada uno de ellos (Archivo General de Simancas, Estado, legajo 543, folio 66) como prueba fehaciente de que efectivamente el barón de Montigny pretendió evadirse, sin conseguir su objetivo ni matar a nadie.

Un crimen de Estado 223

con lo qual se empeoro su caussa i dio orden el Rei Don Phelipe que donde quiera que lo prendiessen al provisso lo matassen Huia Montini hazia Franzia por Castilla la vieja pero cerca de Simancas fue reconoscido i preso i inconteninti (*sic*) le llevaron al castillo i alli [14] en veinte i cuatro oras le ahorcaron justa pena de sus malas aziones.

Se trata de una descripción que sorprende por su carencia de realismo histórico y que puede ser fruto de rumores extendidos en el ámbito receptivo del pueblo. Es cierto que se enjuició al barón de Montigny en Bruselas y que la sentencia, fundada en crimen de lesa majestad y rebelión, prescribía que debía ser ejecutada por la espada y su cabeza puesta en lugar público y alto, pero es erróneo que se efectuase con rapidez, ya que el castigo fue transmitido por el duque de Alba a la Corte el día 18 de marzo de 1570. También quedan testimonios de que el noble intentó evadirse de las mazmorras de Segovia consciente de su trágico destino (su plan de fuga instigó un proceso substanciado por el licenciado Salazar y la condena de Pedro de Medina, que fue ahorcado por traición), pero ni logró sus propósitos ni mató a nadie durante su fracasada tentativa, apoyada por un grupo de rocambolescos personajes. La orden de trasladarle a Simancas —acaso con el doble objetivo de que estuviese encarcelado en un recinto más seguro y se llevase a término el cumplimiento del fallo— se adopta el 17 de agosto de 1570, a pesar de que no existan, en apariencia al menos, razones convincentes para comprender el desplazamiento con el único fin de truncar su vida. Dos días antes de morir escribió sus postreras voluntades, que entregó al dominico Hernando del Castillo; fue aniquilado mediante garrote clandestinamente, alegando que había muerto de enfermedad, y entregado el cadáver al cura, vicarios y beneficiados de la iglesia del Salvador.

---

[14] Véase el núm. 18 del apéndice. It el núm. 19*.

* El primer documento es una copia de la orden expedida por Gabriel de Zayas, por mandado del rey y fechada el 27 de agosto de 1570, ordenando el traslado del barón de Montigny del alcázar de Segovia a su nueva prisión enclavada en la fortaleza de Simancas. Figura recogida en el Archivo General de esta última población, Estado, legajo 543, folio 108. El segundo, mucho más extenso, es la copia del memorial que Floris de Montmorency escribió de su mano poco antes de su muerte y que entregó a fray Hernando del Castillo para que se cumpliesen sus últimas voluntades. Se encuentra en el Archivo General de Simancas, Estado, legajo 543, folio 88. A nivel de curiosidad hay unos párrafos que evidencian que el barón pudo haber sido sometido a tormento durante los interrogatorios que siguieron a su intento de fuga.

La impresión suscitada por los últimos avatares del barón no puede resultar más decepcionante en cuanto a la información de que disponía el cronista y la increíble explicación que facilita. Manuel García, que ya había reparado en los agudos contrastes entre los hechos expuestos y la versión conocida, inserta una nota de su puño y letra denunciando que «todo lo que se refiere relativo al asesinato del Alcaide de la fortaleza o alcázar de Segovia por Montiñy y su fuga y muerte pudo desfigurarse en un tiempo en que las comunicaciones eran difíciles, con el proceso o causa que en 1568 formó el Alcalde Salazar sobre el proyecto de su fuga, en la cual resultó cómplice Pedro de Medina y condenado a muerte que la sufrió en Segovia ahorcado». La argumentación tiene alguna consistencia, pero no parece consecuente con la verdad buscar vanas disculpas a tales errores, aunque los pasajes del dramático final del neerlandés tengan una fibra marginal en lo que concierne al fondo esencial del folleto. Abundando en la forzada tesis de Manuel García, el ajusticiamiento de Pedro de Medina, ahorcado y posiblemente exhibido ante los segovianos colgando de las almenas del alcázar, pudo desatar falsas cábalas, confundiendo en la distancia su cuerpo con el del barón, quien todavía permanecía encerrado, pero estas hipótesis tienen débiles fundamentos y no se entiende fácilmente cómo el autor de la relación pudo incurrir en tales incongruencias que, a la fuerza, dentro de la progresión gradual de los acontecimientos, quedan fuera de lugar y tiempo, aunque no debe olvidarse que la muerte de Floris de Montmorency, acaecida el 16 de octubre de 1570, se mantuvo en secreto y tuvo que tener una repercusión limitada y confusa.

La terminología geográfica al referirse a Castilla la Vieja, aunque parezca más reciente, ya era usada en la época. Baste como muestra un párrafo de la carta dirigida a don Francés de Álava, embajador en París, por mediación de Gabriel de Zayas, con fecha 19 de marzo de 1568: «En algunas partes de estos Reynos, y señaladamente en Castilla La Vieja desde Burgos hasta la mar, a avido y ay este año tanta falta de pan...».

Volvamos agora al Prinzipe que no supo nada de lo ocurrido ni de la prision de Montini ni menos que menos que fuera muerto esperava con ansia que llegasse el momento de ponerse a la caveza de las tropas que ia pensava estar mandando para conseguir el logro de sus deseos pero el Rei opinava de otro modo con el maior dissimulo possible i sin darse por entendido ni dezir cosa alguna al Prinzipe desque todo estuvo dispuesto llamo al Duque de Alba i encomendole el mando de las tropas ia que iba a marchar passo el Duque a despedirse del Prinzipe que estava mui enojado porque llegara a columbrar alguna cosa de lo suzedido i diziendole el Duque que marchava i que si le mandava alguna cossa para los paisses Baxos contesto el Prinzipe que mirasse vien lo que hazia porque si se atrevia a tomar el mando de aquellas tropas que el habia de mandar juravale hazerselo pagar caro contesto el Duque con harta mesura que si el tomava aquel encargo no era por desseo sino por obligazion que devia a su Rei que se lo mandava i que sobre todo tanto el uno como el otro devian obedeszer como vassallos a su señor sin entrometerse a comentar sus ordenes i que en vez de enojarse devia venerar i acatar las Reales ordenes de su Señor i Padre sin inquirir si estavan vien o mal dadas. Estas razones llenaron de verdadera colera al Prinzipe que arremetiendo con la espada desnuda al Duque mal lo huviera passado pero como era hombre forzudo teniendo todo el respeto devido a la exelsitud del Prinzipe le sujeto por los brazos y pidio socorro a vozes i como viesse el Prinzipe que se allegaba gente se marcho del quarto en que estavan i se fue para el suio donde luego que la colera le dio tiempo para reflecsionar conozio vien claramente que el Rei su padre savia alguna cossa de lo que passava i por esso le dava el mando que prometiera a el al Duque de Alba pero aunque se entristezio de veras no se atrevio a pesar de su acalorado genio a preguntar nada a su padre ni pedille quenta de porque no le daba el prometido mando i se estuvo quedo en su quarto sin quererse dexar ver de nadie por mas istanzias que le hizo su padre pero guardando mucha de la reserva.

Es creíble que Carlos de Austria no supiese en los primeros momentos que el barón de Montigny fue encarcelado, pero, tarde o temprano, tuvo que tener testimonios de la captura. La insólita observación de que tampoco tuvo referencias de su muerte incrementa el desbarajuste de la percepción temporal que tenía el autor, o lo que es peor, su ignorancia de las vicisitudes ocurridas. La ejecución de Floris de Montmorency ocurrió más de dos años después del fallecimiento oficial del príncipe y cuando sobreviene el pretendido enfrentamiento con el duque de Alba ni siquiera se le había detenido. Mal, por tanto, podía conocer don Carlos dos eventos que no habían llegado a producirse todavía.

Con respecto al asunto preferente de este apartado, el choque contra el aguerrido noble por su partida hacia la capital bruselense, su origen dimana de Cabrera de Córdoba, que relata el enfrentamiento otorgando al duque un afán conciliatorio tendente a sosegar el espíritu enardecido del heredero. El manuscrito, en cambio, pese a revelar que el prócer castellano actuó con moderación, pone en boca de Fernando Álvarez excusas menos lisonjeras y justifica su viaje por la obligación de obedecer las órdenes reales.

La violencia ocurrió, de ser verídica, en Aranjuez, el 17 de abril de 1567, cuando el consejero, tras haberse reunido con el rey, se disponía a ponerse en camino hacia Cartagena para embarcarse hacia enclaves italianos y seguidamente, ya por tierra, en dirección a Bruselas. Este acontecimiento, muy resaltado, apenas tuvo repercusión y ninguno de los embajadores se hizo eco del incidente. Fourquevaulx indicaba a Carlos IX por esas fechas que el príncipe estaba efectivamente en el pabellón de caza arancetano, y Dietrichstein comunicaba a Maximiliano II que don Carlos había recibido con disgusto la elección del duque, pero sus palabras se remontan a los días 2 y 8 de enero de 1567. Esta carencia de referencias sobre la agresión cuestiona tal percance, aun cuando la particularidad de que hubiese ocurrido lejos de la Corte y quizá delante de pocos testigos, probablemente silenciados, hace que no se pueda eliminar su verosimilitud. Un año más tarde, el representante imperial volvía sobre el suceso puntualizando «que el príncipe había esgrimido un puñal contra el duque porque éste no le descubría los secretos de su padre», pero no resulta nada difícil de comprender que esta alusión tan desfasada tiene todas las características de una excusa más para justificar el confinamiento de don Carlos.

De cualquier forma, de haberse materializado la hostilidad, se hace forzoso pensar que este impulso no fue irreflexivo, puesto que ya sabía la designación del duque desde hacía tiempo. El narrador omite este postulado y concatena cronológicamente el nombramiento y la partida para fundamentar un desafuero que, como pensaba Gachard, es cuestionable y hasta probable que jamás aconteciera.

> Entretanto llego el Duque de Alba a Bruxelas i al punto mando prender a todos los que mas parte tuvieron en la revelion i escandalos suzedidos i a todos los hizo castigar por la justizia seglar si eran deliquentes contra el Rei u por el sancto ofizio de la Inquisizion si sus crimenes havian sido en contra de nuestra sanctissima doctrina el Prinzipe de Orange no aguardo que llegase el Duque de Alba temiendo los resultados i huio a guarerse (sic) a Colonia donde casi todos eran hereges conosziendo entonzes quanto valian las notizias que resciviera del Prinzipe Don Carlos pero el conde de Emon i el de Hornos que pensaron que nada havian de temer porque dezian que su conscienzia estava tranquila i que nunca podria el Rei castigarlos porque le havian echo mui vuenos servicios i se estuvieron quedos en Bruxelas dando tiempo a que el Duque de Alba les ganara por la mano como en efeto los gano i despues que huvo castigado muchos de los revoltosos a virtud de las ordenes que traia llamo a los Condes diziendoles que tenia que platicar con ellos como miembros que havian sido del Consejo i Govierno de aquellos paises de cosas que atañian al buen regi-

men de aquellos estados de su Magestad catholica ellos no sospechando la celada vinieron donde estava el conde (*sic*) que al punto les mando prender sin hazer casso de sus protestas ni reclamaziones i sin darles mas tiempo segun le era mandado que para disponerse a morir como christianos les hizo ajustiziar publicamente en una plaza de las mas prinzipales de Bruxelas para que la pleve y los demas señores viendo un tan ejemplar castigo escarmentassen todos los condes como hereges que eran no se querian conffesar por mas que les amonestavan los padres que los assistian pero al fin cedieron i se conffesaron muriendo como cristianos o con aparienzias de tales porque se vieron con la muerte delante de los ojos.

El duque de Alba entró en la capital de Brabante el 22 de agosto de 1567 e instituyó apresuradamente el tribunal de los tumultos. Los condes de Egmont y Horn fueron detenidos el 9 de septiembre de 1567, condenados por sentencias del 4 de junio de 1568 y decapitados dos días después en la plaza del Sablón. Guillermo de Nassau abandonó Amberes, a raíz de dimitir de todos sus cargos, escapando hacia Alemania tras las sucesivas derrotas de los insurrectos frente a las tropas de la gobernadora. Margarita de Parma, al percatarse de que Fernando Álvarez venía investido de amplias facultades, tanto en el ámbito militar como en la represión contra los culpables del alzamiento, escribió al rey, rogándole que le relevara de sus responsabilidades y le otorgara licencia para salir del país, pese a que el capitán general intentó convencerla de que no obraría sin contar con su beneplácito, promesa que no debió de ser cumplida si se precisa que ni siquiera fue avisada de la creación del tribunal. La orgullosa mujer insistió, quejándose de que no hubiese sido asumida su dimisión y exteriorizando que estaba siendo objeto de ingratitud y de una situación humillante.

El soberano aceptó la renuncia el 5 de octubre de 1568, acompañada de una pensión de catorce mil ducados, y la duquesa agradeció ambas concesiones, tomándose la libertad de enviar a su hermanastro un conjunto de sugerencias para que se portase de forma indulgente y usara de la clemencia. Sus palabras no tienen desperdicio: «... y tened en memoria que cuanto más grandes son los reyes y se acercan más a Dios, tanto más deben ser imitadores de esta grande divina bondad, poder y clemencia, y que todos los reyes y príncipes, cualesquiera que hayan sido, se han siempre contentado con el castigo de los que han sido cabezas y conductores de los sediciosos, y en cuanto al resto de la muchedumbre los han perdonado».

De esta parte del opúsculo se saca la conclusión errónea de que los consejeros fueron detenidos y ajusticiados inmediatamente sin juicio previo. La realidad, como ya he comentado, fue muy distinta. La malicia de Fernando Álvarez de Toledo al realizar los apresamientos —un llamamiento para deliberar acerca de las fortificaciones— y el arrepentimiento de los dos nobles, con anterioridad a sus ejecuciones, sí se ajustan a la veracidad histórica. Más escepticismo ofrece, sin embargo, la aseveración de que castigó a muchos revoltosos antes del encarcelamiento de los aristócratas, ya que la apabullante actividad represora tomó auge más tarde si me atengo a la versión del duque del Alba en un despacho cifrado el 13 de abril de 1568: «El sentenciar los presos aunque se pudiera hacer antes de Pascua no parece que en Semana Santa, no habiendo inconveniente en la dilación, era tiempo para hacerse, no embargante que yo mismo he prevenido la parte, y por tres veces díchole que entienda que en cualquier estado que esté el proceso, se ha de sentenciar antes de Pascua; pero todo esto no ha bastado para que hasta agora hayan presentado ningún testigo, ni un papel, ni la menor defensa de cuantas se podían imaginar en el mundo. Pero pasada la Pascua, ya no aguardaré más, porque sé que si diez años se estuviese dando término, al cabo de ellos dirían que se hacía la justicia de Peralvillo [*]; y por hacerlo todo junto un día, guardó para entonces declarar las sentencias contra los ausentes (se refiere al príncipe de Orange, Luis de Nassau, Coulembourg, Brederode y todos aquellos que acusados de sedición habían huido del país y eran objeto de requisitorias y emplazos por edictos públicos para ser juzgados en rebeldía). Tras los quebrantadores de iglesias, ministros consistoriales y los que han tomado las armas contra V. M., se va procediendo a prenderlos, como en la relación podrá V. M. ver: el día de la Ceniza se prendieron cerca de quinientos, que fue el día señalado que dí para que en todas partes se tomasen».

De esta notificación se desprende, como he señalado, que el tribunal no tuvo en su arranque un exagerado trabajo cuantitativo, limitado a los sumarios de los cabecillas capturados en septiembre, los hombres juzgados en rebeldía que se habían evadido y causas

---

[*] Dos son las acepciones que facilita Sebastián de Covarrubias: «Un pago junto a Ciudad Real, a donde la Santa Hermandad haze justicia de los delinqüentes que pertenecen a su jurisdicción, con la pena de saetas». Proverbio: «La justicia de Peralvillo, que después de asaeteado el hombre le fulminan el proceso»; fúndase en que los delitos que se cometen en el campo, que merecen muerte, son atroces y piden breve ejecución constando del delito, especialmente si le han cogido infraganti al deliqüente, con la sumaria y con la publicidad hazen justicia, y después por ventura ponen más en forma el processo y estienden los actos.

que pudieran derivarse de los apresamientos ocasionados por el dinamismo de Margarita de Parma. Que las grandes redadas sobrevinieron a partir del 3 de marzo de 1568 —el día de la Ceniza reglado por el periodo de la Cuaresma— es la prueba más categórica que puede esgrimirse en dicho sentido.

Entretanto que estas cossas passavan en Flandes en España el Prinzipe D Carlos incomodado de veras con lo mal que le havian salido los negozios desfogava su rabia con quanto a la mano le venia una vez porque se contradezia en lo que hablaba por ser descomedido su gentil hombre Alonso de Cordova le assio con todas sus fuerzas y en poco estuvo que no le echase por una ventana abaxo otra vez tenia un farsante o juglar llamado Cisneros para que con sus agudezas le divirtiese y como era este hombre de ruin ralea envanecido con el favor del Prinzipe de todo hazia burla i escanio i tanto hizo en unas coplas que saco contra el Presidente del Consejo de su Magestad catholica Espinosa coplas que hizieron reir grandemente al Prinzipe no embargante su mal humor que ofendido de ve ...... como la gravedad del casso requeria el Pressidente saco una real cedula con la qual destero al comico u farsante Cisneros sin que el Prinzipe pudiera impedirlo por mas que hizo aunque travajo mucho al efeto. Pues luego que vio falladas sus esperanzas le entro tal colera que un dia que hallo a Espinosa en una antecamara de Palazio se fue para el i sin respetar sus muchas canas le hablo malamente por haver desterrado a Cisneros i como Espinosa constestasse con firmeza el Prinzipe le alzo la mano i porque clamava por socorro saco la espada e hizo finca de querersela envasar dentro del cuerpo. Grandemente se dolia el Rei D.ⁿ Phelipe de estos suzesos pero mas se dolia tener que pensar en castigar los delitos de su hijo i no lo hizo muchas vezes contando con que todo eran locuras de manzevo i creiendo que el tiempo i la reflexion pudieran corregirlo.

La fuente que siempre se ha considerado, al hacerse la historia eco de los desmanes de don Carlos, ha sido fundamentalmente Cabrera de Córdoba. Los trastornos reflejados tienen escaso realce para facilitar un perfil completo de la psicología del príncipe, dado que, en su mayor parte, dimanan de esporádicos arrebatos coincidentes con álgidos momentos de inestabilidad emocional. Además, como es proverbial, aunque enmarca estas alteraciones dentro del capítulo en que explica la detención, no fija la fecha, se hace difícil precisar el componente cronológico y enumera los siguientes altercados: «Dar orden de quemar una casa porque le cayó un poco de agua y de matar a sus moradores». La perversa excentricidad, si así puede llamarse, se calmó con la falsa disculpa de que se había respetado el hogar amenazado por haber entrado en aquel instante el santísimo sacramento del viático. Imagino que la exigua cantidad de líquido sería más bien, como era usual en la época, un bacín con micción o excrementos. El segundo extravío especifica: «Dormía en su cámara don Alonso de Córdoba, gentilhombre de ella, hermano del Marqués de las Navas, y no respondió a la campanilla y levantóse furioso el príncipe y cogiólo en los braços para echarle en el foso de palacio, y forcejeando con voces don Alonso para salvarse acudieron a detener al Príncipe, y el Rey pasó a Don Alonso a su cámara».

Los restantes atropellos patentizan que dio un bofetón a don Pedro Manuel porque le habían confeccionado unas botas demasiado estrechas cuando él las quería amplias en contra del criterio paterno. Que el monarca se inmiscuyese en elegir el calzado es una extravagancia, pero no se puede relegar la bagatela dado su puntilloso carácter, receptivo para tratar toda clase de menudencias, fuesen o no burocráticas. Esta novedad, que asimismo se atribuye a Pierre de Bourdielle, señor de Brantome, debió suceder antes de que ocurriesen los disturbios iconoclastas. La anécdota se remata con el apunte estrafalario de que el príncipe mandó que las botas fuesen troceadas, guisadas y comidas por el menestral. Otra acción «malévola» se enmarca en que «estando en el bosque de Aceca frenando su eceso don García de Toledo, su ayo, le quiso poner las manos el Príncipe, y huyó hasta Madrid, donde el rey le hizo merced, y quedo mal inclinado hacia su hijo». Por fuerza, este episodio tuvo que acaecer antes de 1564, puesto que don García pereció en enero del año mencionado.

La quinta descripción se refiere a la repulsa que tuvo contra el cardenal Espinosa. Por la influencia del encumbrado dignatario y la repercusión que el incidente tuvo que tener, voy a exponer las líneas que recogen la falta de respeto. Dice Cabrera: «Había mandado que le representase una comedia Cisneros, ecelente representante, y por orden del cardenal Espinosa impedido y desterrado, no osó venir a Palacio. Indinóse contra el cardenal, a quien sumamente aborrecía por su imperioso gobierno y gracia que tenía con el Rey, y viniendo a Palacio le asió del roquete poniendo mano a un puñal, y le dixo: "Curilla, ¿vos os atrevéis a mi, no dexando venir a servirme Cisneros? por vida de mi padre que os tengo de matar". Del Cardenal, arrodillado y humilde, fue detenido y satisfecho».

La referencia final sobre los desenfrenos difundidos detalla que su progenitor poseía un caballo favorito llamado el Privado. Don Carlos convenció al prior don Antonio para que le dejase ver al animal jurando que no le haría mal, pero, no obstante su compromiso, lesionó al corcel de tal manera que la pobre bestia murió en breve plazo. Aunque no pueda corroborarlo con seguridad, dada la carencia de fechas, entra dentro de lo previsible que estos dos últimos actos se produjesen durante la prolongada etapa de crisis que sufrió entre las postrimerías de 1566 y la primavera de 1567.

Los desmanes que ya han quedado propalados tienen un llamativo preámbulo de Cabrera al escribir: «Para defensa de España por el recelo del levantamiento de los moriscos del reino de Granada, establecía el Rey una milicia de cuarenta mil soldados naturales con sus capitanes y oficiales, y fue advertido en el hecho de que a su hijo algo inquieto daba exército con que quitalle la Corona, y los infantes (si los hubiera adelante) al Príncipe su hermano; pues ganando con promesas los capitanes, se ganaba la gente que les era por su gobierno sujeta, y cesó en la fundación de la milicia». La parrafada es suficientemente sabrosa como para implicarse en una serie de elucubraciones vinculadas con la inquietud del príncipe, su capacidad para encabezar una revuelta y la decisión de «no tentar al diablo», anulando la movilización del contingente de tropas y armas que podían rebelarse. El aviso dado, se quiera o no, fortalece la individualidad de don Carlos y su presunto ascendiente en la sociedad castellana en igual proporción en que disminuye el prestigio del soberano. No es nada raro que fuese más querido de lo que declaran las crónicas coetáneas y que Felipe II, por el contrario, no se sintiese apoyado por una adhesión incondicional del pueblo y de la nobleza.

Con independencia de esta digresión, volviendo al contenido de la relación, se puede comprobar que solamente se citan dos de los escándalos que Cabrera cuenta, parecidos en el fondo, pero distintos en aspectos formales. Al razonar el origen del «percance» ocurrido con el inquisidor hay escasos contrastes, algún matiz más en el opúsculo, pero nada de fuste elocuente. Lo mismo ocurre cuando ambos plantean el altercado con don Alonso de Córdoba, a pesar de que en este caso sí difieren sustancialmente en los fundamentos que motivaron el incidente. El reputado biógrafo aduce que el alboroto se produjo porque el criado no escuchó la campanilla que usaba para llamarle mientras la monografía señala que el atropello obedecía «porque se contradezia en lo que hablaba por ser descomedido». La diferencia no tendría gran sentido —yo no se lo di en un principio— sino fuese porque hay una tercera versión del lance por parte de Leonardo de Nobili, notificando que el príncipe le ha dado una bofetada a Alonso de Córdoba, asegurando que hacía ya seis meses que tenía ganas de dársela «a causa de ciertas palabras que había pronunciado». Dietrichstein puntualiza que este hecho se produjo antes del 10 de marzo de 1567 (fecha de su comunicación al emperador), es decir, cuando a don Carlos le habían salido mal los negocios y desfogaba su rabia incitado por un paroxismo que envilecía sus reacciones y acrecentaba su orgulloso temperamento.

Ser descomedido en lo que hablaba o haber pronunciado determinadas palabras son sendas expresiones concordantes en el fondo y esta similitud me pone en la encrucijada de un dilema interesante. El narrador estaba mejor enterado que Cabrera de Córdoba y relata un suceso, en apariencia desdeñable, ajustándose a la verdad de lo acontecido y demostrando con ello que vivía al corriente de cuanto ocurría en palacio o contaba con referencias fidedignas. Se podría aducir, en contrario, que pudo localizar la carta de Nobili en cualquier oportunidad, pero este alegato no tiene peso, ya que la misiva se encontraba en Florencia y fue remitida a Gachard, por el profesor Alberi, a mediados del siglo XIX, cuando el laborioso belga recopilaba documentación por intermedio de colaboradores que le prestaban una altruista ayuda. Los informes de Dietrichstein (desde el 19 de noviembre de 1563 hasta el 25 de mayo de 1568) le fueron suministrados por la dirección de los Archivos de la Corte y Estado de Viena por idéntica época y fueron publicados en Leipzig en 1857. Al socaire de estos datos es notable que no haya en Viena despachos del barón sobre la muerte del príncipe y que haya desaparecido toda la correspondencia ulterior a mayo de 1568. Se quiera o no, el enviado de Maximiliano, por su convivencia diaria con los archiduques Rodolfo y Ernesto, estaba mejor orientado que los representantes del resto de los países, excepción hecha del embajador francés, que contaba con buenos confidentes en el entorno de Isabel de Valois.

Concretado este punto, en apariencia inapreciable, pero que para mí tiene un sólido valor probatorio de que el cronista no es un forjador de invenciones —igualmente he resaltado los errores cronológicos y seguiré criticando deficientes fragmentos de su relato—, voy a realizar una exposición, lo más sucinta que pueda, de pasajes que maneja Gachard para justificar que el comportamiento del heredero, tan criticado, se enmarca en el denominado periodo de crisis.

Tras los tumultos y la orden de enviar gente de guerra represora de la sublevación, Felipe II convocó Cortes de Castilla para el último mes de 1566. Los debates se iniciaron el día 11 y el príncipe tuvo un enfrentamiento con los delegados que no apoyaban la marcha del monarca o pedían, en su defecto, que fuese él quien permaneciese en el país como regente. Ambas propuestas eran un impedimento para que pudiese alcanzar su meta de llegar a Brabante y amenazó a los procuradores, advirtiéndoles que les consideraría enemigos y les destruiría si insistían en la pretensión. Esta actitud belicosa tuvo que producirse en las jornadas que median entre el 22 y el 31 de diciembre de 1566.

A principios de 1567 tuvo lugar una desabrida peripecia creada por Estévez de Lobón, gentilhombre de cámara que gozaba de su confianza. Carlos de Austria había echado algo de menos —¿antecedentes epistolares?— y acusó a su criado de haber incurrido en crimen de lesa majestad, hurto y traición. La ocupación de dicho sujeto fue objeto de una exhaustiva inspección y finalmente despedido del servicio.

Sin descifrar las causas, según una referencia de Nobili, se dice asimismo que había atemorizado con un puñal a su mayordomo don Fadrique Enríquez. No consta en la comunicación del florentino cuándo acaeció la intimidación, pero se deduce que debió de ser en los primeros meses de 1567, según indicios que facilitan diversas fuentes.

Hernán Suárez, egregio cortesano muy respetado por el príncipe, le escribe el 18 de marzo de 1567, efectuándole una dura crítica por su indisciplina filial, se alarmaba de que no confesase ni comulgase, le avisaba que estaba dando a sus adversarios pretextos para imputarle locura e ineptitud, y se horrorizaba de los desafueros que cometía con sus criados y con los animales —había dañado a veintitrés caballos— para redondear su respetuosa, pero enérgica diatriba, con el aviso de que el Santo Oficio ya hubiese intervenido para saber si era cristiano o no en el caso de que fuese persona de menor alcurnia.

No cabe, por tanto, asomo de vacilación de que su conducta, tan denostada por los historiadores, oscilaba con grandes desajustes durante las frustraciones más o menos intensas que le tocaba vivir en el plano de sus deseos y aspiraciones. Y no deja de ser significativo que, cuando sobrevienen los peores desarreglos, Felipe II, en el colmo de una contradicción ininteligible, le confiere la presidencia de los Consejos de Estado y Guerra, eleva a cien mil ducados los ingresos de su casa (con un incremento de cuarenta mil), le faculta para resolver en negocios de gobierno y promete llevarle consigo a Bruselas.

Entretanto el Prinzipe que cada dia hallava peor vivir con su padre i deseava de marcharse de con el penssando mejorar de condizion con andar a sus anchuras ideo lo mas malo que pudiera qual era declararse en avierta reveldia contra su señor y padre marchandose de España a tierras de hereges i enemigos al efeto i para mejor conseguirlo escrivio a los Prinzipes de Orange y Condes de Horn y Emon para ponerse de acuerdo con ellos i atto contino se dispusso dos cavallos un criado y un page que no le conoscian i una buena suma de dinero con este dinero i demas contava marcharse tan pronto como resciviera contestazion a sus cartas que no la tuvo por zierto porque como estavan tomadas todas las vias por las tropas del Duque de Alba cogieron al correo que las llevava y viendo los papeles dirigidos a los Condes de Hornos y de Emon i al Prinzipe de Orange que tantas sospechas davan a los nuestros fueron llevadas las cartas al Duque i este leidas que fueron que todas tres eran iguales i todas tres de un mesmo tenor se las remitio al Sr Dn Phelipe que se aflijio de veras al mirallas por ver lo poco que su hijo se emendava i como corria a su perdizion i ruina espiritual i temporal. Ia perdio todo el sufrimiento que le quedava i en verdad que era para perderlo el ver las cartas menzionadas pues en ellas a mas de dezir mucho mal de su padre i de su modo de governar pues que le llamava fiera mostro i otras cosas de este jaez i dezia que poco havia de poder o havia de quitar a su padre el mando en aquellas sus provinzias de los Paisses vajos y havia de coronarse Rei de ellos i hacer alianzas con otros Prinzipes i traer la guerra asta misma España para tomar completa venganza de todas las injurias que suponia haverle hecho. Vistos tales planes i tan funestas determinaciones ia le parescio al Rei que era demassiado sufrimiento i determino poner coto a tantas demasias.

Se hace preciso destacar, en primer lugar, que durante mayo, junio, julio y agosto de 1567, en espera de la proyectada expedición acompañando a su padre hacia Bruselas, no existe ni la menor observación de que se desencadenasen altercados. Su belicosidad estaba apaciguada y hasta se mostraba entusiasmado, a juzgar por la carta que Dietrichstein dirige al emperador. La nueva crisis —la segunda y definitiva— empieza a labrarse a partir del instante en que se divulga que el viaje puede experimentar otro aplazamiento. Felipe II, sobre quien se tiene inseguridad de que estuviese dispuesto a desplazarse hacia sus dominios, estuvo esperando todo el verano a que cristalizaran dos acciones vitales: la llegada del duque a Bruselas y el prendimiento de los principales sospechosos de haber defendido la insurrección. De ambos fines se tuvo confirmación el 21 de agosto y el 18 de septiembre de 1567, respectivamente. Demasiado tarde para afrontar con garantías una arriesgada travesía por mar cuando además los problemas suscitados por la revuelta estaban ya en vías de solución.

El 13 de septiembre de 1567, Fourquevaulx revela a Catalina de Médicis que don Carlos no se recata en pregonar su odio al rey y nueve días después Felipe II informa al papa de que transitoriamente renuncia al desplazamiento que tenía previsto y cuya suspensión ya estaba albergada en el ánimo de su hijo. La frustración tuvo que ser penosa ante el incumplimiento de la promesa que llevaba implícito el retraso *sine die* de su boda con Ana. No puede resultar, en consecuencia, nada extraño que volviese a estar enfurecido, se sintiese engañado o menospreciado, se agudizasen los embrollos de una cohabitación conflictiva y, en última instancia, estuviese preparado para fugarse afrontando los riesgos que fuesen necesarios. Distinta cuestión, menos accesible, es que dirigiese su huida hacia los Países Bajos cuando estos territorios estaban sometidos por Fernando Álvarez de Toledo. Cabrera de Córdoba subraya que «pidió dinero a los grandes para huir de la Corte y caminar a Alemania a casarse con su prima la infanta Doña Ana y también tentó a su tío Don Juan para su viaje a Alemania».

Fourquevaulx y Marcantonio Sauli ratifican esta conclusión, concibiendo la posibilidad más fácil de encaminarse hacia Portugal. El príncipe, en su desesperado atrevimiento, buscaba el amparo de Maximiliano II en Viena o de su abuela Catalina de Austria, residente en Lisboa, y comenzaba a tomar medidas protectoras para su seguridad acumulando armas y haciéndose construir un complicado artilugio para tener, a su antojo, cerradas las puertas de su cámara. Este artefacto fue diseñado e instalado por Louis de Foix el 24 de octubre de 1567.

Partiendo de estos antecedentes, constatados históricamente y marcados por el imperativo de la lógica, no puede creerse la explicación del opúsculo de que su empeño tuviese como destino tierra de herejes y enemigos —la capital bruselense, aunque no haya una manifestación específica y no pueda eliminarse que la vaga orientación haga alusión a Viena y el mundo germánico— y mucho menos que consumase el disparate de escribir a los condes de Horn y Egmont, que ya habían sido encarcelados, y a Guillermo de Nassau, que se había refugiado en Alemania, dificultando con ello cualquier posibilidad de comunicación. Estas circunstancias, conocidas sin ningún género de dudas, dotan al manuscrito de fundamentos tópicos que tienen la finalidad de servir de justificación para la detención. Nada se dice sobre los métodos empleados para agenciarse una buena suma de dinero, pero, en este sentido, sí se sabe que dos de sus gentilhombres de cámara, Garci Álvarez Osorio y Juan Martínez de la Cuadra, se ocuparon de la tarea mediante traslados a zonas castellanas y más tarde a la poblada urbe de Sevilla. El fruto obtenido mediante solicitudes a individuos acaudalados se ha cifrado en ciento cincuenta mil escudos, pero en realidad no disponía de dinero poco antes de su confinamiento ni la cantidad fue descubierta entre sus pertenencias. El paradero de semejantes recursos es un misterio más sin solventar entre tantos enigmas que envuelven su pretendida huida y su reclusión. También llama la atención que la monografía no haga alusiones al intento de sobornar a su tío para que le ayudase en su propósito. La escueta indicación de que le preparasen dos caballos, un criado y un paje que no le identificaban, induce a pensar que su maquinación era un conato sin la participación de cómplices y fruto de una situación anímica soliviantada.

El contenido de los correos —insultos al monarca, anhelo de coronarse en suelo neerlandés y hasta ideas de vengarse de las injurias entablando guerra contra su propio país— entran de lleno en una patología fronteriza con la vesania y, si fuesen verídicos, argumento insostenible por las razones apuntadas, serían motivos más que sobrados para comprender la drástica decisión real. Como es normal no hay testimonios de dichas comunicaciones ni de que fuesen interceptadas y remitidas al rey. Sólo la ignorada relación describe esta contingencia con una contradicción que conviene resaltar: el príncipe difícilmente pudo tener respuesta y, sin embargo, durante su apresamiento le fueron confiscados bastantes papeles y entre ellos algunos de los condes de Egmont y Horn sobre la conspiración tramada y que más adelante fueron aportados al sumario como pruebas irrefutables. Juan Antonio Llorente, como ya he señalado, menciona que Gregorio Leti publicó una carta dirigida por Carlos de Austria al conde Egmont y que fue hallada entre los pliegos del duque de Alba, pero no determina su composición ni su fecha, aunque vincula su texto a la hipotética conjura. El clérigo cree, además, que el viaje a Alemania —nunca a Brabante— estaba respaldado por la aristocracia intrigante con la ayuda de Mr. de Vendomes, criado de la cámara regia, que oficiaba como mediador. No he tenido la satisfacción de revisar las obras de Gregorio Leti, a pesar de las indagaciones realizadas para localizarlas en este país, y el teórico colaborador fue detenido cuando el barón de Montigny y liberado en 1571 tras haber sido encarcelado en el castillo de La Mota. La verdad es que nadie hasta ahora ha demostrado con argumentos convincentes cuáles fueron las motivaciones que pudo tener Felipe II para prender a su descendiente y encerrarle en un rincón del palacio, aunque en mi ánimo, paso a paso, iba tomando cuerpo la idea de que su dogmatismo católico estaba sembrado de temores en relación con la falta de convicción religiosa de la que venía haciendo gala su heredero.

i al efeto llamo para su consejo a dos padres graves dominicanos con los quales consulto su gravissimo conflito i ellos saviendo que havia tenido comunicacion con los hereges enemigos de nuestra sancta religion aconsejaron al Rei que lo pussiera en Prission lejos de toda comunicacion humana retraiendole a las carceles del sancto oficio donde procurarian los padres convencerle de todos sus herrores i hacerles (*sic*) entrar en el gremio de nuestra sancta Madre la Iglesia de la que tan en mal hora se havia separado quedando a disposicion de su Magestad el castigalle por el delito de traizion que proiectava mas que antes devian procurar convencelle y corregille porque ia que se perdiese el cuerpo que al menos se salvara el alma. Pareziole bien este consejo al afligido Padre i determino de ponello al punto por obra i assi para evitar que el Prinzipe saviendo lo que se tratava huyesse o quissiera ponerse en defensa una noche cuando ia dormia entro el Rei con gente armada en el cuarto de su hijo i le recogio todas las armas i asi mesmo todos los papeles que vistos muchos dellos hallaron ser papeles de los condes de Emon i de Hornos todos ellos relativos a la conspirazion que se tratava de llevar a cavo y que podian dar mucha luz sobre el asunto i de que no poco se holgo el Rei porque assi tenia en su mano todo el secreto de la trama hallaronse tambien algunos papeles de la Reina Isabel papeles tiernos i apasionados en que so color de disuadir al Prinzipe de su cariño se manifestava mas amor del que se deviera. Quando ia estava hecho todo el escrutinio el Prinzipe desperto i se maravillo mucho de verse entre aquella concurrenzia i mucho mas se admiro de oir que su padre le intimava la orden de quedarse presso en su quarto hasta que otra cossa dispussiese de la ravia quedo mudo i luego que quedo solo i cerrado salto de la cama este en busca de su espada para cometer con ella sin duda alguna mala azion pero como havian tenido la precauzion de quitalle las armas no lo pudo hazer i desfogo su colera dandosse de calavazadas en las paredes i hiriendose el rostro con las unas i tal vez se matara si el Rei no tuviera la precauzion de haver dejado a la puerta como de guardia del Prinzipe al Duque de Feria y al Prinzipe de Eboli los quales entraron logrando detenerle y sujetarle los brazos con lo qual impidieron que llevasse a cavo sus mal concevidos desinios.

La posible deliberación es comentada por Cabrera en los siguientes términos: «Consultó el intento de su Alteza con gravisimos doctores, y especialmente con el maestro Gallo, y el maestro fray Melchor Cano, obispo de Canarias». Este último prelado había fallecido en Toledo el 30 de septiembre de 1566 y el apunte es, por tanto, parcialmente inexacto. Es concebible que la influencia de Diego de Chaves y del cardenal Espinosa le inclinaran a confiar en monjes de Santo Domingo de Guzmán, que estaban muy vinculados al Santo Oficio, pero es preciso recalcar que en 1568 no había en Madrid Tribunal de la Inquisición, que fue instaurado en 1633, y únicamente consta la existencia de un comisario designado por la sede toledana con facultades para tomar testimonio de la primera declaración de los inculpados y proceder al traslado de los presos a la ciudad imperial.

Asimismo recoge la obra del cronista que Felipe II trató el caso con Martín de Azpilcueta (afamado como el doctor Navarro por su procedencia geográfica), legista famoso que emitió un dictamen que, en su parte esencial, dice: «Se advertía sobre esto haría mal don Carlos en salir de España, pues daría gran ocasión de discurrir sobre el ánimo del padre y del hijo y de la causa de su discordia, y para hacerse guerra los dos con ruina de los estados, metiendo escándalos, tomando la voz del padre unos, la del hijo otros, debilitando sus fuerzas y animando a sus enemigos para armarse y acometer los reinos flacos por la división».

La inquietud del doctor Navarro, sustentada en la amenaza de la herejía y la indisciplina que atribuye en otros párrafos al príncipe, es tanteada por los dos padres dominicos. Felipe II estaba preocupado por la mentalidad religiosa de su sucesor y en la práctica convencido de castigarle por traición. La frase «corregille porque ia que se perdiese el cuerpo que al menos se salvara el alma», aderezada con la pretensión de «entrar en el gremio de nuestra sancta Madre la Iglesia de la que tan en mal hora se havia separado», es más un destello de su propio pensamiento que una sugerencia de los frailes consultados y una prueba inequívoca de que el prisionero había conducido sus actos hacia el punto más sensible de su progenitor.

Los conflictos que repercutieron en la solución de recluirle debieron ocurrir entre mediados de septiembre de 1567 y el día del apresamiento. Felipe II, que estuvo en El Escorial desde el 20 de diciembre hasta su regreso al alcázar, tuvo mensajes de varias incidencias que le fueron transmitidas durante su estancia en el poblado escurialense: una copia de las cartas, jamás localizadas, que su primogénito pudo dirigir a los grandes, pidiendo ayuda para «un negocio que se ofrecía» y que pudo ser denunciada por el almirante de Castilla; la vital delación de Juan de Austria; confidencias de Diego de Córdoba, primer caballerizo del rey, advirtiéndole de las sospechas que una visita del príncipe habían despertado en su esposa cuando fue a despedirse de ella; los recados de Raimundo de Tassis, correo mayor, dándole cuenta de que su hijo le pedía caballos y que se había visto obligado a negárselos alegando que todos los animales estaban siendo utilizados en diversas misiones, y la intervención del prior del convento de Atocha, Juan de Tovar, avisándole de la polémica desatada en el monasterio de los jerónimos y que le había impedido confesar, ganar la absolución y comulgar posteriormente. Semejante desafuero pudo impresionarle hasta llegar a cuestionarse la ortodoxia católica de su sucesor, mientras ordenaba a los superiores de los conventos de Madrid y sus cercanías que prescribiesen oraciones para que el cielo le inspirase antes de verse en la necesidad de tomar una resolución que, sin duda, afectaba al futuro de su vástago. Tales instrucciones buscando el auxilio divino, a las que era propenso en coyunturas emocionales, fueron cursadas demandado secreto, pero trascendieron lo suficiente para que se especulase sobre su significado y hasta fueron objeto de misivas informativas de algunos embajadores y del arzobispo de Rossano. Según Fourquevaulx, las plegarias pedidas se consumaron el 13 de enero, pero el clérigo Fernández de Retana, sin citar fuentes, menciona el 13 de febrero, aunque su forma expresiva —clara referencia dimanante de Gachard— y el momento concreto en que establece la decisión real hacen conjeturar que padece un error de fechas.

Todos estos trances, premonitorios de una inmediata huida, algunos equívocos en su veracidad y otros más concluyentes, originaron sin duda su prisión. El desarrollo y desenlace de este último extremo ya es conocido a través del ujier de cámara, también por otros anónimos, y el alcance de la detención debe centrarse, en mi opinión, en si le fueron confiscadas pertenencias que pudiera tener ocultas. Las explicaciones en este sentido corroboran que, efectivamente, le fueron arrebatados documentos, aunque no se especifique su contenido o se recurra a vagas orientaciones.

Cabrera de Córdoba escribe: «El rey con blandura le dixo no quería sino hacerle bien, se aquietase y volviese en sí. Mando al prior don Antonio llevase un cofrecillo de acero embutido de oro que tenía sobre el bufete; y preguntando don Carlos para qué le querían, respondió el Rey se le volvería (como se hizo) en sacando los papeles que en él y en un escritorio tenía. Dio su Alteza las llaves, y el Prior los abrió antes de presentarlos, y rompió los perjudiciales al Príncipe y a sus amigos, supliendo en lo que faltó a la encomienda la caridad sólo para ello poderosa».

Fernández de Retana, aprovechando hasta la mínima oportunidad para ensalzar el comportamiento del soberano, deja correr la pluma: «Luego (el rey) dirigió personalmente la minuciosa requisa de los papeles y documentos de su hijo, en especial una arquilla en que tenía los más secretos y comprometedores, y la llevó a su propio despacho, asegurándole a su hijo que se le devolvería puntualmente. Esta requisa no era contra su hijo, sino para defender su honra, pues los hizo desaparecer para siempre, y, en cambio, cargó él noblemente con todas las habladurías de la posteridad, escudada en su secreto». Enseguida reincide diciendo que «sobre el contenido de la documentación ocupada por el rey en la cámara de su hijo, no es fácil obtener información documental segura y cierta, desde el momento que el monarca, con su ordinaria reserva, se propuso salvar la honra del príncipe, que era su hijo, haciendo desaparecer todo documento comprometedor». Igualmente insinúa que los informes de los representantes extranjeros no pasan de ser meras hipótesis, pero termina admitiendo que «es posible también que le ocupara cartas comprometedoras de los flamencos, pero es raro que no haya aparecido ninguna del príncipe en los archivos de París y Flandes».

Manuel Fernández Álvarez, al enfrascarse en la versión del ujier de cámara, ni siquiera repara en la requisa. Pudiera ser que el criado que vigilaba la puerta «y lo veía y escuchaba todo» tampoco se percatase o no le diera demasiado realce, pero no es así, puesto que el renombrado servidor (cuyos comentarios fueron impresos en la *Revista de Madrid,* 3.ª serie, año 1841) puntualiza: «Luego le tomaron todas las llaves de sus escritorios y cofres, y el Rey los hizo subir arriba». La indicación «subir arriba», que no parece tener mayor significado, debe ser refrendada con la matización de que los cuartos principescos estaban en la planta baja y el escritorio regio por encima de la segunda altura del edificio. Llorente, que también hace uso del acreditado anónimo, sí menciona la incautación, pero no hace hincapié en su alcance y trascendencia.

Cayetano Manrique, en su corto ensayo *El príncipe don Carlos conforme a los documentos de Simancas,* editado en 1867, haciendo alusión a un anónimo, titulado «Aviso d'un italiano plático y familiar de Ruy Gómez, reproduce: «El rey mando registrar en seguida los aposentos del príncipe, que se quitasen de ellos todos los instrumentos de hierro, y ordenó al prior D. Antonio se apoderase de una cajita de acero embutida en oro que estaba sobre una mesa; pidió al príncipe la llave ofreciéndole volver la caja en cuanto se sacasen de ella los papeles que contuviese. Lo mismo se hizo con los demás escritorios y cajones, tomando todos sus papeles».

Louis Prospére Gachard no ofrece en este aspecto ninguna novedad, dado que entiende que los testimonios arrebatados eran las supuestas cartas que tendría preparadas para que fuesen expedidas tan pronto como tuviese lugar su fuga (notificaciones para los grandes, los príncipes cristianos, las chancillerías y audiencias del reino, principales ciudades de Castilla, más los textos destinados al rey, al emperador y al sumo pontífice), además de un pretendido programa de actos que pensaba realizar tan pronto saliera de la Corte y la pregonada lista de amigos y enemigos revelados en columnas opuestas. Todos estos antecedentes, que jamás aparecieron, se deben a versiones de los embajadores seguidamente del confinamiento y, como dice Fernández de Retana, son meras especulaciones sin excesiva solidez.

En el anónimo que se halla en la Biblioteca Nacional de Madrid (con la signatura 10817/10, «papeles referentes a la vida del príncipe don Carlos hijo de Felipe II»), con independencia de sus rasgos folletinescos y fiel reflejo, en algunas partes, del libro del abad de Saint-Real, se narra que el heredero del trono había recibido «cartas de Flandes que no le permitían dilattar más el viaje». Los mensajes se atribuyen a Egmont y Horn, haciéndole partícipe de su consternada posición, tras el arresto decidido por el duque del Alba, y plasmando «que luego ya no sería tiempo de socorrerlos». Puede parecer inverosímil que ambos pudieran desde sus celdas expedir comunicaciones con facilidad, pero tal eventualidad no puede ser despreciada analizando precedentes similares ocurridos con los encarcelamientos de Antonio Pérez y el barón de Montigny, que siempre pudieron conectar con el exterior de sus cárceles. Que los condes, honrados por su pueblo, contaran con ayuda para tales fines es una posibilidad, aunque se pueda titubear sobre el provecho que pudieran tener estas comunicaciones, de haberse llevado a cabo, considerando la situación, dominada por los tercios hispánicos, y la escasa, por no decir nula, actividad que el príncipe podía desplegar desde su morada, sin apoyo ni resortes para socorrerlos desde el momento en que no había conseguido su objetivo de ponerse a la cabeza de las tropas enviadas a Bruselas.

El amplio ejemplar que ahora me ocupa, al describir el apresamiento con detalles peculiares no vertidos en otros relatos, sí observa que se enfureció hasta la desesperación, pretendiendo arrojarse al fuego de la chimenea, cuando el rey se adueñó de una escribanía llena de papeles que se hallaba escondida debajo de su cama. Más adelante aclara que Felipe II «quedó espantado del peligro a que se vio expuesto» cuando revisó los designios y las inteligencias de su vástago reflejadas en las cartas encontradas, «pero aun mucho más fue conmovido quando entre otras carttas de mano de la reyna halló una que le pareció la más ardiente y amorosa del mundo». Se concreta a continuación que esta misiva le fue dirigida por su madrastra cuando sufrió su peligrosa caída en Alcalá de Henares y se temía por su supervivencia. Nada más y nada menos que en la primavera de 1562. Para evitar injerencias que impliquen rasgos subjetivos, voy a incluir el pasaje: «Esta era aquella cartta que le llevó el Marqués de Poza a Alcalá y que don Carlos no havía jamás querido bolverle, como la reyna la havia escripto en aquel primer arrevatamientto de su dolor por el accidente morttal de el Príncipe, no havía creído que quanto podía escrivir a un hombre cuia vida era sin esperanza fuera cosa de consequencia ni pudiera produzir otro efecto que hazerle morir conttenttto; así ella se havía dejado llevar de su tternura al escrivirla y allí havía expresado los sentimenttos mas singularess y secretos de su corazón con toda aquella violenzia que podía inspirar una ocasión tan funesttta». El desconocido narrador concluye su planteamiento salvando la honestidad de la reina, ya que la misiva no afectaba a su honra ni ofendía su obligación de esposa, aunque estos argumentos no convencieron al rey que «infirió mui diferenttes consequencias».

Sin querer, inevitablemente, al leer fragmentos similares, me vuelve a la cabeza la insinuante frase de Gregorio Marañón cuando declara que el drama todavía se trasluce en «novelas que quieren ser historia y por historias verdaderas que parecen folletines». Las explicaciones que debieran tener formalismo nada refieren sobre los papeles requisados, salvo su probable destrucción, y únicamente los anónimos, parecidos a pintorescos seriales, dan cuenta, con mayor o menor esmero, de la importancia que Felipe II les concedió y hasta señalan su contenido en confusas dosis similares a las expresadas por el opúsculo.

Despues de echo esto luego que fue de mañana hizo llamar a los dos R.P. dominicanos que lo eran Frai Joan Perez del sanctissimo sacramento i Frai Pedro Abias [15] de la concepcion de la inmaculada Virgen santisima i

---

[15] Este apellido por ser de difícil lectura para mí lo he escrito como va, por parecerme lo más conveniente.

Un crimen de Estado 243

señora Nuestra con los quales confirio larga i detenidamente i ellos le aconsejaron por lo que ia savian que por la noche le metieran en un coche i lo llevaran a las carceles del sancto ofizio donde le tendrian dispuesta prission dezente al efeto i alli tratarian de convencelle de sus errores con todo el amor i caridad posible afin de metelle segunda vez en el sancto gremio de la Iglesia catholica Apostolica y Romana unica y [16] verdadera en todo el universo mundo porque assi convenia i era de hazer en meritos .... la Persona i mas que todo en meritos de la caridad .... que nos aconseja enseñemos al que no save los fundamentos de nuestra sancta creenzia ofreziendose ellos a tomar sobre si tan util carga agradezioselo el Rei i aquella misma noche previno un coche i sacando en el al Prinzipe que era de mui mal talante llevado lo conduxeron a la Prission del sancto ofizio encerrandole en una prission hecha al proposito en la qual no havia cossa alguna conque ofenderse pudiera a la mañana siguiente fueron los PP suso dichos a hablar con el i el les rescivio con mucho modo i hablo largamente de su desgrazia diciendo que inorava la causa de ser presso i tratado con tanto rigor los PP se lo dijeron i el lo nego todo diziendo que sin duda eran artes de malos querientes suios i en cuanto a la acusazion que havian hecho de el de estar contaminado en la heregia dijo que todo era mentira y en prueba de ello pidio a los dichos PP que le examinaran de la doctrina cristiana como assi lo hizieron y le hallaron mui bien instruido en todo conforme a los ritos de la sancta madre Iglessia con lo qual quedaron algun tanto conssolados i se volvieron para el Rei a dezille que el Prinzipe estava mui instruido en todo lo perteneciente a la doctrina que profesamos i que por lo tanto el Sancto Ofizio no tenia que hazer ni entenderse con el para nada el Rei se holgo de ello i mando volverle para Palazio.

La pincelada más llamativa de esta parte se ciñe al desusado punto de que se expresen las identidades de los frailes y su adscripción a la orden de Santo Domingo de Guzmán. Si entra dentro de su lógica fanática la pesadumbre del soberano por la pretendida contaminación herética de su hijo y la salvación de su alma —de Felipe II nace la tradición de que los presos «entren en capilla» y sean confesados antes de su ejecución—, nada tiene de extraño que su consulta de conciencia se proyecte hacia los dominicos por su afinidad con el Santo Oficio y su experiencia en manejar materias enlazadas con un hipotético descreimiento. Gachard arguye que el día 18 hubo un constante cruce de billetes entre el monarca y el cardenal Espinosa. Como no hay seguridad de que el inquisidor general terciase en los planes trazados para el apresamiento, cabe inferir

---

[16] Aquí falta una palabra muy corta que no he pedido leer por lo extendido de la tinta.

que la insistente coordinación estuviese cimentada en las sospechas de heterodoxia y las medidas que pensaban tomar. No se debe olvidar que la herejía era motivo suficiente para que el príncipe pudiese ser desheredado y que tal acusación debía estar viva en el ánimo regio con tan sólo fijarse en el hecho de que durante la entrevista con los frailes fuese él mismo quien exigiese una comprobación de su catolicidad.

Transcurridas más de cuatro centurias no resulta ya nada sencillo comprobar la existencia de estos dos monjes que presenciaron el juicio. A la tremenda dificultad hay que añadir, además, que el patronímico del religioso perteneciente a la Concepción de la Inmaculada Virgen Santísima y Señora Nuestra no figura redactado con letra legible. Manuel García advierte tan desafortunada adversidad, que se agrava con la aparición de un apellido raro como «Abias». Por similitud he pensado en que pudiera ser «Abia» o el más habitual «Arias», pero son meras suposiciones sin visos de que puedan ser esclarecidas.

El jubilado también repara en el paso del tiempo, como obstáculo para localizar huellas documentales, cuando se lamenta, en 1871, de que Julián Martínez de Arellano no tomase la decisión de editar la relación para desvanecer sus erratas, cotejándolas con el original, y demostrar con facilidad si el autor y los testigos habían vivido en la orden, indagar sus destinos y saber cómo había llegado el manuscrito a manos de fray Domingo Agustín, dado que verificar estos extremos «hubieran convencido al público que dicha relación era cierta y hecho desaparecer el afán de los historiadores, y particularmente de los de este siglo en averiguar la causa de la prision, y de qué modo murió». No me cabe duda de que Manuel García tiene razón al exponer estos argumentos, pero temo que no repara en los impedimentos insalvables que Julián Martínez hubiese tenido con la censura. Diferente cuestión es que, lamentablemente, el inexperto copista se ajustase a reproducir el folleto, con mayor o menor fortuna escribanil, y no tuviese ni un atisbo de incertidumbre que le hubiese conducido a la investigación que tanto echa de menos el funcionario. No es preciso forzar demasiado la imaginación para concebir que su trato con fray Domingo Agustín pudiera reportarle certeza acerca de la veracidad de los hechos contados para que ni siquiera se plantease un dilema de tal naturaleza. El reproche de Manuel García es una espada de doble filo, por cuanto, hace ya casi siglo y medio, él pudo lograr su divulgación, edición más fácil de llevar a cabo en el último tercio del siglo XIX, y no limitarse a enviar un trasunto a la Academia de la Historia. La publicación habría tenido una superior resonancia y provocado tal vez la clarificación del intrínseco valor del folleto. La difusión de sus impugnaciones en 1871 no debieron tener la repercusión que esperaba —no he constatado que remitiese un ejemplar a la Academia— y su avanzada edad no le calificaba para viajar en busca de registros que pudiesen generar datos convincentes.

La tarea ya era difícil en aquellos momentos por cuanto la guerra de la independencia, las desamortizaciones impulsadas en décadas posteriores y los embates de la revolución, denominada la Gloriosa, eran y son, con sus secuelas destructoras y disgregadoras, los enemigos de una peliaguda búsqueda. Casi siglo y medio desde entonces, con una guerra penosa entre 1936-1939, que tuvo igualmente connotaciones anticlericales y destrucción del patrimonio de la Iglesia, viene a entorpecer tan ardua labor. Muchos son los años que han pasado y los avatares acaecidos para ser optimistas, pero, apuntalada mi conciencia con la pesadumbre del probable fracaso, me dispuse a realizar las averiguaciones que pudiese, entablando contacto con personas cualificadas de la orden de Santo Domingo de Guzmán mientras, por otra parte, buscaba todas las obras, editadas o no, que pudiesen ofrecerme alguna pista orientadora en tan vasto mundo. Relatar esta odisea con profusión me parece un esfuerzo aburrido que está muy lejos de mi predisposición y sobre esta premisa, con la concisión como método, voy a resumir los rasgos más esenciales de mis pesquisas.

Hombres de reconocida talla intelectual como el padre Ramón Hernández o el padre Barrado, enraizados ambos en distintas temporadas en el convento de San Esteban de Salamanca, me ofrecieron su desinteresada colaboración en unión de padre Alfonso Esponera, secretario de la curia ubicada en Valencia, revisando escrupulosamente sus archivos dominicanos, pero sin que sus dilatadas gestiones ofrecieran elementos positivos, dado que únicamente pude obtener del primero de los frailes indicados un escueto testimonio «de que un Juan Pérez, dominico de esos años, era del convento de Zaragoza y Maestro en Sagrada Teología en la década de 1580», apunte que, más tarde, pude confirmar leyendo el volumen de Gregorio Marañón relativo a las vicisitudes de Antonio Pérez. El insigne médico, con independencia de crear en mi mente fructíferas suspicacias sobre el relieve de los papeles que tenía en su poder el perseguido secretario, cita a un fraile llamado Juan Pérez como eventual intermediario ante la Inquisición en favor de Cosme

Pariente, encarcelado tras la sublevación de 1591, y esta mediación, suplicada por el recluso, garantiza de manera inequívoca que dicho religioso todavía existía cuando acaban las peripecias contadas en el manuscrito.

La importancia de que dicha persona viviese dentro del marco cronológico de los hechos relatados; la expresión pluralizada «nosotros los testigos», que se plasma en la evolución del opúsculo y le hace partícipe en el juicio; la paronimia entre Joan y Juan; su condición de teólogo; su invocada mediación ante el Santo Oficio zaragozano, y una anomalía extraña que haré destacar al proseguir la glosa me han servido de apoyo, quizá sin excesiva solidez, para presentir que hasta la redacción del folleto puede atribuírsele, pero dos meras orientaciones —la referencia del padre Ramón Hernández y la alusión de Gregorio Marañón— no eran factores suficientes, máxime cuando mi penetración en las redes bibliográficas de la institución y mis gestiones en otros organismos no me reportaron rastros convincentes.

Los arcanos de la orden estaban en contra de mis propósitos, ya no poseía nociones claras de los recursos que podía utilizar, pero la perseverancia es un patrimonio insospechado y un dato más, cuando estaba al borde de la claudicación, me hizo averiguar que en la Biblioteca Universitaria Zaragozana se guardaba un tratado titulado *Historia del convento de predicadores de Zaragoza,* en tres tomos, cuya signatura es Ms 30/32, y en cuyo último volumen se recogían breves etopeyas de los priores y hombres célebres del convento desde su fundación hasta 1683. Una primera revisión de los índices me hizo descubrir, en la lista de priores principiada en 1238, el nombre de Juan Pérez enclavado en el ciclo del priorato inaugurado en noviembre de 1584 y concluido en otoño de 1587. Con la paciencia acostumbrada, una vez recopilados los documentos útiles, fui desentrañando los distintos párrafos, superando el inconveniente provocado por la tinta que había traspasado el papel y emborronado las líneas.

Los aspectos más eminentes de su identidad y gestión pueden resumirse en unos breves trazos: «este padre fue natural de Leciñena [no se reseña la fecha de su nacimiento, aunque sí figura su defunción acaecida el 18 de noviembre de 1602], tomó el hábito en este convento, a 27 de diciembre de 1562, siendo prior el P. fr. Miquel Pinedo, y profesó en el mismo convento a 28 de diciembre de 1563, siendo ya prior el P. Mtro. Fr. Thomas de Esquivel, tomó el hábito y profesó juntamente con su antecesor el Mtro. Fr. Gerónimo Xavierre, estudió Artes y parte de la Teología, y viendo los padres su aplicación, regimiento y talento lo eligieron colegial de Orihuela, a donde se partió por el mes de octubre de 1568 en compañía de fr. Juan de España y fr. Juan Hontanza, como se lee en el Gasto, aunque no estuvo más de dos años en Orihuela pues se hallaba ya en el convento a principios del año 1571, pues ese año predicó cuaresma en Villarroya de la .... y por ella recibió el convento seiscientos sueldos».

Con independencia de estos detalles, constan otros sobre su carrera en varios capítulos provinciales —artes y teología— y su mandato como prior que no tienen gran fuste (construcción de campanarios, confesionarios, aderezos encima de la puerta de la iglesia y la capilla de San Andrés y hasta la compra de una torre o granja atendida por un hermano lego y tres mozos), aunque parece ser que hizo frente a los pagos obligatorios, pero sin conseguir ver desentrampado el convento durante su gestión.

Tan sólo algunos componentes más de su semblanza han reclamado mi atención, sin contar que abandonase el convento en octubre de 1568. Por un lado, el lance de que su confirmación en el priorato tuviese que ir a buscarla un fraile llamado Agustín Arbel, localizando al provincial en Luchente, ajetreo que nada tiene de especial si no tuviese la certeza de que, pocos años después, este monje fue uno de los hombres que, acompañado por fray Pedro López, visitaron con asiduidad a Antonio Pérez en la cárcel de los manifestados para conversar y examinar antecedentes que el preso guardaba para preparar su defensa ante el acoso jurídico de Felipe II. El infatigable Gregorio Marañón es la fuente de donde dimanan estas noticias y el ilustre médico asegura que estos dos religiosos no fueron ajenos a uno de los proyectos para escabullirse, consistente en salir de la prisión «en hábito de fraile, trayendo allí dos frailes y quedándose allí el uno», incidencias vinculadas con las aventuras del denostado secretario real y que no resultaría nada raro que hubiesen sido conocidas y hasta compartidas por el antiguo prior considerando los vínculos que el encarcelado mantenía con miembros de Santo Domingo de Guzmán.

La data indicativa de que Juan Pérez había salido por el mes de octubre —cierta indeterminación en la fecha— es algo desalentadora, pero no cabe excluir que pudiese existir un error o una anotación desfasada en el libro de gasto, ahora ya prácticamente inasequible, y que el viaje, pasando por Madrid, se hubiese desarrollado con antelación. La simple convergencia con respecto al fatídico 1568 es una excitante coincidencia o un aviso indeleble.

Por otra parte, con menos posibilidades de éxito, tampoco había olvidado en este intervalo al compañero consultado «en cuestiones de conciencia», aunque el dichoso confusionismo de su apellido me tenía algo postrado en la persecución, Y otra vez la contumacia dio un pequeño fruto por la atracción que los papeles de Antonio Pérez venían ejerciendo en mis reflexiones. Leyendo, con sumo interés, el trabajo del marqués de Pidal, editado en 1862 y publicado con el título *Historia de las alteraciones de Aragón durante el reinado de Felipe II,* en su tomo tercero, cuando el escritor redacta la culminación de los juicios de las justicias reales y las condenas a muerte ejecutadas el 19 de octubre de 1592, especialmente en lo que concierne al sublevado Juan de Luna, me tropecé con el sobresalto de que el confesor de este penado se llamaba Pedro Arias, que, curiosamente, también era maestro y prior, en este caso del monasterio de San Agustín en Zaragoza.

Las escasas pistas sobre este fraile, enérgico en las obligaciones que asumía, me lanzó a la búsqueda de más antecedentes mientras meditaba sobre la casualidad de que únicamente en Aragón hubiese podido encontrar coincidencias con los nombres y apellidos que buscaba. ¿Un mero azar? ¿Una señal para que se pudiese averiguar la procedencia del revelador opúsculo? La imagen de Antonio Pérez se engrandecía aún más en mi ánimo, sus vinculaciones con los dominicos en Calatayud, Zaragoza y Gotor acrecentaban mis sospechas y la trascendencia de sus papeles, puestos a buen recaudo antes de su evasión, empezaban a dominar mi imaginación.

No tardé en localizar algún dato más sobre Pedro Arias por cuanto la Facultad de Filosofía y Letras, de la universidad zaragozana, en una breve reseña de la enciclopedia Latassa, insertaba el siguiente texto: «Arias (Fray Pedro). Religioso Agustino, hijo del Convento de San Sebastián de la Villa de Urrea, trasladado a la de Épila. Fue Maestro en su provincia de Aragón, Catedrático de Escritura de la Universidad de Huesca por los años de 1590, y Prior del Convento de San Agustín de dicha Ciudad y del de Zaragoza en 1592. Murió en el Convento de nuestra Señora del Socorro de Valencia en 1616; habiendo escrito: 1.º Exposición sobre el Cántico y Oración del Profeta Abacuc, en español, que dedicó a la Santa Emperatriz D.ª María de Austria. MS. 2.º Una copiosa colección de Sermones selectos, que no se publicó».

Tiempo después, indagando en la obra del padre Gregorio de Santiago Vela titulada *Ensayo de una biblioteca ibero-americana de la orden de San Agustín»* pude confirmar los extremos expuestos con alguna que otra puntualización en lo que concierne a la fecha de su muerte, que ofrece puntos de vista dispares (1604 o 1617), y serios indicios de que pudo tener problemas con la Inquisición a juzgar por una carta que el Santo Oficio dirige desde Granada a Valladolid, aportando una testificación en su contra y que fue unida a su proceso, pero sin encontrar elementos clarificadores de que durante su vida hubiese podido pertenecer a los dominicanos.

Rematada esta fase investigadora, con más sombras que luces, y volviendo necesariamente al contexto del manuscrito, conviene consignar que el traslado a las cárceles de la Inquisición, curiosa novedad en comparación con distintos relatos anónimos, no obstante se llevase a efecto por la noche y con el máximo sigilo, pudo ser la razón para que se diese pábulo a la creencia de que el Tribunal había intervenido en el enjuiciamiento como consta en diferentes fuentes, aunque se deba recapitular sobre tal cuestión, un tanto confusa si se parte de la premisa de que en Madrid no existía propiamente estructura organizativa y que, en todo caso, es presumible que se hubiese aprovechado alguna instalación, tan sólo con fines transitorios, para albergar provisionalmente a los presos que debían ser trasladados a las mazmorras ubicadas en Toledo. El texto literal del opúsculo, que dice «encerrandole en una prissión hecha al propósito en la qual no havia cossa alguna con que ofenderse pudiera», demuestra fehacientemente esta contingencia histórica que es implícitamente reconocida por el autor de la relación, como una prueba más del verismo que transmiten sus palabras, al señalar que la celda tuvo que adecuarse a los fines pretendidos de un inmediato encierro.

Al filo de esta explicación, sopesando que fue sometido a una prueba de ortodoxia, es sugestivo divulgar que en las primeras audiencias que se concedían a los presos, llamada moniciones, «se les hacía decir la oración del Paster noster, el Credo, los Artículos de la fé, los preceptos del decálogo y algún otro punto de doctrina cristiana, porque si manifiestan ignorancia, olvido o equivocaciones, se aumenta la presunción de falta de afecto a la religión cristiana», según narra Llorente. Los calificadores que se pronunciaban sobre la formación herética o no del acusado, antes de que fuese instruido el sumario o liberado sin motivo para inculparle, tenían además que reunir la condición de teólogos.

Estos eventos se ajustan a las pautas inquisitoriales convencionales y resulta normal que el detenido fuese devuelto a sus aposentos tras comprobar que se hallaba «mui bien instruido en todo conforme a los ritos de la sancta madre Iglessia». Las advertencias de Hernán Suárez se habían cumplido y Juan Antonio Llorente parece ecuánime al afirmar «que nada me ha quedado por hacer en los archivos del Consejo de la inquisición y fuera para encontrarla [la causa contra Carlos de Austria]; creo haberlo conseguido, y debo asegurar a mis lectores que no hubo semejante proceso de inquisición ni sentencia de inquisidores».

pero como el delicto de traizion estava provado i mereszia castigo por ello trato de hazerle caussa para averiguazion de todos los que huvieran tenido parte en el intento de fuga del Prinzipe que en el entender del Rei debian ser algunos porque el Prinzipe solo no havia podido conzebir este proiecto tan perniziosso como mal aconsejado i peor meditado i haviendo algunos criminales era preziso para notizia de la justizia .... sufrieran la condina pena al efeto i sin levantar mano nombro juez abogado i fiscal dando los empleos de tales el de juez al letrado Vargas que poco despues formo parte del Tribunal [17] que en Bruxelas pusso el Duque de Alba para juzgar a los rebeldes i que reszivio el nombre de Tribunal de sangre con cuio nombre es conoscido el qual nombre se le pussieron los flamencos que mal hallados con su justa severidad de barbaro y de cruel. El cargo de Abogado del Prinzipe al que tambien era letrado Joan de Escovedo i luego fue secretario de D.ⁿ Joan de Austria quando este passo a Flandes i el cargo de Fiscal le fue encomendando (sic) a Antonio Perez secretario de su Magestad los quales se dispussieron a cumplir sus cargos. La sala del Tribunal se establecio en una sala de Palazio contigua a la quadra que servia de prission al Principe i por acuerdo del Rei se determino formar la causa a las altas horas de la noche i en las mismas rescivir las declaraciones del acusado i de todas las demas personas que el señalasse como complizes de su delito hecho todo esto se acordo que el tribunal se abriesse el dia siete de Febrero del año del Señor de mill i quinientos y sesenta i ocho la vispera del qual dia llamo su Magestad i a su real camara a los PP. dichos arriva i a mi Frai Joan de Aviles [18] confessor que era entonzes i que lo fui hasta el ultimo momento del

---

[17] Véase el núm. 20 del apéndice*.
[18] Aviles, o Avila. (Asi parece que dice aquí) pero he puesto «Aviles» porque después se halla escrito claramente así dos veces.

* Se halla en el Archivo General de Simancas, Estado, legajo 538, folio 33, y es una carta autógrafa de Juan de Vargas del año 1568 (sin especificar día y mes) que debió entregar al duque de Alba y que he reproducido parcialmente en las páginas siguientes.

Prinzipe i nos llamo con el ojeto de que fueramos testigos de los papeles que siendo encontrados al Prinzipe iba a presentar al Tribunal como pruebas de su delito i para que assi mismo firmasemos como testigos la demanda de acusazion que iba a presentar contra el Dijonos que era mucho i mui grande su sentimiento por haberse de portar assi contra su hijo i que nunca lo haria si pudiera figurarse que el era solo el delinquente pero que como savia ser impossible que el solo conzibiera tal desinio necesitava descuvrir los complizes para darles el mas completo castigo para que no se burlaran de su regia authoridad. En tanto el dicto la demanda de acusazion con la qual havia de abrirse el prozesso i seguidamente la firmamos todos rogandonos el Rei por un solo Dios uno i trino guardasemos el mas puro secreto para que el .... so no se trasluziera cossa alguna de lo que se iba a hazer porque despues de juzgado si aparezia delinquente i merescedor de la muerte el procuraria hechar voz de que havia muerto de enfermedad [19] u otra cossa semejante qualquiera porque no queria dar al publico ni el delito de su hijo tan poco visto en nuestros dias ni hazer manifiesto su modo de obrar que por mas justo que fuera siempre seria en el sentir de algunos cruel i sanguinolento. Nosotros le prometimos quanto quiso porque mui bien conoziamos la razon conque el estava. Entraron en esto los ante dichos sujetos que se han nombrado como juezes i digeron a su Magestad que puesto que la causa iba a ser formada i vista i fallada en secreto les era imposible formarla como manda el derecho judizial en especial porque no podian llenarse los requisitos de declaraziones citas i emplazos i demas cossas anexas al arte de administrar la justizia assi que por tanto la causa no iria con todas las formalidades que son de fuero usso i costumbre pero que sin embargo ellos prourarian hazerlo lo mejor que pudieran lo que les agradescio mucho el Rei aplazandose para la noche siguiente i echo esto salieron todos i yo tambien me sali

No deja de resultar insólito que el proceso se apoye en el deseo de descubrir a los cómplices porque «solo no havía podido conzebir este proiecto tan perniziosso como mal aconsejado y peor meditado», según reza el manuscrito haciéndose eco de las palabras del rey. La estupefacción que causa esta postura aumenta considerablemente cuando después (la víspera de la fecha destinada para que el Tribunal inicie su tarea) reincide aseverando, delante de los frailes,

---

[19] Véanse los núms. 21, 22 y 23 *.

* Los documentos citados están copiados íntegros en la biografía del príncipe —la revelación de la muerte—, salvo el último, que es una copia del auto del depósito del cadáver de Carlos de Austria en el monasterio de monjas de Santo Domingo el Real, refrendado por Martín de Gaztelu.

que nunca actuaría contra su hijo si tuviera la seguridad de que era el único responsable y que deseaba desenmascarar a los implicados para darles un completo castigo.

El argumento carece de todo principio lógico, proclama una absoluta falta de rigor en coherencia con sus verdaderos deseos y genera una enorme perplejidad, aunque es probable que Felipe II, señor del disimulo, inquieto por el paso que iniciaba, intentase disculparse con tan banal argucia para dar paso a un inclemente juicio de sombras nocturnas. Esta taimería encaja con su conflictiva psicología y con el empeño de que su conciencia paterna quedase a salvo si fructificaba una resolución condenatoria. Por mi parte estoy convencido de que la negligencia de los togados, al no preocuparse por involucrar a los cómplices, como se podrá apreciar, se debe a que ninguna advertencia se les hizo, puesto que el olvido es inaceptable si hubiesen sido previamente instruidos.

El burdo pretexto aducido para entablar una demanda se derrumba por su base cuando, tras dictar personalmente la acusación, exige a los tres religiosos el máximo secreto, aleccionándoles de que no quiere que se conozca en el ámbito público su deseo de juzgar al príncipe, ni tampoco las características del delito «tan poco visto en nuestros días», ni, por supuesto, un fallo que entrañase la ejecución de su sucesor. «Hechar voz de que havía muerto de enfermedad u otra cossa semejante cualquiera» fue un recurso muy utilizado por Felipe II para desembarazarse de hombres que no le fueron leales y, en este caso, una premonición, ya meditada, que se cumplió inexorablemente.

Solamente acto seguido de prometer los tres monjes al monarca «quanto quiso» entraron en la cámara los sujetos que ya habían sido designados oidores y aquí, en lo que concierne a los elegidos, vuelve a surgir una sorpresa que suscita dudas sobre las afirmaciones del opúsculo en lo que se refiere al concurrente calificado como juez, dado que tanto el abogado como el fiscal son conocidos y no es refutable su estancia en la Corte.

Los tres miembros de la junta que Cabrera de Córdoba menciona concuerdan en el número de nombramientos, pero no en los individuos escogidos para enjuiciar, dado que incluye a Diego de Espinosa, Ruy Gómez de Silva y Briviesca de Muñatones. La monografía señala al letrado Vargas, Juan de Escobedo y Antonio Pérez, los dos últimos muy destacados en los pliegos de la historia por sus importantes peripecias políticas y virulentos roces que socavaron su amistad. Juan fue aniquilado por unos sicarios junto a la iglesia de

Santa María el 31 de marzo de 1578 por orden de Antonio Pérez, con la aquiescencia del rey, cuando era el hombre de confianza de Juan de Austria, a la sazón gobernador en los Países Bajos, y tuvo colocaciones en la administración al trabajar como contador de quitaciones, ser nombrado secretario y formar parte del Consejo de Hacienda desde el 9 de octubre de 1568. Antonio Pérez fue facultado para desempeñar interinamente el cargo ostentado por su padre natural Gonzalo Pérez, a renglón seguido del fallecimiento de este, acaecido el 12 de abril de 1566. La ratificación oficial fue aprobada, restringiendo su función a los negocios de Italia, en diciembre de 1567, pero su inteligencia, su habilidad y la experiencia adquirida junto a su progenitor le permitieron pronto obtener la predilección real. El asesinato señalado, su avaricia y embrolladas vicisitudes públicas, que han motivado una extensa bibliografía, fueron los móviles de que cayera en desgracia, se viese acosado por varios procesamientos, le privaran de libertad, se le sentenciara a muerte y, finalmente, tuviera que huir a Francia tras haber tenido una indudable influencia en la incitación de los motines de Zaragoza.

No es extraño que Felipe II confiase en sendas personas adictas que colaboraban en la administración, eran todavía jóvenes y estaban predispuestas para secundar sus órdenes con el objetivo de medrar en sus respectivas ambiciones. Y menos aún puede sorprender que marginase a Diego de Espinosa, en su calidad de inquisidor general, para que no quedase ni la menor presunción de la intervención del Santo Oficio, y también a Ruy Gómez, a la postre mayordomo mayor, teniendo además en cuenta que sobre ambos pesaba la animosidad del príncipe.

La incertidumbre y la controversia nacen sobre la designación de Vargas y en el error temporal que padece el autor al subrayar que este jurisconsulto llegó a prestar sus servicios, poco después, en el *conseil des troubles,* cuando hay constatación histórica de que este tribunal comenzó sus actividades en septiembre de 1567 con la activa participación del letrado que reunía la condición de consejero de Italia y había jurado el cargo de regente por Nápoles.

No he podido localizar pistas que me aclaren cuáles fueron los fundamentos que propiciaron su nombramiento ni cuándo llegó a la ciudad bruselense, pero sí puedo asegurar que Cabrera de Córdoba se equivoca cuando argumenta que se embarcó en las galeras fondeadas en Cartagena, formando parte de la expedición del duque de Alba. Una carta o memorial autógrafo del licenciado, dirigido al citado prócer castellano, fechado en Flandes en 1568, sin concretar día y mes, entre diversas cuestiones vinculadas con el desempeño de sus obligaciones y el otorgamiento de prebendas, expresa: «... digo que V. Exª. sabe bien como al tiempo que se me mando pasar a estos estados estava tan de camino que no ubo lugar de tratar ni entender el fin de mi comisión ni menos de la merced que Su M.^{d} me avía de hazer».

La obra editada en francés por la Académie Royales des Sciences, des Lettres et des Beaux Arts de Belgique, que ha sido redactada por el doctor en historia A. L. E. Verheyden con el título *Le conseil des troubles: liste de condammés,* me permitió averiguar que el jurista ya estaba en la capital de Brabante el 13 de septiembre de 1567 al intervenir dicho día en el interrogatorio de uno de los detenidos, labor de índole jurídica que fue reafirmándose en menesteres similares, con plena seguridad, hasta las postrimerías del mes de diciembre, teniendo una activa contribución en las deliberaciones del Tribunal y en las diligencias emprendidas contra Jehan de Casenbroot, consejero del conde de Egmont; Alonso de Laloo, secretario del conde de Horn, y Anthoine de Straelen, tesorero general de los Países Bajos, y también en las fases iniciales de los emplazamientos contra los propios aristócratas que cristalizaron en sendos procesos criminales incoados al terminar el año 1567.

De todos estos acontecimientos, expuestos someramente, se desprende que Juan de Vargas estuvo presente en numerosos episodios prácticamente desde que el Tribunal de los Tumultos fue constituido (especialmente en Bruselas y Gante) durante los meses de septiembre, octubre, noviembre y diciembre, pero surgen dudas de que a raíz de enero prosiguiese con su incansable tarea, dado que tan sólo existen dos menciones vinculadas con los procesamientos en los que participaba, datadas el 10 de enero y el 11 de febrero de 1568, pero sin que figure alusión documental de que interviniese en el interrogatorio del secretario de Anthoine de Straelen, llevado a cabo por el doctor del Río y Claude Bellin, o en la sesión de tortura aplicada a Jehan de Casenbroot. Esta aparente inactividad —tal vez ausencia— coincide asimismo con la demora que experimentan los procesos incoados contra los nobles, dado que tanto Egmont como Horn alegaban que no tenían el propósito de contestar a las demandas con el pretexto de que su condición de miembros del toisón de oro les eximía de la jurisdicción del duque de Alba y sólo debían responder, en observancia de los estatutos, ante el rey y caballeros de la orden.

Las represalias instruidas contra los mencionados Jehan de Casenbroot, Alonso de Laloo y Anthoine de Straelen —que eran competencia de Vargas y sus compañeros del Río, el fiscal Bellin y el secretario Pratz— no se reanudan hasta el 20 de marzo, cuando el tesorero estuvo a punto de ser sometido a «question de tormento» para que confesase por haber replicado de forma no pertinente, y los juicios criminales contra los hombres encerrados en Gante se prosiguen a raíz del 6 de abril, después de haber salvado los escollos procesales.

¿Estuvo realmente Juan de Vargas, a la vista de los datos expuestos, ejerciendo sus funciones en los Países Bajos en los dos primeros meses de 1568? No hay prueba contundente en contrario, pero sí cabe sospechar que hubiese podido abandonar su puesto al no haber localizado, como he dejado expuesto, referencias concretas de sus quehaceres en este periodo crucial. Manuel García, en las impugnaciones publicadas en 1871, con la seriedad que le caracteriza, admite no tener argumentos para demostrar su presencia en Madrid, pero expone cavilaciones que pueden crear algunas suspicacias al insertar sendas cartas cruzadas entre Felipe II y el licenciado que tienen muy escasa justificación. Esta repentina y peculiar comunicación, las dudas ya esbozadas y la importancia de aclarar la imposibilidad de que Juan de Vargas pudiese encontrarse al mismo tiempo en dos sitios tan lejanos, me ha forzado a realizar una investigación más profunda que la estricta elucubración del archivero, aunque para ello no tenga otra opción que extenderme más de lo deseado en determinadas puntualizaciones.

El duque de Alba escribía al rey, el 6 de enero de 1568, una misiva que menciona al jurisconsulto: «Algunas vezes he escripto a V. M[d]. el cuydado con que Juan de Vargas sirve y lo que aqui me ayuda y quan mal pudiera hazer ninguna cossa de las que aquí se hazen, sino le tubiera a mi lado...». Seguidamente efectúa algunas observaciones del descontento del letrado, señalando:

«De algunos días a esta parte le veo andar con cuydado y preguntandome si acavado lo que tiene entre manos ay otra cossa que hazer. Hele echado una persona que sepa la causa de su descontento y he savido que desea mucho bolverse en España por respecto de averle escripto de alla que sus negoçios se le pierden por falta de quien ynforme de su justicia y particularmente tres pleitos que tiene el uno con las mill y quinientas. Supp[co] a V M[d]. pues vee lo que aquí le sirve Ju[o] Vargas y la falta que haria a su servy[o] tanto mas *con los pocos hombres que tengo de quien fiarme* mande que suspenda la sentencia destos tres pleitos hasta su buelta en España que no es negocio que a las partes para ningun perjuycio pues estan echas las provanzas y no pueden perder en esto ninguna cossa mas que goçar de la ocasión de su ausencia y no es justo que quien esta sirviendo a V. M^d *en cosas de tanta importancia como él pierda por no hallarse presente su hazienda demas que no le podria entrar en la caveça el negocio que tracta teniendola tan repartida en tantas partes. Los condes de Nuenart y Ostrat me han escripto y publicado que como es possible que se permita que un hombre que ha sido castigado por visita y desterrado de España tenga comissión para entender en el neg^o de su cuñado y suyo. Tambien esto ha llegado a sus oydos por lo que estos lo han estendido y porque acorto a leer sovre la carta en su presencia. Supp^{co} a V. M^d. me haga mzd de honrarle acrecentándole para que entienda todo el mundo que no envio V. M^d. aquí persona de la qualidad que estos dizen* que tambien este particular en un hombre de sus prendas de Juan de Vargas no puede dexar de darle la pena y cuydado que es razon y de lo que V, M^d. fuere servido mandar hazer en lo Uno y en lo otro le suppco me mande dar avisso *porque yo pueda traer contento a este hombre para que tanto mejor acierte a servir a V. M^d* *.

La carta reseñada fue recibida el 7 de febrero y el monarca, aunque fuese por intermedio de Gabriel de Zayas, se toma la obligación de dirigirse a Juan de Vargas, al fin y al cabo un subordinado más o menos eficiente, con una celeridad desacostumbrada (no recuerdo haber visto jamás una misiva despachada prácticamente a vuelta de correo durante el reinado), en los prometedores términos siguientes:

«El Rey. Aunque yo estaba tan asegurado que en essos negocios y en qualquiera otra cosa de mi servicio haviades de hacer siempre lo que deveys á vos mismo y á la confiança que yo hago de vuestra persona todavia he holgado de ver lo que el Duque me a scripto diversas veces del trabajo y dilijencia con que ayudays y assestys en lo que os ha encomendado que por ser de tal qualidad y tan importante á mi servicio lo recibo de vos en ello muy accepto y como tal os lo agradezco mucho sin curar de encargaros la continuacion dello pues veemos que no es menester sinó solamente deziros que el trabajo que pussieredes en esso y en qualquier otra cosa que os encomendare el Duque ternemos la

---

* Archivo General de Simancas, Estado, legajo 539, folio 7. Los párrafos en cursiva están escritos en cifra.

cuenta y memoria que es razon para hazeros favor y merced. De Madrid á VIII, de Hebrero[*] de 1.568. —Yo el Rey— Gabriel de Zayas»[**].

Y en el colmo de una trama laberíntica, para fortalecer más la susceptibilidad, se da la circunstancia de que el borrador de la misiva en cuestión refleja como fecha de su redacción el 8 de marzo, data inicial que, sorprendentemente, aparece corregida tachando este mes y haciendo figurar superpuesto el de febrero, una extraña equivocación que tiene el efecto de patentizar que la persona a quien se dirigía no podía estar lógicamente en la Corte en el último día consignado. No quiero ser malicioso, pero el 8 de febrero de 1568 es precisamente cuando comienza el proceso contra el príncipe. ¿Pura casualidad? ¿Señal inequívoca, coincidente en el plano temporal, de complacencia por los servicios que Juan de Vargas empezaba a desempeñar en las noches trágicas del alcázar y coartada a su vez para demostrar que no podía estar implicado en el juicio por hallarse en Bruselas?

Siendo algo maquiavélico, sin sólidos apoyos, pero dejándome llevar por la sutileza de la sospecha, hay que tener presente que el enaltecimiento epistolar contiene dos párrafos que destacan y que no me resisto a comentar brevemente. El primero, al comienzo del escrito, dice: «... y en qualquiera otra cosa de mi servicio haviades de hacer siempre lo que deveys a vos mismo y a la confianza que yo hago de vuestra persona». El rey alienta su lealtad y no hay fundamentos para realzar «qualquiera otra cosa de mi servicio» ni remarcar «a la confianza que yo hago de vuestra persona», salvo que sean formulismos o se aluda, inconscientemente, a instrucciones fielmente cumplidas.

La segunda frase, al lisonjear su gestión, reconoce su gratitud y apostilla «sin curar de encargaos la continuación dello» como si estimulase su reemprendida ocupación cotidiana. Un espíritu precavido puede entender fácilmente que su función fue interrumpida temporalmente y le exhortaba a reanudarla. Proposiciones puntillosas de este cariz son alimentadas por Gregorio Marañón cuando, al referirse a esta clase de pasos, aconseja un estudio cuidadoso de cartas perdidas, de datos olvidados entre el fárrago de la literatura escribanil o de gestos fugaces que pueden conducir hasta simas tenebrosas.

---

[*] Este mes se halla entre renglones, y sobre Marzo tachado.
[**] Archivo General de Simancas, Estado, legajo 537, folio 45.

La inevitable respuesta autógrafa es del 12 de marzo de 1568, exponiendo con servilismo su agradecimiento por la deferencia dispensada al escribirle:

«S.C.R.M. El Secretario del Duque de Alba me dió la carta del 8 del pasado que vuestra magestat fué servido de mandarme escrevir por la qual e Entendido tiene Vuestra Magestat satisfaccion de lo poco que aquí hago en su servicio, y lo que el Duque a escrito a Vuestra magestat en esta conformidad por lo qual beso a Vuestra magestat muchas veces los pies, que aunque yo puedo poco y hago menos de lo que soy obligado Entender que Vuestra magestat tiene cuenta con ello me animara y dara fuerças a pasar adelante como deseo que en este estoy satisfecho nadie me hara ventaja, y plega a Dios darme fuerças para que con mis obras le pueda conseguir y servir a Vuestra magestat tan gran merced como me a Echo en tener esta memoria de mi (Aqui se trabaja todo lo posible con el cuydado y calor que el Duque da a estos negotios como el avra escrito a Vuestra magestat y espero que muy en breve se verna al fin de lo que se pretende para que Dios y Vuestra magestat sean servidos) y este conseguido suplico humildemente a Vuestra magestat porque en este particular e escrito largo al presidente mandallo ver y hacerme en ello la merced que uviere lugar, y nuestro Señor la Sacra Catholica Real persona guarde como la Cristiandad y sus vasallos y criados emos menester. De Bruselas y março XII 1.568. — S.C.R.M. de vuestra magestat menor criado — el licenciado Vargas —»[*].

Ignoro la clase de merced que el letrado deseaba recibir, pero es indudable que tenía vinculación con sus problemas económicos y judiciales en Castilla. Por otro lado, si el correo cursado con rapidez crea suspicacias, nada especial inspira la fecha de la contestación, dado que el jurisconsulto pudo estar en Bruselas a mediados de marzo, si se tiene en cuenta que sus actividades concluyeron el 23 de febrero de 1568. Desde este día transcurre un intervalo más que suficiente para que se hubiese podido desplazar desde Madrid y respondiese a una notificación que ya debía estar teóricamente en la capital de Brabante o que, simple y llanamente, le pudo ser entregada personalmente en la Corte. La futilidad aparente de estas sutilezas entre el rey (aunque la correspondencia fuese redactada por

---

[*] Archivo General de Simancas, Estado, legajo 538, folio 141.

Gabriel de Zayas) y un sumiso togado tiene por sí misma sobrada calidad para enredarse en las suposiciones ya esbozadas, máxime cuando le constaba la eficiencia del licenciado como lo testimonia una carta, dirigida al duque el 12 de diciembre, que dice: «y rogando y encargando os todavía (aunque lo pudieramos escusar) que pues que sabeis quanto importa que a lo mas largo para la primavera, esten echados á una parte essos negocios de los presos y los otros que dependen dellos, les deis toda la priessa possible, y las gracias a Juan de Vargas por el trabajo y cuydado con que los trata, que me haze con ello servicio y como tal lo terne en memoria...».

A mayor abundamiento, en el colmo de una atención exagerada, hay otra carta del monarca del 8 de febrero de 1568 * que vuelve a mencionar al abogado sin que existan razones justificativas de gran calado. En esta fecha crucial —comienzo del proceso secreto— se despacharon bastantes misivas a Fernando Álvarez de Toledo, como he podido comprobar revisando la correspondencia enviada entre septiembre de 1567 y abril de 1568. Dicen los renglones referidos: «Por lo que diversas vezes me haveis escripto he visto el cuydado, trabajo, y diligencia conque me sirve Juan de Vargas en essos neg^{os}, y aunque nunca espere menos de su persona. Todavía le he mandado escribir la que alla vereis, para que entienda la satisfacion y contentamiento que yo tengo dello, y el lo continue con el mismo». Y vinculadas con las preocupaciones que parecen atosigarle concreta dos sucintas expresiones que vienen a confirmar su repentina «falta de tiempo» para desempeñar sus funciones. En unas líneas dice, refiriéndose a las cartas que le han llegado, que «apenas he tenido lugar de leerlas» y casi al final del escrito «yo no me quiero ni puedo alargar agora», aparte de incluir un conciso texto revelador, que hace referencia al príncipe, y que no me resisto a reproducir: «En lo del Príncipe no ay que añadir a lo que va en las otras cartas sino que todos en este Reyno juzgan lo suyo por tan acertado que aunque tengo dello el dolor y sentimiento que podeis considerar doy muchas gracias a dios de ver que se tome tan bien y a que no se pudo escusar pues es señal de quedar servido dello su divina Mag.^{d} que es el principal y solo fin que a ello me ha movido pospuesta la carne y la sangre...». ¿Hace falta ser más elocuente para dar a entender que el elemento religioso es el factor primordial desencadenante de la prisión de don Carlos y su posterior procesamiento?

---

* Archivo General de Simancas, Estado, legajo 537, folios 42-45.

Con fecha 19 de febrero de 1568, dándose un margen más en consonancia con su habitual demora en responder, escribe al duque de Alba tras acusar recibo de varias cartas. El borrador de esta misiva —son más de diez folios— lleno de tachaduras y enmiendas, garabateado por el monarca en el margen izquierdo, como era su costumbre, cifrado en su mayor parte, abarca un repertorio de materias vinculadas con los avatares producidos en tierras neerlandesas. Y en uno de sus párrafos sin cifrar se recoge el siguiente texto que desbarata cualquier pretensión de que el licenciado hubiese llegado a respirar los fríos aires del Guadarrama por una corta temporada: «He visto lo que me scrivis en el particular de Juan de Vargas, y mandado al Presidente que en lo que toca a sus pleytos se mire de hazer todo lo que la justicia diere lugar. Hame respondido que aunque el curso della ni se puede ni se debe estorvar por nadie, ni yo tampoco lo quiero, se ha hecho y hara por Juan de Vargas lo possible para entretener lo que toca a sus negocios, de manera que entienda que su ausencia no le perjudica, y assi se lo direis, y que los demas que ruines han querido dezir del, le deve dar poca pena, pues yo estoy de su persona y servicio tan satisfecho, como lo avra visto por la carta que le escrivi con el correo passado y *lo veen todos en la confianza que del hago* [este trozo en cursiva está añadido al margen] que con esto se debe con razon aquietar»*.

Mi ofuscación por encontrar una explicación al aparente don de la ubicuidad del que parecía gozar el jurisconsulto iba perdiendo enteros, pese a que en mi ánimo siempre habrá un rescoldo de incertidumbre fundado en la sibilina capacidad demostrada por el rey perfecto para urdir cuantas patrañas fuesen precisas en cualquier asunto que le incumbiese y en el factor incuestionable de que tanto desvelo y lisonja, en realidad hueca palabrería, no solucionaba, en modo alguno, las enojosas dificultades que atosigaban al letrado y que, inopinadamente, pasaron al olvido por cuanto ni el duque de Alba ni el propio interesado vuelven a reincidir en sus específicas demandas, como si se hubiesen zanjado de manera satisfactoria.

De todas formas, en mi empecinamiento, recurrí a los Archives Générales du Royaume, sitos en Bruselas, tratando de localizar más antecedentes de los movimientos del jurista y también, con el mismo propósito, consulté el laborioso trabajo realizado por Maurice van Durme, titulado «Los Archivos de Simancas y la historia de Bélgica». Mis

---

* Archivo General de Simancas, Estado, legajo 537, folios 46 al 51.

gestiones, complejas y dilatadas —cincuenta cartas y doce menciones en más de un centenar de legajos—, ofrecieron algunos datos anecdóticos, pero no sirvieron a los fines de esclarecer el contrasentido.

Confundido y hasta un poco exasperado, convencido de que debía existir una interpretación lógica que justificase la contradicción, retorné sobre el manuscrito para percatarme, con enorme sorpresa después de haberlo leído en múltiples ocasiones, de que su autor jamás menciona el nombre de Juan al referirse a Vargas, hecho un tanto raro cuando sus dos compañeros sí son citados por sus nombres de pila, Escobedo en dos oportunidades como Joan y en otra más, cuando se trata de la reproducción del escrito de defensa, reflejando un Juan castellanizado que llama la atención, mientras el ínclito Pérez figura con su patronímico Antonio nada menos que una docena de veces. El inesperado hallazgo, después de tantos sinsabores, me hizo dar un respingo —nunca hasta entonces había sido capaz de pensar en la probabilidad de otra incomprensible equivocación— y fijarme con esmerado cuidado en las parcas referencias a la participación del letrado en el *conseil des troubles*. Dos indicaciones figuran al respecto: la primera enmarcada en la parte que estoy glosando y que se limita a la simplista expresión de «que poco después formó parte del Tribunal que en Bruxelas pusso el Duque de Alba» y otra, menos trascendente todavía por estar recogida en avatares históricos muy posteriores al juicio, señalando «del qual Tribunal era Pressidente el Letrado Vargas que arriba citamos».

El detalle de que el autor del opúsculo no mencione ni en una sola coyuntura el nombre de la persona que ejercía como juez alcanza todavía superior magnitud cuando existen numerosas apelaciones a sus actos y obligaciones, como es natural teniendo en consideración la preponderancia de su cargo, pero siempre llamándole Vargas «a secas» en más de una veintena de ocasiones. A mayor abundamiento, en toda la correspondencia personal que he podido analizar de un hombre reputado como cruel, es cierto que siempre aparece su apellido —jamás su nombre—, pero haciendo constar su cualificación profesional en las innumerables rúbricas, y esta peculiar manera de firmar, que debía constar en las providencias y autos emitidos, tampoco es recogida en el manuscrito como una prueba indirecta de que se trataba de la misma persona: ni su nombre ni la expresión concreta de licenciado que usaba asiduamente constan por ninguna parte y ambas ausencias descriptivas de signos de identidad me hunden en nuevas ciénagas de la dubitación. ¿No conocía realmente Joan Avilés al individuo que actuaba de juez en el proceso? ¿Comete un imperdonable error de identificación al consultar simples anotaciones o documentos que suplen a una vívida realidad?

En cualquier caso, perplejo y hasta desanimado, me di cuenta de que el embrollo me situaba otra vez ante una fortaleza inexpugnable por cuanto resultaba poco menos que imposible tratar de aportar algún elemento aclaratorio. ¿Me iba a servir de algo indagar en el linaje de los Vargas, compulsando si alguno de ellos, avanzado el siglo XVI, había estudiado leyes en Salamanca, Valladolid o Alcalá de Henares, adquiriendo la correspondiente graduación? La existencia de personajes de la distinguida estirpe más o menos encumbrados en el ámbito de la Corte, la regiduría del ayuntamiento madrileño, el mundo jurídico de la villa y el campo de los negocios es tan amplia que se hace prácticamente imposible identificar a cualquiera de ellos con el juez de la causa secreta y justificar una confusión, aunque sí está comprobado que Felipe II tenía predilección por la prosapia de los Vargas, a quienes motejaba «como gavilanes», concediéndoles prebendas y puestos importantes en su administración como en el caso de Diego de Vargas, que fue secretario del Consejo de Italia desde el 1 de febrero de 1556 hasta su muerte en 1576 y uno de los cortesanos más influyentes, pese a su fama de varón pragmático que «anteponía los negocios de su interés a los de justicia».

Una curiosa anécdota, sintomática de la dificultad para probar un hecho que tal vez nunca se pueda acreditar, recogido de las páginas de un libro de Ana Guerrero Mayllo, prueba la veracidad de este aserto. Dice esta esforzada autora, explicando las comisiones extraordinarias no habituales que recaían en los miembros del concejo matritense, que el 19 de febrero de 1573 «acordóse que el señor Diego de Vargas[*] trate con el licenciado Vargas, clérigo, que baya a las dehesas de esta Villa a conjurar la oruga, y el señor Nicolás Suárez baya con él a las dichas dehesas y Pedro Álvarez, guardamayor, pague lo que se gastare en la comyda y cavalgadura y en ciertas cruzes que se ha de hazer». ¿Quién era este hombre, adornado por conocimientos universitarios y condición eclesiástica, apellidado también Vargas, que era capaz de imprecar en el nombre de dios y hasta tal vez exterminar una plaga de orugas que estaba arruinando los campos de la villa?

---

[*] Era hijo del licenciado Diego de Vargas y Catalina Luján. Fue regidor del ayuntamiento de Madrid entre 1560 y 1574 y probablemente licenciado en leyes a juzgar por el hecho de que se le encargaban con cierta frecuencia asuntos de índole jurídica. No es, por supuesto, el secretario del Consejo de Italia mencionado anteriormente, pese a la coincidencia de nombre y apellido.

Dejando ya a un lado voluntariosas divagaciones y hasta desesperadas chanzas, volviendo al proceso que iba a sustanciarse en las noches y madrugadas siguientes, con el deseo de que pudiese pasar desapercibido dentro del recinto palaciego, resulta fácil aceptar la prevención de que sería imposible instruir la causa ajustándose a las reglas formales, máxime cuando al secreto exigido se unía la voluntad real de que fuese resuelta con rapidez.

Y en este instante, después de haber contado acontecimientos privativos de la vida del príncipe, es cuando la mera condición de cronista que se arroga el autor al comenzar su relato se transforma súbitamente en Joan de Avilés, «confessor que era entonzes y lo fui hasta el último momento del Prínzipe» según su literal puntualización cuando el soberano recaba la asistencia de los frailes para que «fuéramos testigos de los papeles que siendo encontrados al Príncipe iba a presentar al Tribunal como pruebas de su delito i para que assí mismo firmasemos como testigos la demanda de acusación que iba a presentar». Por un lado, de manera muy esporádica, escribe en primera persona del singular cuando plasma su identidad y condición, puesto que el resto de sus matizaciones se encuadran en el plural, que usa con extraordinaria frecuencia, mientras no menciona la orden a la que tenía que pertenecer en su acción pastoral. Esta equívoca actitud podría ser una concesión literaria apoyada por la identificación corporativa entre los tres hombres en su calidad de testigos, pero la dicotomía, que se repite en varias partes, sufre un cambio importante que haré destacar en su momento.

El confesor, desde mediados de 1564, fue Diego de Chaves y no hay testimonio de la existencia de distinto padre espiritual, pero sí la seguridad de que don Carlos recurría, de modo intermitente, a otros religiosos para buscar el perdón de sus pecados. Aparte de esta nueva digresión, fundada en el afán preliminar de acercarme a la identificación del autor del folleto, cabe resaltar que en ninguna oportunidad es el manuscrito un libelo difamatorio contra Felipe II por cuanto, pese a las graves revelaciones, se muestra laudatorio. Este importante aspecto elimina taxativamente que el ejemplar fuese elaborado para inculpar al monarca y se trate de una manipulación tendenciosa para fortalecer la llamada leyenda negra. A mayor abundamiento, ni siquiera su hijo es denostado y, se quiera o no, la carencia de proclividad confiere al opúsculo un halo de autenticidad del que no es sencillo desprenderse.

A la noche siguiente primera en que se havia de zelevrar el Juizio se aiuntaron en la sala destinada al efeto que era una asaz retirada los Jueces i nosotros los testigos porque al Rei le plugo que acudiessemos como el derecho manda a ratificarnos en el reconoscimiento de nuestras firmas puestas al pie de la demanda de acusazion. La sala era ancha i lobrega i estaba alumbrada con cuatro velas de zera puestas en unos candeleros i enzima de una messa cuvierta de paño roxo a la qual messa estavan sentados los juezes i encima de la que se veia el libro de los sanctos evangelios sobre el qual haviamos de jurar. Presentose el Rei con nosotros i como le dolia mucho el tener que intervenir en aquel asumpto dijo que dava sus poderes legales y valederos una i tantas quantas vezes prezisso fuera bien i cumplidamente i segun a derecho se requiriere a la persona de Frai Joan Aviles para que le representase i hiziesse sus veces en aquel negozio i hecho esto, como no queria presente ser a los atos del Tribunal se salio de alli dejandonos a todos. Seguidamente prinzipio el Tribunal a entender en la causa i el negozio prinzipio leiendo la demanda del Rei contra su hijo que a la letra dezia assi

Reincide el cronista en la locución «nosotros los testigos» y vuelve a describir la sala destinada para dirimir el proceso. La primera indicación al recinto previsto para que se reuniese el tribunal, ya comentada, alude, lisa y llanamente, a «una sala de Palazio contigua a la quadra que servía de prissión al Príncipe», que es elegida a renglón seguido de ser nombrados los jueces. Como es usual no hay una pista exacta del día en que se acuerdan estas disposiciones, pero sí se obtiene la noción de que Felipe II había emprendido los preparativos con celeridad en contra de su consabida manía de dilatar sus decisiones. La reiteración en fijar la ubicación de la sala, ahora «asaz retirada, ancha y lóbrega», mueve a la conjetura de que pudo haber un destino anterior y enseguida un cambio de ubicación para fortalecer las cautelas adoptadas y mantener clandestinas las diligencias. Nada especial tienen estos detalles si se piensa que don Carlos permaneció retenido en sus aposentos una semana y fue trasladado a otro espacio carcelario, ubicado en una torre, a partir del 25 de enero de 1568, ocupando Ruy Gómez y su esposa su morada en el entresuelo. A la seguridad que ofrece un emplazamiento fortificado, con una sola puerta y una ventana enrejada, se une un completo aislamiento del resto del alcázar y la ventaja de ser conducido a la sala del juicio sin la incómoda presencia de fisgones que pudiesen merodear por los alrededores. Antonio de León Pinelo, en su obra *Anales de Madrid,* que recoge eventos ocurridos hasta 1658, al escribir sobre la vigilancia que se ejercía sobre el preso hace una interesante mención al señalar «sin más distrito para todo esto que la pieza en que estaba el Príncipe y otra grande de la Torre que había mas afuera», confirmando la aseveración del manuscrito en el sentido de que el habitáculo de la prisión y el sitio donde debía sustanciarse el proceso estaban juntos o muy cercanos. El retrato del recinto, muy escueto, pero perspicuo al trazar su pobre mobiliario —una mesa cubierta con paño rojo—, ancho y lóbrego, como vestigio de su ubicación apartada, son pormenores escasamente expresivos, pero acordes con la nocturnidad sigilosa que requería el inevitable respaldo de cirios.

La aparición del rey en la noche del 8 de febrero tiene por objeto manifestar su deseo de no participar en la causa —no es difícil imaginar que cualquier confrontación con el recluso era provocar pesadumbres al tiempo que tal vez pretendía con su gesto, al menos aparentemente, un distanciamiento que no condicionase al jurado y tranquilizase su conciencia—, mientras que cumple con requisitos formales como la ratificación de las firmas de los testigos y la concesión, imagino que meramente verbal, de dispensar las facultades necesarias «a la persona de frai Joan Aviles» para que le represente en su ausencia. Que el confesor se refiera a sí mismo de tan peculiar manera llama la atención, aunque la licencia pueda obedecer al afán de querer insertar fielmente las palabras del monarca.

En la villa de Madrid a ocho dias del mes de Febrero del año de nuestro señor Jesu Christo de mill i quinientos i sesenta i ocho ante el Tribunal formado al efeto parezco io Frai Joan Aviles apoderado en devida forma del señor Rei de España i de las Indias D.ⁿ Phelipe el segundo deste nombre que felizmente reina i como mas bien en derecho i como mas bien haya lugar digo, Que el dicho Rei tiene por hijo primogenito al Señor Prinzipe D.ⁿ Carlos havido en su primera esposa el qual hijo siempre se condujo conforme en un todo a la cristiana crianza que resciviera sin faltar jamas de lo que a su padre debia ni en amor ni en respeto hasta el dia en que dicho señor Rei contrajo terceras nupttias con la señora Reina Doña Isabel de la qual se prendo locamente el Prinzipe sin contenelle los lazos del parentesco para conzebir un amor impuro i reprobado por las leies humanas i divinas llegando a tal estremo su locura que declaro su passion loca a la Reina lo qual savido por el Señor D.ⁿ Phelipe le reprendio agriamente mandandole que renunziasse a esperanzas de impossible cumplimiento la qual reprehension le causo tanta ravia que apartandosse de su padre no volvio a pareszer nunca mas alegre ni contento como de costumbre solia de lo qual llego a sospechar el Rei que andava de mala guissa i tan (*sic*) vez meditando algun mal hecho porque todo se le volvia hablar mal del Rei nuestro Señor segun ha dicho el page Gil Anton i manifestando desseos de vengarsse i a ora poco tiempo hubo el Rei a la mano una carta escrita por el Baron de Montini a los vassalos reveldes de Bruxelas donde dize lo que el Tribunal vera i ultimamente supo que el Prinzipe tratava de marcharse de la corte a ponersse a la caveza de los traidores contra su señor i padre el qual quisso impedirlo i dio traza de prenderlo como assi lo hizo entrando de noche en su apossento y sacando del todos los papeles que tenia dejandole presso en su quarto registrando despues los susso dichos papeles entre los quales se hallaron varios que pruevan los delictos del Prinzipe i son los que al Tribunal presento, por todo lo que suplico al Tribunal que haziendosse cargo de todo lo dicho esaminando estos dichos papeles i a los testigos que los vieron sacar i que abajo firman i tomando declarazion al acusado se proceda contra el no embargante su altura i qualidad como a derecho corresponde juzgandole requiriendole i sentenziandole como es de uso fuero i costumbre en este reino i conforme se haze con el mas ruin vassallo pues tal es la soberana voluntad del Rei nuestro señor i assi tambien es de hazer segun es justizia que pido con todas las protestas i juramentos nezesarios.

El proceso criminal en Castilla se entablaba por acusación de los ofendidos o por intervención de oficio de un magistrado. Antes de iniciarse la causa secreta, el narrador menciona la sala y los poderes que se le otorgan, señalando que el tribunal comenzaba su misión con lectura de la demanda interpuesta y que «a la letra dezía assi», rasgo que no admite deducciones de que pudiese ser extractada o improvisada posteriormente por recuerdos de cualquiera de los asistentes.

El texto, ponderando la premisa expuesta, no es convincente en sus aspectos formales. Por un lado, no tiene solidez jurídica, si se exceptúan de manera benevolente sus primeras líneas, los cargos que se esgrimen se entremezclan con superfluos esbozos privados y para encontrar rigor, propio de una culpación que implicaba un presunto crimen de lesa majestad, hay forzosamente que recurrir a interpretaciones cabales sobre los sucesos que se especifican sin mayor relieve. Más que una acriminación contundente, bien fundada, la imputación parece deslizarse por el ámbito moral de principios reprobables, salvo el empeño por huir para ponerse a la cabeza de los traidores contra su señor y padre. La sensación es que la demanda exhibe ostensibles elementos de improvisación e ignorancia de las normas legales aplicables, fruto de una aparente ligereza en su materialización al dictado del rey, cuyo extremo choca con el carácter meticuloso y nada precipitado que se le atribuye.

La inculpación de que había concebido «un amor impuro i reprobado por las leies humanas y divinas» tiene, en contra de su apariencia irrelevante, un alto grado de peligrosidad por ser una ofensa que, desde la época del ordenamiento de Alcalá, debía calificarse atentatoria contra el soberano y punible con la pena de muerte y la confiscación de los bienes al encuadrarse en la figura de deshonrar al monarca. Los actos intrínsecamente malos no sólo se consideraban delito, sino que además eran estimados como pecado (de esta ambivalencia nace la reprobación escrita de haber infringido leyes humanas y divinas), a la vez que concurrían agravantes como la condición social del delincuente, la categoría del ofendido y hasta el lugar en donde hubiesen ocurrido los desmanes, como la Corte, el palacio real o una iglesia. El conato, no consumado por las circunstancias que fuesen, no exoneraba de las sanciones ordinarias y cabe asumir que el amoroso impulso encajaba dentro del denominado principio de traición que comportaba el máximo castigo, aunque, con una incoherencia cronológica sospechosa, se retrotrae la pasión al momento en que Felipe II contrae matrimonio con su tercera esposa —febrero de 1560— y, sin embargo, se justifica el rencor hacia el autor de sus días en las revelaciones del criado llamado Gil Antón, meras críticas que, inevitablemente, tuvieron que ocurrir en septiembre de 1566. El sentimiento enamoradizo se sustenta, si se hace caso de la relación, en «algunos papeles de la Reina Isabel papeles tiernos i apasionados en que so color de disuadir al Príncipe de su cariño se manifestaba mas amor del que se deviera», y que, en buena lógica, tan sólo entrañan un valor indirecto, dado que no se exhibe la «declarazion en forma» mediante la cual se dice que el príncipe «declaró su passión loca a la Reina».

La segunda acusación, más resolutiva y firme, se enmarca de lleno en el antedicho delinquimiento, dado que se matizaba con claridad que pasarse al ejército enemigo o promover el levantamiento de sus provincias suponía crimen de lesa majestad. Las inculpaciones se rematan, por otro lado, con imprecisas manifestaciones enlazadas con los instrumentos probatorios, al mencionar el recado dirigido por el barón de Montigny a los vasallos sublevados, arrojado en una playa de La Coruña y remitido al rey por el alcalde gallego, pero en el colmo de la vaguedad más absoluta no se refleja su contenido ni su fecha, aunque ya he confirmado que sólo pudo emitirse en noviembre de 1566. Se argumenta también, casi como conclusión, que pretendía escaparse para ponerse al frente de los rebeldes, pero no se definen el significado y alcance de los papeles incautados demostrativos de las connivencias con los insurrectos

Todo el cuerpo de la acusación es, por tanto, un embrollo ambiguo y hasta con regustos folletinescos que se coronan con la descarada mentira de que los testigos vieron sacar los papeles localizados la noche del apresamiento. Estos pliegos desconocidos, entregados al tribunal, son las únicas pruebas que acreditan los delitos y convierten el resto de la incriminación en simple retórica sin trabazón.

Nada se concreta sobre los mensajes dirigidos a los conspiradores que fueron interceptados, entregados al duque de Alba y remitidos al monarca; ni de los escritos de los condes de Egmont y Horn concernientes a la conspiración que se quería llevar a cabo, salvo que estos últimos fuesen realmente los documentos incautados y los fundamentos más sólidos que podían inculparle, aparte de algunos no significados por la monografía, pero que sí insinúan distintas fuentes. Me remito, por supuesto, a los trasuntos de las comunicaciones expedidas a indefinidos individuos de Andalucía para agenciarse dinero por intermedio de Garci Álvarez Osorio, al carteo preparado para que fuese despachado a los grandes de España, las cancillerías, audiencias, ciudades de Castilla y demás reinos de la monarquía y las cartas dispuestas para que fuesen entregadas a su padre o cursadas al papa y al emperador, en unión de un «programa de actos» que pensaba realizar tan pronto como hubiese podido fugarse, la famosa lista de amigos y enemigos o el libro burlesco de los viajes reales. Por descontado, estas epístolas y cuadernos jamás han sido descubiertos y su aparente autenticidad nace de informaciones vertidas por los embajadores después de que hubiese sido detenido y probablemente dimanantes de chismorreos cortesanos de escasa fiabilidad.

A la advertencia de que el proceso se sustancie sin tener en consideración la alcurnia del procesado —«conforme se hace con el más ruin vasallo»— se une la exigencia de que se le tome declaración, pero ni la menor alusión de que sea forzoso demostrar la culpabilidad de los cómplices que tanto preocupaban al rey.

Leido esto passaron los juezes a essaminar los papeles que iban ajuntos a la demanda los quales eran varios papeles amorosos del Prinzipe i su contestacion de la Reina que aunque no demostavan cossa alguna de amor correspondido estavan no obstante escritos con demassiada passion el otro era unas cartas del Prinzipe a los condes de Hornos i de Emont en que les partizipaba que mui pronto partiria a Bruxelas con el Exerzito de que iba a darle el mando su padre i los otros restantes papeles eran correspondientes a la conjurazion tramada i al modo de llevarla a su fin i acabamiento. Vistos que fueron por los Juezes i bien enterados de ellos todos en comun porque en aquel juizio cada uno tenia por separado su obligazion i despues eran juezes los tres juntos El Presidente de Tribunal que era Vargas dio i dicto la providenzia siguiente

En la causa que ante nos pende contra D^n Carlos de Austria Prinzipe de España decimos los infrascriptos Que vistos la demanda de acusazion i papeles que la açompañan fallamos que devemos mandar i mandamos que se presente el R.P. Frai Joan Aviles a ratificarse en la declarazion que en dicha demanda se contiene y que es dada a nombre y ruego del Señor Rei D.ⁿ Phelipe de quien es el dicho P. Apoderado y para que assi mesmo reconosca su firma i presentense tambien los testigos a los reconoscimientos de las presentadas comparezca el acusado a la presenzia judizial a dar sus declaraziones i comparezca assi mesmo el criado del Prinzipe Gil Anton a prestar la suia assi lo sentimos e firmamos en la Villa de Madrid a nueve dias del mes de Febrero de mill i quinientos i sesenta i ocho.

Despues pusieron sus firmas i leieron el auto i como nosotros estavamos presentes nos llegamos a la messa del Tribunal i alli reconozimos nuestras firmas i las dimos por vuenas i tambien miramos los papeles i dejimos que hallavamos ser los mismos que se sacaron de la camara del Prinzipe Con esto por ser ia mui adelantada la noche i porque ia el sol iba apareziendo nos retiramos todos quedando aplazados para la noche siguiente porque la voluntad del rei era que se siguiera aquel assumpto con la maior brevedad posible.

Los papeles requisados son los elementos en que se apoya la acusación. Y aunque ya han sido comentados, voy a reincidir en su análisis ante la importancia que entrañan ante al futuro fallo. Siguiendo el hilo conductor de las imputaciones, los jueces examinan en primer lugar los testimonios que conciernen a la pasión impura del príncipe. Ahora ya no se trata expresamente de la respuesta interceptada a su madrastra en donde «se trasluzía mas ternura de que deviera», sino que se subraya con rotundidad «varios papeles amorosos del Prínzipe». Diversos componentes de cariz intuitivo y deliberado me han inducido siempre a discurrir que el cronista sabía poco de la vida de don Carlos, excepto apuntes valiosos como la explicación del altercado sostenido con Alonso de Córdoba, y no precisamente porque se viese en la obligación de respetar el secreto de la penitencia, sino por el hecho, fácilmente deducible, de que sus palabras tienen como cimiento el sumario. Al hilo de este postulado se debe recordar que cuando alude a la carta de Isabel de Valois, al comienzo de la relación, hace también la indicación de que el príncipe no supo disimular su cariño «y le espresó ia con mill apasionados versos ia con dulzes trovas ia finalmente con una declarazión en forma que entregó a la reina». Estos párrafos, haciendo hincapié en el hábito de guardar copia de cualquier escrito, justifican la existencia de billetes afectivos que le pudieron ser retirados de sus aposentos.

Las reacciones de la reina al empezar la tragedia corroboran las hondas huellas de dos impactos emocionales casi consecutivos: no cesaba de llorar (correos de Fourquevaulx a Catalina de Médicis de los días 19 de enero y 8 de febrero inmediatos al prendimiento y algún grave acontecimiento como podía ser la presentación de la demanda) y hasta se temía que hubiese sufrido alteraciones en su embarazo, a pesar de que esta opinión es problemática, ya que cuando doña Isabel perece en octubre de 1568 los médicos tuvieron que atenderla de un aborto y el feto —una niña que falleció enseguida— sólo tenía unos cinco meses de gestación. De cualquier forma, respetando el arcano de la historia, se puede entender que una profunda amistad justifique semejante repercusión emotiva, pero tampoco se puede eliminar que un sentimiento de culpa ayudase a provocar una crisis duradera.

La segunda aportación de evidencias revisadas se remite exclusivamente a unas cartas dirigidas a los condes neerlandeses, haciéndoles partícipes de que pronto partiría para Bruselas al mando de las tropas que le iba a confiar su padre. Tan lacónico razonamiento no implica la atribución de un delito de traición, salvo que en los presumibles correos se vertiesen términos de superior gravedad, pero sí permite fijar el periodo en que pudieron ser redactados. La condescendencia regia al requerimiento de su vástago para que le encomendase la misión de ponerse al frente del ejército únicamente pudo ocurrir entre la sesión del consejo celebrada el 29 de octubre, con la determinación de intervención bélica, y el 30 de noviembre de 1566, que es el día de la designación de Fernando Álvarez de Toledo para encabezar las huestes. Las pretendidas epístolas tienen, por tanto, una antigüedad de unos catorce meses en consonancia con el comienzo del juicio, son abordadas por primera vez y no pueden tener vinculación con las comunicaciones que el príncipe pudo dirigir a los referidos nobles y a Guillermo de Nassau y que el opúsculo advierte que fueron interceptadas y remitidas al rey. Siempre he tenido dudas sobre la realidad de estos últimos escritos que, por sí mismos, hubiesen fundamentado las represalias y la ineptitud o la demencia como características esenciales de la idiosincrasia de Carlos de Austria, al desear enlazar con hombres que ya estaban apresados o refugiados en parajes seguros. Que no fuesen incorporadas a la demanda cuando proclamaban deseos de huir, de apartar a su predecesor del gobierno e incluso de llevar la guerra hasta Castilla, es la muestra más incuestionable de que es una burda falacia de la que se hace eco el manuscrito para justificar su confinamiento.

Los restantes papeles demostrativos de «la conjuración tramada i al modo de llevarla a su fin i acabamiento» —tercera amenaza— ni siquiera se particularizan con algún destello relevante cuando un plan de semejantes proporciones, de haber sido elaborado, tendría que reunir un prolijo inventario de las acciones a emprender.

De cuanto antecede se desprende que las pruebas no son persuasivas, que algunas tienen una sorprendente antigüedad y otras no traslucen motivos de inculpación de una conspiración en toda regla que debiera ser el principio constitutivo de mayor alcance. Tal endeblez probatoria, a juzgar por el repaso realizado por los jueces o la descripción simplista que se expone, sitúa a cualquier persona que procure ser objetiva ante una decepción difícilmente superable y un elevado cúmulo de enigmas sin respuesta.

Tanto la demanda como la búsqueda de datos para culpar entran de lleno en la fase sumaria del proceso criminal común en Castilla. La providencia dictada encaja en la parte inicial de las tres en que se dividía el juicio y es indudable que tiene más rigor jurídico que la demanda, cuyo aspecto revela la influencia de un sujeto cualificado y experimentado en diligencias procesales. Vargas no adopta medidas cautelares relativas al embargo y secuestro de bienes del encausado (la preventiva prisión ya estaba consumada) y se limita a exigir la comparecencia del procesado y del solitario deponente para las preceptivas testificaciones. Este paso pertenece al ciclo sumarial ya comenzado (normalmente el reo era intimidado en dos oportunidades para que prestase declaración) y el procesamiento, dentro de las restricciones impuestas por su rango secreto, comienza ajustándose a las normas usadas en la época y sólo la celeridad exigida hace que parcialmente la providencia se cumpla enseguida, aprovechando la estancia de tales personas.

La confirmación por los testigos de que los antecedentes enseñados eran los que se sacaron de la cámara del príncipe no deja en buen lugar su honradez, dado que no estuvieron presentes durante la detención, pero cabe preguntarse si, en esta disyuntiva, podían ser capaces de oponerse a la omnipotencia real.

Y antes de cerrar este tramo de la paráfrasis sobre los testimonios, complicados y hasta confusos, un obligado comentario acerca de la apostilla del cronista aclarando que «la voluntad del rey era que se siguiera aquel assumpto con la maior brevedad posible». El interés en imprimir rapidez a los trámites choca frontalmente con la parsimonia de Felipe II y en su contrastada calma al tomar decisiones. Las prisas en este caso, gusten o no, tienen un claro descargo. Su descendiente estaba siendo juzgado por un delito de alta traición que llevaba aparejado probablemente una inapelable condena y una rápida ejecución. De esta forma, procediendo con apresuramiento, se contrarrestaba la peligrosa trascendencia del paso inexorable de los días y el elemento fortuito de que le pudiese suceder cualquier accidente o enfermedad que diese al traste con su reinado. De acontecer un avatar de esta índole, nada desdeñable, se hubiese originado, como es natural, un intrincado nudo político, ya que su hijo era el sucesor del trono, jurado por las Cortes castellanas en 1560, pese a que permaneciese confinado. Dilatar en exceso el procesamiento era tentar a la fortuna cada minuto que transcurría sin resolver el conflicto. Una súbita desgracia hubiese creado un giro vital en la situación y nadie hubiese sido capaz de afrontar una comprometida oposición al sucesor legítimo. Este razonamiento ha sido captado por ciertos escritores —la sagaz «prisión preñada de muerte» aducida por Elías Tormo es persuasiva—, pero obviado a su vez por historiadores incapaces de comprender en toda su dimensión el atolladero inherente a un encierro, fuese temporal o irreversible. Tener prisionero al príncipe no era una solución adecuada, en cualquier instante se podía producir el fatal imponderable de la defunción del rey y la consecuente designación como monarca de su heredero legítimo sería el paso más fácil, pese al inaudito trance en que se encontraba don Carlos. El remedio, en cualquier sentido, exigía prontitud y no es un firme argumento traer a colación que la junta estaba ejerciendo indagaciones o que el licenciado Briviesca tenía ya substanciado el proceso en julio de modo que se pudiera pronunciar sentencia, como sostiene Llorente, sin que hubiese audiencia, confesión o defensa del reo, ni notificación de providencias judiciales. Seis meses, en aquel apurado momento que exigía respuestas perentorias, me parece un plazo inaceptable y el signo más terminante de que no llegó a formalizarse jamás, como lo convalida, a su vez, que no haya aparecido ni el menor vestigio documental.

Llego la segunda noche i ia junto el Tribunal se presento ante el Gil Anton i habiendole hecho jurar por una señal de cruz que diria verdad en todo lo que preguntado i jurar segunda vez sovre los sanctos evangelios conforme nossotros haviamos jurado nosotros la noche anterior fue requerido en los terminos siguientes

Preguntado por el Presidente del Tribunal si el era el llamado Gil Anton page del servizio del Señor Prinzipe de España D.ⁿ Carlos de Austria dijo que si.

Preguntado que quanto tiempo ha que entro al servizio del Señor Prinzipe dijo que sovre año i medio.

Preguntandole si estava continuamente al lado del Prinzipe dijo que solo lo estava quando le empleava en alguna cosa. Preguntado si haze algunos messes ha oido hablar alguna cossa contra el Rei su padre al Prinzipe dijo que avra como tres messes cuando se supo en España la rebelion de los Paisses Bajos oio dezir al Prinzipe que se alegrava dello i de que su padre perdiera aquellos estados i que despues de continuo le ha oido hablar mal del señor Rei i de su modo de govieno i que esto es quanto ha oido i nada mas i esto es quanto puede dezir en descargo del juramento que tiene prestado. Preguntado si no tiene mas que dezir Dijo que no. Esta declarazion fue notada por Antonio Perez que a falta de escrivano lo era el i Gil Anton lo firmo ratificandose en ello ato continuo se retiro entrando el Prinzipe en la sala acompañado del Prinzipe de Eboli i del Duque de Feria venia triste i de aspeto melancolico i no dijo ni una sola palabra al Tribunal. Vargas hizo que se sentara i haziendole jurar por una señal de cruz i por los sanctos evangelios el dezir verdad en lo que fuere preguntado fue empezado a requerir en los terminos siguientes por el Presidente.

Preguntado su nombre de donde es natural i hijo de quien dijo llamarse Carlos por sovrenombre de Austria que nascio en la Ziudad de Valladoliz i que es hijo del señor Don Phelipe segundo Rei de España i de las Indias i de su primera Esposa D.ª Maria.

Preguntado que quando, como i por quien fue presso dijo que fue preso el dia veinte i uno del mes de Enero estando acostado en su cama i ia durmiendo siendo de noche i que le prendio su padre acompañado de otros varios sugetos que ento zes no conoszio el qual su padre le intimo la orden de estarse quieto en su quarto y detenido en el. Preguntado si save o sospecha la causa o motivo de su prission, dijo que lo ignora. Preguntado si ha tenido intentos amorosos sobre la persona de la Reina D.ª Isabel esposa de su padre si le ha escrito algunos papeles i si a ellos le ha dado contestazion dijo que no i que no sabe porque se le achaca esta falta. Preguntado si en algun tiempo ha rezibido alguna visita o ha tenido converssazion con el Baron de Montini enviado de los reveldes de los Paisses Bajos dijo que no y que ni tan solo le conoszia sino de oidas. Preguntado si no le ha dado al tal Montini parte de tener ideas de passar a las tierras sublevadas dijo que no. Preguntado si ha escrito algunas cartas a los Condes de Hornos i de Emont sobre el mesmo assumpto dijo que tampoco. Preguntado si conosce a Gil Anton dijo que si le conosze por ser su page de servizio. Preguntado si delante de este no ha dicho en zierta ocassion que se alegrava que se le revelassen al Rei su padre dijo que no ha dicho nunca tal cosa. Preguntado si delante del mismo no ha hablado mal del modo i manera de govierno que usava el Rey su padre dijo que jamas ha hablado mal de esto y menos siendo de una persona tan allegada como su padre. Preguntado si no tenia hecho un plan de cospirazion contra el throno de su padre por lo qual pensava passar a los Paises Baxos al frente de un querpo de thropas que luego havia de levantar contra el Rei para hazerse dueño de aquellos paises dijo que no. Preguntado si es zierta la declarazion de Gil Anton la qual le leen. Dijo que por lo que a el toca no la halla verdadera. Preguntado si reconosze por suios aquellos papeles i cartas i si son suias las firmas al final i termino de ellas puestas dijo que no son suios ni escritos de su mano las firmas y papeles ni en modo alguno los reconosce. Preguntado si no tiene mas que dezir dijo que lo dicho es cuanto save i puede dezir en descargo del juramento que tiene hecho y que lo dicho es verdad lo qual firmo i igualmente los Juezes. Hecho esto salio de la sala i fue vuelto a llevar por el suso dicho Prinzipe de Eboli a su quarto.

El opúsculo se manifiesta respetuoso con los procedimientos de ley y la testificación se realiza con el ritual juramento por la señal de la cruz y poniendo la mano derecha encima de los santos evangelios. La comparecencia del deponente reviste caracteres insólitos, ya que para hacer plena prueba eran necesarias las denuncias concordantes de dos testigos. En nada, por consiguiente, debía influir la palabrería del llamado Gil Antón. Las vicisitudes que confiesa el testigo crean enredos cronológicos, como ocurre en múltiples puntos de la monografía. Las noticias de la sublevación neerlandesa llegaron a Segovia al empezar septiembre de 1566. Habían pasado, por tanto, más de dieciséis meses desde entonces y no tres como se desprende de la declaración, salvo que la trascripción no esté fielmente reproducida y Gil Antón pretendiese determinar que las frases contra su progenitor se produjeron en los tres meses posteriores al conocimiento de la protervia iconoclasta, es decir, durante septiembre, octubre y noviembre de 1566.

Con independencia de que la absurda comparecencia apenas tenga repercusión, sí pueden efectuarse conjeturas sobre su enigmática presencia. Por una parte, al ser interrogado, impera cierto resquemor en Vargas que, cuando requiere su filiación, pregunta si «era el llamado Gil Antón», fórmula de tonos vagos o dubitativos que lleva implícita desconfianza sobre su genuina identidad. Que llevase año y medio prestando su asistencia —concuerda con el comienzo de la estancia de Carlos de Austria en Valsaín en el verano de 1566— puede inducir a sopesar que fuese un sirviente circunstancial, quizá contratado en la zona de Segovia o afincado en el palacio del bosque, y que sólo desempeñaba esporádicas funciones en calidad de paje como lo atestiguan sus palabras. Esta hipótesis, posible dadas las premisas expuestas, justificaría el fracaso de Manuel García para localizarle mediante una revisión de las quitaciones de Corte y lutos dados a los hombres y mujeres del servicio ordinario del príncipe. Todo esto sin hacer especial hincapié en la llamativa casualidad de que Antonio Pérez dispusiese entre su servidumbre de subordinados que se llamaban Gil y otros que ostentaban el apellido Antón, singularidad que puede ser un atisbo de que el rey, con la colaboración de Ruy Gómez y su protegido, hubiesen colocado al lado del príncipe a un muchacho leal para tener información privilegiada de su conducta.

Acabada la deposición de Gil Antón es lógico que el encausado entrase en la sala custodiado por el garante de su vigilancia, Ruy Gómez de Silva, y respaldado por Gómez Suárez de Figueroa, duque de Feria y capitán de la guardia real. Los dos consejeros habían contribuido al apresamiento y estaban al tanto de cuanto acontecía en las noches frías del alcázar. Nada de particular tiene, asimismo, que el reo presentase un porte alicaído, dado que ya debía conocer la decisión de enjuiciarle. Si por su peculiar temperamento altivo hubiese comparecido ante los jueces, sin asumir previamente su procesamiento, es natural que se desencadenase una repulsa intempestiva y no una sumisa languidez. La preocupación, aderezada con una dosis de intuitivo temor, tendría mermada su hosquedad e innata capacidad de rebeldía.

A continuación de prestar el pertinente juramento y expresar su filiación, sin ofrecer signos de alteración, inicia su explicación concediendo que fue prendido el 21 de enero. No hay excusa para comprender el error, salvo que considerase consumado su encierro a raíz de ser examinada su catolicidad y retornado a sus aposentos, convertidos en prisión, a horas avanzadas del día 20, si se siguen al pie de la letra las contingencias referidas, pero tampoco tiene realce una equivocación tras permanecer cerca de tres semanas completamente aislado.

Escudriñado este aspecto fútil de la confesión, nada tiene de raro que el prisionero no identificase a los integrantes del séquito al ser allanadas sus habitaciones. Cabe presumir que los hombres que intervinieron hubiesen adoptado también medidas protectoras (cotas de mallas, cascos...) que, en unión de las sombras nocturnas, preservasen sus siluetas. Hay narraciones convincentes, aludidas por Gachard, de que, al despertar, inquirió quiénes eran los intrusos como síntoma de que no les reconoció en los preliminares de su detención.

Durante la restante indagación, centrada en sucesos más espinosos, el procesado aduce ignorancia de las culpas que se le achacan e incluso niega determinados puntos de modo tajante para esbozar livianos matices en las interpelaciones que encierran mayor peligrosidad. Sobresale que califique como simple «falta» su negado intento amoroso, que alegue no conocer al barón, «sino de oídas», para negar insistentemente su reciprocidad con el noble, desmentir que cuestionase la forma de gobernar o hablase mal de su padre cuando «era una persona tan allegada» y rechaza que los pliegos que le enseñan sean suyos, afirmando que no han sido escritos ni firmados de su mano. Toda la testificación denota equilibrio y mesura en las respuestas, como si hubiese sido asesorado por un letrado enterado de los extremos más incisivos de la interpelación o si como, de repente, su altivez se hubiese visto suplantada por un impasible dominio de sí mismo.

Hay cierta coordinación entre las culpas que se le imputan y las preguntas, pero hay que recalcar las nulas referencias de cuándo se produjeron los percances que sostiene la acusación. La impresión generalizada que se obtiene es que los actos constitutivos de los delitos se habían materializado, en todo caso, hacía ya mucho tiempo —la carta interceptada a Isabel de Valois podía tener una antigüedad de varios años y el despacho del barón de Montigny, hallado en Galicia, que ni siquiera es mencionado, tenía que estar en manos del rey desde el invierno de 1566-1567, es decir, desde hacia un año, más o menos—. La conjura o maquinación tramada, que no se especifica en la demanda, pero que es objeto de investigación, vuelve a ser planteada, pero se vincula «un plan de cospirazión contra el throno» con el simplista guión de que Carlos de Austria «pensava passar a los Países Baxos al frente de un querpo de thropas que luego havia de levantar contra el Rei», en definitiva, idéntico argumento que se hace constar en las misivas dirigidas a los condes, si bien con la puntualización más amenazante de que su partida para la capital de Brabante llevaba incluida una idea de subversión que estaba más arraigada en los cerebros de los oidores que en el ánimo del príncipe con tan sólo percatarse de que entre el acuerdo de intervención armada y la designación del duque de Alba para mandar los tercios, como ya he señalado, sólo existe el corto e insuficiente intervalo de un mes para organizar un proyecto bien tramado y que inevitablemente quedaba colapsado con el nombramiento del prócer castellano.

Los Juezes quedaron mui pensativos al ver que todo lo negaba el Prinzipe i no atreviendose en manera alguna a asolverle ni menos a poner auto en razon de que no havia sobre que determinaron de comun acuerdo dezir al Rei lo que passava fueron auque era mui tarde al apossento de su Magestad que estava orando y dixeronle lo que passava de lo que se aflixio en estremo por ver que el Prinzipe su hijo añadia delictos a delictos mintiendo manifiestamente al Tribunal puesto para juzgarle i sin respeto al juramento prestado. Pero como el tiempo pasava i era presisso que antes de zerrarsse el Tribunal se diesse providenzia o auto dijo el Rei que en averiguazion de la verdad hizieran i praticaran lo que en tales cassos es de uso fuero i costumbre praticar sin que los detuviera la calidad i elevazion del sugeto porque solo devian mirar en el un reo como qualquiera puesto en manos de la justizia con este parezer del Rei volvieron a la sala i ditaron el auto o providenzia que sigue.

En la villa de Madrid a diez dias del mes de febrero del año de nuestro Señor Jesu Christo de mill i quinientos y sesenta i ocho en la causa criminal que ante nos pende en contra de D.ⁿ Carlos de Austria por delicto de traizion i revelion contra su Rei i padre dezimos que devemos fallar i fallamos vista la falta de testigos nezesarios para la averiguazion de la verdad que comparezca el Reo a la presenzia judizial i se le tome confession con cargos pongasele a question de tormento si no declarare y confessare a los cargos que se le hizieren assi lo sentimos mandamos e firmamos en el dia mes i año arriba ia espresados i dichos. Con esto se concluio la segunda noche del Juizio.

La madrugada del 10 de febrero sitúa al tribunal en una encrucijada. A la probable endeblez de las pruebas se une la inoperancia de un testigo, que nada trascendente descubre en su parco testimonio, y ciertas dosis de equilibrio y comedimiento por parte del príncipe durante su interrogatorio. Las dudas de los jueces exteriorizan que Felipe II no había tenido la fuerza de voluntad suficiente para exigir una condena expeditiva. En su espíritu, proclive siempre al recelo y la inseguridad, tal vez asaltado por vacilaciones de conciencia, debía anidar el anhelo de que se probase su culpabilidad, pero prefería mantenerse al margen para disponer de una coartada que le permitiese eludir los escrúpulos que emponzoñaban su condición paterna. Su religiosidad, impulsada hasta las fronteras de una desorbitada devoción, vuelve a exhibirse cuando recibe la visita de los peculiares magistrados acuciados por la zozobra, dado que en momentos apropiados para el descanso se encuentra orando y sólo se aflige cuando sabe que su primogénito no respeta el juramento e incurre en perjurio, poniendo en peligro la salvación de su alma.

El cronista, tan adicto a crear corporativismo con los dominicos, no utiliza el consabido recurso y la singularidad de que los togados «fueron» al aposento real excluye presencias ajenas. La referencia de lo que ocurrió en el interior de la cámara puede que no nazca de su propia observación y el relato de que Felipe II dijo únicamente «que en averiguazión de la verdad hizieran y praticaran lo que en tales cassos es de uso fuero y costumbre praticar sin que los detuviera la calidad y elevazión del sugeto» es una mera insistencia de la acusación que exige un tratamiento sin privilegios.

Por mi parte, tengo serios resquemores de que el rey se limitase a insistir en sus propósitos y no diese, con un pequeño paso adelante, pistas que sirviesen para disipar la tensión de los enjuiciadores y derribar sus cautelas, evitando un fallo absolutorio. El auto dictado facilita rastros de que la conversación tuvo dimensiones más significativas que el daño moral del soberano y su insistencia sobre los términos en que estaba redactada la demanda.

La diligencia en cuestión, que no es una providencia por abarcar la amenaza del tormento, destaca por primera vez que el proceso que se instruye es una causa criminal y que se lleva a cabo «por delicto de traizión y revelión con su Rei y padre» —dictamen de una culpa que ni la demanda ni la providencia inicial declaran—, mientras se acepta que para averiguación de la verdad faltan los testigos imprescindibles, desvelando, por fin, que la inexplicable intromisión de Gil Antón no tiene repercusión sobre la sentencia.

Los oidores, sumidos en una encerrona, no tienen más opción que revelar la obligación de tipificar el delito, dado que, en principio, según costaba en las Partidas, ningún castellano de prosapia podía ser torturado si no estaba implicado en un juicio que llevase aparejada la pena de muerte o corporal, aunque en la usanza procesal los encargados de administrar justicia actuasen, en muchas ocasiones, según su arbitrio. Al concluir la segunda noche los formalismos adquieren mayor consistencia jurídica y encaminan el sumario, pese a su condición secreta, dentro de un marco más riguroso y acorde con los preceptos de las leyes aplicables en Castilla.

a la siguiente a mas de los juezes i de los testigos havia unas personas mas en la sala del tribunal i estas eran el verdugo i su criado que avisados por Vargas vinieron con los instrumentos de la tortura por si se hazia menester usar de ella aunque ellos no savian quien era la persona a quien havian de atormentar ni sabian tampoco que estavan en Palazio porque Vargas para cumplir las ordenes del Rei que recomendava el maior secreto habia hecho ir el verdugo i su criado a su casa i en ella les hizo poner unas vendas en los ojos i luego salieron en un coche los tres juezes i los dichos verdugo i criado i assi vinieron a palazio sin saver a donde iban. Estando ia reunido el Tribunal entro el Prinzipe como la anterior noche i fue comenzado a requerir en los terminos que abajo se van diciendo. Se le haze cargo de ser y llamarse Carlos por sovrenombre de Austria de ser hijo de D.ⁿ Phelipe segundo i de su primera esposa D.ª Maria y ser nacido en la Ziudad de Valladolid contesto que es zierto. Se le haze cargo de haver tenido pensamientos amorossos sobre la persona de la Reina D.ª Isabel de haverla escrito varios papeles i haver rezibido i guardado sus respuestas dize que este cargo es falso i que no ha hecho lo que se le dize se le haze cargo de haver tratado en conversazion al Varon de Montini enviado de los Paisses Bajos reveldes contesta que es assi mesmo falso este cargo porque el no conoze a Montini. Se le haze cargo de haber dado parte al tal Montini de su intento de pasar a los Paises Bajos. Respondio que era falso. Se le haze cargo de haver escrito varias cartas a los Condes de Emon i de Hornos i al Prinzipe de Orange manifestandoles deseo de passar a unirse con ellos. Respondio que tambien es falso. Se le haze cargo de conozer a Gil Anton. Responde que en efeto le conosze. Se le haze cargo de haver dicho delante del tal Gil Anton quando se supo el motin de los Paisses Bajos que se alegrava de que su padre perdiera aquellos estados. dijo que este cargo era falsissimo i que el nunca pudo dezir lo que se le acusa. Se le haze cargo de haber hablado muchas vezes delante del tal Gil Anton mal de la manera i modo de obrar del Rei su padre i de su regimen de Govieno. Respondio que este cargo era sobradamente falso. Se le haze cargo de haber hecho un plan de cospirazion i conjurazion contra el trono para lo qual pensava haver passado a los paisses reveldes con un querpo de tropas i con el alborotar mas el Pais Contesto que igualmente es falso este cargo. Se le haze cargo de haver negado la declarazion de Gil Anton la qual le leieron la noche prezedente i de nuevo le leen Contesta que es falsa i que por eso la nego i la niega de nuevo. Se le haze cargo de haver negado aquellos papeles que le presentan i confiesse ser suios como igualmente las firmas puestas en ellos Contesta que no los reconosce por suios porque no lo son. Se le haze cargo ultimamente de haber quebrantado la sanctidad del juramento negando hechos cuia verdad es publica i notoria por las firmas de los papeles que son las que el ussa poner. Contesta que se remite a lo dicho i que este cargo es tan falso como todos. Se le haze cargo de que diga la verdad Contesta que ia la tiene dicha i que no hai mas que dezir. firmo i firmaron los Juezes i por haverse dilatado mucho determinaron zerrar el Tribunal Volvio el Prinzipe a su quarto i los Juezes ditaron el auto siguiente.

En la villa de Madrid a onze dias del mes de Febrero del año de Nuestro Señor Jesu Christo mill i quinientos i sesenta i ocho en la causa criminal que ante nos pende contra el Prinzipe D.n Carlos de Austria por delicto de revelion contra su señor i padre fallamos que visto lo impossible de hallar la verdad por medio de los medios suaves i dulzes empleados se haze nezesario poner el reo a question de tormento pongassele si se ratifica antes en sus dos declaraziones dadas i no quiere declarar a las tres vezes que el Tribunal se lo mande Asi lo sentimos firmamos i mandamos el dia mes i año arriba dichos i menzionados.

Hecho esto se levantaron el verdugo i su criado estavan esperando fuera porque antes que entrara el Prinzipe para que no le conozziesen i fuessen contando por ahi se les havia echo salir vendaronlos los ojos i cogiendolos del brazo los llevaron al coche conforme habian venido i fueron hasta la cassa de Vargas en donde los soltaron citandolos para que volvieran al dia siguiente.

A los miembros del tribunal y testigos de la causa, ya reputada criminal, se unen un verdugo y su criado ante la eventualidad de que el procesado vuelva a negar las imputaciones y, en consecuencia, fuese indispensable someterle a tormento para sonsacar la verdad. Esta previsión, aparentemente precipitada, no tiene nada de extraño, ya que, en la mayoría de los casos, la tortura se ejecutaba tan pronto como se emitía el auto necesario.

La segunda interpelación con cargos —es conveniente recordar que el reo era sometido a confesión dos veces— no difiere sustancialmente del primer requerimiento y no hay nada novedoso en las deposiciones de don Carlos. La demanda, el examen de los testimonios y los dos interrogatorios acumulan en conjunto tal proliferación de antecedentes que es muy fácil caer en confusiones durante su lectura, sobre todo cuando se desea valorar la coherencia de los argumentos que se esgrimen en las reprobaciones más graves. Este convencimiento me ha llevado a la idea de que es pertinente analizar las cuatro piezas por separado atendiendo a cada uno de los capítulos de la acusación. Dejando a un lado la baldía influencia de Gil Antón y la atribución amorosa, el proceso se basa en tres puntos: la vinculación con el barón de Montigny, las comunicaciones dirigidas a los conspiradores y la conjura que debía estar pergeñada entre los escritos arrebatados.

Comenzando por el problemático contubernio con Floris de Montmorency es idóneo precisar que en la incriminación se consigna la carta que le fue interceptada al barón, aun cuando nada se concreta sobre su contenido, y en la revisión de los elementos probatorios ni siquiera se menciona. En la primera intimación tampoco se hace alusión a dicha misiva, como si no tuviese un excesivo realce, y simplemente se pretende que el príncipe reconozca haber tenido entrevistas con el emisario del Consejo bruselense y que le ha declarado su voluntad de pasar a tierras insurrectas. En la segunda se repiten estas cuestiones sin mayores aquilatamientos y, por supuesto, el mensaje arrojado junto al mar tiene todos los visos de no haber existido jamás.

Con respecto a los contactos epistolares sostenidos con los condes, no se concreta nada en la acusación que, en el colmo de la vaguedad, se remite a meros pliegos que justifican los delitos sin mencionarlos expresamente. En el análisis de las evidencias sí se cita el correo en cuestión que, al parecer, descubría el proyecto de que pronto partiría para Bruselas con la aquiescencia real, manifestación que, por sí sola, no implica una certidumbre de sedición. Nada relevante se hace constar en la verificación de estos documentos, aparte de que viajaría al frente de la soldadesca, y esta omisión fortalece la noción de que actuaba cauteloso y no exponía de manera explícita sus planes si es que realmente abrigaba miras atentatorias contra su progenitor. En las primeras preguntas se le inquiere si ha dirigido algunas cartas a los aludidos neerlandeses exponiendo que tenía previsto pasar a enclaves sublevados —no se aduce para nada que fuese al mando de las fuerzas militares que se pensaban movilizar— y en el segundo sondeo se especifica con claridad «que se le hace cargo de haver escrito varias cartas a los Condes de Egmont y Horn», añadiéndose al príncipe de Orange como destinatario de los correos, y resaltando que en las misivas proclamaba su deseo de «passar a unirse con ellos».

De las matizaciones señaladas se desprende una ponderada evolución en la opinión de los jueces sobre la correspondencia siempre negada por el encausado, acentuando paulatinas incriminaciones más amenazantes que ignoro si nacen del contenido de las epístolas o se debe a que el interrogador fuese agudizando su perspicacia, pretendiendo obtener conclusiones más peligrosas para la integridad del reo. Del aviso de encaminarse pronto hacia la capital de Brabante, capitaneando el ejército, se pasa al propósito de marcharse a territorios rebelados y finalmente al conato de unirse a los hombres que Felipe II ya consideraba enemigos suyos. Los tres pasos, medidos por insinuaciones cada vez más comprometedoras, a pesar de que el acusado se mantenga impertérrito en su negativa, son indiscutibles indicios de que el jurisconsulto deseaba «apretar las tuercas» de su acoso dialéctico y que basaba su estrategia en dar significado al pretendido carteo con la aristocracia asentada en Bruselas.

El postrer eslabón de la cadena de reprobaciones se ciñe a la conjura. Nada se dice en la demanda por su levedad, pero sí se realza la conspiración al formalizarse el reconocimiento de las pruebas con la acotación de que «la conjuración tramada y el modo de llevarla a su fin y acabamiento» estaba reflejada en los restantes papeles incautados, es decir, sin aparente ligazón con los comentados en párrafos precedentes. Si el programa subversivo estaba estructurado con detalle no se comprende cómo en los dos interrogatorios apenas se reincide en tan importante aspecto de culpabilidad y que, además, en el colmo de un aparente contrasentido, se fundamente la trama en que pensaba pasar a los Países Bajos al frente de un cuerpo de tropas que luego habría de levantar para adueñarse de aquellos países como se reivindica en la primera fase inquisitiva. La incapacidad de que pudiese organizar una fuerza armada por su cuenta remite de forma indubitable a las comunicaciones dirigidas a los condes —igualmente al príncipe de Orange— y convierte la conspiración en una pura entelequia. En la segunda interpelación al respecto se insiste en su afán por pasar a tierras neerlandesas con gente de guerra y se elucida que era «para alborotar más el país».

La impresión que se capta de semejante galimatías es que nada trascendente representaban las sospechas de conversaciones clandestinas con el barón y de la conjura ya he transmitido mi opinión de que parece una pura invención dimanante del valor que se pretende adjudicar a la supuesta correspondencia sostenida con los nobles neerlandeses, aunque en último término es muy importante tener presente que la escasa hondura que demuestran los datos que se aportan pudieran deberse a que las preguntas no estén bien reproducidas, desapareciesen como el resto de las diligencias, y el autor se viese forzado a recordar o recurrir a confusos apuntes para ofrecer una idea aproximada de los episodios acaecidos en las noches de febrero, aunque, en contrapartida, guarda una perfecta coordinación al enumerar las preguntas y respuestas de ambas interpelaciones.

La cuestión de la reciprocidad de Carlos de Austria e Isabel de Valois, aparentemente baladí, pero que ya he destacado que tenía gravedad atentatoria contra la honra del monarca, no sufre grandes mutaciones en la etapa inaugural del sumario. En la demanda figura la acriminación en primer lugar y con un planteamiento que se remarca con la definición de ser un «amor impuro reprobado por las leies humanas i divinas» y origen de las desavenencias entre padre e hijo. Se hace constar también que el príncipe «declaró su passión loca a la reina» y este aserto hace suponer que hubiese uno o varios documentos probatorios. La deducción que se obtiene, al incluir en la acusación un empeño de deshonrar al soberano, es que Felipe II arremetía con toda la «artillería» de que disponía para conseguir una sentencia condenatoria asentada en cualquiera de los argumentos en que basaba sus imputaciones. En la pertinente comprobación de las demostraciones se examinan «varios papeles amorosos del Prínzipe» y se deduce, a su vez, que las réplicas fueron numerosas con sólo fijarse en el rasgo sutil de que «estavan no obstante escritos con demassiada passión». Este plural aspecto de las confidencias se mantiene tanto en la primera indagación como en la segunda, pese a la concurrencia de una clara divergencia entre ambos. En la deposición inicial se le achacan intentos amorosos mientras en la siguiente se le culpa de haber tenido pensamientos y de haber recibido y guardado las respuestas de doña Isabel. No puedo saber si la distinción obedece a una meta preconcebida de quitar hierro al asunto (de pensar una cosa a esforzarse por llevarla a cabo hay una gran diferencia), pero es probable que así fuese por el lastre de los demás cargos y tener ya la convicción de que el martirio de los cordeles provocaría un cambio esencial en su estabilidad. Al hilo de esta sutileza se expresa que guardaba las contestaciones y esta afirmación me hace rememorar la misiva reflejada en el manuscrito 10817/10 de la Biblioteca Nacional, que don Carlos «no havía jamás querido bolverle» por los altos niveles de ternura que se vertieron con la pluma.

El segundo interrogatorio concluye, por tanto, sin apenas novedades. El príncipe insiste en negar que los papeles sean suyos y que las firmas le pertenezcan. Se le añade además el delito de haber quebrantado la santidad del juramento prestado —perjurio— y cuando se le exige que diga la verdad sigue exhibiendo su entereza, ratifica haberla dicho y hasta remata su testificación con la elocuente firmeza de «que no hai más que dezir» antes de cumplir con el rigorismo de estampar su rúbrica.

Las pruebas aportadas parecen no tener mucha fuerza, pero, en contrapartida, tampoco la obstinación impertérrita de don Carlos muestra ligazón con su idiosincrasia, dado que en sus actos ante el tribunal no hay el menor rasgo intempestivo de su altivez y tampoco aduce quejas por un procesamiento que afectaba a su condición privilegiada de sucesor del trono. Tal postración no es normal si se le estuviese inculpando de falsos delinquimientos y puede denotar que el equilibrio que demuestra se base en el convencimiento de que los testimonios eran veraces, a despecho de su presumible antigüedad, y no le restase otra opción que negar las culpas como única salida, dado que, en caso contrario, si los instrumentos aportados, fuesen las cartas dirigidas a los consejeros de Margarita de Parma o los planes de la conjura, no contuviesen signos de criminalidad es fácil deducir que no se hubiese limitado a desmentir que fueran suyos y habría podido aceptar que sí le pertenecían. Cuando acaba la tercera sesión, ya en ausencia del procesado, se emite un nuevo auto que trasluce los formalismos legales previos a la aplicación de tormento.

Este vino o por mejor dezir la noche que era la quarta del juizio se aiuntaron a la ora convenida en Palazio los Juezes el verdugo i criado a quienes traxeron con las precauziones arriba dichas i nosotros los testigos el verdugo i criado se quedaron a fuera con el P. Frai Joan Aviles i en seguida vino el Principe que se sento en el sitio que le estava prevenido i el presidente le leio sus dos declaraziones la ordinaria i la de con cargos i le pregunto si se ratificava en ellas el Prinzipe contesto que ssi volvioselo a preguntar hasta tres vezes y en todas ellas se ratifico visto lo qual i a virtud de las ordenes que para ello tenia llamo Vargas al verdugo el cual vino con su criado i le mando aparejarse para dar tormento al Prinzipe el qual al oir esto se quedo palido como un muerto perdida la color i sin atreverse a hablar una palabra sin duda de espanto porque nunca creeria que a persona de su calidad havian de tratarla como a un qualquiera criminal El verdugo en cumplimiento de la orden se llego al Prinzipe y poniendole los cordeles en las manos entre el i su criado le dieron quatro vueltas cossa terrible y que hizo dar un profundo alharido al reo que se quedo como amortezido echaronle agua al rostro i recobro el conoszimiento i entonzes el verdugo como no le havian mandado parar hizo finca de quererle dar otra vuelta de cordeles visto lo qual por el Principe con desmaiado (*sic*) voz i dolorido azento dijo que le soltasen los cordeles que el diria la verdad en todo lo que le fuere preguntado a estas palabras el Presidente del Tribunal mando al verdugo que le quitasse el tormento y se fuese lo qual hecho prinzipio Vargas a requerir al Prinzipe en la forma arriba dicha y todo lo confesso el Prinzipe contestado (*sic*) que si a todas las preguntas que se le hizieron i reconosziendo por suios los papeles en vista de lo qual i desque huvo firmado el Prinzipe esta ultima declarazion dio Vargas por concluido el ato dando la siguiente providenzia.

En la causa criminal que ante nos pende contra el Prinzipe D.ⁿ Carlos de Austria hijo del señor Rei D.ⁿ Phelipe segundo por delicto de conjurazion contra el throno i estados de su señor i padre dezimos que vistas las declaraziones de acusado i que esta convito de todo el crimen que se le acusa esta causa se halla en estado de passar a que el Fiscal nombrado la vea esamine i de su parezer. Assi lo sentimos mandamos y firmamos en la villa de Madrid a doze dias del mes de Febrero de mill i quinientos i sesenta i ocho años.

I hecho esto salieron de alli

El arranque de esta parte me sitúa ante el problema de calificar quién es el artífice del opúsculo. La frase literal de que «el verdugo i criado se quedaron a fuera con el P. frai Joan Avilés», poco antes de personarse el reo, revela claramente que quien escribe, al menos estos párrafos del folleto, no es el pretendido confesor. Joan Avilés no deja de ser un protagonista más de la trama, pero en esta oportunidad es un sujeto ajeno al escritor y esta certidumbre representa un soporte valioso para deducir que alguno de los asistentes a la sala tuviese, más tarde o más temprano, veleidades testimoniales de los acontecimientos en que había participado como privilegiado observador. La sospecha adquiere visos de verosimilitud, pero hay que enjuiciar este aspecto con dispares hipótesis.

En primer lugar pudo darse la circunstancia de que cualquiera de los copistas, Julián Martínez de Arellano o Manuel García (si no hubo otros con anterioridad), incurrieran en una distracción e insertasen en la copia realizada en 1681 o 1868 el nombre de Joan Avilés en vez de Joan Pérez. No parece fácil la equivocación, pero sí se debe calcular que la filiación del primer personaje estaba más anclada en sus pensamientos que la identidad del testigo. La coincidencia homónima añade un apoyo sustancial al reprochable desacierto y si esto fuese así, una inexactitud al transcribir, se podría seguir manteniendo la noción de que Joan Avilés sea el único responsable de la relación.

Las piezas más íntimas de todo el intrincado desarrollo del relato, como pueden ser los tres días de pausa hasta la celebración de la vista oral o las horas siguientes al dramático momento de que fuese notificada la resolución al príncipe, inducen a pensar que cualquiera de los copistas se ha equivocado, por cuanto el autor insiste más que nunca en su cualidad de confesor y cuenta episodios de indudable intimidad. En estos tramos es cuando más énfasis emplea en realzar su identidad, su acercamiento a don Carlos y la táctica de referirse a sí mismo sin ambigüedades.

La segunda teoría debe bosquejarse con la perspectiva de que no haya error en la trascripción y que Joan Avilés se quedara efectivamente en compañía del verdugo y criado, no asistiendo a la cuarta sesión o quizá ausentándose mientras se substanciaban los trámites de leer las declaraciones al procesado y requerirle por tres veces las preceptivas ratificaciones antes de que el sayón y el vigolero penetraran en la sala para cumplir con su cometido, dado que, al producirse esta contingencia, pudo muy bien incorporarse al desagradable espectáculo del suplicio. Es una mera sensación, pero yo tengo la idea de que Joan Avilés no estuvo en la estancia —acaso le repugnaba la violencia o tuviese hasta escrúpulos de conciencia— y esta apreciación descansa en la indicación «i hecho esto salieron de allí» que, de haber estado presente, se hubiese fulminado con la expresión más adecuada «y hecho esto salimos de allí».

Si el folleto pudiese nacer de cualquiera de los frailes que he podido hallar —ambos aún vivían cuando se citan los últimos trances de la evasión de Antonio Pérez—, hay, inevitablemente, que cuestionar ciertos extremos. ¿Por qué, siendo testigo privilegiado, se arroga falsas competencias con un nombre ficticio? ¿Trataba con tal estratagema de proteger la identidad de Diego de Chaves? ¿Pretendía, con la invención de un relevante cargo, que el manuscrito tuviese mayor verismo? Si los dos religiosos comparecieron sólo al notificar el fallo, ¿cómo es capaz de relatar, con profusión de matices, las confidencias sostenidas entre el reo y su confesor en las cruciales coyunturas anteriores y posteriores a la sentencia? ¿Cómo es posible, a su vez, que pudiese saber con tan exquisito rigor cuanto aconteció en los momentos postreros del heredero de la Corona? Puede tantearse una respuesta más o menos convincente: Diego de Chaves, por su subordinación a la orden de predicadores y su vinculación con ellos, incrementada por su cooperación conjunta en las diligencias sumariales, pudo facilitar expansiones amistosas. Los frailes manifiestan, en un instante álgido de la tensa situación, su natural curiosidad por ver la reacción del príncipe y nada tiene de extraño que obtuviesen una prolija referencia de las incidencias que no pudieron contemplar en su totalidad.

Rizando el rizo de las conjeturas que asedian por doquier, buscando una explicación desde todos los ángulos, no hay que rehusar tampoco la opción de que la relación esté respaldada por el sumario recopilado por Antonio Pérez, por anotaciones de cualquiera de los asistentes o elementos escritos que hasta Diego de Chaves podía haber guardado después de haber concluido la tragedia. La persecución de Felipe II, obsesionado siempre por rescatar los documentos de que disponía su secretario, se extiende previsoramente a los papeles de su ya fallecido confesor, según se desprende de la cláusula 14 de su propio codicilo, otorgado en San Lorenzo a 24 de agosto de 1597 ante Hieronimo Gassol. Su reproducción parcial dice: «... y quiero que todos los papeles abiertos o cerrados que se hallaren de Fray Diego de Chaves difunto que fue mi Confessor como se sabe escritos del para mi o mios para el, se quemen alli luego en su presencia habiendo reconocido primero sin leerlos si entre ellos habra algun breve u otro papel de importancia que convenga guardar, el cual se apartara en tal caso, y otros papeles de otras quelesquier personas que trataren de cosas y negocios pasados que no sean ya menester especialmente los de defunctos y cartas cerradas se quemaran tambien...»[*].

Dejando al margen la identificación del autor, sobre cuyo extremo retornaré más adelante, y ciñéndome al sumario, se vuelve a comprobar una vez más que alcanza elevada rigurosidad en el acatamiento de la normativa acostumbrada. Vargas cumple con la lectura de las dos deposiciones efectuadas —ordinaria y con cargos— y le requiere por tres veces para que se reafirme, como era preceptivo, antes de pasar al trance demoledor del tormento. El suplicio de los cordeles era uno de los procedimientos más usados en la época, con independencia de métodos como el agua, el potro —igualmente llamado burro— y de la garrucha, y consistía en atar al reo tumbado en un banco y darle vueltas de cuerda sobre las extremidades, constando antecedentes de que se rebasaban la docena de giros. Que sólo resistiese cuatro violentas presiones en las manos (probablemente la descripción no es certera y le fueron inflingidas en los brazos) trasluce que su capacidad de sufrimiento no era elevada si se repara, además, que se aduce pérdida de sentido y la estimulación con agua para que recuperase la conciencia. La intimidación de una vuelta

---

[*] Archivo General de Simancas, Testamentos y Codicilos, legajo 5.

más le hace desmoronarse, aceptar la autenticidad de las pruebas y estampar su firma, asumiendo los crímenes que se le imputan.

La tortura pertenecía a la segunda fase probatoria del juicio, pero en la práctica, como sucede en este caso, se aplicaba a la vez que se llevaba a efecto la información sumaria acto seguido de la segunda testificación. La cuarta providencia emitida, que califica el delito como conjura contra el trono y Estados de su señor y padre, dando paso a la intervención del fiscal, daba por terminada la pieza sumarial y se entraba de lleno en la etapa plenaria. Se comprueba de esta forma que, pese a las dificultades burocráticas de una causa secreta, los trámites se ajustan a la actuación habitual de la justicia, salvo en que la declaración arrancada por la fuerza tenía que ser ratificada por el martirizado en el plazo de veinticuatro horas sin coacciones ni daños y los jueces no se preocuparon lo más mínimo del requisito, sin duda porque Vargas manejaba a la perfección las triquiñuelas legales que se utilizaban cuando cualquier inculpado no corroboraba sus palabras. La regulación legal del maltratamiento fue muy reducida y se respetaba lo dispuesto en Las Partidas, que ya fomentaba su validez cuando no era viable la averiguación de la verdad por medios menos coercitivos. Los magistrados, en general, para evitar el derecho de apelación a un auto de tormento, norma acogida por las disposiciones alfonsinas, dictaban la resolución cuando el acusado estaba en la sala y tan pronto era proclamada se ejecutaba sin dilación.

Por otra parte, en las propias Partidas se ampara la posibilidad de volver a dañar al reo que no corroborase sus revelaciones, y los enjuiciadores, en el colmo de las argucias legales, no daban por consumada la sesión, sino que acordaban su momentánea suspensión para continuarla cuando lo creyeran conveniente. La confesión, aun cuando fuese forzada, era admitida como la evidencia perfecta. El tribunal había logrado el objetivo propuesto y no resulta raro que, impulsado por la celeridad requerida, no le dieran al príncipe ni el menor resquicio para oponerse al suplicio —la única instancia cimera era el monarca— ni exigir que sostuviese sus autoinculpaciones que, de ser negadas, hubiesen dado lugar a la repetición del calvario de las cuerdas.

pero la noche siguiente que era la quinta no huvo Tribunal aunque se reunieron los Juezes para formar el ditamen del fiscal i fueron a formarle alli mismo porque el Rei no queria que ni aun los mismo a quien havia encargado la formazion del prozesso sacassen fuera del palazio ningun papel que tuviera relazion con aquel asumpto. A la otra noche catorze de mes de Enero (sic) ia que estava hecho el parezer fiscal volvieron a reunirse y despues de prestar atenzion leio Escovedo lo que sigue. El fiscal ha visto la causa formada contra el Prinzipe D.ⁿ Carlos de Austria hijo del señor Rei D.ⁿ Phelipe segundo y dize que le halla plenamente convenzido tanto por las pruebas en que no cabe dudaq.ᵉacompañan quanto por la ultima declarazion del acusado del delito porque se le juzga con efeto las cartas del Prinzipe dirigidas a la Reina D.ª Isabel las contestaciones de esta las cartas escritas a los Condes rebeldes de Hornos i de Emon i la que Montini escribia en la qual se revela una conversazion o conversaziones tenidas con el Prinzipe en las quales este havia manifestado intentos de passar a las provinzias reveladas para alzarse contra el señor i Rei su padre todo prueba que el prinzipe tenia formado un intento criminal i de las peores consequenzias en esta atenzion i no viendo en el acusado mas que un delinquente al qual condenan las leies del reino pido al Tribunal porque assi prozede en terminos de rigorosa justizia se le condene a la pena de muerte i que la sufra degollado confiscandole sus bienes a favor del Real fisco i escluiendole de la subzesion a la Corona de estos reinos Asi lo siento i firmo en la Villa de Madrid a treze dias del mes de Febrero de mill i quinientos i sesenta i ocho años.

La quinta jornada —jueves 12 y madrugada del 13 de febrero— es aprovechada por los oidores para juntarse en privado, sin la comparecencia de los testigos y presumiblemente en ausencia del representante del rey, con el designio de que el fiscal examine la causa, pronuncie su dictamen y pida el castigo que corresponda. La reunión conjunta puede parecer absurda cuando exclusivamente a uno de ellos le competía la misión de valorar las acciones punibles, pero no es inverosímil si se recuerda que la formación del tribunal era *sui generis* y que «en aquel juizio cada uno tenía por separado su obligación i después eran juezes los tres juntos», como se dice literalmente cuando principia el estudio de las pruebas. El compromiso individual debía ser formal porque ante cualquier decisión, más o menos comprometedora, se unen para debatir sus criterios y llegar a una solución reforzada por la unanimidad.

Esta actitud, por mucho estupor que pueda originar, no concierne únicamente al asunto que me ocupa. José Luis de las Heras, en su obra *La justicia penal de los Austrias en la corona de Castilla*, traza un comentario obtenido de una investigadora que se ha especializado en el proceso penal castellano. M.ª Paz Alonso Romero, más allá de contemplar que la causa criminal imperante en la Edad Moderna era una amalgama mixta con preponderancia inquisitorial, señala «que los jueces, fiscales y la propia parte ofendida concurrían en el proceso y aunaban esfuerzos hasta conseguir la condena del reo». No creo que ante esta opinión, avalada por la profesionalidad, sea necesario añadir algo más.

Marginando el error de la fecha consignada como la noche del 14 de enero (febrero), cuando se reanudan las sesiones, y la prevención que abrigaba Felipe II sobre cualquier filtración, remitiéndome al informe del fiscal, se vuelve uno a encontrar con la ambigüedad más decepcionante que se pueda imaginar y con unas acusaciones sin concreción, que aún adquieren mayor relieve si se repara en que dicha convicción se había creado mediante un cambio de impresiones de los tres jueces y, además, por si no fuera suficiente, se había materializado por escrito como lo demuestra que fuese leído por Juan de Escobedo. El texto no hace más que reincidir en las cartas cruzadas entre el príncipe y la reina, los despachos cursados a los condes de Egmont y Horn (no se incluye a Guillermo de Nassau), sin pormenorizar sobre el significado de tales misivas y, finalmente, en el mensaje del barón de Montigny que, en esta ocasión, es objeto de una esmerada atención cuando en otras fases apenas ha sido evocado al ser tan sólo citado en la demanda, sin especificar su enjundia, no resultar aludido al inspeccionar las demostraciones que se aportan y, en definitiva, sin ser mencionado, sirve de puntal para que el acusado reconozca sus diálogos con el neerlandés y la particularidad de haberle dado cuenta de sus aspiraciones de pasar a tierras sublevadas.

El dictamen es de una endeblez extraordinaria y sustenta el conato criminal en el punto más débil del entramado probatorio de los delitos, ya que la carta que estoy consignando nuevamente no tiene valía por abarcar meras revelaciones de un tercer sujeto que difícilmente podía probar sus manifestaciones. Y para que nada falte en la incongruencia no se hace alusión a la conjura tramada y el modo de llevarla a su fin y acabamiento, según debía estar planteada en los pliegos incautados. La perplejidad que origina la convicción del fiscal sólo puede ser paliada parcialmente si se asume que la última manifestación del reo, incitada por los cordeles, es una certeza plena y que, por la decisiva deposición que Antonio Pérez recoge rápidamente, no era necesario explayarse en apoyo de las restantes evidencias acusatorias. Esta disculpa puede tener visos de credibilidad y cabe sopesar también que fuese en su estudio de los hechos y documentos más explícito y que una farragosa lectura en voz alta impidiese que cualquiera de los testigos perpetuara con fidelidad su contenido.

Por otra parte, aunque ya he dejado sentado que puede ser un lapsus cronológico, la fecha en que se pide la condena es curiosamente el día 13 de febrero de 1568 —la misma que Fernández de Retana recoge en su crónica, mencionando las oraciones pedidas por el rey para que la divina providencia le inspirase en una grave resolución que debía adoptar—, y tal coincidencia, se quiera o no, dada la innata propensión de Felipe II hacia la iluminación celestial en difíciles coyunturas, crea un pequeño resquemor. Es indudable que la inminencia de una sentencia de muerte, cuya ejecución dependía exclusivamente de su decisión, era un momento más crucial que la perspectiva de la detención y esta apreciación razonable abre un interrogante: ¿No serían dos las instrucciones —en el intervalo de un mes— para que se rezase en los templos invocando la ayuda de dios? En ninguna fuente he podido lograr constatación de este supuesto y sigo pensando que el clérigo riojano comete una equivocación, aunque no por ello debo silenciar esta hipótesis.

La requisa del patrimonio se llevaba normalmente a cabo, como la prisión, cuando se fijaban medidas cautelares para asegurar el desenlace del proceso y se ejercían en la fase sumaria y no al comenzar el juicio plenario, pero esta discrepancia procesal carece de significación dadas las características de la causa.

La letura de este parezer nos dejo a todos asombrados de veras porque no creíamos del delito del prinzipe fuese merezedor de tanta pena Vargas el presidente enterado que estuvo dicto i firmo el auto que sigue.

En la causa criminal que ante nos pende contra el Prinzipe D.ⁿ Carlos de Austria por delito de conjurazion contra su Padre i Señor el Rei D.ⁿ Phelipe segundo decimos que estamos enterado del parezer del Fiscal i mandamos se de traslado al letrado defensor del Prinzipe para que esponga i diga lo que por conveniente tuviere a la justizia o razon que assistan a su defendido Assi lo sentimos mandamos i firmamos en la villa de Madrid a catorze dias del mes de Febrero de mill i seiszientos (sic) i sesenta i ocho.

Con esto se acabo el Tribunal aquel dia no aiuntandose hasta el dia diez i seis del dicho mes porque estos dos dias los gasto Escovedo en hazer la defensa del Prinzipe la qual devia leer al Tribunal apenas estuviera hecha.

Que el dictamen del fiscal, en su aspecto de pedir la pena capital, provocase asombro, me sume en una enorme perplejidad. La aseveración «no creíamos del delito del prínzipe fuese merezedor de tanta pena» únicamente puede ser ponderada a partir de una doble perspectiva: que no estuviesen convencidos del peso de las pruebas, que ellos mismos habían tenido oportunidad de comprobar y ratificar, o que, en el colmo de la mayor torpeza imaginable, no tuviesen conciencia de que el delito de lesa majestad o traición llevaba implícito la condena de muerte. Por muchas vueltas que se le dé a la cuestión no es fácil sacar una conclusión categórica, dado que además se les había advertido que «si aparezia delinquente y merescedor de la muerte el procuraría hechar voz de que havía muerto de enfermedad y otra cossa semejante cualquiera», vergonzoso mensaje que no podía habérseles olvidado con tanta facilidad.

El presidente, dentro del comienzo del juicio plenario, que era cuando se fijaba la litis previa al paso de la vista oral, ordena el traslado del sumario al abogado para que exponga sus argumentos. La monografía inserta correctamente el día y el mes, pero refleja el año «mill y seiszientos y sesenta y ocho», errata que no es imputable a Manuel García, que se percata del descuido y así lo hace constar en la trascripción de su mano. Racionalmente se debe pensar en una distracción de Julián Martínez de Arellano. El fraile vuelve a insistir en las prisas con tan sólo captar la apostilla de que Juan de Escobedo debía leer su defensa «apenas estuviera hecha». El rey, recluido en sus aposentos y rodeado por sus zozobras, tenía que estar soportando, sin su habitual entereza, un duro desasosiego alimentado por la duración del sumario.

Juntose este al cabo el dia diez i seis dicho i sentados todos i nosotros tambien como testigos Escovedo saco la defensa i leio lo que sigue ahora i que nosotros escuchamos con mucha atenzion porque ibamos tomando algun interes por el desventurado prinzipe desque saviamos que estava su caveza amenazada del cuchillo terrible de la vengadora justizia.

Juan de Escovedo lizenciado en leies de la Universidad de Salamanca i Abogado de los Reales Tribunales del Rei nuestro Señor en el nombre del Prinzipe D.ⁿ Carlos de Austria en la causa que contra el se sigue por haverle acussado de conjurazion contrel (*sic*) Rei su Señor i Padre para dar cumplimiento al traslado que se me ha dado digo que el Tribunal deve en justizia desestimar i no admitir el parezer del Fiscal en que pide para el dicho Prinzipe la pena de muerte porque io no hallo la mas leve causa por donde se venga a persuadir el Fiscal ni nadie que mi defendido mereze tan sever....... nto barbaro castigo porque barbaro es dar muerte publica i afrentosa a un Prinzipe por cuias vanas (*sic*) corre la sangre de los Reies de España i todo por unas aparienzias nada mas porque en esta causa no aparezen como el derecho manda la parte mas essenzial que es la prueva sin la qual se va andando como en tinieblas i es tan imposible dar con la verdad de un hech....... atravesar el golfo inmenso de los mares careziendo de la abuja de marear. Aqui no han venido testigos que declaren contra el Prinzipe no ha havido mas que una declarazion del page Gil Anton declarazion que no vale tanto por ser unica quanto por ser interesada. Nadie podra de zierto assegurarnos la verdad del dicho de ese mozo porque pudo mui bien estar enojado contra su señor por alguno de los motivos que de continuo a contezen y deponer contra el del modo que se ha dicho que mas bien me pareze a mi mentira que verdad i que certeza las cartas i papeles hallados o que se han dicho hallados [20] en el quarto del Prinzipe son otros de los fundamentos en que el fiscal se apoia para pedir la pena de muerte contra el Prinzipe i io contesto a esto que el hallazgo de estos papeles no passan de ser aparienzias sin meritos i sin valor porque aunque aparezcan como suios vien pueden ser hechura de sus mismos enemigos que nunca faltan a los personages de su esfera elevada los quales enemigos pueden mui bien haver contrahecho la letra i firma hoi dia que tanto se ha adelantado en la maldad i en el engaño poniendole luego las cartas en su aposento para que siendo halladas i vistas le perdieran juzgandole criminal este es mi sentir i en ello me afirmo desaziendo de paso otra equivocazion muy notable que hallo en el discurso o parezer del fiscal dize este que a mas de papeles comprueba su delicto la ultima declarazion del acusado io rechazo este asserto no le admito porque es mui probable que el Prinzipe con el dolor del tormento que acavaba de sufrir dijera que era verdad todo lo que le preguntaran a fin de no volver a passar las angustias de la tortura de lo qual tenemos mui buenos i muchos ejemplos de esto en reos que han declarado delictos que no cometieran solo por no volver a sufrir los dolores que la tortura le (*sic*) diera escogiendo antes la muerte que el tormento segunda vez en esta atenzion prozede i al tribunal suplico se sirva estimar lo que dejo indicado determinado segun al prinzipio solicito por ser assi conforme en justizia que pido haziendo todos los juramentos que son de hazer. El Tribunal quedo enterado i como alli ia no havia otra cossa que hazer sino llevar el asumpto con velozidad dio el Presidente la providenzia que sigue.

En la causa criminal que ante nos pende contra D.ⁿ Carlos de Austria Prinzipe de Asturias hijo del Señor Rei D.ⁿ Phelipe segundo por delito de conjurazion contra su padre dezimos que oidos el parezer del fiscal i la defensa del Abogado esta esta causa en estado de vista i por lo tanto señalamos de hoy a tres dias para ser vista i fallada assi lo sentimos mandamos y firmamos a diez i siete dias del mes de Febrero de mill i quinientos i sesenta i ocho años.

Y con esto se dio por acavado el Tribunal i todos nos retiramos

Si ya me he visto en la precisión de resaltar la escasa enjundia de los argumentos invocados por Antonio Pérez, lo mismo viene a ocurrir, en menor medida, con los razonamientos esgrimidos por Juan de Escobedo, aunque existan, como ya he sugerido, sólidas causas para conjeturar que ambos escritos, quizá mejor fundamentados, no cayeron en manos de los testigos ni, fuese quien fuese, en poder del

---

[20] Esta palabra esta muy confusa por la tinta parece decir como aquí.

autor. Esta impresión, sustentada por las cautelas exigidas, se agudiza aún más cuando al iniciarse este tramo del opúsculo su artífice comenta «que nosotros escuchamos con mucha atenzión porque ibamos tomando algún interes por el desventurado prinzipe», aviso que puede seguirse al pie de la letra, pero que cabe aderezar con la pretensión de apuntar las locuciones que se pronunciaban ante la dificultad, quizá insoslayable, de apropiarse del texto integro que era objeto de una sola lectura.

La mayor amplitud de que hace gala el manuscrito, al referir la intervención de Escobedo, y el elemento irrebatible de que recoja más particularidades que el informe del fiscal, viene a confirmar que, efectivamente, los testigos habían incrementado sus precauciones al escuchar las palabras que se pronunciaban. Sin ningún género de dudas, ante una posición tan exigente como era la solicitud de la pena capital, la defensa tenía la obligación moral y legal de exprimir al máximo las reducidas bazas de que disponía para contrarrestar la persuasión contraria, complicado cometido ante la autoinculpación del príncipe después de la odisea de los cordeles.

Las notas llamativas, al comenzar la síntesis de los recursos utilizados por el defensor, son que por única vez se hace constar el nombre de Juan en lugar de Joan, que es usado en cualquier enunciado anterior, y que se le confiera la condición de licenciado en leyes por la Universidad de Salamanca y abogado de los tribunales cuando no conozco alusión histórica de que pudiese ostentar este título ni desempeñase cualquier profesión vinculada con la justicia. Por si acaso, dando margen a una posibilidad afirmativa, recurrí a un amigo salmantino para que activase las indagaciones oportunas e incluso conecté con la institución recabando su ayuda. Ambas fuentes, como ya esperaba, aseguraron que no hay antecedentes de que hubiese cursado estudios en Salamanca, y de forma previsora extendí la gestión a la Universidad de Alcalá de Henares, desde donde me aconsejaron la conveniencia de consultar con el Archivo Histórico Nacional por carecer de historiales de «licenciamientos y doctoramientos de legistas concernientes al siglo XVI». La respuesta del citado organismo me señalaba «que no figura Juan de Escobedo (Escovedo) entre 1545-1565 en el índice de los colegiales del Mayor de San Ildefonso y Menores de Alcalá, según José de Rújula y de Ochotorena».

En mi obstinación por apurar hasta el límite cualquier resquicio, extendí mis pesquisas al Archivo Diocesano de Santander y al Archivo Histórico de Protocolos de Madrid, obteniendo nuevos datos relacionados con su procedencia natalicia, sus ascendientes, sus propiedades, su nobleza, libre de «raza de moros, judío ni labrador», su matrimonio, su testamento y otros pormenores, pero sin llegar a descifrar las causas que motivaron su vinculación con el entorno favorecedor de Ruy Gómez y, por supuesto, sin lograr referencias sobre la condición de jurista.

Escasas son las bazas jurídicas expuestas entre frases con nítidas connotaciones de sofisticado dramatismo. El dudoso jurisconsulto se vale de flacos efugios, como quitar entidad a los testimonios, indicando que son meras apariencias, negar su validez y achacar su contenido a una eventual confabulación de indefinidos enemigos, capaces de imitar la letra y hasta la firma para luego colocar los papeles comprometedores en sus aposentos, vindicación que lleva hasta el límite al poner en cuarentena que hayan sido extraídos de la cámara del acusado. Hace, además, una puntualización certera, al criticar que la deposición de Gil Antón no tiene validez por ser única, aspecto que ya he recalcado al no encontrar explicaciones justificativas de la comparecencia del criado, y culmina su resumen con inútil elocuencia, haciendo constar que no admite la última declaración por haber sido arrancada como consecuencia del sufrimiento. Si con respecto al paje su censura es válida, en la invocación contra la tortura carece de soporte legal y sus palabras no tienen otro fuste que una fuerte oposición moral ante el brutal método que se empleaba para alcanzar la demostración por excelencia de la culpabilidad, crítica ética que no estaba en consonancia con la época y que rara vez, por no decir nunca, se objetaba ante la justicia que anteponía su utilidad a cualquier miramiento de tipo humanitario. Su vano postulado se refuerza exponiendo el factor indubitado de que algunos reos fueron capaces de asumir delitos no perpetrados y esbozando, de forma velada, que conoce el hábito para aplicar el tormento por segunda vez, si bien no especifica que esta estratagema se explotaba apuntando que el suplicio quedaba en suspenso para reanudarlo cuando los magistrados lo creyesen oportuno, ni consigna la obligatoria ratificación sin que influyese la presión del dolor.

Los altibajos expuestos en el análisis de los hechos no pueden ser objeto de una evaluación objetiva, pero sí se puede aventurar, sin gran riesgo de equivocación, que Juan de Escobedo reúne, ya que sólo me sirve como puntal una sencilla transcripción, explícitos perfiles de competencia que no destacan en el dictamen fiscal, aunque ambos planos comparativos tengan idéntica y confusa raíz en la reconstrucción que brinda la relación para dar una ecuánime impresión.

La providencia dictada abre paso a la fase probatoria, con la celebración de la vista oral, y no falta, antes de emitirse el pronunciamiento jurídico, la llamada reiterativa de que «no havia otra cossa que hazer sino llevar el assumpto con velozidad». El otorgamiento del plazo de tres días, preceptivo por ley para que la causa fuese vista y fallada, evidencia que los jueces guardaban los formalismos legales que juzgaban esenciales, pese a la regia insistencia de acabar con las diligencias sin demora.

a la mañana siguiente con el Real permiso de S. M. entre a ver al Prinzipe que me parezio en estremo triste i abatido preguntome que si savia en que estado iba su causa i yo se lo dije i contestome que jamas creiera ser acusado de su mismo padre que en buena lei deviera disimulalle todos los deslizes i no hazerlos tan publicos ni menos dar lugar a que se formasse processo por unos motivos que todos los dias estamos viendo por ahi. Yo le conteste que la soverana voluntad de su padre no devia ser tachada i que io esperaba de su justifícazion que le haria salir con bien de aquel apuro dijome que no lo creiera que a el le dava mal aguero el verse juzgar de noche i tan a la ligera i que el sospechava que la intenzion del Rei su padre era despacharle presto i por esto se le habia formado juizio secreto i con tal presteza i promtitud Yo procure quitalle este mal pensamiento pero el estava tan aferrado que nada consegui con hablarle de otras cossas que le distraiesen de la pena que tenia i concluio diziendome que estava haziendo examen de conscienzia porque el queria confessarse bien por lo que pudiera acontezer alabele su buen proposito i despedime de el ofreciendolo que no le olvidaria en mis orazions. Los demas dias segui iendole a ver i no ostante que le hallava mui avatido descuvria en el zierta resinazion cristiana que me dava mucha alegria por saber que aquella era alma de Dios tan presto como avandonase su cuerpo con esto llego el dia o mejor dicho la noche de la vista de la caussa a la qual no quiso assistir el Rei aunque se lo dijeron ni el Prinzipe pues este dijo que le matassen o hiziessen del lo que quissiesen pero que no queria ver a sus verdugos que solo tiravan a matarle por orden i traza de su padre a quien echava toda la culpa de su daño i dezia que nunca podria perdonar.

El paréntesis de tres días, fijado para que se produjese la vista oral y posterior sentencia, permite al cronista abandonar su condición de apoderado para arrogarse, por primera vez con rigor, su categoría más íntima de confesor. Las implacables órdenes que regulaban el aislamiento del preso se realzan más cuando hasta el fraile se ve en la necesidad de suplicar permiso para visitarle. Los deseos del príncipe para conocer el estado de la causa son complacidos y el anuncio de que quedaban pocas jornadas para que fuese pronunciado el veredicto debió exacerbar la tensión al tener ya la certeza, como así lo manifiesta, de que el deseo de su padre era «despacharle presto».

La postura de Joan Avilés, ya imbuido del temor que atosiga al procesado, resulta razonable. En aquella dramática situación no le cabe más recurso que contrarrestar el pesimismo que invade al príncipe, aduciendo que todavía era factible esperar una decisión de la suprema voluntad, basada en la piedad, para salir del apuro.

De todas formas, con independencia de estos lances, no dejan de ser peregrinas las frases que se le adjudican a don Carlos cuando califica sus actos de meros «deslizes» y de innocuos motivos «que todos los días estamos viendo por ahí». Que estuviese acostumbrado a que su padre no hubiera dado nunca importancia a sus chifladuras o arrebatos violentos, entra dentro de una lógica impuesta por las inoperantes repulsas y una excesiva condescendencia, pero no cabe en cabeza ajena que rigurosos crímenes de lesa majestad se consideren peripecias usuales, permisibles y hasta objeto de ocultación. Y esta incoherencia, esta perceptible disparidad de discernimiento, vuelve a sumirme en la incertidumbre del fuste real de los supuestos delitos y el valor irrefutable de las pruebas, pese a que también cabe considerar la hipótesis de que únicamente se refiriese a sus «desvaríos amorosos» y les quitase magnitud por tratarse de acicates inevitables en el círculo de las pasiones humanas.

Que el manuscrito se ciña en sus facetas esenciales a los episodios acaecidos dentro de la sala del tribunal, facilitando pocas perspectivas desde otros ángulos, me ha movido a desplegar un registro paralelo comparando las contingencias relatadas con las parlerías que forzosamente se estarían propalando dentro del alcázar desde la detención.

Para una concreción más estricta, arrogándome la representación de un instructor que tiene la obligación de acumular indicios para que sean examinados por una instancia superior, voy a dividir este proyecto de cotejar acontecimientos en dos etapas: por un lado, el lapso menos incisivo comprendido entre el 18 de enero de 1568 (el aprisionamiento) hasta el 8 de febrero de 1568 (presentación de la demanda) y, en segundo lugar, el intervalo que media desde el comienzo de las sesiones nocturnas hasta el 20 de febrero, en cuya noche va a reanudarse el proceso con la vista oral, la deliberación y la sentencia, aunque muchos de los extremos que voy a comentar ya han sido recogidos en la biografía del príncipe. Refrescar la memoria, ahora que se van teniendo cualificados pormenores narrados en el opúsculo, me parece imprescindible.

Mientras transcurre la primera fase, sin duda de menor calado, se conocen detalles relativos al confinamiento. Se sabe quienes eran sus ocho vigilantes, que se relevaban por turno de dos cada seis horas, que nadie más podía entrar en el recinto, que la mesa era atendida por el conde de Lerma y don Rodrigo de Mendoza, que los alimentos que se le servían eran trinchados para que no usase cuchillos, y el arzobispo de Rossano, en su notificación del 4 de febrero, arguye que no ponían a su disposición ni siquiera tenedores. Durante siete días, antes de ser trasladado al torreón que le iba a servir de reclusión definitiva, cuya mudanza sucedió el 25 de enero, estuvo privado de los oficios divinos, dado que su asistencia a la capilla llevaba implícito sacarle de sus habitaciones, atraer la atención de los cortesanos ante el espectáculo y volverle a conducir a su cámara diariamente.

Las vicisitudes precursoras de algunas otras de mayor gravedad se producen, todavía en este primer espacio temporal, cuando, según Gachard, se redactan varios testimonios de embajadores señalando que Felipe II había emprendido la licencia de la casa de su descendiente, disponiendo de los caballos de sus cuadras y acomodando en su propio servicio a Martín de Gaztelu y gente que prestaba su asistencia al príncipe. Esta resolución tiene un sesgo más trascendental, es un aviso de que la retención podía prolongarse y hasta perpetuarse en el tiempo, pero no es tan alarmante como para que el documentalista belga asegure que «estas medidas no podían dejar a don Carlos duda alguna sobre la suerte que le esperaba». Apoyándose en una notificación de Cavalli, datada nada más y nada menos que el 24 de julio de 1568, una recopilación de cuantas «comidillas» se esparcieron por la Corte, remitida con rapidez como consecuencia del «fallecimiento oficioso» del heredero de la Corona, Gachard indica que «el infortunado joven se llenó de desesperación y decidió morir, pues decía que un príncipe ultrajado y deshonrado no debía conservar la vida. Como no tenía armas ni instrumento alguno que le permitiera darse la muerte, resolvió dejarse morir por inanición», según expresa el enviado veneciano, aunque tan drástico recurso debió ser pronto rechazado si se acepta que el propio informante, en la misma carta, añade que «acuciado por el hambre, volvió a comer».

Los argumentos esgrimidos para acreditar los motivos que provocaban una incisiva alteración física y psíquica no tienen el vigor suficiente y quiero resaltar mi desacuerdo con el convencimiento del investigador belga. En primer lugar es imprescindible reparar en que los sirvientes de su casa le fueron retirados al comenzar su aislamiento, es muy dudoso que el prisionero supiera que se estaba disponiendo de los caballos de su cuadra y, en todo caso, iniciativas de esta índole no son apuros que arrastren embarazosas secuelas y nacen, principalmente, en enero de 1568, sin que tengan nada que ver con los sucesos desencadenados en el mes siguiente. La prisión, por sí sola o aderezada con las medidas accesorias establecidas, no justifica la determinación de negarse a comer y entregarse a la muerte, máxime cuando en las semanas iniciales de su aislamiento no podía calibrar cuál era el propósito de su progenitor.

Siguiendo el hilo gradual de los eventos, enmarcados todavía en el plano temporal comentado, se tiene plena convicción de que el rey prohibió al correo mayor que dejase partir postas desde Madrid o de cualquiera de las localidades vecinas para evitar que se propagase la noticia antes de que se tomara el penoso requisito de dirigirse a los grandes de España, ciudades, obispos, audiencias y máximos responsables de las órdenes para ponerles al corriente. También anunció por separado a sus consejos la decisión y durante el 20 de enero, desde la una de la tarde hasta las nueve de la noche, estuvo con sus asesores, larga reunión cuyo significado se ignora y que pudo estar fundamentada porque su hijo estaba siendo sondeado en la cárcel inquisitorial y se encontraba en espera de que le llegase la opinión de los frailes consultados para formarse una idea más cabal sobre la posición que fuese preciso adoptar.

Los rumores expandieron el pensamiento de que se pretendía convocar a las Cortes de Castilla y Ruy Gómez, con su destreza diplomática, fue encargado para departir con los comisionados de Francia, Venecia e Inglaterra. El enviado galo informaba a Carlos IX, haciéndose eco de las palabras del mayordomo mayor, que al príncipe «nunca se le acabaría de sentar el juicio» y que «la resolución de alojarlo en una sala de palacio, donde sería tratado y servido como príncipe de buena casa» se había elegido «para que no pudiera hacerle daño a nadie, ni huir fuera de España, según había proyectado». A Segismundo Cavalli le desmintió el infundio que corría sobre un intento de parricidio y añadió que eran razones muy graves las que habían promovido tanto rigor y que Felipe II lo había realizado pensando en el servicio de dios y en la seguridad de los pueblos encomendados a su cuidado. La declaración verbal para que fuese transmitida a Isabel de Inglaterra era de estilo similar, pero con la insinuación de que la detención sería temporal y cesaría cuando se hubiese enmendado para terminar afirmando «que nunca llegué a tratar a nadie más desordenado, más violento y menos sociable que el príncipe, y que ya era tiempo de reprimir tamaños excesos».

Ruy Gómez desempeñaba sus deberes como si fuese un portavoz moderno de cualquier gobierno, las murmuraciones seguían difundiéndose, no obstante las versiones oficiales, y en las postrimerías de enero los dignatarios veneciano y florentino ya apuntan atisbos de que puede surgir la eventualidad de un proceso, pero es a principios de febrero cuando estos rumores se consolidan y quizá convenga recordar. La primera orientación nace de Rossano. El nuncio de Su Santidad transmite el día 4 «que se había decidido excluir a don Carlos de la sucesión a la Corona y mantenerlo encerrado durante el resto de sus días», mientras reconoce que será obligatorio recurrir al papa para que desligue al reino del juramento otorgado, si se le quiere apartar del trono legalmente. Asimismo menciona que el cardenal Espinosa y otros próceres de la Corte estaban interesados en que se tratase al confinado como enemigo irreconciliable, puesto que si llegaba a ser rey pagarían ellos con sus cabezas y sus familias con sus bienes y honores por la participación tenida en el arresto.

La habladuría va tomando gradualmente firmeza y Fourquevaulx, el 8 de febrero, aventura a Catalina de Médicis «que se procederá contra el príncipe por vía de justicia para declararle inhábil en la sucesión del trono». Idénticos términos exterioriza el guardasellos Tisnacq al escribirle al presidente Viglius, pero dándose la singularidad de que su carta está preparada desde el 31 de enero y la repentina adición se inserta en una posdata con la coincidencia de estar también fechada el 8 de febrero. El próvido neerlandés debió obtener revelaciones de última hora, como pudo ocurrirle al embajador francés, dada la simultaneidad de ambas alusiones y la sospechosa sincronía con la demanda de acusación.

La actividad de los jueces y los testigos es el arranque para entrar de lleno en la segunda fase temporal, que abarca trascendentes acontecimientos. En principio se debe aquilatar como factible que Carlos de Austria fuese alertado con antelación del empeño para someterle a una peculiar causa —un corto lapso para no propiciar una prolongada tensión emocional—, dado que, en caso contrario, se hubiese encarado con el tribunal proclamando asombro e indignación al verse ante un inesperado panorama. El opúsculo, respaldando esta apreciación, reseña que «venia triste i de aspeto melancolico» cuando, acompañado por Ruy Gómez y el duque de Feria, entra por primera vez en la sala para ser sometido a un ultrajante interrogatorio que, dicho sea de paso, acepta sin enfurecimiento o rebeldía.

Las noches sigilosas del alcázar se habían orquestado procurando guardar las mayores reservas para que no trascendiesen las diligencias, pero tales precauciones no tienen la efectividad deseable y empiezan a surgir, de modo sorprendente, murmuraciones que ponen el dedo en la llaga al resaltar que algo esencial estaba sucediendo detrás de los muros de palacio.

Segismundo Cavalli, que demuestra en ocasiones viveza en sus recados a la república de Venecia, notifica el 11 de febrero que «se había colocado una reja delante del hogar de la chimenea para que al prisionero no se le ocurriese la idea de poder arrojarse al fuego». No puedo asegurar cuándo se adoptó esta precaución tendente a evitar ofuscaciones que pusiesen en peligro su vida, pero sí destacar como probable que la medida fuese cumplida tan pronto como el príncipe supo que iba a ser sometido a un juicio sin repercusión pública. En la etapa ya analizada no consta ni la menor pista de que, después de su captura, hubiese dado muestras de serios desequilibrios nerviosos —los días de enero parecen haberse deslizado sin alteraciones— y la prevención mencionada, teniendo presente la fecha de la misiva del enviado veneciano, blande el primer aviso de que empezaban a surgir problemas en el torreón. Nobili, con fecha 16 de febrero, ofrece una divulgación trivial, describiendo que se había abierto un hueco en una de las paredes, cubierto por una celosía de madera, para que el preso pudiese asistir, a través de la rejilla, a las misas que se impartían desde una habitación contigua.

La tercera indiscreción tiene, por el contrario, un fuste que conviene recalcar con detalle, por ser el segundo vestigio que permite contrarrestar el error que padece Gachard cuando enlaza dos momentos que tienen orígenes diferentes, al estar estos episodios separados por un intervalo que se puede cifrar en dos semanas. Fourquevaulx, reputado por el estudioso belga como el cauce más fiable por su privanza con Isabel de Valois, en carta cursada el 18 de febrero de 1568 a Catalina de Médicis, expone, refiriéndose al estado del príncipe, que «había adelgazado de un modo aterrador, sus ojos estaban hundidos en las órbitas y que no podía conciliar el sueño», factores físicos derivados de trastornos orgánicos, pero también de carácter psíquico al reflejar con sutileza que era incapaz de dormir. Gachard busca una explicación que justifique las palabras del embajador, no encuentra motivos para semejante anormalidad y se ve obligado a suponer que las primeras decisiones regias —licenciar su casa y disponer de sus caballos— son la base de una reacción patética que pudo ponerle al borde de la muerte. Tan débiles premisas no pueden ser admitidas y forzosamente hay que partir de fundamentos más traumáticos —el proceso secreto y los cordeles del verdugo— para entender el quebrantamiento del detenido.

En un despacho de Nobili del 2 de marzo de 1568 se menciona que un miércoles, a medianoche, el rey ha visitado a su hijo, al saber que ha permanecido cincuenta horas sin comer, raro margen temporal que llama la atención por su exactitud. Gachard se define al respecto con el escueto comentario de que la iniciativa le ha sumido en tal consunción que los médicos habían anunciado su defunción y remite la inacción, fruto de su desesperación, a una fecha sin concretar de «fines de febrero». Los miércoles de este mes fueron los días 4, 11, 18 y 25, y un emplazamiento temporal tan indefinido me obliga a plantear una serie de hipótesis con un valor aleatorio, aunque sirvan de soporte como tercer indicio de que extrañas peripecias se estaban produciendo. Por un lado, no es verídico que el monarca visitase al preso, hubo rumores al respecto, pero casi todos fueron desmentidos más adelante por idénticas vías que habían propalado la noticia. Ajustando mi conjetura sobre el segundo miércoles es preciso recordar que el 9 de febrero o madrugada inmediata es cuando Carlos de Austria tiene la seguridad del procesamiento, al ser sometido al primer interrogatorio, y que en esa misma alborada se resuelve que deponga por segunda vez, al día siguiente, con intimidación de someterle «a question de tormento» y que la tortura, por motivaciones dilatorias, se lleva a efecto el 12 de febrero cuando estaba previsto para la jornada anterior.

Al socaire de estas puntualizaciones es conveniente advertir que era práctica común en los tribunales dejar en ayunas a los reos que iban a sufrir en sus carnes las habilidades del verdugo —los reclusos se daban cuenta de que iban a ser atormentados al negarles la manutención cotidiana y hasta se les privaba del sueño porque daña poco y aflige mucho—, siendo a su vez frecuente que los castigos se ejecutasen una vez anochecido o con los primeros resplandores diurnos, aprovechando el cansancio del acusado. Si la práctica le fue aplicada al príncipe —no veo refutaciones apropiadas para lo contrario, ya que hubo orden de que fuese tratado como un vulgar criminal—, se tuvieron que establecer uno o varios ayunos forzados y no voluntarios en el margen de dos días, al haberse determinado un aplazamiento del tormento. Estas medidas, en el plano de su evolución temporal, se aproximan al cuidadoso término de cincuenta horas, máxime si se pondera que nada se dice del instante en que arrancaban las sesiones ni cuándo concluían, salvo la ambigüedad de que se cumplían muy avanzada la noche y generalmente terminaban entre dos luces. Las cincuenta horas expresadas por Nobili, que me han creado más de un quebradero de cabeza, pueden estar enmarcadas sobre el miércoles indicado y no sería extraño que la confidencia se hubiese obtenido por conducto de observaciones anodinas, como que alguien se percatase de que no se le había servido comida. Si la vaguedad me fuerza a remitirme al otro miércoles, es decir, al 18 de febrero, hay sobrados argumentos para que sus tribulaciones le empujasen a la intransigencia de no comer. En la mañana del día 17 (martes) fue informado del momento en que se encontraba el proceso —dispuesto para ser visto y fallado—, ya he denunciado la desmoralización que le atosigaba sobre la intención de que su padre pensaba «despacharle presto», y tal cúmulo de adversidades y presagios son sólidas convicciones para que perdiese el apetito y no desease «tomar bocado» durante cualquier margen de tiempo indefinido.

Por su parte, Cavalli, sin facilitar pormenores que me permitan centrar cuándo ocurrió el suceso —cuarta premisa—, repite similar comentario que Nobili al señalar «que el príncipe está sumido en una gran desesperación y ha permanecido dos días sin comer», pero añade que el rey respondió con la despectiva frase «de que ya comerá cuando le apriete el hambre».

Cabrera de Córdoba, asimismo, se hace eco de una contingencia de naturaleza parecida cuando dice que estuvo sin comer tres días, haciendo constar: «Desanimado, como dexado de la esperança de libertad, estuvo tres días tan sin comer, con profunda melancolía, que ya casi le tenía la mitad de la muerte». Como es proverbial en el cronista, no hay alusión a la fecha en que se produce esta anomalía anímica, pero el corto plazo temporal fijado sí tiene una extensión certera que se aleja de los manipulados acontecimientos de julio en donde se habla de once días sin ingerir comida. Al tener presente esta quinta señal, estoy seguro de que los tres días consignados se encuadran en el espacio temporal fijado por el tribunal para que la causa sea vista y fallada, las jornadas que median entre el 17 de febrero y la reanudación del juicio en la noche del 20, sin duda otro intervalo traumático en la cada vez más agobiante pesadumbre del preso.

Fourquevaulx reincide en las incidencias aludidas por Cavalli y Nobili y apunta que «el príncipe se encontró mal algunos días sin querer comer ni tomar nada, hasta el momento en que su padre, según se dice, fue a visitarle una mañana, dos horas antes de que amaneciese». Ya he dicho que la entrevista fue desmentida por los propios cauces que habían difundido la noticia.

El príncipe, en su encierro, se muestra despreciativo ante la posibilidad de presenciar la vista oral y se mantiene imperterrito en la convicción de que su progenitor, al que no perdona, es el responsable de cuanto está sucediendo. Felipe II prefiere seguir situándose al margen, evitando la confrontación, y en Joan Avilés se disipa el desconcierto creado por la petición del fiscal para dar paso a un convencimiento terrenal de que la muerte del procesado es una fatalidad inminente.

Sentaronse pues todos en la sala del Tribunal i la vista comenzo leiendo la demanda o acusazion del Rei contra su hijo los billetes amorosos del Prinzipe a la Reina las cartas escritas de puño i letra de D.ⁿ Carlos a los Prinzipe de Orange i Condes de Hornos i de Emon las tres declarazones del acusado el ditamen del fiscal i la defensa. Enterado el tribunal de todo se levanto Antonio Perez que ia llevava estudiada su acusazion contra el Prinzipe i se espreso de esta manera segun pude io ir notando en un papel porque tenia curiosidad de tener escrito todo lo relativo al desgraziado suzesso del sin ventura Prinzipe de las Españas.

Pocas palabras son nezesarias para dejar persuadido al Tribunal de que el Prinzipe D.ⁿ Carlos de Austria es verdaderamente culpable de los delictos que se le acumulan porque estan mui a la vista las pruebas que le acusan en essos papeles acavados de leer i donde esta estampada su firma de la qual no podemos dudar por mas que la conmiserazion nos aconseje que miremos al Prinzipe con ojos de piedad i mas que todo le acusan i dejan convencido las palabras de su ultima declarazion en la qual el mismo ha confesado sus culpas haziendose por lo tanto meresedor del mas severo castigo del castigo que nuestras leies han hecho para los traidores Passo a manifestar al Tribunal evidentemente todos los crimenes del acusado i los mereszimientos que le acompañan para que le aplique sin demora el mas severo castigo dejando aparte el delito que cometio poniendo sus ojos con dañados fines en la persona de la que ia era su madre, delito que por si solo mereszia la pena que se impone a los adulteros aun quando el desinio no se haia consumado paso a rogar al Tribunal que mida bien i pese los atrozes delictos que el Prinzipe ha cometido tratando de rebelarse contra su padre porque el hijo que tal haze meresce maior pena que otro qualesquiera traidor porque al fin el que se levanta contra su Rei solo tiene un delicto aunque grande pero el que se levanta en los terminos que el Prinzipe comete dos delictos uno contra la lei humana i el otro contra le lei divina ambos a dos grandes i ambos a dos merescedores del castigo que pido io para el Prinzipe al qual no pueden ni el mas pequeño modo librar de la pena los dichos de su defensor. La Real ordenanza de Castilla en una de sus leies dize que es traidor todo aquel que se levanta con gentes contra su Rei ia haziendole la guerra en sus dominios ia moviendo alborotos o en otra qualquier manera de que pueda venir menoscabo a su autoridad i declara que la pena de estos tales traidores es la pena de muerte. El Tribunal no puede absolver libremente al acusado sin faltar a la orden terminantemente porque al delicto del Prinzipe ia provado le corresponde la pena que acabo de menzionar. El Prinzipe es traidor el Prinzipe meresce la muerte i al Tribunal le toca pronuziar ante todo la sentenzia que pido jurando lo nezesario porque assi prozede en meritos de rigorosa justizia. Una dificultad solo se ofrezia en esta estraña causa, estraña la digo porque es mui poco usado el ver que un Prinzipe se revele contra su padre jamas i nunca nosotros ni los antiguos que hizieron leies han prevenido este casso i por esso no hizieron lei espezial que condenara estos delictos diziendo la pena que meserzia todo aquel que le cometiera. Esta falta hubiera sido un grave conflito para el Tribunal que no savria de que manera juzgar al Prinzipe ni que penas aplicarle por ser de tan elevada alcurnia i tan diverso del comun de los acusados pero las facultades que con mucha saviduria i prudenzia ha conzedido el Rei al Tribunal de que este obrasse conforme a justizia poniendo al Reo en la classe de los demas hombres nos ha avierto un camino por donde andar libremente i en virtud de las quales facultades hemos juzgado sin reparos al Prinzipe i en virtud de las quales deve el Tribunal sentenciarle a la misma pena que sentenziaria a otro criminal convito de traidor el Prinzipe tiene en contra suia mas que otro alguno tiene la circustanzia de perjuro porque sin respeto al juramento que hizo quando se le tomo la primer declarazion nego todo lo que se le pregunto i que luego vino a confessar quando se le obligo por medio del tormento al Tribunal como dije antes toca pessar i medir todo quanto dicho queda i tocale mas que nada castigar la traizion i que no quede impune el delicto del Prinzipe que de traidor pudiera averle llevado a parrizida i demas delictos que a la ingratitud acompañan. Concluio pues pidiendo como antes la pena de muerte para el prinzipe advirtiendo al Tribunal que no haziendolo assi ni cumple con las leies que lo mandan y deja impune uno de los maiores delictos que se ven en la espezie humana al Tribunal le toca fallar oido el mi ditamen i acusazion conforme a la confianza que el Rei ha puesto en el i conforme lo pide la vindita publica ofendida pues de no hazerlo assi i de dejar impune el crimen que nos ocupa damos pie para que otros cometan maiores eszesos porque la impunidad en uno alienta a muchos i dia llegara en que todo se trastorne por no haber castigado estas faltas a su tiempo i quien save si librando al Prinzipe de la justa pena que meresze le alentaremos para cometer otro dia mas maiores desazientos. Por esto i por todo lo que dicho se es concluio pidiendo la pena de muerte para el acusado salvo el parezer del Tribunal a quien en todo me remito.

Callo dicho Antonio Perez i levantandose Escovedo contesto al Fiscal defendiendo al Prinzipe de la manera que sigue.

Nunca havria io podido creer que aun quando se pusiera al Prinzipe en la classe i estado de los demas hombres nunca havria creido que se le acusara del modo que se acava de hazer ni que se pidiera contra el la muerte tan fiera i tan atrozmente. Io me conduelo de la suerte del Prinzipe a quien su zeguedad ha perdido porque no intento persuadir al Tribunal de que esta inocente puesto que nada puedo contestar a la acusazion que el mismo reo ha dado contra si mesmo en sus primeras i en su ultima declarazion. Pero ia que no pueda interesar en favor suio a los Juezes ia que no logre apartar de el el castigo que meresze por ser provado su delicto al menos tratare de desminuir la fuerza deste castigo alegando en favor suio quantas razones me aconsejan las leies humanas i divinas. Prinzipiare no pidiendo al Tribunal que se convenza de que el Reo es inozente, no empezare disculpandole desde el primer cargo que en contra suia apareze. Hale acusado el fiscal del delicto que cometio poniendo los ojos en la Reina D.ª Isabel que ia era su madre i por ventura pregunto io si el hombre puede tener a raia sus impetus y naturales movimientos, puede acaso uno estorvar que la hermosura nos alhague y guste no por zierto. El Prinzipe tuvo la desgrazia de enrredarse en unos lazos amorosos pero esto aunque el origen de todos los males que agora tocamos lo llamo io desgrazia pero en manera alguna no lo llamo ni llamarlo puedo delicto, pero dejemos esto que ia conoze el Tribunal que es un devaneo de mozo i pasemos a los suzesos que despues han pasado i de que enseguida nos ocupamos. El origen de los delictos del Prinzipe estriva en la venganza que quisso tomar de su padre porque le via en possesion del objeto que el amaba este primer movimiento de venganza es mui natural al hombre porque la passion saca de tino pero aunque la venganza sea en si mui fea aunque nos cause mucho horror en mi defendido devemos disculpar este movimiento porque hasta los brutos incapazes de razon procuran vengarse del cazador que le arevata (sic) su esposa o sus amados hijuelos i assi le suzedio al Prinzipe que se via arrevatar al caro obgeto de su amor sin esperanza de cobrarle La pena que le pide el fiscal es sumamente grave i io quiero que el Tribunal no le trate con la severidad solizitada porque todos los crimenes de que se acusa a D.ⁿ Carlos no han estado mas que intentados i ninguno se ha llegado a consumar. El fiscal dize que por aver puesto los ojos en su madre i Reina devia ser castigado con la pena de los adulteros pero a esto digo io i lo sostengo que el prinzipe en esta parte no ha hecho mas que una intenzion i un crimen meditado esta mui lejos del que se ejecuta, lo mesmo digo con repeto a lo dicho por el Fiscal quando ha citado la lei de la ordenanza de Castilla que trata de los traidores i que dize quales sean estos i que penas i castigos merescen por sus delictos. El Prinzipe aunque real i verdaderamente haia ideado levantarse contra su padre estuvo mui lejos de levantar gente ni mover alborotos ni entrar en son de guerra por los estados del Rei su padre i dista mucho (sic) dista mucho el haber fomado una idea que ningunos males trujo a llevarla a cavo poniendo una guerra sangrienta que cubriesse de llanto i de luto toda la nazion El fiscal me dira acasso que si no se huvieran descubierto a tiempo los desinio del prinzipe sin duda se hubier ...... la guerra que noravena (sic) si assi hubiesse succedido si el Prinzipe levantando gentes hubiera presentado a su padre la batalla i este le venciesse i prendiera nadie se opondria a que fuesse como traidor castigado i aunque en la formazion de su prozesso huviera alguno que le defendiesse la defensa seria corta porque no havria en ella razones capazes de oscurezer la traizion del Reo tan a las claras descuviertas. Otro reparo tengo aun que poner el qual en mi sentir ha de hacer que el Tribunal se incline a mirar piadoso a mi defendido i es la elevazion de la persona que juzgamos persona que algun dia ha de ocupar el trono de las Españas i persona a quien nosotros como vasallos suios debemos mirar con summo respeto i venerazion. No es mui comun ver en juizio a tan elevados personages i cuando alguno llega a verse debemos darle por todo castigo la verguenza de verse tratar como un vil pechero castigo suficiente para aquel que tiene en sus venas una noble sangre tan noble como que desziende de coronas i que por lo tanto siente mas la afrenta que la mesma muerte. Si nada de lo dicho basta para que el tribunal se incline a ser piadosso muevale a lo menos la mozedad i poca cordura del Prinzipe que fuera gran pena tener que segar su caveza en lo mas florido de la edad y muevale tambien la considerazion de que el tiempo le corregira del todo i veremos en el un Prinzipe justo amante del mismo padre que perseguia zegado de viles odios i un valiente capitan terror de los mismos con quien quissiera juntarsse no digo mas considerando que se pide horrible pena para tan leve falta me se quitan las fuerzas i no tego otras que para rogar humildemente al Tribunal que tenga caridad i que assistido desta virtud tan que .... i lee lo que .... el fiscal .... obrara con recta justizia i cumplira con .... impussieron al tomar el empleo de juzgar a los infelizes delinquentes pues solo obrando con retitud se imita a Dios juez universal de todos los hombres i padre de la verdadera justizia. No ostante todo lo dicho el Tribunal sentenziara como fuere i viere conveniente a la justizia que tan sabiamente aministra.

Es la noche del 20 de febrero de 1568. Comienza la vista oral con la preceptiva revisión del sumario antes de que se produzcan las intervenciones del fiscal y abogado. Este requisito se enmarca dentro del rigor legal del juicio criminal en Castilla y es, por tanto, otro elemento de fiabilidad del proceso. En la lectura de las diligencias acumuladas se echan de menos las cartas atribuidas a Isabel de Valois, que no son objeto de mención, ni las alusiones a las maquinaciones sostenidas con el barón de Montigny, que tampoco se apuntan, si bien, en contrapartida, se vuelve a incluir al príncipe de Orange entre los destinatarios de las comunicaciones dirigidas a los presuntos conspiradores. Y nada se dice de los papeles relativos a la conjura tramada.

La primera llamada de atención brota en esta parte cuando el autor recurre a la estratagema de ir apuntando las frases del acusador, acuciado por la curiosidad de tener referencias fidedignas de una parte importante de la causa que no exigía confirmación escrita y, por tanto, no figuraría en la recopilación sumarial.

Que el sagaz Antonio Pérez llevaba bien estudiado su recriminación se demuestra siguiendo el hilo de su discurso, más prolijo que el dictamen elaborado con la colaboración de sus compañeros y en cuyo documento pedía la última pena. En principio, sin apreciar su retórica, menoscaba que hubiese puesto sus ojos en Isabel de Valois, pero puntualiza —criterio esencialmente jurídico— que la querencia, por sí misma, ya merece el castigo que se impone a los adúlteros, a pesar de que no haya llegado a consumar sus aspiraciones amorosas. Las leyes aplicables, abordadas como distintivo sociológico, disponían que quien tuviese intimidad carnal con parienta de hasta cuarto grado fuese condenado a muerte, que el marido ofendido quedara facultado para matar al culpable de la afrenta si este era considerado individuo vil y que, en el caso de ser un hombre de condición, fuera obligatorio demandarle. Los adúlteros eran entregados al esposo humillado para que este hiciera lo que quisiera, pero con la obligación de dar idéntico trato a su mujer y al ofensor, debiendo matar a los dos o dejarles vivos, punto tan conflictivo que no resalta nada extraño que el fiscal pretenda dejar al margen la ofensa.

Antonio Pérez, al reincidir en la imprudencia de la rebelión, se ampara en las leyes castellanas y hasta debe haber revisado el ordenamiento de Alcalá al fijar sus palabras con aproximación a la figura delictiva de traición. O se había instruido adecuadamente o por lo menos cabe la presunción de que fuese asesorado por expertos legistas y teólogos, máxime cuando emite su parecer de que el procesado ha cometido sendos delitos -contra la norma humana y la ley divina-, aspecto que ya he definido con anterioridad y que tiene su eje medular en que la importancia del delinquimiento estaba enlazado con la dimensión moral de los pecados. Tampoco puede resultar raro que, al preparar su reprobación, se plantease el conflicto de un suceso tan insólito como juzgar a un ser que, por su condición, estaba al margen de la generalidad de las leyes. Antonio Pérez tenía conciencia de que la potestad de emitir normas era competencia de la autoridad suprema y también la capacidad de su abrogación, y pudo asumir, presumiblemente orientado, que la doctrina escolástica reconocía la superioridad de la monarquía para dispensar del cumplimiento de cualquier coacción y captar en toda su magnitud «que el rey era Dios en la tierra y ley viva», como después corroboró el renombrado jurista Castillo de Bovadilla. No había ley expresa para juzgar al príncipe, pero sí poder omnímodo y hasta de génesis divina para que fuese procesado sin tener en consideración su rango. Su discurso se remata con una cualificada pincelada, corriente en apariencia, pero significativa al enjuiciar la preparación de su oratoria, como es realzar el perjurio, quebrantamiento que implicaba un agravamiento cuanta más alta fuese la condición social de la persona que declaraba sin respeto al juramento. Y añade la interpretación formal de que los castigos a los delincuentes apoyan el efecto primordial de intimidar a los súbditos con el rigor de las sanciones y que no cabe la impunidad, si bien omite la particularidad del caso, su categoría secreta y consecuentemente el obstáculo de que tuviese repercusión pública. De cualquier modo, si procuro ser objetivo, no puedo negar destreza retórica en su argumentación, aunque no fuese imprescindible gran convicción para que se despachase un veredicto culposo que se funda en la confesión arrancada por la fuerza del suplicio.

La defensa, por el contrario, denota un cambio notable en comparación con su primera participación, no muestra vigor jurídico y ya no sostiene sus objeciones en dudas, más o menos razonables, sobre la autenticidad de las pruebas. El abogado ha claudicado, se desenvuelve persuadido de que insistir en sus maniobras es inútil y únicamente se atreve a proclamar principios innatos de la condición humana para proteger al encausado y reclinarse en notas de conmiseración para aminorar la pena solicitada. Ya no intenta convencer a nadie de que es inocente, achaca todos los males al instinto de la pasión amorosa —un devaneo de mozo que ni siquiera aduce en su primer turno cuando rebate con contundencia al fiscal— y busca en el alegato que las ideas y acciones previstas no han sido ejecutadas para colocar al tribunal en una disposición tendente a la compasión. Un escarmiento afrentoso es peor que la muerte en sangre real y la juventud e insuficiente cordura eximentes para que la condena se transforme en una sanción menos cruel. El hidalgo montañés parece estar impresionado por el veredicto exigido en virtud de la prosapia del reo y no repara en que la clemencia es potestad regia y no de unos hombres que tan sólo tienen el compromiso de juzgar los delitos.

Sus frases para buscar el enternecimiento son hueca retórica sin posibilidad de éxito, aunque es inevitable admitir que pocas refutaciones convincentes podía esgrimir. Tal vez, llegando al último extremo, pudo fundarse en la carencia de cordura —la enajenación era una eximente completa—, pero la insistencia en tan peliagudo punto, poco consistente además, llevaba aparejada dosis de ignominia en el ámbito familiar. La locura era una tacha vergonzosa y en este lance afectaba, nada más y nada menos, que al propio soberano, pese a que la causa fuese secreta y exhibiese nítidos exponentes de que no tendría repercusión pública.

Acavadas estas palabras fue Escovedo a sentarse al lado de los Juezes i a ser uno de ellos comenzaron a hablar sobre el fallo que havian de dar a la causa i despues de mucho platicar como estavan tratando al Prinzipe a virtud de las ordenes rezibidas qual si fuera un criminal de por ahi i como el Rei les havia encargado que obrassen con tanta dureza como promtitud despues de mucho pensar lo que harian despues de revolver la causa de mirar bien las declaraziones i de examinar todo lo que dicho se es dieron i firmaron la siguiente providenzia.

En la caussa criminal que ante nos pende contra el Prinzipe Dn Carlos de Austria por delicto de rebelion contra su Rei i Padre vista fallamos que debemos condenar i condenamos que salva la aprobazion de Su Magestad sea el tal Prinzipe Dn Carlos de Austria degollado, todos sus bienes sean confiscados a benefizio del Real fisco i que asi como todos su hijos si los hubiere sean privados de la succesion a la corona destos reinos assi lo sentimos mandamos i firmamos en la villa de Madrid a veinte i un dias del mes de Febrero de mill i quinientos sesenta i ocho años.

Quando dieron esta providenzia era ia cassi el amanezer del dia i por esso pussieron el dia veinte i uno porque la causa havia comenzado el dia veinte en la noche

La tercera parte del proceso criminal en Castilla, acabada la vista oral, consistía en un examen de las actas, la deliberación del magistrado y la sentencia. El fallo judicial tenía la formalidad de ser siempre muy escueto, sin que se hiciese alusión a los fundamentos manejados ni constase definición de ley. El *sui generis* tribunal se reúne para emitir en conjunto el veredicto, recalcándose otra vez el imperativo impuesto de proceder con dureza y rapidez remarcada hasta la saciedad.

La condena —decretada mediante auto y no providencia como dice el cronista en su ignorancia de la normativa— debe ser perpetrada por degollación, como estaba pautado en seres de alto linaje o rango de hidalguía, se confiscan sus bienes por traición, como estaba determinado legalmente, y hasta se resuelve, con connotaciones infamantes y preventivas, que los hijos, si los hubiera, quedasen privados de cualquier derecho a la sucesión de la Corona. La resolución, salvo en el último perfil que no estaba regulado, al no existir ley para delitos de la realeza, se ajusta a las características del proceso criminal y adquiere mayor validez cuando queda supeditada a la aprobación real. El Derecho hacía notorias distinciones por la condición social de los reos y obligaba a consultar con el poder los veredictos criminales fallados contra los grandes. El príncipe podía ser tratado como un ruin vasallo, a falta de ley que juzgase sus actos, pero no por ello dejaba de ostentar, al menos cuando interesaba a los jueces para no asumir responsabilidades plenas, condiciones egregias que depositaban la decisión en manos de Felipe II.

Seguidamente fueron los jueces a consultar la sentencia con su Majestad el Rei nosotros tambien fuimos a ver en que ....
Quando entramos en la camara del Señor Dn Phelipe segundo estava en orazion delante de un cruzifixo i se levanto apenas nos vido i pregunto que nos dirigia a aquellas horas Vargas le dijo que ia estava concluida la causa del Prinzipe i que solamente faltava su Real firma i aprovazion dicho lo qual le presento la causa que tomo el Rei i estuvo mirandola largo trecho i donde se paro mas fue en la sentenzia despues de lo qual dijo Esta todo conforme a la lei Si Señor respondio Vargas Se han apurado todos los medios de juizio i defensa Si Señor volvio a contestar Vargas hemos juzgado al Prinzipe como a un qualquiera i esto es lo que resulta.

Noto aqui una falta dijo el Rei .... que en los interrogatorios no se ha preguntado al Prinzipe quales i quantos eran sus complizes i quantos los motores de la conjuración. Al oir esto los tres Jueces se quedaron parados i ninguno supo que contestar hasta que al fin Antonio Perez dijo al Rei con mucha humildad que tal vez se les habia olvidado esta formalidad con la turbazion de tener que juzgar a un tan alto personage El Rei quedo satisfecho de esta razon i dijo que se le requiriese en el atto para que declarara quantos i quales eran sus complizes i que se diera testimonio dello i dijo que en seguida con lo que digera o no firmaria la sentenzia puesto que estava dada con arreglo a lei i a derecho. Todos nos admiramos de la entereza del Rei pues debia a nuestro modo de entender mostrarse sentido de la suerte que a su hijo le cavia El con semblante sereno i sin dar la mas leve muestra de dolor firmo sereno i imperterrito la sentenzia de su hijo. Quedose el con la causa para verla mas a despazio i nosotros fuimos como testigos con los jueces al quarto del Prinzipe a tiempo que ia iva esclareziendo el dia Estava durmiendo i le causo gran novedad nuestra ida pero algun tanto vuelto de su asombro nos pregunto que queriamos Vargas le hizo hazer la señal de la cruz i jurar por ella dezir la verdad en lo que preguntado le fuere El assi lo hizo i en seguida le pregunto Vargas que quantos i quales eran los complizes de su delicto i de quien i a quien havia rezibido i mandado ordenes avisos i demas a lo que contesto el Prinzipe que no tenia complizes algunos ni havia dado ni recisvido ordenes avisos ni otra cosa alguna pero que aun en el casso que los tuviesse jamas lo declarara porque ia que el padeziesse no queria que padessciesen los demas Amostole (*sic*) Vargas a que contestasse diziendo que en ello iba el buen nombre i el honor i vien cumplir de la justizia pero todo fue en vano i nada pudieron recavar con el de lo qual se dio alli mesmo testimonio firmado por los Juezes i por nosotros los testigos i dejandole solo fuimos a dar quenta al Rei el qual leiendo lo que havia dicho el Prinzipe contesto mui generosso es pero io no lo quissiera tanto I entregando la caussa al Juez Vargas dijo que obrassen conforme a la justizia i ellos replicaron que assi lo harian i todos nos retiramos.

No es normal que, al entrar los togados y los testigos en la cámara, Felipe II estuviese rezando. Los monteros, que vigilaban los aposentos por la noche, debieron avisarle y cabe juzgar su devoción, no interrumpida, como un acto simplista para mostrarse turbado y rogante ante dios. La inesperada presencia, cuando estaba casi amaneciendo, era un signo de que la entrevista obedecía a razones relevantes, como darle cuenta de la sentencia, puesto que sabía que en las últimas horas se había celebrado la vista oral previa al fallo resolutorio.

La relación testimonia, a renglón seguido, su carácter formalista al insistir en dos oportunidades sobre el cumplimiento de la ley y percatarse de que se había omitido en las diligencias cualquier actividad tendente a descubrir la identidad de los cómplices. No hay que olvidar que el rey había justificado la instrucción de la causa en la necesidad de castigar a los colaboradores, pero que este deseo se había invocado delante de los monjes y nunca, que se sepa, ante el tribunal. El estupor y el marasmo de los oidores revelan la ambivalencia del maquiavélico juego del monarca que, indolente en el fondo, acepta la sagaz excusa del astuto Antonio Pérez, aunque requiera, para satisfacer su fingida escrupulosidad, que se requiera al condenado sobre «los motores de la conjuración» en la confianza de que ninguna influencia podía tener su deposición sobre el pronunciamiento ya dictado.

La exigencia concuerda con su meticulosidad, aun cuando sea llamativa la contradicción en el terreno de sus intenciones, dado que posterga la firma hasta que se sustancie el nuevo interrogatorio y, sin esperar a que se cumpla el trámite, estampa su rúbrica autorizando la ejecución y retiene el sumario para leerlo más despacio en otro claro síntoma de que mantiene su temperamento desconfiado. Que sancionase la degollación con entereza no tiene, en mi opinión, una gran significación, no obstante la admiración que levanta en las seis personas. Sus competencias políticas y religiosas estaban por encima de cualquier principio y no era propio de su dignidad demostrar endeblez, máxime cuando el fallo venía a colmar su voluntad. Antonio Pérez, más tarde, cuando exiliado en Francia escribe sus memorias, teniendo sobrados pretextos para no ser prolijo al elucidar la suerte del príncipe, filosofando sobre las pasiones que ciegan a los hombres, se atreve a plasmar, en alusión al soberano hispano, una convincente pregunta: «¿No se ve que no hay perdonar padre al propio hijo cuando se atraviesa el celo de grado a grado?». Pese al proverbial oscurantismo metafórico del fugitivo, no caben dudas que la interpelación se refiere a que Felipe II no estaba precisamente en favorable predisposición hacia su vástago y que algún resquemor anidaba en su espíritu para mostrarse implacable contra su misma sangre.

Las declaraciones del preso, a instancias de las intimidaciones que se le dirigen, no tienen consecuencias. Don Carlos niega que tuviese cómplices y con un despechado temple, fundado en el fatalismo que le embargaba ante la certeza de que su vida estaba malograda, se permite la arrogancia, más en consonancia con su genuina altivez, de aseverar que ni siquiera haría una imputación en tal sentido, aunque hubiese contado con ayuda. Es probable, a juzgar por sus palabras, que estuviese informado de que si alguien prestaba asistencia al delinquir incurría en igual castigo que el causante, pero acaso ignoraba la figura jurídica de atormentar a los sancionados con la pena capital —tortura en cadáver— para que delatasen los nombres de sus compinches, aunque esta amenaza no le afectase por desconocer que la sentencia estaba ya culminada.

La finalidad básica al incoar el proceso estaba ya satisfecha y el rey pone en entredicho su falsa coartada no resucitando el asunto ni preocupándose de la contingencia, ya que no hay ni la menor pista de que los servidores fuesen objeto de encuestas tendentes a desembrollar el enredo, a pesar de que Garci Álvarez Osorio y Martínez de la Cuadra, secundando la tentativa de obtener dinero, pudiesen estar conceptuados como sospechosos. Felipe II devuelve el sumario para que se cumpla la condena —sus prisas seguían siendo palmarias— y tan rápida firmeza me sugiere la incógnita de si tuvo margen de tiempo suficiente para revisar los antecedentes sumariales mientras que el presidente interrogaba al preso.

A la noche siguiente en que le ibamos a notificar la sentenzia fuimos los tres testigos tambien los dos por curiosidad pero io fui para quedarme con el i confortarle i ausiliarles (*sic*) en los postreros instantes. Fuimos pues i tambien hallamos al Prinzipe en la cama i tambien dio muestras de sorprenderse Vargas le intimo que oiserle (*sic*) leio a falta de escribano la sentenzia la qual letura dexo elado de pavor al Prinzipe que dijo no hai remedio ia no Señor contesto Vargas ia ha firmado el Rei la sentencia O dijo el reo es imposible que mi padre lleve las cossas hasta tal estremo io quiero verlo llamenmele aqui que si io le hablo tal vez conseguire que se anule una pena que no merezco Movidos de sus ruegos y de sus lagrimas que vertia porque hablava llorando de pena fue Escovedo a dar al Rei el recado del Prinzipe

Un crimen de Estado 313

pero Su Magestad contesto que no podia verlo que ia lo habia entregado en manos de la justizia i que esta lo habia juzgado i hallado merescedor de la pena que le habian impuesto que solo le podia dezir que le perdonaba sus atentados pero que verle en ninguna manera le era possible Esta triste respuesta volvimos al Prinzipe que se quedo tan desesperado como puede qualquiera imaginar pero con lo que le dijimos quedo algun tanto mas consolado porque el era de grande animo i corazon valeroso i nos pregunto que quando le habian de justiziar i donde a lo qual Vargas le contesto que le habian de ajustiziar de alli a tres dias i que por respeto a su calidad le ajustiziarian de secreto en una pieza contigua pero el Prinzipe dijo que no queria aguardar tanto i que si havia de morir que fuesse dentro de poco i que por lo tanto rogassen al Rei que le hiziera merzed de mandarlo ajustiziar en aquel dia o en el siguiente a lo mas dijimos que assi se haria i con efeto el Rei enterado de la petizion de su hijo assi lo dispuso con lo qual se fueron todos porque el Prinzipe dijo que no queria ver a nadie i se quedo en capilla solo conmigo en el maior abatimiento io procure confortarle con christianas espresiones diziendole lo apurado en que se hallaba i quanto le convenia pensar en su eterna salvazion i como el era de christiano fondo al punto se convenzio i hizo una confession de sus culpas i pecados con mucha terneza i edificazion con lo qual quedo sumamente traquilo de la esperanza que tenia de alcanzar la salvazion i bien la mereszia por zierto Dijome que dijesse a su padre que le perdonava la injusta muerte que le havian mandado dar i que solo sentia morir sin su bendizion i que tambien le rogaba que no prodeziese (*sic*) en nada contra la Reina porque ella no havia tenido en su loco intento objeto de todas las desgrazias mas parte que contestar a sus cartas procurando apartalle de su mal conzebida passion io le dije que ansi lo aria i como no teniamos mas de que hablar le pregunte que le havia movido a idear la conjurazion ante dicha a lo qual me contesto que bien sabe Dios que solo llevaba la mira de hazer el bien de aquellas gentes a quienes via oprimidas sin lei ni razon alguna dijome que tenia el mui estudiado el fin que habia de tener aquella rebelion si su padre no mudava de sentimientos pues aunque usasse de mucha severidad al cavo i al fin vendria a perder España .... ssimos Dominios i el solo habia que .... todo lo que pedian como medio azertado de .... a raia i a la devozion de un Soberano que por la lei (tachadura) pudiera llamarse estrangero con sobradissima ra .... Io no quisse dar ninguna respuesta a esto porque no debia hablar de cossas tocantes o perteneszientes a los hereges i me calle por esso no hablandole mas de otra cosa que de la eterna salvazion en la qual me dijo que confiaba por morir martir i inozente

    Los testigos dominicos muestran curiosidad y acuden al apartado recinto en compañía de los jueces y de Joan Avilés para estar presentes en el trance de comunicar la sentencia. La injerencia, en un acto que no les concierne, puede tener su justificación por una concebible conmiseración hacia el reo, pero si la expectación estaba asentada en argumentos de cariz humanitario también cabe suponer que cualquiera de los dos desease tener constatación de las peripecias que iban a producirse con el recóndito deseo de poner su pluma al servicio de una relación que reflejase la verdad de un suceso de tan grave naturaleza.

La nocturnidad debió convertirse en costumbre y la notificación se realiza en horas ya avanzadas para que el cortejo no despierte asechanzas ni parlerías en el entramado del alcázar. La lectura del fallo por el presidente, a falta de escribano, me hace conjeturar que Antonio Pérez no estuvo en tan delicado compromiso. La reacción del príncipe, por mucha voluntad que pusiese, cae dentro del imperativo de la lógica, pone al desnudo la consternación que le hace doblegarse ante la inminencia de la muerte y no resulta raro que echase mano al recurso de ver a su padre para tratar de evitar el cumplimiento de la condena. La embajada de Escobedo no logra frutos positivos. Felipe II se mantiene impertérrito en su condición de rey que imparte justicia, mientras que, en su condición paterna, se limita a perdonar los atentados y se niega a tener cualquier encuentro privado en una férrea postura defensiva tendente a evitar un conflictivo encuentro.

El rechazo de sus pretensiones debió sumir a Carlos de Austria en la desazón y no es fácil digerir que meras expresiones de consuelo pudieran aliviar su desventura. La manifestación de que era un hombre de corazón valeroso ocasiona extrañeza, dado que son escasas las fuentes que enaltecen su idiosincrasia y, en contrapartida, sus detractores son numerosos. Su exigencia para descubrir el instante de su ejecución y su solicitud para que se acortase el plazo concedido pueden ser, efectivamente, un signo de coraje, pero también la consecuencia de un completo abatimiento. Felipe II accede a su petición, impulsado por el ansia de liquidar su embarazosa tesitura, y su descendiente encara las últimas horas deseando estar en soledad y admitiendo exclusivamente a su confesor hasta el momento de su degollación. Las confidencias entre ambos, sin pensar en el secreto de la penitencia, se enmarcan en el arcano de la historia y no hay elementos para extraer conclusiones que consientan cualquier puntualización. Sólo la osadía, con el reconocimiento de estar sujeta a un gran margen de error, me faculta para ofrecer estimaciones de las particularidades tratadas en el torreón.

Los gestos fugaces, en este caso frases sin aparente trascendencia, van a ser el denominador común de mis explicaciones y puedo empezar haciendo resaltar que la simple consideración «era de christiano fondo» tolera una primera elucubración sobre su cuestionada catolicidad por cuanto no resulta nada complicado deducir que sus actuaciones no eran externamente muy edificantes en el plano religioso. La carta de Hernán Suárez repleta de recriminaciones, el escándalo protagonizado en el monasterio de San Jerónimo y la intervención de los dos monjes para juzgar su conducta en las cárceles inquisitoriales no son bagatelas, aunque estoy persuadido de que la mayoría de sus excentricidades irreverentes nacían por su deseo de oponerse a los rígidos patrones que marcaban los hábitos de su progenitor. La escueta afirmación de su confesor parece avalar esta tesis, reforzada por el hecho de que «al punto se convenzio» en cuanto fue exhortado para que pensase en su eterna salvación. Descargar su conciencia tranquiliza su ánimo y Joan Avilés se atreve a sostener que merecía su redención personal, sin osar aclarar si su afirmación brota de la benevolencia divina o porque su comportamiento le exoneraba de cualquier penalidad de ultratumba.

Huyendo de la metafísica, tan propicia para la especulación, la conversación se ciñe por fin al contorno terrenal para facilitar una señal más del cambio operado. Sin más soporte que el efecto que podía haberle causado la atrición, le pide al fraile que transmita al autor de sus días «que le perdonava la injusta muerte que le havían mandado dar», enunciado de sesgo plural algo confuso que involucra a los miembros del tribunal que le han juzgado, «i que solo sentía morir sin su bendizión». A este respecto conviene tener presente que Juan Antonio Llorente, en su obra sobre la Inquisición española, divulga episodios de contenido similar al expresar que: «el príncipe dio comisión al mismo confesor para pedir en su nombre perdón al rey, quien le mandó responder que se lo concedía con todo corazón y le daba su bendición paternal [gracia que don Carlos lamenta en el opúsculo no haber obtenido] esperando que también se la daría Dios mediante su arrepentimiento».

Pocas líneas más adelante especifica que los días 22 y 23 estuvo en agonía, oyendo con tranquilidad las exhortaciones de Diego de Chaves y el doctor Suárez de Toledo, su capellán mayor. Con pocas discrepancias de matiz, aunque no sea igual perdonar que pedir perdón, las coincidencias son notables, salvo en el factor cronológico que, no obstante, se ajusta exactamente hasta en los dígitos de los días en que tienen lugar los acontecimientos, pese a que el secretario enmarca las incidencias en el periodo estival de las testificaciones oficiales. Y rizando acaso el rizo de los despropósitos, aceptando que Llorente pudiera tener en sus manos «apuntamientos de cosas raras del tiempo» que imputan a Felipe II el crimen de haber eliminado a su hijo, cabe hacerse alguna pregunta capciosa: ¿si Carlos de Austria murió el 24 de julio de 1568, en plena madrugada, por qué Llorente no incluye esta jornada en sus comentarios y restringe su agonía expresamente a los días 22 y 23? Las notas que consigna, refiriéndose a billetes anónimos cuya procedencia se ignora, pudieran carecer de referencia temporal concreta y confundir, de forma involuntaria, el mes de febrero por el marco de julio.

Cabrera de Córdoba, lacónico al datar los eventos y enrevesado en su jerigonza, relata que suplicó a Su Majestad que le perdonase y bendijese, pero nada determina sobre una respuesta verbal, ya que se limita a decir que Felipe II, antes del deceso, le echó su bendición entre los hombros del prior don Antonio y Ruy Gómez, versión que permite inferir que procuró ocultarse ante su sucesor.

El grado de intimidad que entrelaza la piedad y la desesperación —estar «en capilla» inducía frecuentemente a sinceras expansiones— se remata con dos aspectos que tienen importancia. Por un lado, le pide a su confidente que implore indulgencia con doña Isabel, alegando que su madrastra no tiene responsabilidad por haber dado únicamente contestación a sus escritos pretendiendo hacerle desistir de su pasión. Esta insólita petición, para evitar represalias, descubre que tenía una honda preocupación acerca del carácter vengativo de su padre —el reinado está repleto de rencores reprobables y represalias sangrientas— y sus palabras vienen a demostrar que su inclinación amorosa podía ser verídica. Tras recibir la promesa de que su deseo sería cumplido, se explaya en destacar cuáles eran sus fines al querer involucrarse en la situación neerlandesa y define conceptos en los que se trasparenta la persuasión que pudo tener el barón de Montigny. Que siempre le hubiese atraído el asunto, ante la eventualidad de que tarde o temprano tuviese que asumir deberes de gobierno en aquellas tierras, es comprensible, pero sus percepciones no están apoyadas en los criterios de la monarquía católica. En sus opiniones, con independencia de ambicionar el bien de sus quiméricos súbditos, vierte términos discrepantes como opresión «sin lei ni razón alguna», seguridad de que se perderían aquellos dominios si se persistía en la belicosidad y la alusión de que el rey estuviese reputado como extranjero, reprobación de procedencia septentrional que siempre había respetado la condición de Carlos V —nacido en Gante—, pero que criticaba la raíz castellana de Felipe II y su obvio desconocimiento de las peculiaridades de unos enclaves lejanos y distantes de su concepción política y religiosa. La sombra de Floris de Montmorency debía tener una intensa influencia desde las mazmorras segovianas.

Passo largo rato orando conmigo i alli hazia la ora de comer comio breve i pidio que dijeran a su padre que viniera a verle pero no trageron respuesta a su gusto porque su Magestad se mostro duro de todas veras i no quisso dar la audienzia que le pedia de alli a un poco vino Antonio Perez y Escovedo detras dellos Vargas despidieronse del Prinzipe i le suplicaron que no guardasse contra ellos ni les tuviesse ningun rencor. Pero el no quisso contestallos i quando le pidieron la mano para besarsela dijo que no se la dava porque ellos eran quien le [21] habian matado. Ahi de vos otros, dijo que me habeis tratado tan vilmente i como si io fuera vuestro maior enemigo tambien os llegara vuestro dia ellos quissieron a aplacalle diziendo que fueron mandados i que las leies del reino a cuio thenor se remitian mandaban i ordenaban que hizieran lo que dicho se es pero el Prinzipe no el Prinzipe D.ⁿ Carlos se volvio del otro lado por no verlos i entonces hizieron ademan de irse al salir me dijo Vargas que a las dos horas de la mañana del dia siguiente veinte i tres seria degollado el Prinzipe en sala que estava inmediata a la que el prinzipe ocupaba i que me lo dezia para que fuera previniendole porque el rei enterado de que queria morir promto para evitarle penas lo havia dispuesto assi. Con esto salieron i io me volvi al Prinzipe i le pregunte si tenia resinacion el me dijo que si que porque se lo preguntaba i io le dije enton....... de la fortaleza christiana .... al amanezer han decretado que os....... favor me han hecho contesto porque nada....... como el estar tres dias batallando con la muerte me dijo que el si hubiera llegado a mandar hubiera compuesto esto i otras muchas cossas de la justizia que andavan desarregladas passo toda la tarde i noche leiendo el libro de los Salmos i rezando muchas devotas orazones i a esso de la una de la noche se reconcilio conmigo i me dispuse a dezille la ultima missa

Todas las horas del 22 de febrero debieron transcurrir entre altibajos de postración y angustia anidando en Carlos de Austria. La segunda súplica para que su padre viniera a verle vuelve a ser denegada, trasluciendo que Bernardo de Fresneda, obispo de Cuenca, conocía a la perfección la firmeza regia. El franciscano, confesor del soberano en aquella época, había mencionado al embajador veneciano «que estaba muy seguro de que el rey lo haría, pues había reflexionado mucho antes de decidirse y cuando adoptaba alguna resolución tenía por costumbre llevarla hasta el final». Tan categórica respuesta nacía de los interrogantes expuestos por Cavalli al pre-

---

[21] Lo, y parece está enmendado con tinta de la misma clase pero algo mas fuerte la l. y la e.

lado por negarse a creer que se pudiese llevar hasta el último extremo el castigo. Dudo si la acepción «último extremo» se refería a que el príncipe pudiese seguir encerrado el resto de sus días o si el representante de la república de Venecia llevaba sus titubeos más allá del aislamiento perpetuo y temía por la supervivencia del prisionero como parece más lógico interpretar. Felipe II volvía a mostrarse inclemente y su obstinación persuadió a su hijo de que el camino de la conmiseración llevaba al fracaso y que toda clase de solicitudes de piedad no iban a reportar frutos que le salvasen del verdugo.

Este convencimiento, apoyado en las frases «que ia lo había entregado en manos de las justizias» y había sido «hallado merescedor de la pena que le habían impuesto» como puntal irrebatible, motivaron que, enfrentado a los jueces, les acusase de vileza y del veredicto despachado en su contra, aun cuando en su fuero interno no desconociese que el perdón o la muerte dependía de la voluntad real y que los argumentos paternos eran una exculpación convencional.

Vargas, al retirarse, avisa a Joan Avilés de que ha sido aceptada la petición para que la degollación no se demore y le anuncia, siguiendo el juego de sombras y cautelas nocturnas, que Carlos de Austria será ejecutado, en una sala contigua, a las dos de la madrugada del 23 de febrero de 1568. El fatalismo más profundo debía imperar ya en el aliento del príncipe, ostentando al mismo tiempo cierta firmeza, cuando, al enterarse de la resolución, abraza una actitud distante de la desesperación. Su lacónica declaración de que «si hubiera llegado a mandar hubiera compuesto esto i otras muchas cossas de la justizia que andavan desarregladas», subrayando el plazo que podía mediar entre la sentencia y su ejecución, no tiene mayor valor que su propia implicación en dicha coyuntura, pero sí parece más extraño que critique de manera global el funcionamiento de la justicia como explícito reproche a la actuación gobernante para abrir un enigma, jamás ponderado por la historia, de que en su contradictorio talante hubiese anhelos por llegar a usurpar la Corona. Sus palabras se parecen a las que años después escribirá Diego de Chaves a Felipe II criticándole con dureza sus carencias en la obligación de administrar justicia correctamente y amenazándole con la negación de los sacramentos.

Su entrega toda la tarde y parte de la noche a lecturas piadosas, las oraciones y su penitencia (reconciliar tiene aquí la connotación de recibir una nueva y sencilla confesión tras haber realizado poco antes otra más formal) evidencian un cuadro de contrición muy alejado del tinglado montado por los cauces públicos para exaltar su catolicismo y hasta tiene cierto respaldo, dado que obraban en su poder, durante su retención, algunos volúmenes de rango religioso como el *Salterium Secundum Sacrosanctae Romanae*, encuadernado en tablas cubiertas de cuero bayo con manecillas de latón; el *Manuale Romanum*, más pequeño, empastado en papelón y cubierto de cuero negro con dos escudos de armas reales con sus cintas negras y registro de seda morada; un manual *Secundum Ritum Sacrae Romanae*, y unos *quiries* en papel. Si hubiese tenido veleidades heréticas, como se ha presumido, no debieron tener estables fundamentos, salvo en el susceptible ánimo de su padre, y cabe entender que en sus postreros momentos eligiese una disposición acorde con su educación y el imperativo de salvar su alma.

Havian puesto de antemano un althar (*sic*) con un crucifixo con varias luzes i trageron todos los ornamentos de la Real capilla de Su Magestad con los quales me revesti dije la missa i di la comunion al Prinzipe que la rezibio con mucha edificazion era la una i media cuan concluimos i al poco tiempo entraron Vargas Escovedo y Antonio Perez a ver si estaba ia pronto el Prinzipe este al verlos me pidio el cruzifixo que io tenia en la mano disele i el se tapo la boca con la cruz sin duda para no hablar algo en contra suia porque se conozia claramente que les guardaba rancor i mala voluntad io entonzes comenze a esortarle poniendole delante lo que passo todo un Dios en el Monte Calvario por los pecados de los hombres i no obstante esso murio rogando por los que le matavan i dijele que con mas razon el misero gusano que era ia solo y pronto a bajar a la sepultura i aparaszer delante de Dios devia perdonar a todos los que juzgado i condenado le havian el entendio porque lo dezia i me dijo que a todos los perdonaba levantamonos en esto i sosteniendole io en mis brazos fuimos passo a passo a la sala donde habian de justiziarle en la qual sala ia estava esperando el verdugo de marras que le habia dado el tormento. Habia en la sala una silla de brazos i en torno della muchas serraduras de madera para empapar sin duda la sangre A su vista ni aun se estremezio el Prinzipe como io pensava antes se fue mui sereno a asentarse en la silla entonzes se le llego el verdugo i le pidio perdon el qual le fue otorgado de mui buena gana i le dio el prinzipe la mano para que la besasse hecho lo qual con unas cintas anchas de colonia le ato los brazos i los pies a los atravessaños de la silla i con un paño de tafetan negro le bendo los ojos Entonzes pronto ia el Prinzipe para morir me dijo que rogasse a Dios por su alma i io confortadole le dije que se dispussiesse a lo qual me respodio que ia lo estava oiendolo se pusso el verdugo con el cuchillo de tras del i empeze a dezirle el credo respondiendome el con voz entera hasta el unico hijo a cuia palabra le echo el verdugo el cuchillo a la garganta i al punto empezaron a correr sangrientos rios que se empaparon i detuvieron en las asserraduras de madera que tendidas estavan junto a la silla poco se movio el Prinzipe porque el cuchillo estava mui bien afilado quitole el verdugo el pañizuelo de la cara i ia estava con los ojos zerrados de color livido i el semblante natural dessatole i entre todos le pussimos hechado en una baieta negra con la qual quedo tapado en un rincon de la sala Entonzes se echo de repente Antonio Perez sovre el verdugo i preguntole que se habian hecho dos cintillos de diamantes que el Prinzipe tenia en los dedos de la mano siniestra de cuia pregunta quedo asombrado el hombre sin saver que contestar. Entonzes dijo Perez que sin duda se los habia quitado para quedarse con ellos de lo qual dijo el verdugo que tal no habia hecho i que le registrasen puesto que no habia salido de la habitazion que si el los hubiera robado el los tuviera consigo Registraronle pues i en una de las faltriqueras de la ropilla le hallo Perez los zintillos de lo qual quedo asombrado el hombre i dijo que el no comprendia aquello i que le parezia cosa de bruxe .... dijo que mereszia castigo por este robo i que se fuera a dar quenta al Rei Fue Escovedo con la razon i volvio con dos soldados arcabuzeros i la orden que se confessase el verdugo porque habia de morir luego por haber cometido el grave delicto de robar al Real cadaver del Prinzipe el hombre juro i perjuro que el no habia robado pero como la orden venia terminante hubo de conffesarse conmigo i me dijo que moria inozente porque el no habia cometido el hecho de que le acusaban cossa que me admiro mui mucho porque tambien me admirava mucho aquel repentino suzeso de todos modos acabo su confession i concluida que fue le sacaron los soldados i Antonio Perez al campo i un momento despues emedio (*sic*) del silenzio de la noche oimos dos tiros de arcabuz a los quales acabo sin duda la vida de aquel deventurado que aun en el dia de hoi no sabre dezir si me lo preguntan si era inozente o culpado.

El cronista se dispone a celebrar misa y hace resaltar que habían colocado de antemano un altar con crucifijo y luces (hachones o cirios) y que, además, se habían tomado la molestia de traer los ornamentos de la capilla de su majestad. Tal empeño resulta relevante si se repara en que algunas informaciones hablan de que, al comienzo del encierro, se había derribado un trozo de muro e instalado una celosía de madera para que pudiese asistir a la misa que se impartía en una cámara contigua. Sin querer ser suspicaz, me cuesta silenciar la voz de la razón que me acarrea una serie de recelosas incógnitas. ¿La instalación de la capilla no es una pura invención para convencer a los más incrédulos de que el príncipe se comportaba diariamente como un buen creyente? ¿No será que la verdad reside en que se negaba a cualquier demostración de cariz devoto? ¿No cabe inferir, como una posibilidad más, que el monarca no estaba dispuesto a que su hijo, por los motivos que fuesen, pudiese disponer en su confinamiento de los oficios divinos usuales? El autor, fuese cual fuese su identidad, al señalar los preparativos puntualiza que se habían materializado de «antemano», ambigua especificación que parece denotar premura en contradicción con el montaje de una capilla que, de haberse acondicionado, llevaba ya instalada bastantes días. A mayor abundamiento, ni tan siquiera menciona la cámara aneja y de la sencillez de sus palabras cabe deducir que el culto fue impartido en la prisión con independencia de la prestancia, más o menos solemne, que se quisiese prestar al acto.

Los jueces entran en la torre para que se ejecute la sentencia y, en pocas líneas, el folleto da cuenta de los últimos pasos de Carlos de Austria con una fluidez tan espontánea que tiene la propiedad intrínseca de ahuyentar cualquier atisbo de ficción. El autor sigue siendo desaliñado en su estilo literario —lacra común en los historiadores avezados de la época—, propenso a expresar condolidas locuciones como le ocurre al emprender su obra, pero capaz de polarizar el ambiente, en este momento crítico, con pinceladas alejadas de la tenebrosidad. La cruz delante de los labios para enmudecer el rencor, la exhortación con alusión al dolor, la misericordia y la muerte de Cristo, el abatimiento disculpando a sus enjuiciadores y el lento caminar hacia la sala dispuesta para la ejecución son escuetos pormenores que no encajan con una mente apegada a la novelería. Los elementos básicos de la descripción se consolidan con profusión de detalles, complejos de imaginar o inventar, como la silla de brazos, el serrín esparcido para evitar la acumulación de sangre en el suelo, las cintas anchas de colonia para sujetar al condenado en los travesaños de la silla, el paño de tafetán negro —pañizuelo— para taparle los ojos y la bayeta negra (tela de lana que se depositaba encima de los túmulos) destinada para ocultar el cuerpo en un rincón de la sala. Estos ingredientes, en apariencia fútiles, dotan a la relación de un verismo acentuado y en estas lides, de jugar o no con la ficción, si me creo capaz de emitir un tajante rechazo de que la imaginación interviniese en este drama. El improvisado historiador no inventa, confiesa una cruda realidad y consuma los trazos cruciales con la humilde solicitud de perdón por el verdugo, que el príncipe le otorga facultándole para que pueda besar su mano, apunte que reviste consistencia al ser un acto frecuente en los ajusticiamientos de la época. Que el sayón se colocase a sus espaldas no tiene la connotación de una postura más cómoda para concluir con su misión, sino que era un principio regulado por la ley y la costumbre cuando se aplicaba la pena capital a cualquier caballero de alto linaje. También era tradicional que, en crisis extremas, se rezase el credo al unísono entre un moribundo y el eclesiástico que estaba presente para confortarle y tales ingredientes, aderezados con algún rasgo desmedido a los que el cronista demuestra un apego natural, sirven para reforzar la certeza de una degollación a todas luces auténtica.

La súbita reacción de Antonio Pérez, haciendo responsable al verdugo del escamoteo de dos cintillos de diamantes que el príncipe llevaba en los dedos de la mano izquierda (un cintillo es una sortija de oro o plata y guarnecida de piedras preciosas), sí parece, por el contrario, como algo más chocante. La impresión que se obtiene es que el secretario escenifica una maniobra preparada para culpar al sayón y conseguir con su asesinato que no queden testigos de turbia catadura fuera de la residencia palaciega. Y si la deducción es convincente no deja por ello de provocar perplejidad. ¿Qué imperativo impulsaba esta tramoya cuando el fiscal disponía de medios para matar a un sujeto aquella noche en el más absoluto de los secretos? ¿No bastaba el crimen por el crimen y se precisaba de un motivo, aunque fuese falso, para pretextar que se impartía justicia? ¿Qué clase de hipócrita moral convivía entre aquellos cortesanos para encubrir sus notorios delitos con vanas y ridículas justificaciones? ¿Cómo es concebible que hasta el rey fuese consultado si era un ardid premeditado con alevosía y paliado con la inexcusable penitencia antes de ser aniquilado? Que el autor se muestre admirado e ignore si el desventurado era o no culpable, sin reparar en que la acción estaba destinada a la aniquilación de observadores indiscretos, sólo sirve para acrecentar las desconcertantes dudas expuestas. Los verdugos (ejecutores de la justicia se les llamaba con un serio eufemismo) eran, en general, chusma maleante y, aunque pueda parecer inaudito, tampoco se puede desechar que no fuese capaz de robar las joyas con destreza. A los «executores» se les entregaban las ropas y los objetos que portaban los condenados a muerte.

De cualquier forma, resulta incomprensible que el creador de una invención añadiese una peripecia que no tiene significado en el contexto del relato y durante algún tiempo estuve pensando cómo y en dónde podría hallar alguna pista vinculada con la filiación y nombramiento de los verdugos en Madrid, aunque no se me ocultaban las dificultades del empeño, tal vez más enconadas que otras indagaciones que ya había realizado y seguía llevando a cabo esporádicamente. Si el asesinato del verdugo era verídico, no me cabía duda de que su puesto tenía que ser, forzosamente, cubierto por otro «executor», en un plazo más o menos inmediato para que sus desagradables tareas no sufriesen interrupciones, y un descubrimiento semejante sería la prueba irrebatible de que algo le había sucedido al anterior sayón. Con poca confianza abordé el asunto, logrando, en primer lugar, referencias de que el cargo era seleccionado por los regidores de la villa. Las asignaciones de empleos se efectuaban con regularidad por el ayuntamiento en el mes de septiembre (presentación de candidatos y comprobación de requisitos), aunque no se adoptaban fechas fijas para la designación de médicos, padres de mozos, verdugos y otros puestos de índole similar. Los acuerdos eran ratificados y cada uno anotado en su libro correspondiente, aunque la mayoría habían desaparecido. Con tan exiguo bagaje me dirigí al Archivo de la Villa, en donde todavía se conservaban las actas de las reuniones celebradas por el Concejo —igual que en La Coruña—, manuscritos con las elecciones de oficios, datos en contaduría de los salarios de los empleados y algunos otros legajos.

En la primera visita pusieron a mi disposición el archivo de secretaría, en cuyo tomo 85 se recogían algunas referencias relacionadas con los «executores de la justicia» con el incitador epígrafe «sobre nombramientos de pregonero y verdugo desde el año 1537 a 1821». Teniendo en cuenta el amplio espacio temporal que se cubría, me animé extraordinariamente, pero mi expectación duró muy poco. Los documentos eran escasos e insustanciales a los fines pretendidos. Había un pliego de 1537 para que Juan de Quixoma (no resulta legible el apellido) fuese nombrado pregonero y verdugo, «dándole lo que era costumbre» y dos nominaciones: «Antonio Sastre, executor de la justicia, fue nombrado el 14 de diciembre de 1768», ejerciendo el cargo provisionalmente antes de la muerte de su padre. Solicitó el 30 de octubre de 1803 que se le jubilase por avanzada edad y carecer de la capacidad física necesaria. El 10 de noviembre de 1803 se elige como verdugo —con notable rapidez, dado que no era un puesto fácilmente reemplazable— a Juan Josef Díaz Asensio, con sueldo de 500 ducados anuales. Y no había ni un dato más.

Pese a tales sinsabores, en otra tozuda revisión, inspeccioné el libro de acuerdos que abarcaba desde el 22 de septiembre de 1567 hasta el 25 de octubre de 1570, pero se me cayó el alma a los pies cuando maniobrando mediante microfilm advertí que me resultaba ilegible, excepto algunas anotaciones marginales y breves textos. Mucho tiempo después —en algún rincón de mi cerebro quedaban grabados los elementos que podían ser significativos para probar la veracidad narrada por el manuscrito— supe que el Ayuntamiento madrileño había puesto en circulación cinco tomos recogiendo los libros de acuerdos, pero sufrí otra decepción por cuanto tan sólo acaparaban las etapas comprendidas entre 1464 a 1515, prolongadas posteriormente por la profesora Carmen Losa Contreras hasta 1521 (tal vez todavía inéditos) al efectuar un ensayo documental sobre «El Concejo de Madrid en el tránsito de la Edad Media a la Edad Moderna». Más frustración con un periodo de relativa pasividad, nuevas rebuscas y otros hallazgos soliviantaron mi voluntad. Entre los proyectos del Consejo Superior de Investigaciones Científicas (CSIC), financiado por la Comunidad Autónoma de Madrid y dirigido por el historiador Alfredo Alvar Ezquerra, encabezando un grupo de trabajo, se planeaban transcribir 6.600 folios de las actas municipales y editar nada menos que quince volúmenes. Ocupado en otros menesteres del opúsculo me di un respiro y volví a la carga, tal vez en el momento propicio, para entablar contacto con el cronista, siempre predispuesto para ayudar en cuanto fuese útil, fijarle con precisión mi consulta —averiguar si durante el año 1568 se había nombrado por el ayuntamiento algún verdugo— y tener la satisfacción de ser atendido con una eficiencia asombrosa en los términos que voy a reproducir literalmente:

«NOTA EXPLICATIVA:
A continuación se transcriben los acuerdos del Ayuntamiento de Madrid que tratan sobre el oficio de verdugo desde 1566 hasta 1575, año en que deja de ser desempeñado por Domingo García y pasa a Andrés de Gracia. Se ha revisado igualmente los años que transcurren entre 1576 y 1590 y no se ha encontrado ninguna referencia al oficio de verdugo.
27 de marzo de 1568.
En este ayuntamiento se recibió por verdugo de esta Villa a Domingo García con el salario que se suele dar a los verdugos de esta Villa y se manda que dé fianzas del dicho oficio y dé pregonero a que asimismo se recibe.
31 de diciembre de 1568.
En este ayuntamiento se recibió por pregonero y verdugo de esta Villa a Domingo García, con el salario ordinario de verdugo, que son 1.500 maravedís por año. Y se revoca el poder que a otro se hubiere dado, y que corra el salario desde mañana en adelante.
16 de septiembre de 1569.
En este ayuntamiento se acordó que se libre a Domingo García, verdugo, el tercio que se le debe de su salario.
10 de noviembre de 1572.
Acordóse que se den a Domingo García, verdugo de esta Villa, que está preso en la cárcel real de esta Corte, 2.000 maravedís para ayuda a pagar por lo que está preso, esto dado fianzas primero para

que en el dicho su oficio servirá a esta Villa hasta que por salario que se le da, pague los dicho 2.000 maravedís, y lo pague al mayordomo de propios por libranza del señor Corregidor y regidores.
28 de enero de 1575.
Acordóse que a Andrés de Gracia, verdugo, se le libre su salario del (roto) Luis Calderón».

¿Hacen falta explicaciones? Podrán esgrimirse decenas de aventuradas conclusiones, pero la realidad, la auténtica verdad, es que Domingo García, el nuevo verdugo, nombramiento realizado con la imprescindible rapidez en un plazo ligeramente superior al mes, vino a sustituir al sayón que, sin duda de ningún género, había muerto por los disparos de sendos arcabuces tras haber ejercido por última vez su oficio en el torreón del alcázar.

Ia no teniamos nada que hazer en Palazio fuimonos todos i io desde aquel dia me pusse a escrevir esta historia o relazion de la vida i muerte del Principe con el proposito de dalla a la luz publica luego que fue acabada mude de parezer por lo que supe i abajo pongo i fue lo siguiente fue el casso que supe que el Rei habia pedido a los juezes la causa i todos los papeles que referian alguna cossa de la causa i habialos quemado con lo qual conozi que el Rei queria que todo esto fuera casso oculto i por eso me retuve de publicar i dar a la estampa todo lo que dicho es i afirmeme mas en mi idea con lo que abajo pongo i suzedio muchos años despues de muerto el Príncipe, pero sin embargo guarde este escrito en mi escritorio por no desazerle aunque con el firme proposito de entregarssele al Rei si por azar sabia que lo habia io escrito para que dispussiera del a su voluntad porque nunca tuve intenzion de hazer publicos los secretos que los Reies quieren guardar pues fuera grande temeridad contrariar los deseos de los Reies que al cabo i al fin son imagines de Dios sobre la tierra i como a tales debemos venerarlos i acatarlos en sus personas y en sus resoluziones.

Con la muerte del verdugo debía concluir el relato sin que fuese necesario añadir una palabra más, pero el cronista vuelve a tomar la pluma, sin que explique cuándo lo hace, para sumir a cualquier investigador en una selva de nuevas e inauditas turbaciones. Este reducido párrafo es una sarta de confusas perlas que encierran otro fuerte valor probatorio de que el opúsculo no es fruto de la imaginación, aunque temo que no sea factible anudar los lazos de la coherencia por gran clarividencia que se le ponga al asunto; pero si la ilación no es aplicable, sí se puede, cuanto menos, deambular por los caminos de la deducción sobre las incógnitas que surgen al socaire de la incongruente prolongación del texto.

El desesperante escritor testimonia —primera perla— que «desde aquel día me pusse a escrivir esta historia» —23 de febrero de 1568—, aseveración que no tiene consistencia siguiendo el discurrir lineal de los episodios que cuenta, dado que desde su inicio ya señala incidencias sobrevenidas muchos años más tarde como evidencia de su enredo, no define, por supuesto, la duración de la tarea, y la segunda perla que suelta, tan campante, es que tenía el propósito de que fuese impresa para «dalla a la luz pública», cuando hay razones, más que sobradas, para que la intención no se le hubiese podido pasar por la cabeza considerando que su crónica reunía suficientes factores comprometedores para que la censura hubiese prohibido cualquier licencia, negando el privilegio de impresión, si bien sobre este particular conviene precisar que la rigidez castellana —autorización preceptiva de la Cámara de Castilla— no era secundada en Aragón, donde cualquier publicación estaba supeditada al refrendo del obispo con mayor permisividad. La prueba más contundente de este aserto se trasluce en las Cortes celebradas en Tarazona en 1592 cuando se prohibió terminantemente, «por el abuso que hasta aquí ha havido de imprimir cada uno por su voluntad», que quienes lo hicieren sin permiso del monarca o de sus representantes perdieran «la impresión, los libros, moldes y papeles».

El marcado cariz secreto del juicio era ya un signo de que el rey no deseaba que se supiesen los acontecimientos de febrero, pero, por si esto fuera inexpresivo para la obtusa conciencia del cronista, cabe recordar sus observaciones cuando se dictó la demanda. Reproduzco el pasaje para no retroceder en su búsqueda: «En tanto el dicto la demanda de acusación con la qual havía de abrirse el prozesso y seguidamente la firmamos todos rogandonos el Rei por un solo Dios uno y trino guardasemos el más puro secreto para que el .... no se trasluziera cossa alguna de lo que se iba a hazer porque después de juzgado si aparezia delinquente y merescedor de la muerte el procuraría hechar voz de que havía muerto de enfermedad u otra cossa semejante qualquiera porque no quería dar al publico ni el delito de su hijo tan poco visto en nuestros días ni hazer manifiesto su modo de obrar que por mas justo que fuera siempre sería en el sentir de algunos cruel y sanguinolento». ¿Hace falta ser más expansivo para que no se le pasase por la imaginación, ni siquiera por un instante, el desatino de imprimir el folleto incluyendo las advertencias de Felipe II? ¿Y si las palabras no bastaban, interpretación absurda, no recuerda los desvelos regios para que no pudiese salir de palacio ni la menor referencia del sumario cuando obliga a los togados a juntarse en las dependencias del alcázar con el objetivo de que se prepare el dictamen del fiscal? El párrafo dice así: «pero la siguiente que era la quinta no huvo Tribunal aunque se reunieron los juezes para formar el dictamen del fiscal y fueron a formarle allí mismo porque el Rei no queria que ni aun los mismos a quien havía encargado la formazión del prozesso sacassen fuera del palacio ningún papel que tuviera relazión con aquel assumpto».

El enunciado que vierte a continuación de sus increíbles proyectos —«luego que fue acabada mude de parezer»— constata que el aniquilamiento del verdugo era el final de la crónica, rematada en un periodo que es complicado enmarcar en el terreno cronológico, pero nada satisfecho con su exacerbada tendencia al olvido de eventos destacados, apoya su cambio de opinión —tercera perla— en el descubrimiento de que se había pedido la causa para que fuese arrasada por el fuego. La decisión llegó a su conocimiento indirectamente si me atengo a la insinuante orientación de que «supo» el requerimiento cuando, en buena lógica, por su implicación y la doble representación que ostentaba, al actuar como testigo y apoderado —cuarta perla en la tramoya escribanil montada—, también debió ser intimidado para que entregase, si estaban en sus manos, los antecedentes sumariales. Esta impresión me ha permitido especular aún más, si es viable, sobre el fondo de la cuestión promovida por la reanudación del manuscrito y sus delirantes términos para verme en la obligación de abrir una serie de cavilaciones. ¿Cuánto tardó Felipe II en reclamar a sus subordinados la entrega del sumario? ¿Se limitó la exigencia a los tres jueces, dejando al margen del ultimátum a los testigos y su persona de confianza? ¿Cuánto tiempo empleó el autor en alcanzar el punto narrativo en que se mencionan los disparos de los arcabuces aniquilando al verdugo? ¿Cómo se puede concebir que no haga comentario alguno del impacto que hubo de tener el deceso oficial del príncipe —quinta perla silenciada de manera sorprendente— cuando el fallecimiento se difundió el 24 de julio de 1568 y fue seguido por ceremonias públicas y exequias que duraron hasta mediados de agosto? ¿No tuvo idea de que la defunción fue atribuida a una enfermedad originada por un conjunto de extravagantes atropellos provocados por el propio don Carlos?

Sólo cabe una respuesta a estos interrogantes: el rey exigió, como era previsible para su tranquilidad, que el sumario le fuera entregado tan pronto como el reo fue «ajusticiado» o incluso antes, ya que no caben argumentos de peso para demorar la medida precautoria, y el inesperado historiador no fue avisado por la seguridad que se tenía depositada en él o por haberse retirado con apresuramiento a su mundo pastoral, no acercarse a la villa y corte durante largo plazo por móviles desconocidos, ignorar el mandato y elaborar su enrevesada monografía en una etapa temporal indefinida. Hay que concretar, además, que la requisa del sumario únicamente podía estar en el ánimo de restringido número de sujetos y que el cronista pudo estar sin relacionarse con los hombres capaces de ponerle al corriente de las instrucciones reales o darse el caso de que ninguno de ellos pudiese imaginar, ni por lo más remoto, que tuviese veleidades de historiador aficionado.

El escritor, por otra parte, demuestra que no tuvo prisas en comenzar su relato. Para ello sólo es necesario percatarse, como he reflejado, que ya en sus primeras páginas, cuando aborda diversas efemérides, cita a Juan de Austria y hace constar que «este manzebo fue el famoso D. Joan que ganó la batalla de Lepanto que sujeto a los moriscos rebeldes de la Alpujarra i que hizo tantas i tan famosas azañas que por ai se dizen y cuentan». El combate marítimo contra los turcos tuvo lugar el 7 de octubre de 1571 —casi cuatro años más tarde de la tragedia— y las gestas consumadas, a despecho de ser indeterminadas, pueden estar refiriéndose a la toma de Túnez (1574) o proezas acaecidas mientras fue gobernador de los Países Bajos entre 1576 y 1578. A mayor abundamiento manifiesta que Felipe II, en memoria de la batalla de San Quintín, «fundo el grande i manifico convento de S Lorenzo del Escurial» y esta aseveración, pese a que el vocablo fundar no implique connotaciones de que la edificación estuviese terminada, puede emplazar el principio de la narración, nada más y nada menos, que hacia 1584, si se repara que ya adjudica al monasterio magnificencia propia de una obra colosal. Estos deslices delatan la falsedad esgrimida por el autor cuando al salir de palacio, tras la ejecución, concreta que «i io desde aquel día me pusse a escrevir esta historia o relación de la vida i muerte del Principe».

Al cabo de tanta dedicación investigadora, con sus frustraciones y hasta notables descubrimientos, se quiera o no, es inevitable paladear el regusto amargo de la impotencia en la clarificación de algunos extremos, aunque en el fondo, muy en el fondo, quede el sabor agridulce de hallarse a un paso de la verdad y tener el convencimiento de que el opúsculo no es fruto de la inventiva de un literato que, por si fuera poco, ya no desea el relumbrón de la notoriedad. Semejante convicción, de todos modos, no me genera satisfacción y durante ciertos periodos he discurrido sobre cuál es la teoría que guarda mayor cohesión en el plano de la autoría del manuscrito. El primer postulado, que no es desdeñable por su simplicidad, puede basarse en que realmente existiese Joan Avilés, ignorado por la historia pese a que inspirase en Felipe II una gran confianza. Este fraile pudo estar vinculado con los jerónimos, cuyos miembros convivieron ocasionalmente con el monarca desde el comienzo de la construcción del monasterio del Escorial y de forma muy concreta durante su estancia devota en la capilla o iglesia pequeña escurialense que cita fray José de Sigüenza y que fue bendecida por el obispo de Cuenca el 6 de enero de 1568. Tampoco se puede eliminar que pudiese estar adscrito al convento que poseían en Madrid o que incluso hubiese acompañado al soberano en su regreso a la Corte partiendo del supuesto, nada improbable, de que Felipe II ya hubiese concebido el propósito de encarcelar y enjuiciar a su vástago. A este respecto hay que tener presente que don Carlos pretendió dar el paso previo para ganar el jubileo decretado por el pontífice precisamente con un religioso que deduzco que estaba vinculado con esta orden y que el ujier de cámara, responsable del anecdotario del escándalo ocurrido en el monasterio, dice: «Y acabóse esto a las dos de la noche, y salieron todos los frailes muy tristes y más su confesor». La deducción lógica es que el monje más apesadumbrado no era Diego de Chaves, que no debía estar en aquel convento desvinculado de la acción pastoral de los dominicos, ni era normal que hiciese acto de presencia si para utilizar el secreto de la penitencia a don Carlos le bastaba con llamarle para que le diese la asistencia espiritual consiguiente. Además es conveniente saber que la designación del cargo era más formal que práctica y que el príncipe podía, a su antojo, observar los sacramentos sin que fuese indispensable su mediación. Que en invierno y con condiciones climáticas adversas abandonase sus aposentos, con el fin obligatorio de descargar su conciencia, hace patente que alguna predilección tenía hacia los jerónimos, aunque su preferencia no supone que el confesor de aquella noche —hubo diferentes intentos— fuese quien le atendió en sus postreras horas. Y, asimismo, es inteligible que su salida tuviese como meta rehusar la implicación de fray Diego ante la categoría de los amenazadores pensamientos que anidaban en su alma, odio y un impulsivo deseo de aniquilar a su padre, ideas tan alarmantes que no deseaba exteriorizar, ni siquiera al amparo del sigilo de la penitencia, a un hombre claramente adicto al rey.

La segunda hipótesis, aquella que en un principio tenía superiores visos de certeza, encara a Diego de Chaves, encubierto con el nombre de Joan Avilés. El dominico inspiraba confianza a Felipe II, le constaba la peculiar naturaleza de su hijo, deambulaba con facilidad por el entramado cortesano para averiguar incidencias que se plantean en el opúsculo, y en todas las crónicas se le identifica como el confesor que estuvo al lado del príncipe, atendiéndole espiritualmente en su agonía, aunque no se puede olvidar que la atribución de tan piadosa misión tiene como única vía los resortes divulgativos de los que hacia gala Ruy Gómez. Hay, por otro lado, confirmación de que fray Diego asistió a las exequias, por cuanto así lo atestigua Juan López de Hoyos cuando difunde las honras fúnebres en un folleto editado en caja de Pierres Cosin, aunque esta presencia, de cuya veracidad no se puede titubear, no implique signo relevante alguno, salvo el hecho de que conocía de primera mano la parafernalia montada por la muerte oficial del heredero de la Corona.

Diego de Chaves, sin que se sepan las motivaciones, tomó la resolución de alejarse de la Corte sin que tenga datos de su partida (hay alguna alusión de que asistió espiritualmente a Isabel de Valois en su agonía durante los primeros días de octubre de 1568), encaminarse hacia el convento de Mombeltrán, en un extraño retiro espiritual, pasar luego a ejercer, por elección, el puesto de rector del colegio de Santo Tomás de Ávila, residir en Roma enfrascado con graves complejidades enlazadas con la causa abierta a Bartolomé de Carranza por el Santo Oficio y retornar dos lustros más tarde de los trágicos problemas que habían costado la vida a don Carlos para convertirse en confesor del rey a partir de septiembre de 1578. Su privilegiada posición se veía reforzada para seguir teniendo oportunidades de saber cuanto ocurría en palacio, pero, a despecho de estos componentes favorables para entender que su pluma estaba en la mejor disposición para contar tanto los episodios ya narrados como los nuevos, que inserta tras la inexplicable y atemorizada digresión —su muerte se produjo en mayo de 1592—, siempre he prestado resistencia a considerarle el autor por no encontrar razones convincentes.

La preocupación demostrada por Felipe II para que la documentación cruzada entre ambos fuese destruida, en unión de papeles de difuntos, hace entrever, sin embargo, que el monarca tenía aprensión hacia el manejo que el fraile pudo perpetrar con importantes secretos de Estado y de cariz privado en los que había intervenido en inquietantes periodos. Hay que contemplar también que durante la lucha entre el soberano y Antonio Pérez por la posesión de ciertos legajos que podían resultar comprometedores, tuvo fray Diego una resolutiva participación, llevando a cabo numerosas mediaciones para adueñarse de instrumentos escritos. Y no se puede descartar, aunque esta suposición tan sólo afecte tangencialmente al monje, que después de su defunción algún compañero se adueñase de sus pertenencias en el convento de Santo Domingo, donde se alojaba en una celda, que entre sus bártulos hallase pliegos escondidos y que, basándose en estos antecedentes, escribiese el manuscrito evitando comprometer el nombre del teólogo.

La tercera posibilidad, que para mí tiene todavía pujanza, complica a uno de los dos testigos, siempre que su curiosidad por la suerte del condenado hubiese sido respaldada por revelaciones que supliesen su ausencia en los últimos momentos —las horas en capilla y la ejecución—, de cuyos aspectos pudieron estar al corriente, con toda clase de pormenores, si el confesor, fuese quien fuese, les hubiera informado de su desarrollo. El alto grado de corporativismo hace que este supuesto pudiese ocurrir y no se puede desestimar que cualquiera de los testificantes tuviese la tentación de tomar la pluma, arrogarse falsas condiciones para conseguir mayor verismo y, en definitiva, adornando su monografía con noticias históricas, ofrecer la realidad acontecida en el alcázar. Que no se puedan extraer datos de los religiosos que en 1568 vivían en el convento de Atocha y desempeñaban sus movimientos pastorales en la Corte y sus aledaños, no significa que no existieran con los nombres expresados y que alguno de ellos tuviera la veleidad de plasmar los acontecimientos en los que, en parte destacada, habían tenido complicidad como expertos asesores en materia de fe y como testigos. Algo más difícil es, en este terreno, alentar la tesis de que cualquiera de los monjes localizados tras fatigosas gestiones, Juan Pérez y Pedro Arias, por su coincidencia homónima casi plena y su condición de teólogos, pudiera ser el artífice del opúsculo. No hay comprobación de que alguno se hallase en Madrid a principios de 1568, en la práctica es inasequible que tuviesen a su alcance el memorial neerlandés reproducido o la misiva de Escobedo todavía no mencionada —hechos ocurridos con un extraordinario salto temporal en 1566 y 1577-1578, respectivamente—, salvo que azarosos documentos hubiesen caído en su poder, y sólo la convergencia de sus nombres, sus cualificados niveles de teólogos, su condición aragonesa y el factor de que sobrevivieran a los eventos referidos, abre un margen teorizante sobre pilares debilitados.

El desliz que se comete al divulgar, en la cuarta sesión, «que el verdugo y el criado se quedaron a fuera con el P. frai Joan Avilés»

—lance axiomático, si no es un error de los copistas, de que el autor podía ser cualquiera de los testigos— es una noción que no se puede rechazar y crea la sospecha de que al menos Juan Pérez hubiese podido ser, no obstante los inconvenientes explicados, el verdadero artífice del relato, estimando la posibilidad de que la anotación que figura en el libro de gasto, expresiva de que había partido hacia Orihuela en el mes de octubre, bien pudiera estar sujeta a una inexactitud o desfase temporal. La sincronía de que su desplazamiento se llevase a cabo en 1568 —¿cuándo exactamente?— acentúa cierta susceptibilidad y no se puede descartar taxativamente que fuese uno de los expertos consultados y que, tras haber sido testigo en el juicio, partiese para tierras alicantinas, se llevase las notas útiles y las amistosas confidencias de Diego de Chaves en su bagaje privado y tuviese, posteriormente, en fecha indefinida, el atrevimiento de poner por escrito las vicisitudes contempladas, con todo lujo de detalles sobre las diligencias procesales —parte vital de la relación— y en el plano de la simulación con respecto a las últimas horas del príncipe que le pudieron ser, casi con seguridad, contadas por el confesor en ese ámbito reservado creado por la pertenencia a la misma orden y la conjunta función desplegada. El ejemplar quedaría guardado en su escritorio del convento de San Pablo y en 1585 se desencadenaría la inquietud del narrador, obligándole a protegerse tras el amparo de unas líneas justificativas. La elocuente loa, demasiado espontánea para no percatarse de que un temor repentino le había catapultado a una redacción incongruente y extemporánea, se completa, dentro de un análisis riguroso, «con el firme propósito de entregárssele al rey si por azar sabía que lo había io escrito» y este apunte tiene connotaciones especiales. La palabra azar —sexta perla sin engarzar— no tiene aquí el significado atribuible a la pura casualidad, dado que el alejamiento físico, el paso de los años y hasta la presumible desmemoria de su persona hacen absurdo que esta contingencia fuese fruto del albur. El cronista se amilana, avizora la eventualidad de que su trabajo pueda ser descubierto y este resquemor pudo ocurrir, con fundamento, en los primeros meses invernales de 1585, cuando Felipe II se moviliza desde Castilla hasta Aragón para que su hija Catalina Micaela contraiga matrimonio con el duque de Saboya, ceremonia celebrada el 11 de marzo, cuando los cielos barruntaban aguaceros que se transformarían en lluvias torrenciales y una desmesurada crecida del río Ebro.

El rey y su séquito estuvieron suficiente tiempo en Zaragoza e incluso asistieron a misa en el convento de San Pablo el domingo 17 de marzo *, cuando Juan Pérez ya era prior de dicho cenobio, es normal que se vieran y que el encuentro, ya previsto de antemano, aderezado con la posible aparición de Diego de Chaves, crease en su ánimo una súbita alarma por los pliegos en su poder. Esta opinión tiene los soportes del uso generalizado de Joan en vez de Juan —también empleado con menos profusión en Castilla—, no originar perplejidad que pudiesen ser publicados en Aragón, donde, como ya he aclarado, la censura era más permisiva; darse la circunstancia, ya especificada, de que Juan Pérez sobrevivió a los sucesos reflejados por cuanto murió en 1602, y producirse la convergencia de que los últimos renglones del manuscrito se circunscriben a peripecias acontecidas en suelo aragonés. La suposición esbozada de que fray Diego pudiese haber viajado con la comitiva he podido confirmarla como verídica en varias fuentes y con una serie de particularidades.

El confesor, nada más llegar a la capital aragonesa, mantuvo dos entrevistas con Diego Martínez, mayordomo de Antonio Pérez, en relación con la búsqueda de los papeles que poseía el oprimido secretario, a la sazón encerrado tras su segunda detención en la fortaleza de Turégano y, además, doña Juana de Coello escribió a fray Diego el 5 de agosto de 1585, ofreciéndole los pliegos con autorización de su marido. El fraile respondió el 5 de octubre aceptando la proposición e inmediatamente salió otra vez para Zaragoza el fiel criado con dos baúles, cubiertos de lienzo encerado, con sus sellos y dobles llaves, y que, según testimonio del encargado de la entrega, los puso en manos del confesor en el monasterio de La Trinidad, donde se albergaba, diciéndole que eran los papeles que se pedían. Todos estos avatares ponen de relieve que Diego de Chaves permaneció muchos meses en Zaragoza, enzarzado en la tarea de rescatar pruebas comprometedoras, y no resulta nada raro, en consecuencia, sacar la conclusión de que Juan Pérez estuviese avisado del alcance de tales gestiones y naturalmente asustado de lo que se le podía venir encima si se descubriese el manuscrito que había

---

* Según reza la descripción del priorato de Juan Pérez, «el día 17 de Marzo de 1585 que fue domingo 2.º de Cuaresma, asistió a la Misa mayor en este convento, con toda la Casa Real, y Grandes de Castilla; cantó la misa el P. Provincial Mtro fr. Juan Martínez». Igualmente se especifica que ayudaron en los oficios divinos dos capellanes y que el sermón fue impartido por el P. Mtro. Franciso Maldonado, el cual era de la provincia de Andalucía, se refiere que se quitó la reja del altar mayor y se menciona con parquedad que Felipe II no dio limosnas al convento.

tenido la osadía de escribir, máxime cuando el monarca estaba en la cercana localidad de Monzón celebrando Cortes con los procuradores de Aragón, Valencia y Cataluña desde junio hasta el 2 de diciembre de 1585.

La cuarta tesis nace de la enredosa vida de Antonio Pérez. El secretario, fugado en 1590, siempre tuvo en su poder valiosos documentos de Estado y fue, en calidad de fiscal, cooperador en el proceso. Nadie mejor que él podía atesorar pruebas —hay que recordar que actuó además como escribano, teniendo a su cargo la custodia testimonial del pleito— nadie como él, tan íntimamente ligado con Ruy Gómez, para conocer las andanzas del príncipe, al que pudo tratar; nadie mejor que él para fisgar en el correo —el memorial reproducido y hasta la comprometedora carta de su compañero cántabro, cuyo asesinato obedeció a sus arteras maniobras con el monarca—, y nadie como él tuvo tan fuerte ascendiente sobre la orden Santo Domingo antes y después de su evasión. Al cruzar la frontera, a uña de caballo y con escasa ventaja sobre sus perseguidores, Antonio Pérez pudo tranquilizarse en el convento dominicano de Calatayud —refugio en sagrado que ya había intentado en otra frustrada ocasión y que esta vez logró ante su inminente captura por parte de los oficiales reales—, y permanecer protegido hasta conseguir que el justicia mayor le confiriese la manifestación para que pudiese llegar a Zaragoza y se acogiese a la protección de los fueros.

En la cárcel tuvo estrecha amistad con monjes radicados en la capital —Agustín Arbel, entre ellos, que fue el fraile que tuvo que ir en 1584 a Luchente para recoger el nombramiento de Juan Pérez—, hay evidencias de que muchos religiosos, por su apego fuerista, quisieron ayudarle para que se escabullese, participaron en las alteraciones que se produjeron y hasta se dio la circunstancia de que fray Juan Sagastizabal, prior dominico de Gotor desde 1583 hasta muy avanzada la década siguiente, conversó largamente con Antonio Pérez con el objetivo de solicitar audiencia al rey para enseñarle el repertorio documental que el prisionero podía esgrimir en su defensa ante los esfuerzos regios de instar demanda tras demanda para lograr su condena en Aragón. Este fraile pudo ver los instrumentos que tenía a su alcance y tal intimidad debió llevar implícito, a su vez, las inevitables expansiones fruto de la camaradería hasta que el fugitivo no tuvo más solución que enzarzarse en una huida que le permitió cobijarse en Pau, al amparo de la hermana del soberano francés Enrique IV.

Nada tendría, por tanto, de inusitado que cualquier dominico hubiese tenido a su alcance privilegiados testimonios y escuchado sabrosas anécdotas que sirvieran para escribir el opúsculo que ahora reposa en los anaqueles de la academia de la historia, con la concreción final de que Antonio Pérez todavía «hoi día vive, aunque sin poder tornar a su patria porque en ella esta puesta a prezio su caveza i ia cuidara el de mirar por su propia conservacion», aunque no se me oculta que esta argumentación se complica si pretendo sostener que el «susto» del autor se produjo en 1585, por cuanto es difícil que hubiesen llegado a sus manos los importantes pliegos que acumulaba Antonio Pérez, pese a la seguridad de que los documentos más importantes salieron de Castilla entre 1580 y 1583, cuando su ostracismo político y sus retenciones le permitieron gozar de tiempo para moverse a sus anchas y poner a salvo los instrumentos escritos que posteriormente tuvo que usar en su defensa tras su fuga de la casa de Benito Cisneros el 19 de abril de 1590.

A todo esto el Duque de Alba passo con su egerzito a los Paises Bajos i tomo el mando o gobierno dellos i en virtud de las ordenes que llevaba establezio un tribunal para juzgar a los Reveldes de qual Tribunal era Pressidente el Letrado Vargas que arriba citamos el qual Tribunal castigo severamente a todos los hereges que caieran en sus manos i este Tribunal juzgo i sentenzio a muerte a los Condes de Emon i de Hornos como ia indicado quedo de resultas destos severos castigos Pussieron los Flamencos al Tribunal el nombre de Tribunal de la sangre este declaro traidores a todos los que hubieran desobedezido al Rei en las ultimas alteraziones i como eran muchos los que temian el castigo de sus delictos huieron de Bruxelas i ziudades circunvecinas mas de veinte mil personas i las que no pudieron huir caieron en manos de los Tribunales publicos i secretos que los castigaron con el maior rigor de resultas de los quales castigos los que huieron i que vian al hermano u al padre muerto en el suplizio que mereszian por sus culpas se acogieron a los paises revelados contra la fee de Christo i donde habia muchos hereges i con ellos el Prinzipe de Orange i alli pussieron el grito en el zielo i el Prinzipe de Orange invoco el auxilio de los Duques Palatinos del Rin i de Uitemberga los quales le dieron armas soldados i dinero con lo qual i con el socorro de su hermano Luis de Nasau i assistido de muchos prinzipes hereges i de todos los Refugiados que habian salido de Bruselas junto un considerable numero de soldados i campo cerca de Gruninges a cuio punto mando el Duque de Alba un querpo a las ordenes del Duque Aremberga el que ataco a Orange pero fue derrotado su egerzito muriendo ochocientos de los españoles i el mismo duque Aremberga que se havia metido en medio del combate buscando al de Orange fue muerto a estocadas i golpes de lanza o pica pero el Duque de Alba partiendo en seguida contra el enemigo se vengo de este reves desaziendo completamente las tropas de los enemigos

Y mientras en la Corte ocurren descollantes alternativas enmarcadas entre marzo y julio de 1568, el narrador se enfrasca únicamente en la descripción de algunos avatares bélicos acaecidos en los Países Bajos y en las represalias ejercidas por el tribunal de los tumultos. Cabrera de Córdoba, al contar el «dinamismo justiciero», admite que fueron ejecutadas a fuego, horca y cuchillo, nada menos que mil setecientas personas y Bernardino de Mendoza, combatiente en las enconadas contiendas, cree que las masacres pudieron ser perjudiciales por la resonancia que tuvieron tanto dentro de las diecisiete provincias como en naciones antagónicas. El fanatismo católico y el desquite del monarca —Fernando Álvarez de Toledo no dejaba de ser un instrumento mediador— tuvieron una repercusión desoladora en Francia, Inglaterra, en las posesiones italianas y en los principados del imperio.

Guillermo de Nassau consiguió efectivamente la colaboración del duque Augusto de Sajonia, el duque de Wittemberg, el duque de Hamburgo y el conde Palatino (entre varios más) y pudo congregar cerca de veinte mil partidarios. Además consiguió ayuda de los hugonotes franceses tras la firma del segundo pacto —la paz de Longjumeau— que puso fin momentáneo a la guerra religiosa desencadenada en el reino galo. Luis de Nassau, hermano del príncipe de Orange, al frente de las tropas reclutadas, quiso conquistar Gruninges (Groninga) y se produjo una dura batalla contra el ejército comandado por el conde (no duque) de Aremberg, a quien acabaron derrotando y causándole la muerte. La represalia se produjo en el combate ocurrido en Geminghen el 21 de julio de 1568, en cuyo sitio las fuerzas hispánicas inflingieron una severa derrota a sus enemigos e instigaron una horrible carnicería.

La glosa de esta parte insustancial no da más de sí, el autor permanece con la pluma ociosa en argumentos de mayor calado —quizá sus recuerdos habían enflaquecido con el paso del tiempo o quería seguir preservando la dignidad de su rey—, pero, de cualquier manera, la memoria de Carlos de Austria yace en una bóveda sin que se sepa nada de cuanto pudo acontecer desde su degollación. Y si el controvertido artífice peca por mantener silencio no puedo incurrir, por mi parte, en idéntica reserva cuando todavía existen elementos que es preciso revelar y enjuiciar. ¿Qué razones influían en Felipe II para que soportase, en las postrimerías de febrero o comienzos de marzo, alteraciones en su ánimo? ¿Qué motivos le obligaron a quedarse estable en su morada los primeros meses del encierro de su descendiente y no salir casi nunca cuando era tan propenso a realizar excursiones en cuanto terminaba el invierno madrileño? ¿Si ya se fijaron instrucciones verbales para la vigilancia, cómo se puede concebir que el 2 de marzo se preparase una estricta ordenanza para que se estrechase al máximo el aislamiento, obligando a los carceleros para que hablasen en voz alta y tuviesen la puerta siempre entreabierta? ¿Por qué extiende su obsesión al exterior, avisando que le pongan en antecedentes de cualquier murmuración que se produzca en casas particulares o en las callejas de Madrid?

La respuesta no puede tener otro sentido: padecía de un temor obsesivo consistente en que nadie pudiese infiltrarse en la torre para sufrir, como es lógico, el sorprendente choque de encontrar un cadáver, presuntamente embalsamado, en vez de un hombre privado de libertad, pero vivo. Las insólitas órdenes no pueden tener más significado que patentizar la existencia de vida interior si, por casualidad o en cumplimiento de sus obligaciones, cualquier ser humano se aproximaba al recinto. El silencio, un contumaz sigilo marcado por el imperativo del respeto a la presencia de un muerto, sólo podía desatar interpretaciones de tinte fúnebre parecidas a las que puntualiza Marcoantonio Sauli cuando, el 26 de febrero de 1568, advierte a su gobierno de modo contundente que «nadie habla ya del príncipe, como si estuviera entre los difuntos, entre los cuales creo que se le puede contar ya», comentario que puede ser objeto de polémica hasta la extenuación en la ignorancia de los peripecias detalladas por la monografía, pero que en su expresión literal no admite debates cuando ya consta una prueba persuasiva de que el preso fue degollado tan sólo tres días antes. Cualquier historiador, por muy proclive que hubiese sido en defensa de las arbitrariedades del rey, hubiese calibrado de forma más reflexiva las palabras del representante genovés sobre la premisa de que hubiese tenido entre sus manos el silenciado opúsculo.

La pesada losa del aislamiento se cierne en torno al prisionero según la escasa capacidad comunicativa de los embajadores. Nobili comunica que «el príncipe de España... está tan olvidado por todos que parece ciertamente que no haya estado nunca en el mundo», el arzobispo Rossano dice que «aquí en la Corte poco más se habla del príncipe» y Tisnacq le hace saber a Viglius que «de nuestro príncipe, no hay más que un gran silencio», parquedad quebrada por el grotesco episodio de que había deseado envenenarse mediante la ingestión de un diamante, cuya explicación se debe al desfasado compendio de Cavalli del 24 de julio de 1568 y las frases de Fourquevaulx, dirigidas a Carlos IX, calificando la incidencia como una extravagancia más de su temperamento. El dignatario francés asegura, además, que la joya estuvo diecisiete días dentro del cuerpo, influido por el cotilleo que le enjaretaron de manera malévola ante su insistencia por averiguar cuanto ocurría dentro de la prisión.

Al plácido marzo le reemplaza un pletórico abril cuando llega la Semana Santa y comienzan a expandirse noticias realzando el exquisito comportamiento de don Carlos, plagado de pías devociones que avalan una catolicidad fuera de toda sospecha. Me voy a poner fastidioso para revisar las andanadas soltadas por los portavoces: el barón de Dietrichstein notifica que había descargado su conciencia ante dios en pascua y que había recibido, con extraordinario recogimiento, el santísimo sacramento. Rossano especifica que la atrición se produjo el miércoles santo y la comunión le fue impartida el domingo siguiente, al cabo de una nueva reconciliación. Cavalli declara que, aparte de pedir perdón a su padre, había confesado y comulgado. Fourquevaulx da cuenta de su edificante religiosidad en un prolijo comunicado. Tan fervorosa debió ser su predisposición que hasta mereció los elogios de Diego de Chaves, pero la proliferación informativa, con el objetivo de poner a salvo cualquier asomo de indefinición sobre su ortodoxia católica, sirve para que cualquier espíritu cauteloso se percate de que el alud propagandístico obedece a la inquietud que Felipe II demostraba ante los rumores esparcidos en el sentido de que su hijo se fijaba en las creencias heterodoxas. La carta dirigida al duque de Alba, insertada anteriormente y datada antes de la Semana Santa —el 6 de abril de 1568—, invoca su obsesión cuando dice que «solo me resta añadir que si los herejes, para difundir sus errores y fortalecer su secta, quisieran atribuir la prisión del príncipe a cosa de fe, debéis poner mucho empeño en desengañar a todos de semejante opinión, que no solo llevaría mengua al honor y respecto del príncipe, sino que iría contra la verdad y la justicia». Creo que no es necesario reincidir en esta asidua preocupación —hay abundantes testimonios de su honda desazón paterna— y debo por tanto centrarme en la evolución de los acontecimientos omitidos en el manuscrito siguiendo un minucioso orden cronológico.

Pasado el paroxismo piadoso, nada especial ocurre en mayo y junio, el silencio vuelve a tornarse fúnebre, y solamente en julio, cuando el calor de la meseta hace estragos en el recinto, vuelven a engendrarse problemas con una repentina reacción del preso tendente a su propio exterminio. En esta crucial coyuntura se vuelve a recaer en ofuscadas observaciones de su catolicidad, destacando, entre una polifacética gama, la imitación de los postreros instantes de Carlos V, que es una superchería retórica alarmante cuando, en todo caso, el «agonizante» debía encontrarse forzosamente al límite de sus fuerzas o en plena inconsciencia tras haber permanecido once días sin comer, o el éxtasis de «que el moribundo mostraba tal desdén por las cosas de este mundo y tan gran deseo de los bienes celestes que no parecía sino que Dios le hubiese guardado para sus últimos momentos el cúmulo de sus gracias», maravillosos cuentos de Rossano que no tienen mayor interés que tranquilizar, aún más si cabe, la conciencia del papa.

Los despachos sobre su fallecimiento no son convincentes ni pueden ser un reflejo fiel de la verdad, como afirma Gachard, sensatez que comparto con el investigador belga. A la huelga de hambre, motivo del fatal desenlace, se contraponen los comentarios de comisionados como Cavalli, quien, en su repetida recapitulación de julio, concibe una versión contraria, transmitiendo que Carlos de Austria, siguiendo su querencia natural, había optado por comer en exceso, singular elucidación ratificada por Nobili cuando apunta que «a mediados de julio se le sirvió a Don Carlos un pastel de cuatro perdices que engulló por completo pese a haber ingerido poco antes varios platos de comida». Los excesos alimenticios mencionados por los apoderados de Venecia y Florencia provocaron una violenta indigestión, vómitos y flujos de vientre que no pudieron ser aliviados por negarse a aceptar tratamiento médico. Contradicciones tan notorias crean una enorme perplejidad si se considera que sólo se conocían las habladurías a las que se deseaba dar pábulo y únicamente pueden fundamentarse en una extraordinaria desorganización entre los chismosos oficiosos y Gabriel de Zayas, que dio curso a los increíbles textos que relatan el deceso.

Poco más puedo añadir que sea importante, aunque ciertos matices siempre se quedan en el tintero de las notas perdidas o la flaca memoria, excepto la pregunta que todo el mundo se hará antes de que concluyan la monografía y la glosa. ¿Por qué se ocultó cinco meses el cadáver en el alcázar? Fácil pregunta y difícil respuesta que también me he planteado en innumerables ocasiones, a pesar de que ha ido paulatinamente perdiendo valía a medida que iba involucrándome en sucesos más trascendentes. Una réplica esclarecedora no está en mi mano y cualquier sugerencia tendente a justificar la decisión puede ser objeto de discusión, pero a interpelaciones complicadas contestaciones sencillas: tras la ejecución, que dejaba solventado el espinoso atolladero de que el rey hubiese podido sufrir una súbita muerte estando todavía el príncipe vivo, no era prudente proclamar a los cuatro vientos una extinción precipitada que habría desatado un torrente de críticas reputando al monarca como parricida. Las especulaciones sobre la detención, abrumadoras en el terreno de una supuesta heterodoxia de don Carlos, consternaron la entereza fanática de Felipe II, por la afrenta personal que significaban, dando lugar a un plan gradual tendente a resaltar la catolicidad de su hijo para contrarrestar, en la medida de lo posible, las sospechas suscitadas.

Cuando don Francés de Álava ni siquiera había abierto los informes que le habían cursado, Catalina de Médicis ya estaba al corriente de que el príncipe no había querido confesar ni comulgar en Navidad y que proyectaba escaparse. La noción de que no se comportaba como un buen católico y hasta maledicencias que le acusaban de complacencia con las tesis de la reforma ya se habían albergado en la mente de la madre de Isabel de Valois, que se complacía en argüir que algunos sirvientes, un flamenco y dos alemanes, le proporcionaban libros que no podían hacerle bien. Las noticias de esta índole se propagaron por tierras galas como un reguero de pólvora, propiciadas por los hugonotes, y tuvieron tal efectividad que hasta Pío V obtuvo pistas de que escondía libros heréticos en su cámara antes de que don Juan de Zúñiga le entregase los enrevesados datos oficiales facilitados sobre la prisión. Pío V no quedó satisfecho, se mostraba sensible ante cualquier rumor procedente de Francia y, en contra de su innato mutismo, charlaba con frecuencia de la situación del príncipe. La inseguridad y turbación del pontífice se evidenciaron cuando quiso enviar un emisario que se entrevistase con Felipe II en nombre suyo y hasta reunir en consistorio a los cardenales para deliberar sobre un asunto que le mantenía profundamente consternado.

La intervención del cardenal Granvela —el antiguo consejero de Margarita de Parma— en colaboración con el embajador disuadió al pontífice, pero algún resquemor anidaba en el ánimo del papa para que Zúñiga se viese obligado a escribir al rey el 28 de abril de 1568. La carta estaba redactada en cifra y destaco sus párrafos esenciales[*]: «Hanme dicho que desearia (Su Santidad) que V. M. le diese mas

---

[*] Archivo General de Simancas, Estado, legajo 906, folio 32[1].

particular quenta que la que hasta aqui se le ha dado de la causa que tuvo para la reclusion del Principe nuestro Señor. Yo siempre procure que el y todos entiendan que no ha havido otras sino los efectos de su naturaleza y condicion. Pero como han sido tantos los discursos que sobre este negocio se ha hecho en todo el mundo y de cada parte escriben de su manera y interpretan a su modo el haver V. M.^{d} mandado recoger todos los papeles que en las arcas y scriptorios de Su Alteza se hallaron, querria el Papa saber por carta de V. M. la verdad, porque le scrive el nuncio que ay reside que hasta agora no ha entendido causa particular ninguna, que me paresce que lo hace mas cuerdamente que los que quieren adevinar discurriendo, podria ser que hubiese algunos Cardenales que le pusiesen en que le toca saber esto, por meterse con el en algun genero de negocios, porque a la verdad el les da poca parte dellos, y no creo que lo yerra mucho porque ninguno va enderezado sino al suyo».

El rey, sin que conozca las causas de su decisión por cuanto la carta transcrita parcialmente tuvo entrada en la corte el 26 de mayo, a juzgar por la anotación existente en Simancas, se dirigió a su santidad el 9 de mayo de 1568 mediante un escrito que envió cuatro días más tarde. Esta comunicación, desaparecida de los archivos simanquinos, quizá porque el monarca la retuviese o fuese sustraída del negociado de Roma por Antonio Pérez, cuya minuta había redactado como paso previo a la carta autógrafa, fue durante años objeto de empeño por los historiadores al presumir que su contenido aclararía las incógnitas del confinamiento. Su localización —traducción del original perdido— se debe a los desvelos de Gachard, quien, gracias a diversas amistades y componentes fortuitos, pudo hallar su reproducción latina en los anales eclesiásticos de Laderchi.

La misiva «reveladora de secretos» es, pese a todo, un fiasco propio de la catadura recelosa de Felipe II. En los párrafos más sustanciosos indica: «He considerado, una vez más, la pesada carga que Dios me ha impuesto a causa de los muchos reinos y Estados cuyo gobierno y administración sirvió confiarme para que mantuviera en ellos intacta la religión católica y la obediencia a la Santa Sede e hiciese reinar la paz y la justicia a fin de que al cabo de los pocos años que he de pasar en este mundo los pueda dejar en situación firme y segura, que garantice su conservación duradera. Esto depende sobre todo de la persona llamada a sucederme y plugo a Dios, por mis pecados, que el príncipe tuviera tantos y tan grandes defectos, los unos a causa de su inteligencia y los otros de su inclinación, que carece por completo de las aptitudes necesarias para gobernar un

Estado. En el caso de que le hubiera correspondido la sucesión del trono después de mis días habrían sobrevenido los mayores inconvenientes y los peligros más manifiestos, con el consiguiente daño universal. En tales circunstancias, después de una larga y cuidadosa experiencia y en vista de que la inutilidad de todos los remedios intentados me llevaron al convencimiento de que no se podía esperar de él ninguna enmienda, ni el transcurso del tiempo pudiese evitar los males que con razón se temían, juzgué necesario recluirlo para examinar con cuidado y madurez los medios de alcanzar los fines que me he propuesto sin incurrir en las censuras de nadie».

Felipe II suplicaba al papa que no hiciese uso de las confidencias, ratificaba que su primogénito no había sido culpable de rebelión contra él ni tenía reproche que formularle en materia de fe y añadía que se había ocupado de su alma y puesto particular cuidado en que no se descuidase nada en este punto en cuanto las circunstancias y disposiciones de su hijo permitían, aparte de notificarle que tendría a su lado un confesor —¿quién?— para darle con piadosa solicitud los auxilios espirituales y buenos consejos.

No voy a parafrasear la misiva, que dejo al libre parecer de cada cual —la imposibilidad de que don Carlos suceda a su antecesor en el trono es una prueba de su desaparición física—, pero si debo agregar que el correo dirigido al pontífice iba acompañado de recomendaciones para Juan de Zúñiga, abordadas en los siguientes términos: «Si haviendo leído la carta, Su Santidad quisiese entrar en la plática desta materia, y saber de vos las particularidades que en el discurso de la vida del príncipe han passado, y de que se infiere esta mi determinación, vos podréis en esta parte, por la decencia y honor del príncipe, escusarnos de condescender a actos muy particulares, asegurándole de lo que vos tenéis entendido del juicio que dél se ha hecho en el progreso de su vida, en conformidad de lo que agora sale»*.

La habilidad diplomática del cardenal Granvela, los oficios del nuevo embajador, deseoso de abrirse paso en la estimación real, y hasta la confianza patentizada por Felipe II al franquear a Su Santidad «secretos» que no fue capaz de confesar a nadie, tuvieron penetrante valimiento en el pontífice, tranquilizando su espíritu o doblegando sus aprensiones ante la certeza de que sus dudas no iban a ser jamás esclarecidas. La susceptibilidad de Pío V tenía que haber

---

* Archivo General de Simancas, Estado, legajo 906, folio 164.

dañado seriamente al monarca —nada podía molestarle más que sus actos pudiesen ser cuestionados por el vicario de dios— y, por fin, al llegar el ansiado mensaje cursado por Zúñiga el 25 de junio de 1568, pudo respirar tranquilo al estar superada la repercusión que el prendimiento había engendrado en la curia vaticana. El reciente embajador en Roma le narra que, tras haber sido necesario traducir su carta al italiano, el sumo pontífice, después de leerla, «dolióse en gran manera del trabajo de V. M., pero alabó mucho su determinación, porque entiende que la conservación de la Cristiandad está en que Dios dé a V. M. muchos años de vida, y después tal sucesor que sepa seguir sus pisadas; y esto suplica a Dios muy de veras y con muchas lágrimas. No paso en esta plática más adelante, porque su Santidad es corto en los discursos, quando no se le procura meter muy adelante en ellos, y en esto antes yo holgué de atajar la plática» [*]. El mensaje no es muy explícito sobre la emoción que pudo causar en Pío V la «substanciosa revelación», pese a sus lágrimas, pero sirvió para tranquilizar a Felipe II que ya no precisaba de más justificaciones ni, por supuesto, de dar explicaciones sobre los papeles que había requisado.

Reconozco que siempre he tenido la intuición de que la llegada a la Corte de la tranquilizadora misiva pudo ser el desencadenante primordial para que el rey, una vez sosegados sus ánimos, tomase la decisión de propalar la noticia —el 19 de julio de 1568— de que su descendiente se encontraba en grave estado, rompiendo de esta forma el silencio mantenido y abriendo un nuevo capítulo de reconfortantes proclamas acerca de su catolicidad, pero mi sospecha no he podido ratificarla adecuadamente al percatarme, durante una de mis visitas a la fortaleza de Simancas, que la carta en cuestión figura recibida el 9 de agosto de 1568, factor cronológico que echaba por tierra mi suposición si no fuese por la curiosa circunstancia de que todos los correos procedentes de Roma desde primeros de junio hasta finales de julio (prácticamente un intervalo muy amplio de dos meses) recogen la misma fecha de recepción, es decir, el comentado 9 de agosto, como si se hubiese producido un reagrupamiento de documentos controlados con una única data que dejaba la incógnita sin desenmarañar. El presentimiento, por tanto, sigue en pie.

El duque de Alba recibió el aviso el 9 de febrero, mientras que una oleada de enredos se esparcía por las diecisiete provincias. Las

---

[*] Archivo General de Simancas, Estado, legajo 906, folio 165.

murmuraciones resaltaban que el príncipe había pretendido asesinar a su padre para usurpar la Corona y hacían hincapié en que su caída en desgracia obedecía a que denotaba adhesión a los principios protestantes. Fernando Álvarez de Toledo quedó sumido en el confusionismo ante la detención por cuanto pidió que le diesen más detalles, mediante un comunicado del 19 de febrero que, como tantos testimonios esenciales, no ha podido ser localizado en Simancas. La fecha de la carta del duque se obtiene cuando se examina la réplica, datada el 6 de abril de 1568, texto que ya he referido y que es uno de los más contundentes de que la resolución era inapelable al matizar que «por consiguiente, resulta de un modo bien claro que mi objeto consiste en poner remedio definitivo a los males que podrían venir durante el resto de mi vida y, sobre todo, después de mi muerte» para terminar añadiendo: «Y ansi, como la causa de que procede la puede mal curar el tiempo, la resolución de que esta depende no la tiene», pasaje que puede resultar confuso en su trasfondo, pero que no me ofrece duda. El soberano viene a confirmar que el paso del tiempo no ofrece seguridad de que las convicciones del príncipe puedan cambiar ni tal eventualidad ser obstáculo para una determinación ya consumada y que, en conexión con los párrafos anteriores, implicaba que Carlos de Austria ya había abandonado el mundo de los vivos.

La correspondencia dirigida a Maximiliano II y doña María, encauzadas en su vertiente oficial por Chantonay y Venegas, llegó a la capital imperial el 17 de febrero de 1568 con la advertencia para los embajadores de «porque podria ser que demas de lo que yo le escribo, quisieren entender de vosotros si teneis otra particularidad tocante a este negocio, ha parescido advertiros que si os lo preguntaren, les digais que ni en el hecho ni en las causas que para el han ocurrido, no hay mas de lo que yo les escribo, ni teneis entendido otra cosa mas de lo que veran por mis cartas»[*]. Las inesperadas noticias produjeron el natural impacto, en este caso de sesgo emocional y notoria frustración, por los lazos familiares y la repercusión negativa que suponía ante el debatido matrimonio con Ana de Austria, y en los numerosos principados se desencadenaron habladurías de todo tipo, con especial incidencia en el terreno de las creencias religiosas, al atribuirse que el apresamiento se había realizado por mostrarse partidario del luteranismo, argumento nada inaudito ya

---

[*] Archivo General de Simancas, Estado, legajo 150, folio 2.

que la libertad de conciencia en estos territorios se había inclinado en favor de las tesis de Lutero. Esta impresión fue transmitida rápidamente el 29 de febrero de 1568 (probablemente tuvo entrada en la Corte en las postrimerías de marzo), si bien ya se estaba al corriente de que en el imperio predominaba una resuelta tendencia agresiva contra el arbitrario gobierno enclavado en Bruselas.

Las comunicaciones sostenidas con su hermana y el emperador están impregnada de veladas insinuaciones y palabras cautelosas como lo demuestra que Maximiliano II, al igual que el papa, había pedido «que quisiera mas claridad, para no dejar rienda tan suelta a los discursos» al recibir la primera notificación. Sólo una frase a su cuñado en la misiva del 19 de mayo de 1568, cuyo borrador está repleto de tachaduras y enmiendas en prueba de una elaborada meditación —«lo que se ha hecho no es temporal, ni para que en ello en adelante haya de haver mudanza alguna»—, es suficientemente expresiva para que se acepte que el juicio ya se había celebrado y la sentencia ejecutada, aunque, cuando se dirige a su hermana en idéntica jornada, se muestra más moderado, prefiere no repetir los términos usados con su esposo y, conociendo la beatería de María, declara con escrupuloso tacto «que pondría el mayor cuidado en todo lo concerniente al servicio y tratamiento del príncipe, así como a la salud de su cuerpo y de su alma». Maximiliano II se mostró medianamente satisfecho de su contenido, se negaba a zanjar el enlace de su hija Ana, pese a que se le había advertido que el compromiso estaba roto, y hasta anunciaba el envío de un emisario para solucionar todas las cortapisas, pero esta posición llegaba desfasada al partir su mensaje desde Viena el 27 de julio de 1568. A Felipe II, que ya estaba enterado con antelación de los propósitos de su cuñado, no le intranquilizaban en exceso las reticencias de una persona a la que no apreciaba por su proclividad hacia el dogma protestante, mientras que el talante de su hermana, piadoso hasta límites exagerados, debía haber quedado colmado espiritualmente.

La pasividad de la nobleza e instituciones castellanas, a despecho de los cotilleos extendidos por el pueblo llano, no influyeron para que Felipe II adoptase una prudente espera por cuanto ninguna voz se alzó contra el apresamiento. No existían factores para tener prisas, se habían tomado las medidas necesarias para que las consecuencias de la degollación estuviesen salvaguardadas —bajo juramento y acusación de crimen de lesa majestad si el silencio era violado— y otros puntos más importantes perturbaban su ánimo si se descorría el velo de la verdad con premura: el escepticismo de

Pío V, la desagradable emoción que la reclusión había engendrado en su hermana María y el impacto socio-político que podía generarse en los Países Bajos. El sobrecogimiento ocasionado en Roma y Viena fue notable, tenía un tinte relevante por los dignatarios implicados, y tal impresión se corrobora cuando Felipe II se vio forzado a escribir nuevamente a las dos partes en mayo de 1568 para reincidir sobre los móviles que le habían obligado al confinamiento de su hijo. Dar tiempo al tiempo era imprescindible para cercenar o por los menos atemperar las parlerías esparcidas por doquier y, en especial, para calmar los nervios que prevalecían en Roma, en Viena y también en Portugal, donde vivía la abuela del príncipe.

En pleno estío, Felipe II ya sabía que su constante afán propagandístico había calado hondo y que sus inquietudes habían terminado. Estaba a salvo la honorabilidad de su vástago por la edificante semana santa bien divulgada, se habían apagado los rescoldos de las suspicacias y ya no quedaban factores inestables que complicasen la noticia de una defunción sobrevenida por enfermedad que iría, inevitablemente, acompañada de fervientes muestras de religiosidad por si quedaba alguna duda sobre la catolicidad del encarcelado.

El calor del verano, difícil de soportar en la meseta, debía estar, por otro lado, engendrando estragos en un cadáver que llevaba ya cinco meses encerrado en un torreón —un emplazamiento en donde el sol aprieta hasta límites inconcebibles— y, pese a estar posiblemente embalsamado y hasta protegido por el sospechoso hielo que se acumulaba en el recinto, cabe inferir que la alta temperatura estaría provocando problemas que voy a omitir para no resultar truculento.

Sin llegar a compartir totalmente sus convicciones, voy a concluir esta pieza de la glosa con las presunciones que esgrime Manuel García sobre trama tan penosa. Sin encomendarse a dios ni al diablo, se atreve a observar sin cortapisas: «Opino que degollado el Príncipe embalsamaría su cuerpo el doctor Vega, su médico de cámara. Fundo mi opinión en que Felipe II, que tan mal atendía a la duquesa de Parma en las peticiones que le hacía sobre sus asuntos e intereses particulares, cuando estaba de gobernadora en Flandes, como consta de su correspondencia, se mostrase tan generoso con el referido doctor, concediéndole una ayuda de costa y una merced de por vida muy considerables como lo acredita la partida siguiente: data de ciento doce mil y quinientos mrs. (maravedíes) al doctor Vega por cédula fecha el 10 de septiembre de 1568, médico de cámara de S. A. de ayuda de costa, además de ciento cincuenta mil de merced de por vida. (Cargo y data de Alonso Velázquez de la Canal. Contadurías Generales, Primera Época, Legajo 1.054)».

Pocos párrafos más adelante, tras citar parcialmente los desórdenes cometidos por el prisionero según la versión pública de su deceso, añade: «¿Habría alguno entonces que creyera y ahora que crea, que el motivo porque se le consentían hacer los dichos excesos era por evitar algunas "otras cosas que fueran más peligrosas a su vida, y lo que es peor a su alma", como dice el secretario Zayas en la carta con que les envió dicha relación? (Estado. Legajo 906, folio 168 a 171). ¿Habrá alguno que no se persuada que el agua con que se regaba el cuarto, y la nieve que metía en su cama, no podía tener otro objeto que conservar el cuerpo embalsamado lo más fresco posible hasta el día que se le enterrase?».

Sus palabras son mis palabras, aunque tenga titubeos de que la prebenda al médico, pese a ser substanciosa, pudiese partir expresamente del embalsamamiento. La generosidad en privilegios similares era frecuente, pese a los altibajos de las finanzas, y el otorgamiento, a pesar de que la fecha puede favorecer la susceptibilidad, no es un argumento contundente, sino un resquemor bien formulado y, en cierto modo, ratificado por Fourquevaulx, si se considera el comentario que vertía el 26 de julio de 1568 tras el rapidísimo entierro. El representante galo concretaba que, al abrirse el féretro para que pudiese ser identificado, había podido ver el cuerpo y escribía: «Le he visto el rostro y no observé que se lo hubiera cambiado la enfermedad; únicamente estaba un poco amarillo, pero pienso que no le quedaban más que la piel y los huesos».

En este mesmo año murio la Reina D.ª Isabel i la guerra de Flandes se fue entreteniendo con varios suscesos que en las historias que dello tratan se quentan hasta el año de mill i quinientos y setenta i tres en que el Duque de Alba se retiro del mando i gobierno de las Provinzias de la Flandes i le substituyo el Duque de Medina celi que no quiso mandar i se encargo por ultimo del mando a D.ⁿ Luis de Requesen el qual dio algunos combates con vario resultado i deseoso de poner termino a aquella desastrada guerra dio un perdon para que todos pudieran volver libremente a sus casas los que andaban desterrados a condizion de que se havian de renunziar a vivir como hereges por lo qual fueron mui pocos o ningunos los que volvieron i por esto siguio la guerra con varia fortuna hasta que murio Requesen en el ano de mill i quinientos i setenta i cinco. Con su muerte quedaron libres las provinzias i el de Orange formo el proposito de reunir todas las provinzias en una i sacudir el iugo de la España. En el entretanto nombro Phelipe de España para Governador a su hermano D.ⁿ Joan de Austria. El Rei al sacar de la oscuridad a este Prinzipe habia formado el desinio de hazerle de la Iglesia a cuio fin tra-

taba de que el papa le diesse el capelo de Cardenal pero el Prinzipe demostro mas afizion a las armas i el Rei dejo que siguiera su inclinazion como en efeto la siguio haziendose zelebre en la guerra contra los moros revelados de las Alpuxarras de Granada i luego ganando la famosa batalla de Lepanto honrra i prez de las armas cristianas fue pues este aunque era Joven manzebo encargado de governar a Flandes i desque partio alli i vio que estavan mui malas las cosas conoscio que lo mejor que hazerse podia afin de ganar tiempo era tratar con los Prinzipes i señores rebelados i assi lo hizo, tratando assi mismo de casarse con la Reina de Escozia de todo lo qual daba parte a su secretario D.ⁿ Joan de Escovedo que entonzes estava en Madrid este no aprobo nada de lo que trataba de hacer i procuro disuadille diziendole que mirase con quien se las habia i si el Rei lo viniera a saber puede ser que lo pasara mal i tras desto para disuadille de que no hiziera trato ni contrato con los Rebeldes i para que en nada faltasse a las ordenes que de su hermano tenia reszibidas le conto mui a menudo en su carta todo lo que habia suzedido con el Prinzipe D.ⁿ Carlos i le dezia que se mirasse mui bien en los males que acarrearsele podrian i con esto i algunas otras cosas que io las vi escritas cerro su carta i enviola con un correo tenia dada orden el Rei D.ⁿ Phelipe que todas quantas cartas escrivieran i enviaran a personas allegadas suias se las entregaran a el antes assi lo hizieron desta i assi que la huvo visto se enfurezio de ver que le vendian sus secretos i determino castigar esta falta al efeto i segun despues supe llamo a Antonio Perez i mandole que con secreto despachasse a Escovedo i Perez cumplio tan bien su orden que una noche quando Escovedo se iba a su casa i que tenia de costumbre de pararse a rezar una salve a la Virgen de la Almudena en su camarin le assaltaron no se sabe quantos hombres i lo cossieron a puñaladas. D.ⁿ Joan de Austria tambien ~~tambien~~ murio en Flandes poco tiempo despues del disgusto que tenia de ver que no se le enviaban socorros de España para seguir la guerra contra los rebeldes algunos mal intenzionados dentre los reveldes que esperavan un mui poderoso ausilio en el Principe D.ⁿ Joan dijeron i echaron voz por ahi de quel Prinzipe habia muerto de veneno que le habia hecho ministrar el Rei acusazion que io ni nadie creera si atendemos al chistiano corazon de nuestro catholico monarca de todos modos el Rei llego a saber no se por donde que Antonio Perez tenia trato con los rebeldes cuia osadia iba cresziendo por dias i le mando prender acusandole de la muerte de Joan de Escovedo i mandandole ocupar todos los papeles que en su casa habia pero la muger de Antonio Perez a quien este habia .... condio todos los papeles i nada hallaron Perez pudo escaparse de la carzel i passo a Aragon i en la Ciudad de Zaragoza dijo que le habian hecho desafuero la corte i pidio que le juzgasse el Justizia maior assi iba a hazerse pero sabiendo el Rei lo que passaba envio tropas a Aragon en busca de Perez ia lo llevaban presso pero la plebe se amotino y se lo arranco a las tropas i el se salvo huiendo a Franzia donde hoi dia vive aunque sin poder tonar (*sic*) a su patria porque en ella esta puesta a prezio su caveza i ia cuidara el de mirar por su propia conservacion.
Fin.

Las páginas que rematan el opúsculo abarcan un largo periodo que se extiende desde octubre de 1568 hasta comienzos de 1592. No es factible asegurar que estas líneas pudiesen ser escritas con intermitencia y más bien parecen elaboradas de un solo golpe literario para cerrar, sin nuevas aportaciones vitales y cierto grado de superficialidad, el contenido del manuscrito.

Isabel de Valois murió, superados los dos meses del fallecimiento oficial del príncipe, en un día que amaneció luminoso y se cubrió de oscuridad en un instante. El monarca, sin descendencia masculina, contrajo su cuarto matrimonio por poderes en Praga. Ana de Austria, su sobrina y eterna prometida de su hijo, se convirtió en su última esposa en el alcázar de Segovia, en cuya capilla se celebró la misa de velaciones el 14 de noviembre de 1570. No pienso entrar en un peliagudo debate sobre la muerte de la joven francesa, ni hacerme eco de las acusaciones vertidas por Guillermo de Nassau de que la reina —difunta a los veintidós años— fue también exterminada por el rencor de Felipe II. La interpretación del intrépido insurrecto está respaldada por obras anónimas que ni siquiera voy a contemplar y la opinión más generalizada hace recaer en los médicos tropelías derivadas de su pobre preparación profesional. El deterioro tuvo sus primeros signos en junio de 1568, cuando presentaba síntomas de gestación —dos faltas en sus menstruaciones— y padecía continuas jaquecas, vómitos, postración, inapetencia, insomnio y un vientre hinchado. La soberana empeoraba en julio, viéndose obligada a guardar cama casi diariamente mientras se veía asediada por mareos y repentinos desmayos, crisis que fueron agudizándose hasta que en septiembre, a juzgar por los síndromes de hematuria en la orina y dolores de ijada, sufrió un cólico renal y una evolución infecciosa irreversible. El domingo 3 de octubre, tras haber sido confesada por Diego de Chaves dos días antes, sin comulgar por las constantes náuseas que sufría, no resistió el aborto de un feto hembra de unos cinco meses y apenas dos horas después moría tras haber sido visitada por su marido.

El duque de Alba dejó su preponderante puesto y partió para Castilla el 18 de diciembre de 1573, casi con plena seguridad acompañado por su fiel servidor Juan de Vargas*. El duque de Medinaceli, destinado para sustituirle, renunció a tan espinoso caudillaje

---

* El licenciado Juan de Vargas, a juzgar por una memoria que dejó establecida para repartir sus bienes, falleció antes del mes de octubre de 1580, según consta en el Archivo Histórico de Protocolos de Madrid, Protocolo 759, folio 723.

sin tomar posesión y fue Luis de Requesens y Zúñiga el prócer de la próxima gobernación mediante juramento prestado el 29 de noviembre de 1573. Su política tuvo un sesgo ambivalente de guerra y diplomacia apoyada en el levantamiento de las impopulares reglas adoptadas por su predecesor, dado que, efectivamente, concedió una amnistía y abolió los impuestos sobre las ventas. Su deceso se produjo el 5 de marzo de 1576, a las tres de la madrugada, y no en 1575 como señala la relación.

Guillermo de Nassau, siempre beligerante, promovió un pacto de mutua alianza entre las provincias del norte y del sur (acuerdo denominado pacificación de Gante) para expulsar a los castellanos y, en general, los datos añadidos son noticias escuetas, pero correctas, aunque el cronista tiene mala memoria, acaso celo patriótico, y no precisa que el tratado firmado tuvo su cimiento en los alborotos producidos como consecuencia de que los soldados habían saqueado Amberes porque no percibían sus pagas debido a la penuria de medios económicos de las arcas reales. Los famosos tercios de la monarquía, respaldados a su vez por mercenarios de origen valón, alemán o italiano, destruyeron la populosa urbe, mataron a cientos de seres humanos y cometieron toda clase de atrocidades con una absoluta irreverencia hacia los templos que fueron desvalijados y profanados en sus bienes y personas.

Con independencia de los pasajes sobre la guerra contra los moriscos en Granada y la batalla de Lepanto, que cimentaron su fama, la existencia de Juan de Austria y su implicación en el gobierno de Bruselas ofrece una trama complicada de sintetizar en breves párrafos. El héroe que había destrozado a la flota turca se convirtió en un estandarte de la cristiandad, respaldado por Pío V, y en un adulado galán deseado por las mujeres por su indeleble fama de épico guerrero. Los círculos del poder y las ambiciones de su secretario Juan de Soto le empujaron a tomar derroteros más provechosos que el tálamo y la lisonja. Respaldado por el papa Gregorio III, a continuación del fallecimiento de Pío V, sin haber recibido órdenes desde Castilla, organizó una potente armada naval para someter diversas comarcas de Túnez, incluida la capital, construir una ciudadela sin acatar las instrucciones para desmantelar las fortificaciones, y dejar como sostén de su triunfo una guarnición de ocho mil mercenarios y un hombre de paja —Muley Mahamet— colocado en el mando. Gregorio XIII sustentaba la tesis de conservar la conquista antes de entregársela a un moro, Juan de Austria participaba de idéntico convencimiento y sus acciones despertaron la susceptibilidad de Felipe II sobre sus aspiraciones, máxime cuando el pontífice le proponía que estudiase la posibilidad de investirle con el título de rey de Túnez, fundar un reino cristiano en África, casarle con María Estuardo y sopesar la conveniencia de una invasión de Inglaterra. Las recomendaciones no obtuvieron el beneplácito de Felipe II, que ya había tomado el recurso de apartar a Juan de Soto en la creencia de que su ascendencia alentaba las ambiciones de su hermanastro.

Juan de Austria recibió el aviso de sustituir a Luis de Requesens a principios de mayo de 1576, encontrándose a la sazón en plena holganza por Lombardía y alejado de su preciado Nápoles, en cuya población su prestigio había declinado por la repercusión de sus aventuras amorosas, la pérdida de Túnez y un comportamiento tendente al disfrute de los placeres sin intervenciones bélicas que debilitaron su fama de baluarte cristiano. Los mandatos reales no fueron respetados por el joven, que tuvo la osadía de embarcarse para la península, recalar en Palamós y adentrarse en Castilla para reunirse con el monarca en el palacio de El Escorial (en construcción) en el verano de 1576. El cinismo de Felipe II y su proclividad hacia la simulación calmaron las ansias de su pariente. El espurio descendiente del emperador se puso en marcha hacia su destino y tras un rocambolesco viaje por Francia, disfrazado de criado de Octavio Gonzaga, pudo alcanzar Luxemburgo el 3 de noviembre de 1576, al día siguiente del saqueo de Amberes, de cuyo evento nace la denuncia de que al llegar a su destino «vio que estavan mui malas las cosas».

Todas las provincias, menos Luxemburgo y Limburgo, exigían la salida de los tercios, la abolición de los edictos represivos promulgados años antes y la convocatoria de los Estados. La influencia de Guillermo de Nassau era demasiado notoria, a pesar de su condición de proscrito, y don Juan tuvo que enfrentarse a duras negociaciones que estuvieron a punto de quebrarse, aun cuando Felipe II había calmado su belicosidad y estaba dispuesto a otorgar concesiones inconcebibles al comenzar la represión. El 13 de febrero de 1577, aun reputando que las condiciones impuestas eran muy exigentes, el nuevo gobernador firmó el edicto perpetuo que confirmaba la pacificación de Gante y establecía que sus tropas saldrían en el plazo de cuarenta días — evacuación que fue acordada que se realizase por tierra y no por mar— y las pagas de los mercenarios satisfechas en parte por los Estados Generales. A cambio se sometían a Juan de Austria, se garantiza el culto católico en todo el territorio y se prometía romper lazos con aliados extranjeros que habían protegido siempre sus reivindicaciones y las contiendas sostenidas contra el poder hispano. La salida de los soldados dificultaba una agresión contra Inglaterra que liberase a María Estuardo y derrocase a Isabel, paso inevitable para que el héroe de Lepanto pudiese ver cristalizadas sus aspiraciones de unirse conyugalmente con la reina de Escocia.

Don Juan, que en las tensas negociaciones veía desmoronarse su anhelo inglés, procuró de Felipe II, a través del carteo entre sus respectivos secretarios, que le permitiese renunciar a su misión con la finalidad de incorporarse al alcázar. La imprudente carta de Escobedo a su amigo, datada el 7 de febrero de 1577, ponderaba la prudencia demostrada por su alteza —título que continuamente se le había negado— y la conveniencia de que el rey fuese desahogando en nuevos dignatarios su capacidad dirigente por el paso inexorable del tiempo. Antonio Pérez, ambicioso e inteligente, favorito indiscutible en aquellos momentos, aguzó sus sentidos al máximo cuando recibió la insinuante notificación, en tanto que don Juan, pese a todo, ejercía sus responsabilidades entrando en la ciudad bruselense para jurar las leyes y privilegios de los diecisiete Estados, ayudar mediante empréstitos para que sus guarniciones pudiesen abandonar el territorio —el 21 de abril de 1577 salieron las primeras fuerzas— y hasta contribuir en los festejos por la paz.

El príncipe de Orange, por el contrario, persistía en su animosidad y en Holanda y Zelanda se infringieron los acuerdos del edicto perpetuo, negándose a transigir con el culto católico mientras, a su vez, los Estados pretendían que los dos regimientos alemanes que le servían de guardia al gobernador dejasen también el país. Estas coacciones persuadieron a don Juan de que la paz mostraba síntomas de no ser respetada, envió a su secretario a la Corte para que informase de la situación y tuvo el atrevimiento, más en consonancia con sus belicosas condiciones genuinas, de alejarse de la capital de Brabante, conquistar la fortaleza de Namur y reanudar la lucha en contra de la voluntad pacífica que, paradojas del destino en manos del dinero, imperaba en el ánimo del rey.

Todo el corto fragmento sobre la estancia del montañés en Madrid y su obligación de cartearse con Juan de Austria, para disuadirle de que no se empleasé con hostilidad y acatase las órdenes, aderezado con el capítulo de una misiva interceptada en cuyo contenido, además de distintos extremos, se narra lo sucedido con don Carlos, parecen tener como único objetivo la justificación del asesinato, cometido al amparo de la noche en una solitaria calleja cercana al templo de Santa María.

Antonio Pérez y Juan de Escobedo se habían desenvuelto al amparo de la protección de Ruy Gómez y en ambos anidaban un buen cúmulo de fervores y una desmedida codicia respaldada por una camaradería que les beneficiaba mutuamente. Antonio Pérez, más hábil y lúcido, con mejor formación pese a su denostado origen —se afirma que en realidad era hijo del príncipe de Éboli y que en su ascendencia se ocultaban antecedentes hebraicos—, se había convertido en la mano derecha del rey, y el hidalgo oriundo de Cantabria consiguió, por la intermediación de su amigo, el destino de secretario de Juan de Austria en la primavera de 1575. La desmesurada avaricia que demostraba Antonio Pérez —su fastuoso ritmo de vida le forzaba a obtener cuantiosos ingresos— le lanzó a la perpetración de oscuros negocios en los dominios italianos y neerlandeses, valiéndole veladas acusaciones de vender secretos de Estado, cobrar dinero por la asignación de funciones, tolerar regalos en compensación de turbios servicios y sostener, asimismo, una unión íntima con la princesa de Éboli, viuda de Ruy Gómez. Las palabras de Gregorio Marañón al advertir que «firmas de cheques, y no cartas de amor, eran las que movían este negocio escandaloso» desdicen los amoríos y que la pasión fuese descubierta por el cántabro, provocando su ira y la amenaza de revelar el ilícito contubernio. La amistad entre ambos hombres sufrió un enorme deterioro en auxilio de sus respectivos intereses —aparente fidelidad al poder real, por una parte, e intento de medrar a costa del brillante porvenir que podía esperarle a Juan de Austria, por otra, en un disparatado juego de astucias difícil de relatar en unas breves líneas— y tal encono fue el desencadenante de un crimen incitado por el secretario real y respaldado por Felipe II.

El monarca no estaba aquietado con la acometividad del ayudante de su pariente en las exigencias que presentaba, detestaba su acrimonia y escuchaba con satisfacción las instigaciones para apartarle del nefasto valimiento que ejercía sobre su hermanastro. El verdinegro, como le apodaban, en alusión a su carácter bilioso y atrabiliario, estaba condenado a muerte por confusos tapujos de Estado mezclados con violentas pasiones. Cuanto dejo consignado está apoyado por Cabrera de Córdoba que manifiesta, refiriéndose a su osadía: «No desistía punto de importunar al rey por el despacho de don Juan y breve provisión de dinero, de manera que le era molesto, porque le enviaba papeles libremente escritos y comunicaba sus negocios con Antonio Pérez, de quien fiaba; y el rey decía era terrible y se abstuviese de la diligencia extraordinaria, y como interesada, que ponía en las cosas de Don Juan; y Antonio Pérez malignaba esta solicitud y las peticiones, y assi le mando el rey dixese a Escobedo se moderase en el escribir, porque si lo que le escribió le dixera a boca, no sabía si pudiera contenerse para no descomponerse con él. Más prosiguió en el tratar las demandas de don Juan con más ahínco, priesa, cuidado y enfado de su majestad, porque le eran odiosas las materias, y las consultaba con el Marqués de los Vélez, de su consejo de Estado y mayordomo mayor de la reina, ministro comunicado con amor y continuación y muy importante entonces de los mayores secretos, y trató al Escobedo como persona en todas partes mal quisto».

La puntualización del autor de que había visto escritas las advertencias y recomendaciones del hidalgo montañés entran dentro del ámbito de una difícil posibilidad en el momento de producirse los hechos y parece más lógico interpretar que tuviera conocimiento de las circunstancias expuestas cuando los endemoniados papeles de Antonio Pérez estuvieron danzando de un lado para otro en su intento de salvaguardarlos del acoso regio. El historiador no tiene el menor reparo en adjudicar al soberano la orden de matar a Escobedo, si bien pocos trazos más adelante, sobre la imputación de que Felipe II había mandado envenenar a don Juan, niegue la acusación atendiendo «al christiano corazón de nuestro católico monarca» e incurriendo en una palmaria contradicción de tipo moral que ocasiona perplejidad, pero que pudiera tener fundamento si se repara en la opinión vertida por fray Diego en una carta dirigida a Antonio Pérez. El confesor, capaz de mantener separadas sus creencias religiosas de las repugnantes maniobras de rango político, se expresa: «le advierto, según lo que yo entiendo de las leyes, que el príncipe seglar que tiene poder sobre la vida de sus súbditos y vasallos, como se la puede quitar por justa causa y por juicio formado [¿un vago recuerdo a la causa criminal y posterior ejecución de don Carlos?], lo puede hacer sin él, teniendo testigos, pues la orden en lo demás y tela de los juicios es nada para sus leyes: en la cuales él mismo puede dispensar; y cuando él tenga alguna culpa en proceder sin orden, no la tiene el vasallo que por su mandato matase a otro, que también fuese vasallo suyo; porque se ha de pensar que lo manda con justa causa, como el derecho presume que la hay en todas las acciones del príncipe supremo».

Se confirma, pues, que Juan de Escobedo no era nada sensato al poner en ajetreo la pluma, y este aserto aparece ratificado en el proceso de enquesta entablado ulteriormente contra Antonio Pérez. En este juicio, uno más de los que se montaron al fugitivo, se dice «que antes de matar a Escobedo hubo orden de hacer quemar los papeles del dicho Escobedo por los cuales constaba de las dichas relaciones, crímenes y delitos de fama pública». Asimismo es verídico que se fisgaba en los correos ajenos y todas estas maniobras, propias de un melodrama indecente, hacen que sea imposible desechar las observaciones de la monografía al elucidar, al menos parcialmente, los móviles del crimen. Como decía Gregorio Marañón, penetrante escudriñador del espíritu de la época, «las intrigas políticas de hoy son cosa de niños comparadas con las de estos hombres, a los que, dígase lo que se quiera, faltaban frenos que funcionan hoy automáticamente en la conciencia de cualquier ser humano, salvo los notorios criminales».

Juan de Austria, tras la toma de Namur y una fracasada tentativa de adueñarse de Amberes, reanudadas las hostilidades, pide que retornen los tercios, movimiento que se cumpliría a principios de 1578 con la llegada de Alejandro Farnesio, cuyo genio militar se demostraría en las duras contiendas que sostuvo hasta su fallecimiento en 1592. El vástago de Margarita de Parma, partícipe en la batalla de Lepanto, alcanza una fulgente victoria en la batalla de Gembloux y en pocas semanas resonantes éxitos en el sur del territorio, destrozando a los soldados de los Estados Generales. Don Juan, cuya salud no era nada convincente, recibe en las postrimerías de febrero instrucciones para pactar un arreglo cuando la pugna bélica era favorable, conoce a continuación la eliminación de su ayudante, intuye las artimañas instigadas en Madrid —muerte por disgusto— y con la moral baja, acosado por una depresión similar a las que padeció Carlos V, empieza a tener ataques de fiebre en el verano de 1578, que se agravan al culminar septiembre con insistentes vómitos, temperatura aún más elevada y fuertes dolores. Convencido de que su dolencia no tiene remedio confiere sus competencias de gobernador y jefe del ejército a su sobrino Alejandro y muere, a la una de la tarde del 1 de octubre de 1578.

A las voces de una defunción por envenenamiento, de cuya perpetración no hay testimonios, se unen dispares factores desencadenantes como el tabardillo —tifus exantemático— un padecimiento venéreo e incluso, aunque sea una tacha en su aureola épica, por el tajo de una lanceta aplicado en una almorrana con la consiguiente hemorragia que pudo dar al traste con su existencia. Dionisio Daza Chacón, uno de los médicos que atendió a don Carlos tras su caída en Alcalá de Henares, se inclina por esta hipótesis en una publicación relativa a la cirugía, editada en Valladolid en 1580, aun cuando historiadores más actuales insisten en el uso paulatino del veneno. Sus restos mortales fueron partidos en varios trozos para su traslado a Castilla, enterrados en el monasterio escurialense y sus papeles, como era proverbial, destruidos sin paliativos.

Las vicisitudes de Antonio Pérez, último individuo aludido en el opúsculo, han sido objeto de amplios trabajos y, para no convertir en interminable esta postrera parte de la glosa, voy a limitar mis expansiones literarias, a pesar de que la parquedad de los párrafos finales nada aclaran sobre la batalla abierta entre Felipe II y su ayudante durante doce años. El famoso secretario fue prendido por primera vez, al mismo tiempo que la princesa de Éboli, el 28 de julio de 1579, y encerrado sin asperezas en la casa del alcalde de Corte en tanto que doña Ana de Mendoza era conducida al castillo de Pinto y confinada después para toda la vida en sus propiedades de Pastrana hasta que pereció el 12 de febrero de 1592.

Tan sólo dos semanas después de haber sido detenido, Diego de Chaves le visitó y pretendió calmar su excitación con una frase eufemística que tiene una especial hondura. El fraile, socarrón, para tranquilizar al prisionero, le dijo simplemente: «vuestra enfermedad no será mortal», cuando no mediaba rastro de mala salud en el antiguo favorito del rey. Cualquiera que hubiese escuchado su aseveración no le habría encontrado sentido en la ignorancia de los sucesos acaecidos hacia más de once años, pero sin duda encierra una diáfana metáfora. Enfermedad equivale a encarcelamiento —como el propio don Carlos— y la seguridad de que el trance no degeneraría en condena de muerte una alusión más al sangriento fin del príncipe de Asturias que ambos debían recordar con toda clase de detalles. El mensaje es inequívoco y no puede dársele distinto significado por mucho que se busque en los pliegues ocultos del alma de un hombre que llevaría su conducta por caminos que merecen repulsa por su maleable catolicidad siempre supeditada al poder terrenal.

El encierro de Antonio Pérez no tuvo la rigidez de una severa reclusión, puesto que en las postrimerías de 1580 ya residía en su casa, ubicada en la plaza del Cordón, con vigilancia, pero gozando de cierta libertad que fue aumentando con el paso de los primeros años hasta desempeñar, por intermedio de sus oficiales, cometidos derivados de sus funciones burocráticas, pese a que tan sólo un mes después de su detención fuese designado Juan de Idiáquez para despachar la Secretaría de Estado. Sin otorgar pábulo al asunto, Felipe II mandó instruir una indagación reservada de su comportamiento por intermedio de Rodrigo Vázquez de Arce, que cristalizó en un proceso de visita formalmente instruido —una especie de inspección fiscalizadora tendente a descubrir cohechos en la administración— y dirigido por el licenciado Tomás Salazar. Los supuestos delitos estaban fijados el 12 de junio de 1584, imputándole riqueza en inmuebles, caballos, criados, joyas y rentas cuantiosas desproporcionadas con sus emolumentos y dándole el plazo de doce días para que ejercitase su defensa. La acusación centraba su boyante situación económica en ventas de cargos realizados por su privilegiada posición, negocios ilícitos con la princesa de Éboli, haber faltado a la fe jurada al tomar posesión de su empleo, divulgado secretos de Estado y de haber manipulado a su antojo cartas y avisos. Hay constatación de que ante semejante adversidad llamó a Diego de Chaves, que mantuvieron una entrevista en el monasterio de Atocha —sitio propicio para reuniones nada convencionales que se celebraban con frecuencia— y que el secretario le mostró pruebas escritas de su inocencia por primera vez, dando con ello pie para que «el fraile quedase ganoso de cogerle los papeles», según refiere Gregorio Marañón.

La sentencia, fallada el 23 de abril de 1585, le sancionaba con dos años de prisión, diez años de destierro, a treinta leguas de distancia, la lógica suspensión temporal de su oficio en dicha etapa de extrañamiento o el término que se dispusiese, restituir a la familia Mendoza las joyas u objetos derivados de su afinidad con la princesa vigilada en Pastrana —o su equivalencia en dinero incrementada con una elevada indemnización— y con pagar al fisco la cifra de más de un millón y medio de maravedíes.

Felipe II se desplaza a tierras aragonesas para celebrar las consabidas sesiones de Cortes mientras su antiguo secretario, en colaboración con su mujer, organiza un rocambolesco episodio de huida refugiándose en la iglesia de San Justo y Pastor, de cuyo recinto, no obstante la protección que implicaba, fue sacado con violencia por los alcaldes, escribanos y oficiales para ser conducido, al principiar febrero de 1585, en un coche de mulas, con las manos esposadas y grilletes en los pies, a la fortaleza de Turégano, sin que todavía le hubiese sido comunicado el fallo del proceso de visita. Durante esta detención parece ser que le fueron incautados algunos papeles que tenía en su despacho, siguiendo probablemente órdenes de fray Diego, pero los documentos importantes, nada menos que unos treinta cofres según algún testimonio válido, ya debían encontrarse muy lejos de Castilla.

Las peripecias de Antonio Pérez —una desigual lucha entablada con el propósito básico de adueñarse de los antecedentes comprometedores que poseía— iban a continuar sin tregua y tras otro conato fallido de evasión se produjo un endurecimiento en las condiciones de su reclusión y, lo que es más terrible, el apresamiento de su cónyuge y de todos sus hijos. A tales hechos, con intervalos borrascosos o dulcificados en virtud de la ocultación o localización de los valiosos papeles —los entregados por doña Juana mediante Diego Martínez en Zaragoza no tuvieron la trascendencia esperada, según pudo comprobar Diego de Chaves tras muchos días de escrutinio—, siguió en la primavera de 1588 una demanda a instancias de Pedro de Escobedo, primogénito del hombre asesinado diez años atrás, contra el instigador del crimen que estaba, de nuevo preventivamente, encerrado en la cárcel de Torrejón de Velasco después de haber disfrutado casi de plena libertad durante más de catorce meses. La ambición del demandante, la traición de uno de los implicados en el suceso, la envidia de los cortesanos y la sombra del monarca volvieron a sembrar el caos sobre la perseguida figura, encerrada esta vez en la casa de Cisneros.

La persecución legal estuvo a punto de concluir cuando el acusador, sumido en la penuria económica, aceptó una transacción consistente en recibir veinte mil ducados a cambio de que cesase el litigio, se liberase al encausado y se le devolviesen sus bienes, pero la contumacia de Felipe II, empeñado en esclarecer el trasfondo del asesinato —una escabrosa trama de conciencia, ya que estaba al corriente de los móviles— hizo que el juicio continuase para llegar a su apogeo el 23 de febrero de 1590 cuando Antonio Pérez fue sometido al humillante tormento —ocho vueltas de cordel— e hizo una prolija declaración probatoria de los contubernios y repelentes maniobras que le comprometían y ponían a salvo la honorabilidad del rey. El temor del cadalso y su temperamento le permitieron, en convivencia con sus partidarios y «despistes» de sus remunerados guardianes, proyectar otra liberación, esta vez consolidada con el éxito el 19 de abril de 1590, miércoles santo por más señas, para, tras una penosa cabalgada, bien preparada para que no pudiese ser interceptado, rebasar la frontera de Aragón, acompañado por sus criados Gil González y Gil de Mesa —obsérvese la coincidencia de los nombres con el testigo presentado en la causa—, guarecerse en sagrado y acogerse al llamado derecho de manifestación que inhibía la potestad real y le dejaba, permaneciendo en la cárcel zaragozana, en espera del dictamen jurídico supremo del justicia de Aragón. La sentencia en Castilla fue promulgada el 1 de julio de 1590. Su texto decía que visto «el proceso y causa de Antonio Pérez,

Secretario que fue del Despacho Universal de Su Majestad, dijeron: que por la culpa que de todo ello resulta contra el dicho Antonio Pérez, lo debían condenar y condenaban en pena de muerte natural de horca y a que primero sea arrastrado por las calles públicas en la forma acostumbrada. Y después de muerto le sea cortada la cabeza con un cuchillo de hierro y acero y sea puesta en lugar público».

La escapada hacia Aragón, un plan maestro diseñado con sutileza, no iba a terminar con los quebrantos y disgustos. Desde la primavera de 1590 vuelve a producirse la persecución real cursando pautas a micer Pérez Nueros, fiscal en el reino fronterizo, para que entable acciones judiciales contra el fugitivo. La probabilidad de una absolución hizo que se retirase el primer litigio el 18 de agosto de 1590 con el peregrino argumento de que para responder a la defensa sería preciso «tratar de negocios más graves, de lo que se sufre en procesos públicos, de secretos que no convienen anden con ellos, y de personas cuya reputación y decoro se debe estimar en más que la condenación del dicho Antonio Pérez», aunque se reserva el derecho de pedirle cuenta y razón de los delitos. Para evitar que pudiese ser liberado y decidiese cruzar los Pirineos, el rey amparó la causa incoada por terceras personas que le acusaban del envenenamiento de dos sujetos y entabló un proceso de encuesta, similar al de visita castellano, aparte de impulsar algún atentado que pusiese fin a su vida. Los sucesivos fracasos le instigaron, para eludir la jurisdicción de Aragón, a instar la intromisión inquisitorial por blasfemias heréticas, homosexualidad, sospechas de herejía y cuantos demasías podía respaldar el celo eclesiástico, iniciativa secundada por el inquisidor Molina de Medrano, el conde de Chinchón y por Diego de Chaves. La intervención del confesor como calificador pone en entredicho su objetividad y evidencia su obligación de servir al poder por encima de cualquier delicada materia.

El problema de la rivalidad entre las instituciones jurídicas aragonesas y el tribunal religioso —resuelto en favor de este último— iba a provocar serios tumultos y el 24 de mayo de 1591, cuando Antonio Pérez fue trasladado a la cárcel, se produjo una violenta resistencia popular, secundada por la nobleza fuerista, que produjo la defunción de Iñigo de Mendoza, marqués de Almenara, enviado por la monarquía castellana para cumplir con una misión, el asalto al castillo de la Alfajería, donde estaban radicadas las mazmorras inquisitoriales y el reingreso del encarcelado a su presidio primitivo. La respuesta de Felipe no se hizo esperar, designó una junta consultiva, inició la movilización de tropas con el pretexto de encaminarlas hacia Francia y persistió, pese al primer fiasco, en su deseo de que el Santo Oficio se apoderase del preso para que fuese juzgado por una sarta de pecaminosos desaguisados sin justificación. El 24 de septiembre de 1591, habiéndose tomado precauciones para que no se repitiesen los alborotos de mayo, con las calles ocupadas por huestes armadas para evitar la resistencia fuerista y popular, los alguaciles intentaron consumar con éxito las órdenes recibidas. La reiterada protesta de los partidarios de Antonio Pérez, que ya estaban dispuestos para interponerse, a despecho de la presencia de patrullas, produjo otra reyerta saldada con quince muertos, muchos heridos graves, los conatos de quemar las casas del gobernador y del virrey y, en definitiva, la puesta en libertad del preso, que se escondió en la casa de don Martín de Lanuza, uno de sus más fervorosos simpatizantes y acérrimo protector de los privilegios de su tierra.

El 15 de octubre de 1591, Felipe II escribía a los jurados de Zaragoza anunciándoles que su ejército estaba presto a las órdenes de Alonso de Vargas, viejo caudillo de los famosos tercios. El nuevo justicia de Aragón, el jovencísimo Juan de Lanuza por fallecimiento reciente de su padre, tras analizar que la entrada de fuerzas estimadas como extranjeras constituía contrafuero prohibido por las leyes, se aprestó a reagrupar sus recursos para oponerse a los invasores. El 8 de noviembre de 1591, en el llamado campo del toro, pasó revista a sus tropas, unos mil quinientos hombres mal equipados, en su mayoría menestrales y labradores sin la preparación adecuada y capitaneados a su vez por hidalgos sin la destreza bélica necesaria, para enfrentarse al contingente de don Alonso compuesto por doce mil infantes y dos mil aguerridos jinetes. Sin entrar en batalla, con los aragoneses en desbandada ante la superioridad del adversario y sin auxilios que les fueron negados por Cataluña y Valencia, penetraron las fuerzas reales en la población. El 20 de diciembre, a las diez de la mañana, sumida la ciudad en un silencio sepulcral, Juan de Lanuza fue degollado sin juicio previo, dando paso a numerosas ejecuciones y el rigor en refutables delitos contra la fe.

Poco antes de que don Alonso penetrara en la urbe, Antonio Pérez y sus incondicionales emprendieron la fuga hacia la frontera francesa, cuya divisoria cruzaron por caminos helados y en la oscuridad de la noche, para encaminarse hacia Pau y guarecerse, como ya he señalado, al abrigo de la protección brindada por la hermana del rey francés Enrique IV. El 17 de enero de 1592 se promulgó un perdón general, con abundantes excepciones, y luego fue difundido un edicto poniendo precio a la cabeza de Antonio Pérez, por cuya captura o muerte se ofrecían 6.000 ducados, última referencia del opúsculo con la afirmación de que el fugitivo todavía vive con el cuidado de mirar por su propia conservación en territorio galo.

La desigual batalla había concluido, pese a los frustrados atentados que se llevarían a cabo contra el refugiado en el país vecino, pero la guerra de los papeles, el argumento desencadenante de la persecución, quedaba sumida en la penumbra de la historia. El valor de los documentos en cuestión, mil veces ponderado por Gregorio Marañón, me obliga a terminar la glosa, haciéndome eco de las palabras del doctor:

«Ya libre de la amenaza directa del monarca, Antonio Pérez, en Aragón, como después en el extranjero, pudo cambiar la táctica de sumisión y de afectada fidelidad al rey por un juego más libre, manejando habilísimamente las ventajas de estar en un país hostil a Castilla, dando así aquella impresión de fuerza ante el rey más poderoso del mundo que ha llenado de admiración a los historiadores, incluso a los antiperecistas. Pero ni entonces ni después, hasta que murió, abandonó un cierto respeto a la figura de Felipe II; nunca hizo uso, según todas las probabilidades, de los papeles más graves, que fueron aquellos que recogió en París, después de su fallecimiento, Don Rodrigo Calderón, de manos de Gil de Mesa. Tal vez privadamente diera cuenta de ellos a quien le conviniese o a quien se lo pagase; así como de otros secretos no consignados documentalmente, cual es de la ejecución de Montigny en los sótanos de la fortaleza de Simancas, que oficialmente había muerto de enfermedad; revelación que permitía suponer la misma muerte violenta y disimulada en otros personajes incómodos a la política del rey.

Yo estoy seguro de que el no disimulado pánico del monarca español a que su antiguo secretario escapase a donde pudiera hablar, se fundaba, no en las revelaciones de la muerte de Escobedo, que era punto de monta secundario para cualquier soberano de la Europa de entonces. Lo importante eran otros asuntos de estado, y sobre todo, el secreto de otras muertes que no se debían saber. Una vez preguntaron a la Éboli que quien había hecho matar a Escobedo y respondió —no se olvide que los medio locos dicen muchas veces la verdad—: "quien ha hecho matar a otros, que es el rey". Todo lo que sabía Antonio Pérez lo sabía ella también; y por eso fue emparedada, para que a nadie se lo pudiese contar. En privado, sabemos de cierto que Antonio Pérez acusaba al rey de la muerte del príncipe don Carlos y de otros personajes, entre ellos Montigny. En París publicó una carta dirigida a "un caballero amigo" preñada, a medias palabras, de la amenaza de decir las cosas que sabía; y después de hablar del origen de la prisión del príncipe don Carlos pregunta insidiosamente: "si saben de otras muertes y las causas y no causas de ellas, como dicen los teólogos; y el modo nunca oído en el hacer la prueba de ellas y a quienes se cometió (encomendó); y de que traje y hábitos vestidos y entre qué vigas se pusieron". Esta carta, cuya última frase escalofría, debió de aterrar a la Corte de Madrid. Los nombres que no se atrevió a consignar en ella, se los dijo en Pau al Doctor Arbizu y seguramente, más tarde, en París y Londres, a cuantos le convino que lo oyeran. En efecto, en una carta de este Arbizu a don Pedro de Navarra leemos que Antonio Pérez le había dicho todo lo que él podría hacer en el extranjero contra el rey de España: "Créame —exclamaba— que la sangre inocente de la reina doña Isabel y del príncipe don Carlos, del Marqués de Poza, y monsieur de Montigny y el Justicia Mayor y otros muchos, piden justicia ante Dios».

No creo que sea aventurado, conociendo la monografía olvidada, inferir que Antonio Pérez, con su proverbial esoterismo, hace una relevante alusión a los acontecimientos acaecidos en el alcázar. Sus palabras se refieren, sin ningún género de dudas, a las pruebas que fortalecieron la condena de Carlos de Austria; a los miembros que formaron el tribunal, silenciando su condición de fiscal; a los trajes talares o togas de que iban revestidos los jueces; a los hábitos de los testigos, y, finalmente, a la retirada sala en donde tuvieron lugar las nocturnas sesiones. Los pliegos que Gregorio Marañón cree que merecieron el efecto purificador del fuego que los destruyó y que amargaron los postreros años de Felipe II, arrojando una sombra que nadie podrá desvanecer sobre su memoria, fueron recogidos por Rodrigo Calderón de manos del servicial Gil de Mesa, siempre adicto a su amo ya fallecido. El cortesano retornó a Madrid en 1612 con los comprometedores documentos, pero sucumbió a la tentación de no entregarlos como era su obligación. La memoria elevada por la junta de magistrados en el juicio instrumentado más tarde contra Rodrigo Calderón —que le condujo al cadalso— declara «que entre los papeles que se hallaron en su casa, fue un cuaderno de los originales de Antonio Pérez y en él muchas cartas de letra del Rey Nuestro Señor, que esté en el cielo, que por ser materia que era indecente su publicidad al ejemplo de su gran prudencia y real grandeza». También denuncia que los escritos eran muy perjudiciales y que revestían caracteres «tan públicos y comunes que con facilidad han podido ser vistos y leídos y las materias graves, reveladas».

El 3 de noviembre de 1611, asistido espiritualmente por el dominico Andrés de Garin, Antonio Pérez recibió los últimos sacramentos y expiró cuando la tarde declinaba y el frío se adueñaba de las calles de París.

* * *

Copio este libro Don Julián Martínez de Arellano Caballero del habito de Calatrava en la Villa i Corte de Madrid el dia ocho del mes de Julio del año de mill i seiscientos i ochenta i uno tardo diez dias no mas en sacar la copia = Don Julián Martínez de Arellano = Hay una rúbrica.

Yo D.ⁿ Manuel Garcia Gonzalez, caballero de la Real y distinguida orden de Carlos Tercero, de la de Leopoldo de Bélgica y de la Estrella Polar de Suecia, correspondiente de las Reales Academias Española y de la Historia, archivero de primer grado jubilado con honores de Jefe superior de Administracion civil he hecho la presente copia con la exactitud, que me ha sido posible hasta en su ortografia, de la que saco del original dicho señor Arellano, a quien se lo dio para ello el Dominicano Fray Domingo de S.ⁿ Agustin, que lo poseia, la cual tiene treinta hojas útiles en cuarto, algo maltratadas en sus estremidades, algo rotas algunas, y todas cubiertas con forro de pergamino de un libro viejo, papel mediano, muchos renglones en cada página, como demuestra el estado adjunto, letra algo abultada, Tinta parda y fuerte, que ha pasado bastante el papel; todo lo cual hace bastante embarazosa su lectura. Simancas a seis de Setiembre de mil ochocientos sesenta y ocho.

Manuel García González
(figura su rúbrica)

Estado de los renglones de cada página

Número de las hojas	Renglones de las páginas Primera	Renglones de las páginas Segunda	Observaciones
1	9	00	Entre la 1.ª y 2.ª hojas se notan fragmentos de letra de una que parece cortada con tigeras
2	29	30	
3	32	30	Falta algo de papel en el angulo superior
4	30	30	Rotura ovalada pequeña en la mitad de los renglones 3, 4 y 5 de arriba, maltratada la parte inferior.
5	30	30	Falta algo de papel en el angulo inferior de los cuatro renglones últimos.
6	30	33	
7	34	33	Tiene algo roto el papel en el último renglón.
8	32	31	
9	32	31	Maltratada la parte inferior.
10	32	33	
11	32	33	Falta algo de papel del angulo superior, maltratada la parte inferior.
12	34	32	Maltratada la parte inferior.
13	33	32	*Idem* y le falta algo de papel.
14	31	30	
15	32	33	Maltratada la parte inferior.
16	32	33	
17	33	31	
18	31	33	
19	31	34	
20	35	36	Algo roto el papel en los 31 y 32 renglones de la 2.ª página.
21	33	34	
22	33	36	Maltratada la parte inferior.
23	34	34	
24	32	31	Maltratada la parte inferior.
25	32	35	Roto el papel en la parte superior.
26	36	35	
27	35	36	Falta papel en la parte superior, maltratada la inferior.
28	32	34	
29	36	34	
30	34	17	Maltratada la parte inferior.

APÉNDICE
EL HOMBRE DE SIMANCAS

«Como ya hemos apuntado, García González tuvo que enfrentarse con las numerosas dificultades que planteó la apertura del Archivo a la investigación histórica, paso que se dio con no pocos recelos. En compensación de las molestias, esta medida le proporcionó también satisfacciones, como relacionarse con notables eruditos e historiadores de toda Europa, ser nombrado Académico correspondiente de la Historia y condecorado por varios gobiernos, entre ellos el español, que le nombró caballero de la Real y Distinguida Orden de Carlos III».

Ángel de la Plaza Bores, *Guía del investigador,* Archivo General de Simancas, Ministerio de Cultura, 1992, pp. 74-75.

En plena canícula agostiza, con el empleo conferido de oficial 4.º por orden del 28 de junio de 1815, con destino al Archivo General de Simancas, Manuel García debió encaminar sus pasos por los aledaños de la puerta del arco del arrabal, contemplar la fuente del rey y enfrentarse seguidamente con la vetusta imagen del baluarte construido por el almirante de Castilla, don Fadrique Enríquez, hacia ya más de trescientos años. A sus espaldas, encima de una escarpada colina, se abrazaban las calles y casas de un pequeño pueblo, la iglesia del Salvador, las vegas cercanas, el discurrir plácido del río Pisuerga y los páramos de la meseta batidos por un sol de fuego.

A sus veinticinco años, con el bagaje intelectual adquirido en Salamanca y el recuerdo de una cruenta guerra en su memoria, es natural que no pudiese imaginar que dentro de aquel castillo, convertido en el más importante depósito documental, iban a transcurrir los restantes periodos de su vida laboral y sus ratos de ocio en las proximidades de sus fosos y sus almenas. El sueldo inicial de cuatro mil cuatrocientos reales no era elevado, pero su deseo de prosperar era aliciente más que sobrado para comenzar la empresa de enfrentarse a miles de legajos con el afán de clasificar semejante arsenal bajo la supervisión de don Tomás González que, en aquella época, ejercía como comisario por disposición regia.

Pocos años antes se había extinguido la rama directa de los Ayala, que habían dirigido la institución durante más de dos siglos y medio. A su muerte, don Manuel de la Cruz y Ayala, que había vivido los estragos que la lucha contra los franceses produjo en el archivo de la Corona de Castilla, dejaba patente en su testamento que los daños ocasionados en puertas y ventanas, balcones y rejas, por las tropas invasoras acantonadas en la fortaleza, se veían rematados por las extracciones de valiosos legajos desaparecidos camino de Francia. El expolio y la dispersión de papeles tuvieron fuertes consecuencias si se piensa en las frases del encargado de arreglar el caos desatado. Tomás González, que trabajaría con ahínco más de cinco años, concluye un informe de la situación en 1817 que es bastante expresivo: «... este vasto depósito de papeles que de resultas de las injurias del tiempo, de las calamidades de la guerra y de otras causas que no pueden ser desconocidas a V. A. quedó en una absoluta confusión y trastorno, sueltos y arrojados al suelo la mayor parte de sus papeles y no pocos de ellos abandonados en los fosos, cuadras y sótanos del edificio».

Los estudios que Manuel García había emprendido en Salamanca, un curso de retórica en el seminario durante 1804 y 1805, más varios de lógica y metafísica, filosofía moral y física experimental en la universidad (desde octubre de 1805 a 1808), le servían de respaldo intelectual para afrontar su ocupación, tras haber tenido que interrumpir su aprendizaje por haberse enrolado en las fuerzas armadas, desde agosto de 1808, en calidad de sargento 2.º de la 1.ª compañía de auxiliares de artillería, en Ciudad Rodrigo, para combatir en la guerra contra los franceses. El 10 de julio de 1810, los soldados que defendían la plaza se vieron en la precisión de rendirse al ejército de Napoleón y el entonces simple alumno, con veinte años de edad, fue conducido a Francia, en donde permaneció prisionero hasta la terminación de la contienda. Los dos años finales de su cautiverio le sirvieron para adiestrarse como intérprete y mejorar sus nociones del idioma vecino.

Nacido en la villa salmantina de Monforte, el 3 de junio de 1790, su carrera tuvo un meteórico desarrollo, dado que en el año de su ingreso obtuvo dos ascensos consecutivos: a oficial 3.º por real orden de 31 de octubre y a oficial 2.º por otra del 1 de diciembre, logrando unos emolumentos de seis mil reales anuales con un buen incremento sobre sus primeras percepciones. Durante los años de 1822, 1823 y en agosto de 1824 fue escogido en tres oportunidades para ocupar la secretaría por las respectivas ausencias de los titulares. Las sustituciones y su efectividad le valieron, inmediatamente de incorporarse don Manuel González, una promoción a oficial 1.º decretada el 27 de febrero de 1826 con un aumento salarial que fijaba su remuneración en 7.500 reales. La cesantía del nuevo responsable (hermano del comisario que acudía al pueblo simanquino de vez en cuando), producida a comienzos de 1836, forzó el acostumbrado relevo provisional, que otra vez recayó en su persona, hasta la llegada de don Hilarión de Ayala y Ayala.

Habían pasado casi tres décadas desde su ingreso cuando el deceso de don Hilarión, acaecido en Torrelavega, dio paso al momento culminante para que Manuel García accediese al puesto de secretario mediante cédula del 22 de agosto de 1844, con una asignación anual de catorce mil reales. Tenía entonces cincuenta y cuatro años de edad, se premiaba de esta forma su operatividad y era sin duda quien mejor dominaba los entresijos del archivo. Duros inviernos castellanos —en las salas estaba prohibido encender fuego y hasta la tinta se helaba por la gélida temperatura— habían ido fortaleciendo su carácter y creado, en el cerrado límite de la población, una sólida reputación.

El 20 de abril de 1844, una orden de la dirección de instrucción pública creaba un cambio esencial en el recinto, al permitirse desde ese día la investigación a cuantos sujetos alcanzasen el pertinente permiso ministerial. La autorización, que jamás se había otorgado con anterioridad, provocó, como es normal, embrollos en la eficacia de los empleados, ya que la catalogación de los fondos, más las remesas que iban llegando, quedaban relegadas por la obligación de atender a los visitantes, facilitarles los legajos que deseaban examinar, dejar comprobantes de los folios manipulados y hasta transcribir los textos que les fuesen requeridos. Este quehacer, unido a la barahúnda que desencadenaban las obras de conservación y ampliación, hicieron que la tranquilidad del castillo sufriese una brusca mutación y que las tribulaciones recayeran en el nuevo jefe.

Entre las hojas que componen el expediente de Manuel García consta un pliego con su nombramiento y las particularidades del acto que llevaba comprendido el juramento del interesado:

«En el Archivo jeneral de Simancas, a treinta de agosto de mil ochocientos cuarenta y cuatro estando reunida la oficina compuesta de D.ⁿ Manuel García, oficial 1.°, D.ⁿ Jerónimo Subiza 2.° y D.ⁿ Ruperto Aparicio 3.° y presente M.ʳ Gachard archivero general de Bélgica autorizado por Real orden para reconocer los papeles de este Archivo, D.ⁿ Manuel García el oficial primero entregó al 3.° para que leyese en voz alta e inteligible el real nombramiento los documentos siguientes:
Real nombramiento de S.ʳⁱᵒ del Archivo al oficial 1.°
Comunicación de él p.ʳ el Geje Superior Político.
Certificación de haber jurado dho Destino.
Leídos estos documentos fue reconocido por todos los presentes por tal Secretario del Archivo jeneral».

Nada original tiene este formalismo, que estaba regulado por los preceptos vigentes, si no fuese porque en calidad de testigo estaba el célebre Louis Prospére Gachard, quien, a la sazón, realizaba el esfuerzo de recopilar historiales de personas de la realeza gracias a un pase especial que le fue concedido por el gobierno español. El laborioso investigador estuvo algunos años enzarzado entre las miles de carpetas acumuladas en Simancas. Las referencias extraídas, además de diversos testimonios conseguidos en diferentes ámbitos europeos, dieron lugar a la publicación de *Don Carlos y Felipe II,* que, como ya he dicho con insistencia, sigue siendo el estudio más eficiente sobre la vida, la prisión y la muerte del heredero.

Manuel García, siguiendo los cauces de la burocracia reinante en los estamentos del Estado, confirmó la verificación de su nombramiento en escrito dirigido al excelentísimo señor secretario de Estado y del despacho de la gobernación de la península, con fecha 31 de agosto de 1844.

A nivel más bien anecdótico, aunque probatorio de la enérgica voluntad desplegada siempre, es conveniente resaltar que en más de medio siglo de servicio consta entre sus antecedentes una sola petición de licencia por dos meses para «pasar al pueblo de mi naturaleza a restablecer mi salud». La solicitud fue aceptada por el Ministerio el 25 de octubre de 1836 y disfrutada desde el 28 de noviembre. No hay datos sobre la enfermedad, pero no es complicado deducir que tales dolencias no eran veraces (cualquier diligencia privada se encubría con pretextos de indisposiciones) y que Manuel García utilizó la concesión para resolver asuntos que exigían su presencia en su localidad natal cuando ya tenía cuarenta y seis años. Más significativo es, dentro de su esfera profesional, que un mes después de conquistar la secretaría, fuese, a su vez, distinguido como electo académico correspondiente. En el pobre dossier que guarda el organismo se especifica tal designación:

«Academia de la Historia:
Atendiendo la academia de la Historia a los conocimientos de V, en los ramos que forman el instituto de este cuerpo literario; en la junta que la misma celebró en el día de ayer, se sirvió nombrar a V. individuo suyo de la clase de correspondiente.
De acuerdo de la academia tengo el honor de participarle a V. para su inteligencia y satisfacción, esperando se sirva encargar a persona de su confianza se acerque a esta Secretaria a recoger el diploma de tal académico, mediante (?) a que no puede remitirse por el correo sin exponerlo a que estropee (tachaduras y enmiendas)
Madrid 28 de septiembre de 1844».

A renglón seguido figura la respuesta de Manuel García que, dada su parquedad, reproduzco:

«Archivo Gral. del Reino en Simancas.
Por el correo del jueves 17 del corriente he recibido el oficio de Vs. del 28 de pp.º septiembre comunicándome que la academia de la Historia, en la junta celebrada el día anterior se había servido nombrarme individuo suyo de la clase de correspondiente.

Confundido con tan distinguido honor como acaba de dispensarme, sin merecerlo, apenas me atrevo a dirigirme a Vs. y rogarle tenga a bien ser mi intérprete cerca de tan ilustre corporación, dándole mis sinceras gracias por tan honorífica distinción como acaba de concederme y manifestándole mi profundo reconocimiento, que procuraré acreditar con obras en cuanto alcancen mis fuerzas de Pigmeo.
Dios guarde a Vs M
Ay Simancas, 19 de Octubre de 1844
Sr. D. Pedro Saban, Srt° habilitado de la Academia de la Historia».

A la cortesía, basada en su nombramiento como secretario del archivo, siguieron más concesiones: el 20 de junio de 1546 se le elige correspondiente del comité histórico de Francia por decreto del Ministerio de Instrucción Pública y el 6 de septiembre de 1849 vocal de la comisión para el arreglo de pesas y medidas en la provincia de Valladolid. Supongo que estas prerrogativas tenían más empaque formal que pesado lastre, al igual que ocurría con la decisión de haberle elegido para colaborar con la Academia de la Historia. En su hoja de servicios, como demostración de este último aserto, hay una circular del 8 de marzo de 1851 aprovechada para enviarle los nuevos estatutos y reglamentos. El texto es demasiado anodino para efectuar una transcripción íntegra, pero no dejan de llamar la atención puntualizaciones que ponen al descubierto que los académicos, por alejamiento o cotidianas tareas, no dedicaban excesivo celo al alto honor que se les dispensaba. Recomienda la notificación en uno de sus apartados: «Cualesquiera investigaciones, documentos, monumentos, datos y noticias que puedan contribuir a este fin, ya sean muy importantes o lo fueran menos, merecen atención y se deben comunicar a la Academia, la cual las recibirá, por pequeñas que parezcan, como medios que pueden llegar a ser poderosos para el gran fin de ilustrar la historia; porque no siempre es fácil prever el fruto que podrá sacarse de una noticia, observación o documento, aunque a primera vista se crea acaso de poca importancia».

No me cabe duda, al socaire de la remisión del relato que Manuel García realizó en 1868, que predicar y dar trigo son cuestiones de rango desigual, y no tiene relieve deducir que el funcionario no valoró las instrucciones que le hubiesen forzado a cooperar diariamente para la Academia teniendo en cuenta el caudal de documentos que pasaba cada jornada por sus manos. La posterior insistencia del 7 de febrero de 1853 era coercitiva para los pasivos individuos esparcidos por la península, al recordar el artículo V de los estatutos y el artículo 9 del reglamento. Este último, perentorio y exigente, advierte: «los correspondientes españoles deberán remitir cada dos años alguna memoria, disertación, documentos, objetos de antigüedad, apuntes o noticias sobre cualquiera ramo del instituto. La omisión de este deber, no siendo por impedimento, se considerará como renuncia del título». Y añade en el párrafo siguiente: «La Academia espera la contestación y conformidad de V. S., en el concepto de que el silencio de los Sres. Correspondientes, de quienes no se haya recibido dentro del plazo de seis meses, probará a la Academia que renuncian al honor, que esta creyó dispensarles al nombrarlos, y procederá a borrarlos del catálogo de individuos del Cuerpo, dejando de insertarse sus nombres en la lista que se publica todos los años en la Guía del forastero».

Al segundo requerimiento de la Academia responde Manuel García, según texto repleto de tachaduras y enmiendas, admitiendo que tiene en su poder el informe y que no ha contestado al anterior por no haberlo recibido, cosa que le ocurre con frecuencia, a la vez que se enzarza en excusas criticando el desbarajuste que experimenta el correo. La realidad es que la circular de 1851 está guardada en el expediente de Manuel García y que, por tanto, el secretario miente para disculpar su nula aportación en el cumplimiento de las obligaciones adquiridas.

Las distinciones le insuflaban satisfacciones y el indicio de que podía tener cierta tendencia hacia el acatamiento de sus compromisos se demuestra por el hecho —sospechoso por el componente cronológico coincidente con la reprimenda institucional— de que el 21 de febrero de 1853 había cursado al director de la Academia una exposición en donde destaca que tuvo en tiempos veleidades literarias. La misiva dice:

«Exmo señor: Los papeles de las comunidades de Castilla custodiados en este Archivo general de mi cargo me han llamado siempre la atención por ser un episodio de nuestra historia no bien conocido de los historiadores antiguos y modernos.

Por este motivo conceví la idea de escribir la historia de esta gran hoguera, haciendo narradores a los que la encendieron y a los que la apagaron; para lo cual pedí al Gobierno de Su Majestad autorización, que me la concedió al instante para hacer su reconocimiento y copias en las horas de ocio y fuera de las de oficina, según yo la había solicitado.

Escudado en dicha Real licencia emprendí este largo y penoso trabajo por las tardes; más habiéndole concluido después de mucho tiempo y observado que para hacer un trabajo concienzudo era preciso consultar las

Bibliotecas de la Corte y del Escorial y los archivos de aquellas poblaciones que habían figurado mas en aquella ocasión, a causa de muchas lagunas interesantes que debían llenarse y no pudiendo yo hacer esto ni por mi edad ni por mi destino he suspendido este proyecto; y cumpliendo con lo que provienen los reglamentos a los individuos correspondientes de la Real academia de la Historia de que V. E. es su digno director deseo remitir a esa ilustre corporación la colección de copias que he sacado, que tendrá el volumen como de cuatro resmas de papel.

A fin de que llegue a su destino sin extravío ruego a V.E. tenga la bondad de decirme a quién y cómo he de remitirla; pues con su aviso la remitiré en un cajón porte pagado. En ella podrán los literatos consultar sin trabajo muchos documentos curiosos e inéditos, cuando les costaría mucho aun siendo buenos paleógrafos, el leer los originales, por la malísima letra que tienen. Prueba de este aserto son las muchas enmiendas que hay en las copias a pesar de estar hechas por prácticos y haber desechado varias para volverlas a hacer de nuevo por lo mal que salieron las primeras.

Dios guarde a V. E. muchos años. Simancas 21 de febrero de 1853».

La respuesta no se hizo esperar y se le dieron indicaciones para que enviase la colección al brigadier don José Aparici y García, de Valladolid, con el objetivo de que este la hiciese llegar a la Academia. Su aportación ha servido para que determinados historiadores hayan podido elaborar sus obras sobre las comunidades de Castilla y su alzamiento contra Carlos V.

Actuando ya como cabeza del archivo, Manuel García desempeñará su labor con eficiencia. Su puesto le iba a deparar, aparte de sinsabores, la oportunidad de conocer a personalidades del calibre de Modesto Lafuente, Louis Prospére Gachard, Pascual de Gayangos, Cayetano Manrique y enlazar con otros que como Francois Mignet reclamaba su ayuda desde Francia para llevar a cabo un biografía sobre Antonio Pérez, o el marqués de Pidal, que en el prólogo de su *Historia de la alteraciones de Aragón en el reinado de Felipe II,* editada en 1862, observa que «escribí a Simancas al ilustrado archivero D. Manuel García González, que con una complacencia que debo agradecerle aquí públicamente, me facilitó ya noticia, ya copia de todos los documentos que allí existen, entre otros los curiosos pasquines, versos y libelos que circulaban en Zaragoza, durante las alteraciones de que fue teatro». El número de investigadores foráneos que llegaron fue decreciendo paulatinamente y las altas magistraturas concibieron la idea de crear un cuerpo de archiveros, quedando Simancas clasificado entre los generales del país, dando pie para que el secretario pudiese ir haciendo trabajos de catalogación en los capítulos de mercedes y privilegios, quitaciones de corte, consejo real, etc., separadamente de la nota descriptiva de los fondos que fue publicada en la *Revista de Archivos, Bibliotecas y Museos*.

Su dedicación le valió más ascensos y galardones honoríficos, dado que en enero de 1846 fue designado archivero, en noviembre del mismo año conquistó la categoría de jefe de negociado y dentro del cuerpo facultativo de archiveros-bibliotecarios su ascenso al segundo grado mediante decreto del 24 de febrero de 1860 y al de archivero de primer grado desde diciembre de 1863 con relevantes incrementos salariales que llegaron a cifrarse en treinta mil reales de vellón. A las distinciones que ya he aludido hay que unir su nombramiento como caballero de la orden de Carlos III, que le fue conferido en 1849, idéntica elección en la orden de Leopoldo de Bélgica por título de 1855 y de la Estrella Polar de Suecia por credencial concedida en 1862. Estas dos últimas concesiones fueron secundadas con las licencias para hacer uso de las insignias y, además, fue titular correspondiente de la Real Academia Española por acuerdo del 5 de octubre de 1865.

El paso de los días es inexorable, la vida fluye infatigable a orillas del río Pisuerga, en la colina en donde se halla enclavada la población y dentro de la fortaleza utilizada a veces como prisión en sus etapas primitivas. Allí, en el castillo o en la plaza, habían fenecido líderes como Pedro Maldonado o el obispo Acuña, afamados comuneros sublevados contra Carlos V, e igualmente el barón de Montigny, que enseguida de haber sido ejecutado a garrote fue depositado en la iglesia del Salvador, habiendo «dejado correr la voz de que había muerto de enfermedad», siguiendo indicaciones de Felipe II.

Manuel García, que ya debía estar viudo desde hacía algún tiempo, es jubilado cuando está a punto de alcanzar los setenta y siete años de edad. En su hoja de servicios, con independencia de su estado civil, constan escritos acreditativos de la cesantía mediante decreto del 22 de enero de 1867 y la intervención de Francisco Díaz, elegido para suplirle de forma interina, poniendo la circunstancia en antecedentes del director de instrucción pública con fecha 1 de febrero y ratificándola dos días más tarde ante el Ministerio de Fomento. Nada especial evidencia dicho expediente, salvo la consecuente loa, proverbial en casos similares, de que su misión «había sido desempeñado sin interrupción y con gran celo e inteligencia», según figura en la nota manuscrita por el transitorio encargado. Pero ya se sabe por experiencia que las grandes palabras ocultan colosales miserias y que no hay rincón en el mundo en donde no aniden las ambiciones. En octubre de 1570, casi cuatro años después de su baja, Manuel García ofrece rasgos rencorosos, al verse obligado a declarar ante el rector de la Universidad de Valladolid en un embrollado litigio entablado entre Francisco Díaz, el asalariado que había ocupado su puesto con carácter interino, y Manuel Murguía, nuevo director desde el 27 de noviembre de 1868. El jubilado se expresa con respecto al comportamiento y aptitudes del funcionario que le sustituyó, reproduciendo un resumen que ya había cursado dos años antes al ministro de Fomento:

«Desde que se me jubiló en enero de 1867 está desempeñando la interinidad don Francisco Díaz Sánchez, como más antiguo, que carece de los conocimientos necesarios para Jefe de dicho archivo, por ignorar el latín, francés e italiano, en cuyos idiomas, hay muchos documentos en él, de los cuales manda el Gobierno dar certificaciones, y dicho Díaz las firma sin saber lo que hace.

Este oficial de 2.º grado debe su ingreso en la carrera de archiveros a su tío el Exministro Sr. Seijas. En 1850 vacó en el expresado archivo, siendo yo secretario (así se llamaba entonces al Jefe) la plaza de oficial segundo. Este y los otros destinos de su clase eran de escala desde su creación; pero su tío en lugar de dar los ascensos de escala, según reglamento, a los antiguos oficiales, y nombrarle para la vacante de oficial sexto, no lo tuvo por conveniente, sin duda por la pequeñez del sueldo, y ascendió a segundo al tercero, y para la vacante de éste a dicho su sobrino, cometiendo la injusticia de anteponerle a los otros tres antiguo, resaltando mucho esta injusta arbitrariedad, porque el agraciado tenía veinte años, nada había estudiado y no sabía escribir más que andaluz cerrado. Como joven ignorante y persuadido que con el apoyo de su tío podía hacer lo que quisiera, era muy insubordinado, dándome muchos disgustos su insubordinación. Una fue tan grande y escandalosa que compadeciéndome de la suerte de dos hermanas que tenía en su compañía y con pocos recursos fuera del sueldo, no formé expediente para pedir su cesantía, y me contenté con solicitar su traslación a otro Archivo, como en efecto lo trasladó el Gobierno al Central de Alcalá de Henares, en donde estuvo poco tiempo, que no desperdició su tío, pues le hizo ascender a oficial de tercer grado, con el cual le volvió a enviar aquí».

Manuel García, sin basarse en el escrito mencionado, añade a sus críticas:

«Debo decir también, en su obsequio, que cuando volvió a este Archivo no era el mismo Díaz Sánchez en cuanto a subordinación; pues lo era tanto y con ademanes tan atentos y propios de la buena sociedad que yo admiraba tan gran mudanza, y aun me chocaba.

Esto me indujo a observarle atentamente, y después de mucho tiempo comprendí que conocía más el mundo, y le convenía hacerme estos atentos cumplidos para dedicarse a promoverme la guerra en secreto, con los elementos que había.

La rapidez de su carrera, sin otros méritos que el influjo de tu tío y los amigos de éste, ha desarrollado en él una ambición desmedida de ser Archivero de Simancas, y creyendo que con los empeños de los amigos de su difunto tío podría conseguir su nombramiento de Archivero, si me jubilaban, se unió a otros dos que me la estaban haciendo del mismo modo, y es la camarilla que indiqué arriba y contribuyó a mi jubilación. Apoyo esta opinión mía en que luego que se me jubiló puso su despacho, no en el cuarto que yo tenía en la oficina, sino en otro muy separado de ella, como si ya fuera Archivero en propiedad; lo cual nunca he visto hacer en cuantas interinidades ha habido durante los cincuenta y tres años que he servido en el Archivo, pues el oficial que la desempeñaba continuaba en su mesa despachando como Jefe interino».

Las luchas miserables son patrimonio común de la humanidad y nada singular revela, de forma harto subjetiva, el anciano. Su edad, ya muy avanzada, su veteranía y el cansancio de tantos lustros de servicio debieran haberle impulsado a disfrutar de sus últimos resplandores de vida en la tranquilidad del pueblo en donde residía desde joven, pero el alma es insaciable y el destino caprichoso. Manuel García siempre había tenido el anhelo de averiguar toda clase de pormenores de la muerte del príncipe, pero su atracción por el asunto, no obstante los elementos analíticos que estaban a su disposición, no había quedado satisfecha, nada había podido descubrir y el misterio prevalecía.

Y un día, acaso caminando por las orillas del río, paseando junto a la fuente del rey, en las intrincadas callejas simanquinas o dentro de la vetusta fortificación, Manuel García trabó amistad con un hombre llamado Cayetano Orúe, teniente coronel retirado. Tal vez los primeros encuentros se sucedieron con frecuencia y el tema de Carlos de Austria, objeto de empecinada polémica en la prensa de la época, surgió entre las añoranzas y los recuerdos para que el militar le diese cuenta de que poseía una relación concerniente al personaje. Manuel García, como no podía ser menos, perplejo y hasta escéptico, le pidió que se la dejase leer y en poco tiempo tuvo el viejo folleto en sus manos, según relata con parquedad en la edición realizada en la ciudad del Pisuerga.

Mentiría si dijese que tan fortuita coincidencia, adobada con la aparición inesperada de un manuscrito sorprendente, no despertó en mi ánimo sutiles desconfianzas de que el lance fuese una invención y hasta una chanza sarcástica. La casualidad, más bien una burla del destino, no entra dentro de mis cálculos reflexivos, el encuentro entre ambos y su afortunada consecuencia parecía un vulgar truco de ficción literaria, y para desvanecer mi susceptibilidad no tuve otro remedio que dirigirme hacia el alcázar de Segovia para visitar el Archivo General Militar y cerciorarme si realmente había vivido Cayetano Orúe en su condición de oficial del ejército. La mañana que escogí se complicó con una fuerte ventisca e inesperados copos de nieve batiendo la sierra limítrofe entre las dos provincias. Ni siquiera pude darme un paseo por los jardines de La Granja, enfilé hacia Segovia y me adentré en el fortificado recinto para cotejar el dato que mantenía mi suspicacia a flor de piel. Fui atendido con amabilidad, facilité una mera identificación y en escasos minutos, dentro ya de un claustrofóbico cubículo, un asistente puso delante de mis ojos un cartapacio: era el expediente de Cayetano Orúe, según pude confirmar con un rápido vistazo. La documentación contenía cientos de folios, calculé con desaliento que tenía cometido para muchas horas si quería captar orientaciones relevantes, y me armé de paciencia mientras recordaba la crudeza invernal que me esperaba fuera del castillo que había servido de cárcel a Floris de Montmorency.

Cayetano Orúe y Yanguas era natural de Jerez de la Frontera, provincia de Cádiz, en donde había nacido el 4 de septiembre de 1809. Sus padres se llamaban Pedro y María y su hoja de servicios en grados y empleos, en el transcurso de su carrera, empezaba el 21 de abril de 1834 con la designación de miembro de la guardia nacional y sin cargo alguno, ya que su primer ascenso a cabo 1.º se lleva a efecto el 22 de julio del año siguiente. En posesión de varias cruces y condecoraciones entre 1841 y 1857, se hacen constar dos licencias para restablecer su salud y una tercera para despachar cuestiones particulares en Panticosa, además de sus graduales ascensos, que le llevaron al puesto de teniente coronel y en las escalas de comandante de infantería entre 1854 y 1864. La semblanza en el campo de las acciones combatientes comienza en 1836, siendo destinado al contingente del norte con guarnición en Pamplona y puedo asegurar que luchó en la primera guerra carlista en distintos puntos de la geografía nacional, destacando su participación en la famosa batalla y toma de Vergara, que le reportó el rango de comandante de infantería, y haber sido elegido en ocasiones para la protección de la familia real. Sus movimientos armados son abundantes, como señal de un temperamento belicista, pero mi ansiedad por localizar antecedentes que probasen su estancia en Simancas me hizo descuidado en el análisis de los detalles y di un completo giro a la revisión de los legajos para reanudar mi indagación en sentido inverso al que estaban colocados los papeles. La intuición tuvo recompensa y en la sección 1, legajo C-2412, encontré un autógrafo de Cayetano Orúe dirigido al excelentísimo señor capitán general de Castilla la Nueva que dice:

«Excmo. Sr.
D. Cayetano Orúe y Yanguas, Teniente Coronel de Infantería retirado en esta Corte a V. E. respetuosamente expone: que llamándole en la actualidad sus intereses al pueblo de Arroyo distante una legua de Valladolid a V. E. suplica se digne concederle licencia para dicho pueblo por el tiempo de un año. Dios guarde a V. E. muchos años. Madrid 1º de octubre de 1867.
Cayetano Orúe y Yanguas».

La instancia fue revisada con prontitud (el 7 de octubre de 1867) y el permiso concedido, con el requisito de presentarse a las autoridades de donde «pernopte» según previene la real orden de 20 de abril. Ni qué decir tiene que enseguida pude comprobar que el pueblo de Arroyo se halla muy cerca de Simancas, como ya había intuido, por estar situado a una legua de la capital vallisoletana. La gestión se había ultimado con éxito, ya que tanto la fecha del consentimiento como el lugar de destino del teniente coronel desterraban cualquier malévola suposición de fraude. Manuel García y Cayetano Orúe habían coincidido en el plano temporal y espacial, aquel encuentro casual y sus conversaciones obedecían a una realidad y no había, por tanto, motivo para dudar que el militar prestase el relato. La única pena radica en que Manuel García no explique cómo su pródigo amigo había llegado a conseguir aquel extraordinario opúsculo y lo que no deja de causar perplejidad es que don Cayetano, avecindado en Arroyo por doce meses, llevase consigo el manuscrito y no lo dejase, como es más lógico, en su domicilio habitual, salvo que lo tuviese en tal estima que prefiriese mantenerlo siempre al alcance de sus manos. De cualquier forma, la verdad es que Manuel García se había pasado más de medio siglo, con la curiosidad avivada por la enigmática prisión y muerte, con un depósito documental increíble al alcance de sus manos para desentrañar el enredo y, paradojas o burla del destino, el azar le ponía en la pista de un descubrimiento que ya tenía casi desterrado del fondo de su conciencia.

Su lectura y la obtención de copias, cuyo destino ignoro si se descarta el ejemplar remitido a la Academia de la Historia, suscitaron en Manuel García una inusitada capacidad investigadora, como lo justifica que el denostado Francisco Díaz, el subordinado responsable de su jubilación, se dedicase en el verano de 1868 a transcribir las planas que su antiguo superior le interesaba olvidando viejas rencillas.

La decadencia del antiguo archivero debió verse precipitada por una persistente dolencia durante el primer semestre de 1869 —aparte del impacto psicológico que pudiera tener el deslucido dictamen recibido—, pero la contumacia suele ser un fruto benéfico y el síntoma de que ciertos hombres no se doblegan ante la adversidad. Seguro de la veracidad de los sucesos esenciales reflejados en la relación, Manuel García volvió a enredarse dentro de la fortaleza para buscar testimonios que apoyasen una consistente réplica, pero diversos conflictos —una mano negra dispuesta a no consentir que el secreto mejor guardado de la historia pudiese ser desvelado— le crearon desesperantes obstáculos.

Francisco Díaz —Paco, el andaluz— había quizá promovido el retiro de Manuel García y aceptado la dirección de la institución con cariz interino, probablemente en espera de que pudiese ser consolidado en la plaza, pero la ambición no siempre es complacida en la medida de los deseos. La caída de la monarquía borbónica de Isabel II provocó los inevitables vaivenes en la estructura del país y el ministro de Fomento, Manuel Ruiz Zorrilla, el 27 de noviembre de 1868, designó a Manuel Murguía, esposo de Rosalía de Castro, jefe de tercer grado del cuerpo de archiveros, bibliotecarios y anticuarios y gestor para dirigir el archivo, en pago por su colaboración política como primer secretario de la junta revolucionaria formada en Santiago de Compostela, aunque su nombramiento se disfrazase por sus méritos literarios.

Manuel Murguía tomó posesión de su puesto el 5 de diciembre de 1868 y no es nada extraño que su elección derrumbase el ánimo del voluntarioso sureño que llevaba casi ya dos años actuando de forma interina. El desengaño genera rencor y es elemental intuir que la armonía entre ellos no fuera edificante si se considera que el talante del superior de procedencia gallega tampoco era un modelo de moderación. El empleo adjudicado en un aislado castillo y la dureza del clima influyeron negativamente incluso en su mujer, que apenas residió en la población castellana, y estos ingredientes, sazonados con diferentes opiniones ideológicas, crearon el caldo de cultivo vital para que se produjesen emotivos choques entre los individuos vinculados, de una u otra manera, con las tareas que se realizaban en la fortaleza.

La primera decisión de Manuel Murguía fue prohibir que algunos empleados estuvieran dedicados a trasuntar la correspondencia del conde de Gondomar en beneficio de Pascual Gayangos, miembro de la Academia de la Historia y catedrático de lengua árabe en la universidad central. La iniciativa desató las quejas del peticionario, la mediación de la dirección general de Instrucción Pública y la consistente postura del renovador jefe, dispuesto a que nadie dispusiese de ventajas por su posición social e intelectual. Tras dimes y diretes, el fallo se produjo el 21 de febrero de 1870, permitiendo que los funcionarios siguiesen reproduciendo los encargos de don Pascual siempre que se efectuasen en horas extraordinarias y mediante retribución particular. Manuel Murguía había logrado una victoria administrativa, pero los incidentes en su labor no se limitaron a poner freno a las prebendas de los privilegiados.

Un oscuro conflicto ocurrido en la noche del 6 de octubre de 1869 —la aparición frente a la fortaleza de un grupo armado que se desvaneció ante la inminente llegada de tropas desplegadas por el gobierno— excitó una escabrosa disputa entre las fuerzas vivas simanquinas y el insigne gallego, al darse la peculiaridad de que uno de los amanuenses del archivo era el alcalde del pueblo. Me refiero a Mariano García Maillo, sobrino de Manuel García, que, respaldando la frustración de Francisco Díaz, ofrecía un litigioso comportamiento en las oficinas de la fortaleza, haciendo valer su preponderancia dentro del concejo. Esta ambivalencia, el rencor soterrado del andaluz, la intromisión hegemónica de Manuel García, cuando buscaba referencias que sirviesen para contrarrestar el despreciativo dictamen, y el genio explosivo de Manuel Murguía acarrearon una serie de embrollos que no voy a analizar con profusión por ser ajenos al móvil de estas líneas, y darse el engorro de que no resulta fácil destapar los entresijos del choque. El nuevo responsable puso al alcalde en la disyuntiva de elegir entre su cargo concejil y el empleo en el archivo, los choques con su cotidiano enemigo Francisco Díaz llegaron al nivel de agresiones mutuas, la apertura de un expediente, un castigo de ocho días de suspensión de sueldo y la consecuente nota desfavorable para el andaluz, sin contar que Manuel García vio prohibida su entrada en las dependencias estatales desde el 29 de octubre de 1869 como consecuencia del espectáculo que había promovido delante de los asalariados y en vista de la inutilidad de los esfuerzos a los que se venía dedicando, según alegatos vertidos por el cónyuge de Rosalía de Castro. La edad de Manuel García —próxima ya a los ochenta años— no debía haber menguado en exceso sus fuerzas ni su capacidad intelectual puesto que, sin darse un respiro, responde tajantemente al ilustre gallego:

«Falta V. I. a la verdad en decirme en su comunicación de ayer que el 14 del corriente provoqué en la oficina de su presencia, cuestiones ajenas de aquel lugar con un Ayudante: pues lo que pasó fue decirle que tuviera más comedimiento para hablar y no se comprometería nunca, y esto fue en vista de una conversación que tenía con otro Ayudante. El Archivo para las personas competentemente autorizadas, es una Biblioteca Pública y al Archivero solo le incumbe la obligación de hacer cumplir las disposiciones dadas sobre el manejo de sus papeles, y nunca meterse a calificar si son útiles o inútiles sus trabajos. Yo desprecio altamente el juicio de inutilidad, que con una licencia extremada, se atreve hacer de los míos, porque de ellos ahora soy yo solo el Juez. No debe extrañar V. I. que yo haga traer y llevar a los porteros muchos legajos porque, conociendo los papeles del Archivo mejor que V. I., tengo necesidad de consultar diversos negociados, y de ahí la razón de traer y llevar tantos legajos como da por sentado, y tampoco es exacto. Tampoco creo que está en sus facultades anular una orden del Ministerio de Fomento, y la prohibición que V. I. me hace de ir al archivo es un acto extraordinariamente despótico y muy propio del liberalismo de quien en plena oficina, a presencia mía y a la de sus subalternos, prorrumpió con voces desentonadas diciendo que se caga en el Capitán General, en el Gobernador, en el Alcalde, en el Gobierno y en el Ministerio de la Guerra y Fomento. Reclamaré al Ministerio contra su monstruoso despotismo, acompañando mi exposición de un testimonio de la eminente comunicación de V. I. y otro de esta mía».

No satisfecho con la réplica, Manuel García, «valiéndose de que el alcalde es su sobrino, que el secretario del juzgado de paz también lo es asimismo», según manifiesta Manuel Murguía, toma el camino del juzgado e interpone sendos juicios de conciliación a los que el marido de la poetisa ni siquiera acude, con la pertinente condena en costas, y se dirige también al ministro de Fomento, dando su versión de los adversidades y solicitando que se le admita la licencia que le fue otorgada después de haber sido jubilado. La dirección de Instrucción Pública, en despacho del 3 de diciembre de 1869, asume la posición adoptada por Manuel Murguía y ratifica la prohibición de consultar los fondos manejados en tantas décadas de profesionalidad.

Manuel García, testarudo y voluntarioso, mezcla de soberbia y orgullo, herido en una de sus fibras más sensibles, se muestra disconforme con la resolución, recurre a todas las vías —al rector de la Universidad de Valladolid e indirectamente al Ministerio de Fomento y Junta de Bibliotecas, Archivos y Museos— hasta que recibe una respuesta comedida para «que le sea restituida la autorización que se le había retirado siempre que en debida y respetuosa forma vuelva a solicitarla y con sujeción a las prescripciones reglamentarias», según se le transmite oficialmente el 8 de noviembre de 1870.

La guerra de las miserias humanas estaba tan desatada que, pese a que Manuel Murguía había sido cesado y trasladado a Galicia, Manuel García resuelve no pedir el preceptivo permiso ni tornar por el castillo para evitarse disgustos por cuanto, al parecer, Francisco Díaz había informado al ministro «con poca o ninguna exactitud de algunos hechos que no le favorecían». Más adelante, cuando ya ha publicado las impugnaciones al criterio de los comisionados, Manuel García procura volver a investigar y su petición le es concedida el 2 de julio de 1874, pero sin que ya tuviera influencia en sus interrumpidas indagaciones sobre Carlos de Austria. Su edad era ya muy avanzada, sus posibilidades de encontrar documentos que viniesen a corroborar los episodios de la monografía prácticamente nulas y es presumible que su determinación estuviese fomentada por el deseo de rememorar distintas etapas de su juventud y madurez. Simancas no era una población que pudiese brindar distracciones y es normal que el cansancio de un octogenario vencido por la marea del tiempo buscase refugio en un lugar tan íntimo como su propia alma.

La hoja de servicios simanquina no recoge ni el menor fragmento de sus años postreros y solamente en el ramplón dossier que tiene la Academia de la Historia figura una esquela que consuma la burocratizada existencia de un hombre.

«El Illmo Señor
Don Manuel García González
Caballero de la Real y distinguida orden de Carlos 3.°, de la de Leopoldo de Bélgica, de la Estrella Polar de Suecia, individuo correspondiente de la Real Academia de la Historia y del Instituto histórico de Francia, y Archivero jubilado de primer grado, con honores de Jefe de Administración
HA FALLECIDO EL 2 DE FEBRERO, A LOS 87 AÑOS DE EDAD
Sus sobrinos, parientes, testamentarios y amigos:

Suplica a V. se digne encomendar su alma a Dios y asistir al funeral que se ha de celebrar el domingo 3 a las diez de la mañana, en la iglesia del Salvador de Simancas.
El duelo se despide en la iglesia.
Valladolid, imprenta de Garrido».

Hay una acotación al pie de la esquela que dice:

«Academia de 15 de Febrero de 1878
Enterada con sentimiento»

Aquella mañana, al salir del emblemático edificio que fue propiedad de los monjes jerónimos, las calles ensombrecían bajo un cielo de ceniza.

BIBLIOGRAFÍA

AGUADO BLEYE, Pedro, *Manual de Historia de España,* Madrid, 1954.
ALONSO-FERNÁNDEZ, Francisco, *Historia personal de los Austrias españoles,* Madrid, 2000.
ALTAMIRA, Rafael, *Felipe II, hombre de Estado,* Alicante, 1997.
ALVAR EZQUERRA, Alfredo, *Felipe II. La Corte y Madrid en 1561,* Madrid, 1985.
ÁLVAREZ BAENA, José Antonio, *Hijos de Madrid ilustres en santidad, dignidad, armas, ciencias y letras,* edición facsímil 1978, Madrid, 1790.
AMADOR DE LOS RÍOS, José, *Historia de la Villa y Corte de Madrid,* Madrid, 1861-1864.
ANÓNIMO, *Carta a Felipe II de Fray Diego de Chaves,* Manuscrito 12179. Biblioteca Nacional de Madrid.
— *Papeles curiosos manuscritos,* t. 13, *Vida de Don Felipe segundo,* Manuscrito 10898, Biblioteca Nacional de Madrid.
— *Relación de la muerte de el Príncipe Don Carlos y causas de ella con las de el Rey Felipe II, su padre,* Manuscrito 11085, Biblioteca Nacional de Madrid.
— *Reguaglio della prision di Príncipe Don Carlos d'Austria de Madrid,* Manuscrito 10861, Biblioteca Nacional de Madrid.
— *Aviso d'un italiano platico y familiar de Ruy Gomez,* Archivo General de Simancas, libro 16, sección Estado.
— *Papeles referentes a la vida del príncipe Don Carlos, hijo de Felipe II,* Manuscrito 10817/10, Biblioteca Nacional de Madrid.
AVILÉS, Fray Joan, *Relación de la vida y muerte del Príncipe Don Carlos de Austria hijo del Señor Rei Don Phelipe Segundo,* Manuscrito 9-7935-2, Biblioteca de la Real Academia de la Historia.
BALLESTEROS ROBLES, Luis, *Diccionario biográfico matritense,* Madrid, 1912.
BENÍTEZ DE LUGO, Antonio, «Fray Diego de Chaves, confesor de Felipe II», *Revista de España,* CXVII, Madrid, 1887.
BERTRAND, Louis, *Felipe II (un asunto tenebroso),* Madrid, 1931.
BOUZA ÁLVAREZ, Fernando, *La Corte de Felipe II,* Madrid, 1997.
— *Corre manuscrito (Una historia cultural del siglo de Oro),* Madrid, 2001.
BRATLI, Carl, *Felipe II, rey de España,* Madrid, 1942.
CABRERA DE CÓRDOBA, Luis, *Felipe II, rey de España,* Valladolid, 1998.
CALDERÓN, Emilio, *Amores y desamores de Felipe II,* Madrid, 1991.

CARNICER GARCÍA, Carlos J., y MARCOS RIVAS, Javier, Sebastián de Arbizu. Espía de Felipe II, Madrid, 1998.
CASCAJOSA, Pedro José, Don Carlos, hijo de Felipe II, Barcelona, 1970.
CASSOU, Jean, La vida de Felipe II, Madrid, 1930.
CASTILLO, Fray Hernando del, Historia General de Santo Domingo y de su Orden de Predicadores, Madrid, 1612-1621.
CASTRO, Adolfo de, Historia de los protestantes españoles y de su persecución por Felipe II, Cádiz, 1851.
CHECA, Fernando, Felipe II (Mecenas de las artes), Madrid, 1992.
CLOULAS, Iván, Felipe II, Argentina, 1993.
COCK, Henrique, Relación del viaje hecho por Felipe II en 1585 a Zaragoza, Barcelona y Valencia (publicada por Alfredo Morel-Fatio y Antonio Rodríguez Villa), Madrid, 1876.
DOMINGO, Fray Thomas, Historia del convento de predicadores de Zaragoza, Manuscrito 30/32, Biblioteca de la Universidad de Zaragoza.
ESCUDERO, José Antonio, Felipe II: El rey en el despacho, Madrid, 2002.
ESTRADA NÉRIDA, Julio, Páginas de una biografía: Manuel Murguía, director del Archivo de Simancas (1868-1870), Sada (A Coruña), 1983.
EVREMOND, Abad de San, Vida, prisión y muerte del príncipe D. Carlos, Primogénito de las Españas, Manuscrito 23068-4, Biblioteca Nacional de Madrid.
FERNÁNDEZ ÁLVAREZ, Manuel, Felipe II y su tiempo, Madrid, 1998.
FERNÁNDEZ CONTI, Santiago, Los Consejos de Estado y Guerra de la monarquía hispana en tiempos de Felipe II, Valladolid, 1998.
FERNÁNDEZ MONTAÑA, José, S. M. el rey Don Felipe II y S. A. el Príncipe don Carlos, Madrid, 1927.
FERNÁNDEZ Y FERNÁNDEZ DE RETANA, Luis, España en tiempos de Felipe II, Madrid, 1958.
FERRER, P., «Detalle desconocido de la vida del Príncipe D. Carlos», Revista de Archivos, Bibliotecas y Museos, Madrid, 1874.
GACHARD, Louis Prospére, Don Carlos y Felipe II, Barcelona, 1963.
GARCÍA GONZÁLEZ, Manuel, «Documentos relativos al Príncipe D. Carlos, hijo de Felipe 2.º», Documentos inéditos para la Historia de España, t. XXVI.
— «Documentos relativos al Príncipe D. Carlos, hijo de Felipe II», Documentos inéditos para la Historia de España, t. XXVII.
— Observaciones impugnando las indicaciones de una comisión de la academia de la Historia que juzga de escasa importancia el folleto o relación de la prisión y muerte del príncipe don Carlos hijo de D. Felipe II, Valladolid, 1871.
GETINO, P. Alonso, Dominicos españoles confesores de reyes, Madrid, 1917.
GIARDINI, Cesare, El trágico destino de Don Carlos, Barcelona, 1940.
GINÉS DE SEPÚLVEDA, Juan, Obras completas, t. IV, Historia de Felipe II, Rey de España, Pozoblanco, 1998.
GONZÁLEZ DÁVILA, Gil, Teatro de las grandezas de Madrid, edición facsímil, Valladolid, 2003.

GUERRERO MAYLLO, Ana, *Familia y vida cotidiana de una elite de poder (Los regidores madrileños en tiempos de Felipe II)*, Madrid, 1993.
HERAS SANTOS, José Luis de las, *La justicia penal de los Austrias en la Corona de Castilla*, Salamanca, 1991.
HUARTE DE SAN JUAN, Juan, *Examen de ingenios para las ciencias*, edición de Guillermo SERÉS, Madrid, 1989.
HUME, Martin, *España. Grandeza y Decadencia. 1479-1788*, Madrid, 1999.
JUDERÍAS, Julián, *La leyenda negra*, Madrid, 1954.
KAMEN, Henry, *Felipe de España*, Madrid, 1997.
LACARTA, Manuel, *Felipe II (La intimidad del rey prudente)*, Madrid, 1997.
LAFUENTE, Modesto, *Historia General de España*, t. IX, Barcelona, 1888.
LEÓN PINELO, Antonio de, *Anales de Madrid (desde el año 447 al de 1658)*, Madrid, 1971.
LLORENTE, Juan Antonio, *Historia crítica de la Inquisición en España*, Madrid, 1980.
LÓPEZ ALONSO, Antonio, *Don Carlos, hijo de Felipe II*, Madrid, 2000.
LÓPEZ DE HOYOS, Juan, *Historia y relación verdadera de la enfermedad felicíssimo tránsito y sumptuosas exequias fúnebres de la Serenísima Reyna de España doña Isabel de Valois nuestra Señora*, (recopilada por José SIMÓN DÍAZ, en *Fuentes para la Historia de Madrid y su provincia*, t. I, Madrid, 1964), Madrid, 1569.
— *Relación de la muerte y honras fúnebres del SS. Príncipe D. Carlos, hijo de la Mag. del Cathólico Rey D. Philippe el segundo nuestro Señor* (recopilada por José SIMÓN DÍAZ, en *Fuentes para la Historia de Madrid y su provincia*, t. I, Madrid, 1964), Madrid, 1568.
LYNCH, John, *Los Austrias (1516-1598)*, Barcelona, 1992.
MAASS, Edgard, *El sueño de Felipe II*, Barcelona, 2002.
MANRIQUE, Cayetano, *El príncipe Don Carlos conforme a los documentos de Simancas*, Madrid, 1867.
MARAÑÓN, Gregorio, *Antonio Pérez (el hombre, el drama, la época)*, Madrid, 1998.
MARCH S. J. P., José María, «El aya del Rey D. Felipe II y del príncipe D. Carlos, D.ª Leonor Mascareñas», *Boletín de la Sociedad Española de Excursiones*, Madrid, 1942.
MARTÍNEZ ESCUDERO, fray Antonio, *Historia del Convento de Santo Tomás*, edición de Francisco VIÑALS, Madrid, 1900.
MARTÍNEZ LLAMAS, Antonio, *Isabel de Valois, reina de España (Una historia de amor y enfermedad)*, Madrid, 1996.
MARTÍNEZ MILLÁN, José (dir.), *Felipe II (1527-1598), Europa y la Monarquía Católica*, Actas del congreso internacional, Madrid, 1998.
— *La Corte de Felipe II*, Madrid, 1994.
MARTÍNEZ VIGIL, P. Ramón, *La orden de Predicadores*, Madrid, 1884.
MASCAREÑAS, Carlos Eugenio, «Sobre doña Leonor Mascareñas, aya de Don Felipe II y del príncipe Don Carlos», *Revista de Historia Hispania*, Madrid, 1947.

MAURA GAMAZO, Gabriel, *Estatuas que vuelven a ser hombres (La triste herencia)*, Madrid, 1950
MAURA GAMAZO, Gabriel, y GONZÁLEZ DE AMEZÚA, Agustín, «El hermano mayor (Príncipe don Carlos)», *Boletín de la Real Academia de la Historia*, t. CXIV, Madrid, 1944.
MAURENBRECHER, Wilhelm, *Estudios sobre Felipe II* (traducción de Ricardo de Hinojosa), Madrid, 1887.
MESONEROS ROMANOS, Ramón de, *El antiguo Madrid*, Madrid, 1990.
MIGNET, François, *Antonio Pérez y Felipe II*, Madrid, 2001.
MOLINA, Natacha, *Grandes enigmas históricos españoles (El tribunal de los tumultos)*, Madrid, 1978.
MORAGAS, Jerónimo de, *De Carlos I emperador a Carlos II el hechizado (Historia humana de una dinastía)*, Barcelona, 1970.
N. S., «Relación histórica de la prisión y muerte del príncipe D. Carlos, hijo del rey Felipe II y nieto de Carlos V», *Revista de Madrid*, 3.ª Serie, Madrid, 1841.
PARKER, Geoffrey, *Felipe II*, Madrid, 1984.
— *España y la rebelión de Flandes*, Madrid, 1989.
— *España y los Países Bajos (1559-1659)*, Madrid, 1986.
PÉREZ, Antonio, *Relaciones y cartas*, edición de Alfredo ALVAR EZQUERRA, Madrid, 1986.
PÉREZ, Joseph, *La España de Felipe II*, Barcelona, 2000.
PFANDL, Ludwig, *Felipe II (Bosquejo de una vida y una época)*, Madrid, 1942.
PIDAL, marqués de, y SALVÁ, Miguel, «Copia del Testamento cerrado del Príncipe D. Carlos, otorgado ante Domingo Zavala, escribano de Cámara del Consejo Real», *Colección de documentos inéditos para la Historia de España*, t. XXIV, Madrid, 1854.
— *Historia de las alteraciones de Aragón en el reinado de Felipe II*, edición facsímil, Zaragoza, 2001.
PIERSON, Peter, *Felipe II, de España*, Madrid, 1998.
PIETE, Pierre de, *Breve compendio y eloxio de la vida y hechos de Phelipe segundo rey de España y del nuevo mundo, con la muerte del Príncipe Carlos, su hixo, compuesta en francés y traducida en español por un cavallero castellano*, Manuscrito 10818/29, Biblioteca Nacional de Madrid.
PLAZA BORES, Ángel de la, *Guía del investigador, Archivo General de Simancas*, Madrid, 1992.
POCH NOGUER, José, *Felipe II*, Barcelona, 1948.
PORREÑO, Baltasar, *Dichos y hechos del señor rey don Philipe segundo, el Prudente*, Cuenca, 1621.
RÍOS MAZCARELLE, Manuel, *La Casa de Austria (Una dinastía enferma)*, Madrid, 1992.
RODRÍGUEZ, Pedro, y RODRÍGUEZ, Justina, *Francés de Álava y Beamonte (Correspondencia inédita de Felipe II con su embajador en París. 1564-1570)*, San Sebastián, 1991.

SAAVEDRA VÁZQUEZ, María del Carmen, *La Coruña durante el reinado de Felipe II,* A Coruña, 1989.
SALAZAR DE MENDOZA, Pedro, *Origen de las dignidades seglares de Castilla y León,* Granada, 1998.
SALVÁ, Miguel, y SAINZ DE BARANDA, Pedro, «Relación de la enfermedad del Príncipe D. Carlos por el doctor Olivares médico de su cámara», *Colección de documentos inéditos para la Historia de España,* t. XV, Madrid, 1849.
— «Relación verdadera de la herida de cabeza del Serenísimo Príncipe D. Carlos nuestro señor, de gloriosa memoria, la cual se acabó en fin de julio del año de 1562, por Dionisio Daza Chacón, médico y cirujano de Felipe II», *Colección de documentos inéditos para la Historia de España,* t. XVIII, Madrid, 1851.
SAN JOSÉ, Diego, *El abogado del Diablo (Breviario histórico de la vida de Felipe II),* Madrid, 1927.
SÁNCHEZ ALONSO, Benito, *Fuentes de la Historia española e hispanoamericana (España en el periodo 1556-1598, Reinado de Felipe II),* Madrid, 1927.
SANTIAGO VELA, P. Gregorio de, *Ensayo de una Biblioteca ibero-americana de la Orden de San Agustín,* Madrid, 1913.
SCHNEIDER, Reinhold, *Felipe II o religión y poder,* Madrid, 1943.
SIGÜENZA, Fray José de, *Historia primitiva y exacta del Monasterio del Escorial,* arreglada por Miguel SÁNCHEZ Y PINILLOS, Madrid, 1881.
TOLEDO GONZÁLEZ, Miguel, *D. Carlos de Austria, Príncipe de Asturias, Historia clínica de una disfunción cerebral en el siglo XVI,* Sevilla, 1999.
TOMÁS Y VALIENTE, Francisco, *La tortura en España,* Barcelona, 1994.
TORMO, Elías, «La tragedia del príncipe Don Carlos y la trágica grandeza de Felipe II», *Boletín de la Real Academia de la Historia,* t. CXII, Madrid, 1943.
VANDER HAMEN Y LEÓN, Lorenzo, *Don Felipe el Prudente, segundo deste nombre, Rey de las Españas y Nuevo Mundo,* Madrid, 1625.
VÁZQUEZ DE PRADA, Valentín, *Felipe II,* Barcelona, 1978.
VERHEYDEN, A. L. E., *Le Conseil des Troubles: liste des condamnés (1567-1573),* Bruxelles, 1961.
VICHARD, César (Abad de Saint Real), *Vida y muerte del príncipe D. Carlos de España,* Manuscrito 10478, Biblioteca Nacional de Madrid.
WALSH, William Thomas, *Felipe II,* Madrid, 1943.